스트리밍 이후의 세계

콘텐츠 폭식의 시대 어떻게 승자가 될 것인가

스트리밍 이후의 세계

데이드 헤이스 · 돈 흐미엘레프스키 지음 | 이정민 옮김

Binge
Times

알키

일러두기

- 이 책은 Dade Hayes · Dawn Chmielewski의 《Binge Times(2022)》를 우리말로 옮긴 것이며, 한국어판이 출간된 시점에 맞춰 필요한 정보들의 경우 괄호 안에 역주를 덧붙였다.
- 도서명은 겹꺽쇠(《 》), 작품명은 꺽쇠(〈 〉) 안에 표기했으며 국내 개봉작의 경우 국내명을 따랐다.
- 인물의 이름은 국립국어원 외래어 표기법을 따르되 대중적으로 많이 사용되는 굳어진 표기법이 있는 경우 그것을 따랐다.
- 원화의 경우 '1달러=1,300원'으로 환산하여 표기하였다.
- 원서에서 이탤릭체로 표기된 부분은 굵게 표시하였다.

서문

한 가지 질문이 다양한 형태로 소셜 미디어를 떠돌았다. 마치 편지가 담긴 채 바다를 표류하는 병처럼 디지털 세계를 떠다녔다.

이제 우리는 어떻게 해야 하는가?

코로나19 바이러스 확산에 대한 공포가 최고조였다. 세상이 종잇장처럼 접히고 말리는 영화 〈인셉션Inception〉의 한 장면이 사회와 대중문화 영역에서 실현되고 있었다. 학교, 법원, 박물관, 스포츠 경기장, 영화관, 콘서트홀, 식당, 술집까지 모두 문을 닫았다. 여행 금지령이 발효되었고 국경은 폐쇄되었다. 사회적 거리두기가 실시되면서 포옹과 하이 파이브는 금기시되고 타인과는 무조건 6피트(약 1.8미터) 이상 거리를 유지하라는 지침이 내려졌다. 심지어 "지구상에서 가장 행복한 공간"인 디즈니랜드마저 1955년 개관 이래 네 번째로 문을 닫았다. 앞선 세 번의 폐쇄는 각각 대통령 암살, 테러 공격, 그리고 지진(1963년 케네디 대통령 암살, 1994년 노스리지 지진, 2001년 9·11 테러-옮긴이)에 따른 것으로 단 하루만 쉬었을 뿐이지만 이번에는 달랐다. 벌써 수개월 째 관람객 없이 보내는 날들이 언제 끝날지 기약도 없었다.

미국은 이탈리아, 중국, 한국 및 다른 나라들의 전철을 밟아 대부분의 국민이 집 안에 머물고 외출은 반드시 필요한 경우에만 하도록 의무화했다. 이 같은 정책은 '격리quarantine' 이외에 달리 표현할 말이 없다. 이탈리아어 '쿼런타 조르니quaranta giorni'에서 파생되고 '40일'로 번역되는 격리가 관행으로 자리 잡기 시작한 건 치명적 전염병이 연이어 유럽을 강타한 14세기였다. 새로운 팬데믹으로 발생한 사상자 수는 흑사병에 비할 바는 아니었지만 사람들은 눈에 보이지도 않는데다 아직 초기 단계에 불과한 위협, 일상생활을 뒤엎고 집단의식을 교란하는 바이러스에 맞섰다. 소셜 미디어상에 표류하는 메시지가 호소하듯 우리의 삶에 커다랗게 뚫린 구멍을 과연 어떻게 메울 수 있을까?

이런 상황에서 스트리밍은 의학적으로도 안전한 몇 안 되는 해답 중 하나로 밝혀졌다. 폐쇄된 공간에서 하루에 몇 시간씩 화면만 보는 것에 익숙했던 미국인들은 위안이 될 만한 마음의 식량을 더 많이, 더 오래 섭취하는 방식으로 위기에 대응했다. 종래의 TV 산업은 사람들의 이런 반응에 따른 이점을 일찌감치 누릴 수 있었다. 절망에 빠진 시청자들이 감염 현황, 금융시장과 2020년도 선거에 미치는 영향까지 예의 주시하면서 2020년 중순 한 주간 대도시의 시청률이 10~20%나 급증한 것이다.

미국인들이 뉴스에 집착하면서 급등했던 시청률은 그리 오래가지 못했다. 오히려 TV가 제공하는 볼거리가 얼마나 진부한지 드러났

을 뿐이다. 지역 또는 연방 뉴스를 계속해서 모니터링하지 않는 한 볼
만한 게 거의 없었다. 리얼리티쇼와 시상식, 〈새터데이 나이트 라이브
Saturday Night Live〉와 스포츠 경기와 같은 생방송 프로그램의 제작이 중
단되면서 방송 편성이 차질을 빚자 유료 TV 패키지가 시대착오적 유
물이라는 인식이 어느 때보다 널리 확산되었다. 10년간 착실하게 성
장해 온 경제가 갑작스레 극심한 침체에 빠지자 고객들은 너나 할 것
없이 TV를 끊거나 채널을 정리했다. 한편 광대역broadband 인터넷이 손
소독제보다 중요한 필수품으로 자리 잡으면서 전통적인 케이블 사업
자들은 다행히도 계속해서 두둑한 이윤을 챙길 수 있었다.

  글로벌 스트리밍 서비스의 선두 주자인 넷플릭스Netflix는 대체 언
제 TV라는 "정규" 사업에 뛰어들어 스포츠 생중계나 뉴스를 송출할
것인지 월스트리트와 언론의 오랜 추궁에 시달렸다. 방송국들이 브렛
캐버노Brett Kavanaugh 대법관에 대한 상원 인준 청문회를 온종일 보도
해 시청률 기록을 세웠던 2018년, 공동 CEO 테드 서랜도스Ted Sarandos
는 넷플릭스에서 이런 방송을 스트리밍할 의향이 있는지 질문을 받
자 이렇게 답했다. "일단 시청자들은 우리를 엔터테인먼트 브랜드로
인식합니다. 물론 당신이 말하는 볼거리에 여러 가지가 있겠지만 끝
내주게 재미있는 건 아니죠." 종래의 TV와 영화가 지니는 모든 특성,
가령 일일 편성표에 따라 정해진 시간에만 볼 수 있고 광고가 따라
붙으며 극장 상영 뒤 90일이 지나야 VOD로 볼 수 있는 등의 관행을
넷플릭스는 끔찍이 싫어했다. 그래서 이러한 관습을 버리고 오로지
고객을 "기쁘게 하는 데에만" 끈질기게 매달린 결과 어마어마한 수
의 가입자를 확보할 수 있었다. TV 산업의 또 다른 침입자인 아마존

Amazon 역시 같은 가치관을 공유했다. 한때 은행들이 토스터를 나눠 주며 고객들의 계좌 개설을 유도했듯 영화와 TV 쇼가 고객을 물어다 줄 것이라고 믿었다. 아마존 설립자 제프 베이조스Jeff Bezos는 2016년 인터뷰에서 "골든글로브를 수상하면 신발을 더 많이 팔 수 있을 것"이라고 말한 바 있다. "상당히 직접적인 연관이 있어요. 아마존 프라임 회원이 일반 회원보다 돈을 더 많이 쓰는 이유 중 하나가 연회비를 내는 사람일수록 사이트를 둘러보며 '어떻게 하면 더 많은 혜택을 누릴 수 있는지' 탐구하기 때문이죠."

격리 중 언제든지 수천 편의 쇼와 영화를 즐길 수 있다는 건 결코 사소하지 않은 위안이었다. 낯설어진 일상에 반가운 친근함이 가미되기 때문이다. 하지만 이렇게 오랫동안, 이렇게나 많이 보는 건 전례가 없는 상황이었다. 〈겟 아웃Get Out〉, 〈어스Us〉 등의 영화와 〈더 퍼지The Purge〉 시리즈를 제작한 제이슨 블룸Jason Blum이 트위터Twitter(2023년 엑스로 개편-옮긴이)에 "집에 갇혀 볼거리가 바닥나는 중"이라며 추천작을 묻는 게시물을 올리자 1,100개가 넘는 댓글이 달렸고 곧 레시피나 반려동물 사진에 버금가는 전파력으로 인터넷을 점령했다.

팬데믹은 스트리밍을 현대인의 삶에서 빼놓을 수 없는 요소로 격상시키는 데 그치지 않았다. 마치 거대한 정맥을 따라 흐르는 혈액 속 혈소판처럼 우리 모두를 스트리밍에 '주입'했다고도 할 수 있다. 정부 기관 회의도, 각종 수업도 온라인으로 진행됐다. 회사는 직원들에게 지침을 돌리고 심지어 장비까지 지급해 가며 줌Zoom을 통한 비즈니스를 수행했다. 〈월스트리트저널The Wall Street Journal〉의 경우 직원들에게 "카메라를 켜라"고 호통쳤다. 예배당은 예배, 세례식, 성인식, 장

례식을 생중계했고 동물원과 수족관에선 인간 이외의 비디오 스타가 줄줄이 탄생했다. 가상의 관객을 대상으로 요요마Yo-Yo Ma가 첼로를 연주하는가 하면 스탠드업 코미디언들도 각자의 무대를 선보였다. 메트로폴리탄 오페라단은 클래식 공연을 스트리밍으로 공개했고 뮤지컬계의 전설 스티븐 손드하임Stephen Sondheim의 아흔 번째 생일을 기념하는 스타들의 헌정 공연도 스크린에서 진행됐다. 원래라면 실제 무대에서 진행될 예정이었으나 자가 격리된 출연자들이 화면상으로 만나는 수밖에 없어 안타까움을 더했다. 두 시간 동안 출연자들은 공연의 제목인 "나를 세상으로 데려가 줘Take me to the world"의 마음으로 간절함을 담았고, 즐거운 시간을 보냈다.

TV 방송은 인터넷 환경에 따라 크게 달라지는 배경 화면에 방송계 인사들이 출연하는 방식으로 이루어졌다. 졸지에 사무실이 된 집에서 그날의 뉴스를 전하게 된 게스트들은 스카이프Skype처럼 분할된 데다 어둡기까지 한 화면에 등장해야 했다. 모닝쇼나 심야 토크쇼 역시 각계 명사들이 헤어나 메이크업 스태프라고는 찾아볼 수 없는 자신의 거실에서 영상으로 출연하는 식으로 진행됐다. 격리 상황에서 제작된 TV 프로그램은 한 통의 기나긴 그룹 영상통화와 다를 바가 없었다. **스트리밍 속에 우리가 있었다**Le stream, c'était nous. 심야 프로그램 진행자 코난 오브라이언Conan O'Brien은 집에서 간소하게 제작된 TBS 심야 토크쇼에 대해 "마음에 들지 않는 분들을 위해 넷플릭스가 상시 대기하고 있다"고 비아냥거렸다.

팬데믹은 이미 업계에 넘쳐나는 극적인 사례와 그로 인한 여파를 객관적으로 살펴보기 위해 시작했던 책 작업이 절반쯤 다다랐을 때 들이닥쳤다. 넷플릭스가 10년이나 앞서나가는 걸 목격한 애플Apple과 퀴비Quibi 같은 기술 및 스타트업 영역의 주요 라이벌 기업과 디즈니Disney, 워너미디어Warner Media, NBC유니버설NBCUniversal 같은 종래의 미디어 기업은 모두 보란 듯이 스트리밍 사업에 진출하기로 마음먹었다. 하나같이 2019년 11월부터 2020년 5월까지 7개월이라는 기간 동안 수십 억 달러의 비용을 투자해 사업을 띄우겠다는 목표를 세웠다. 원래 우리는 이 전례 없는 추격전을 기록하고 업계가 이토록 중대한 국면을 맞이하기까지의 과정을 이해하고자 했다. 물론 먼 미래까지 반향을 일으킬 이야기들이 훨씬 많겠지만 새로운 영역에 막대한 자금이 유입되는 것만으로도 하나의 사건이었다. 각각 뉴욕과 로스앤젤레스의 일간지 기자였던 우리는 기자석 맨 앞줄에서 업계에서 벌어지고 있는 경쟁을 취재하며 엔터테인먼트 기술 산업의 이면을 들여다보았다. 하지만 잘 알지도 못하면서 이를 "스트리밍 전쟁"에 비유하는 데는 온전히 공감할 수 없었다. 승자와 패자를 각각 하나씩 상정한 데서부터 엇나간 위태로운 표현이었다. 의사 및 정부 관료가 코로나19와의 싸움을 전시와 다름없이 여겨야 한다고 호소할 때마다 더 진부하게 들렸다.

이 책은 미디어 및 기술업계 최고 기업들의 전략과 전술을 지켜보고 보도하면서부터 시작됐다. 2018년, 우리 두 사람은 '룰 브레이커' 같았던 니키 핀키Nikki Finke의 블로그에서 시작된 엔터테인먼트 뉴스 매체 〈데드라인Deadline〉에 비즈니스 및 기술 동향을 공동으로 연재하게 되면서 매일, 아니 거의 시간별로 움직였고 할리우드, 실리콘밸리와 월스트리트를 균형 있게 취재하면서 수년을 보냈다. 광범위한 파장을 일으킨 사건들의 연대기를 기록했는데 가령 인터넷의 출현, 9·11 테러와 국제 금융 위기로 끝나버린 호황과 시작된 불황, 그리고 소니픽처스Sony Pictures가 해킹을 당하면서 초래한 대규모 피해 등이었다. 하지만 스트리밍 산업으로 인한 지각변동은 난생처음 겪는 일이었다. 엔터테인먼트 업계의 규칙은 그야말로 눈 깜짝할 새 바뀌었다. 우리의 업무는 '에치 어 스케치Etch A Sketch(두 개의 다이얼 버튼을 조종해 스크린에 그림을 그린 후 흔들면 지워져 새로운 그림을 그릴 수 있는 교구-옮긴이)'를 하는 것과 다를 바 없어졌다. 우리는 매일같이 스크린을 흔들어 지우고 기업들의 새로운 게임 전략을 설계해야 했다. 그 규모와 야망이 전례 없는 수준이어서 덕분에 우리가 콘텐츠 폭식의 시대를 살고 있다는 사실을 뼈저리게 느꼈다.

시시각각 변하는 뉴스에 허탈해 하는 사람들이 늘면서 어떻게 해야 시류에 뒤처지지 않을지, 이 이야기의 결말이 어떻게 될 것인지에 대한 우리의 궁금증도 커져갔다. 특히 새롭게 경쟁에 뛰어든 기업들이 등장한 7개월을 중심으로 기록하기 시작한 디지털 혁신은 코로나19가 전 세계를 휩쓸기 시작하면서 더욱 가속화되었다. 결국 우리는 비평가 매니 파버Manny Farber가 "벌레 같은 몰입buglike immersion"이라고 정의한 "흰개미 예술"의 개념(어떠한 야망 없이 미시적인 영역에 몰두하는 것을 중시하는 예술 철학-옮긴이)에 경의를 표할 수밖에 없었다. 그리고 서로 밀접하게 엮인 수많은 요소를 이해하고자 업계 내부로 깊이 파고들었다. 이번에 도래한 호황기의 주요 인사들, 사업 동기, 기술, 마케팅 및 재무 패턴, 그리고 현재로 귀결된 역사적 사건들을 탐구함으로써 이 특별한 순간을 기록하려 했다. 스트리밍 업계에 이렇게 수십억 달러가 흘러든 것은 유례없는 사건인 만큼 일상적으로 알 수 있는 사실보다 더 깊은 통찰을 얻고 싶었다.

우리는 스트리밍 업계에 도전장을 내민 주요 업체 다섯 곳을 중심으로 책의 서사를 꾸리기로 했다. 서로 다른 개성과 기업 DNA를 가진 **애플, 디즈니**, HBO의 모회사 **워너미디어**, 그리고 **NBC유니버설**은 불과 몇 개월이라는 짧은 기간 안에 새로운 구독제 서비스를 선보일 예정이었다. 이들이 본래 D2C(Direct to Consumer, 소비자 직접 판매 시장)를 기피해 타사에 영화 및 TV 프로그램의 저작권을 허가하는 방식으로만 시장에 참여해 온 걸 감안하면 큰 변화가 아닐 수 없다. 다섯 번째 신규 주자는 드림웍스DreamWorks 공동 창립자 제프리 캐천버그Jeffrey Katzenberg와 이베이eBay 및 휴렛팩커드Hewlett-Packard 대표 출신인 메그 휘트먼Meg Whitman이 이끄는 모바일 전용 스트리밍 벤처 기업 **퀴비**였다. 퀴비 역시 착수금 17억 5,000만 달러(2조 2,700억 원)를 발판 삼아 다른 업체들과 같이 이 '7개월 사이'에 데뷔했다. 다섯 업체 이외에 우리는 **넷플릭스, 아마존, 훌루**Hulu 등 기존 스트리밍 업체들, 그리고 업계에 지분을 가지고 있는 다양한 회사들 역시 알아보기로 했다.

2019년 가을의 단 한 달 동안 벌어진 일련의 사건들을 보면 엔터테인먼트 업계 지도가 완전히 바뀌고 있다는 사실을 여실히 알 수 있다. 넷플릭스가 막대한 예산을 투입한 장편영화 〈아이리시맨The Irishman〉이 링컨 센터에서 개최된 뉴욕영화제NYFF, New York Film Festival에서 최초 공개되면서 스트리밍 업계가 100년 역사의 영화 산업에 지각

변동을 일으킬 것이 예고되었다. 한 달 후 애플 역시 새로운 구독 스트리밍 서비스 애플TV플러스Apple TV+ 최초의 오리지널 시리즈들 중 하나인 〈더 모닝쇼The Morning Show〉를 같은 장소에서 공개했다. 다음날에는 AT&T와 워너미디어 경영진이 HBO맥스HBO MAX를 위한 투자자의 날을 캘리포니아주 버뱅크에 위치한 워너브라더스스튜디오Warner Bros. Studio에서 열었다. 불과 며칠 후 버뱅크에서는 디즈니 경영진이 언론사들과 만나 디즈니플러스Disney+를 소개하고 질문에 답하는 시간을 가졌다. 이 행사는 뉴욕에서도 다시 한 번 열렸다.

이렇게 비슷한 이벤트가 연속적으로 일어나다 보니 우리의 이야기도 영화감독 로버트 올트먼Robert Altman의 특징적인 연출이나 피카소 벽화를 콜라주한 느낌으로 시작하게 되었다. 주인공이나 악당이 한 명씩 있는 게 아니라 혁신가, 거물 투자자, 협상가 및 모방가가 다들 비슷한 비중으로 조화를 이루고 종국에 그 이야기들이 촘촘히 엮이는 이야기인 것이다. 폭발적으로 확대되는 스트리밍 세계를 기록하는 과정에서 우리는 끝없이 뻗어나가는 업계 전반의 모자이크를 조망하기도 하겠지만, 이 책에선 그보다는 유의미한 결과를 일으킨 사건들을 집중적으로 살펴볼 것이다. 2019년 발표된 신뢰할 만한 집계에 따르면 당시 미국 내 유료 스트리밍 서비스의 수는 271개였다. 이에 비해 광고 지원을 받아 무료로 제공되는 서비스는 수백 가지도 넘었는데 스트리밍 앱이 사전 설치돼 있는 스마트TV 덕분이었다. 매진을 기록한 자신의 브로드웨이쇼를 넷플릭스를 통해 전 세계 시청자들에게 선보인 브루스 스프링스틴Bruce Springsteen은 황무지와 같은 케이블 TV를 노래한 자작곡 "57개 채널, 아무것도 켜지지 않아(57 Channels And

Nothin' On)"의 후속곡을 쓸 마음이 없겠지만 지금은 누구라도 쉽게 그런 미래를 상상할 수 있는 게 현실이다.

팬데믹이 이어지는 동안 한 가지 질문이 끈질기게 출몰하며 격리된 이들의 정신에 고문을 가했다. **우리는 어떻게 해야 이 상황에 적응할 수 있을까?** 그 와중에 미처 예측할 수 없었던 세 번째 극적 전환이 일어났다. 주식시장 폭락으로 불과 몇 주 만에 수조 달러에 이르던 기업의 시장가치가 증발한 것이다. 비즈니스 세계의 재무 전망이 하룻밤 새 돌변했다. 안전을 위한 의학적 방편으로 사회적 거리두기, 상거래 자제 등이 권장되면서 투자자들은 기업의 수익이 떨어질 것을 우려했다. 여행, 운송, 접객업 등과 같은 업계가 생존을 위해 투쟁해야 하는 상황으로 내몰린 와중에 스트리밍 플랫폼들의 마케팅이나 고객 확보를 위한 움직임 따위는 관심사 밖으로 밀려났다.

그럼에도 콘텐츠를 언제 어디서나 볼 수 있는 '스트리밍'은 우리가 이 책의 출간 작업을 시작했을 때보다 훨씬 강력한 산업으로 거듭났다. 스트리밍이라는 드라마의 주요 등장인물로 출연한 기업들은 서로 다른 난관에 봉착해 있었다. 애플의 경우 애플TV플러스를 론칭하는 과정에서 우여곡절을 겪었다. 기술 대기업이라면 으레 중요하게 고려해야 할 공급망과 확산 프로토콜 문제를 간과한 것이다. 한편 퀴비는 상당한 양의 초기 자금을 조달하는 데 성공했지만 자가 격리 방침이 내려오면서 "빠르게 섭취할 수 있는" 숏폼short-form(10분 이내의 영상을 뜻하지만 근래 들어선 대개의 경우 1분 미만의 짧은 영상을 지칭-옮긴이) 비디오를 중심으로 하는 전략이 타격을 입는 듯했다. 물론 틱톡TikTok이 강력한 생명력으로 확산되면서 사람들이 집에서도 휴대폰 동영상을 보고 싶어 한다는 사실이 입증됐지만 말이다.

전통적인 미디어 기업들은 좀 더 까다로운 난제에 부딪쳤다. 스트리밍 사업에 뛰어들려면 고용 및 디지털 인프라 부문에 자본을 집중 투자해야 할 뿐 아니라 수백만 달러의 저작권 수익까지 기꺼이 포기해야 했다. 하지만 코로나19 바이러스와 공존해야 하는 상황에서 영화, TV 광고, 스포츠 중계 및 테마파크에서 나오는 수익에 막대한 손실이 발생하더라도 혼돈의 길을 걷는 데 전념하는 수밖에 없었다. 스트리밍이라는 새로운 길의 끝에는 값진 결실이 기다리고 있을까? 아니면 그곳은 넷플릭스와 아마존 외에는 도달할 수 없는 신기루일까?

한 가지 방책은 100년 가까이 자신들의 나침반 노릇을 해온 비즈니스 관행에서 벗어나는 것이다. 이것은 빅테크 기업과의 경쟁을 어렵게 만들어온 족쇄와 다름없다. 최초로 행동에 나선 곳은 NBC유니버설이었다. NBC유니버설은 미국에 있는 대부분의 영화관이 문을 닫았다는 사실을 거론하면서 2020년도 개봉작 중 일부는 극장에서 단축 상영되는 한편, 그 기간 동안 가정에서도 작품을 볼 수 있을 것이라고 발표했다. 물론 스트리밍 서비스로도 말이다. 그간 제작사와 극장 간에는 영화 개봉 후 약 90일 동안은 극장에서 독점 상영한다는 암묵적인 합의가 있었다. 업계 관계자들은 이 개봉 초창기를 흥행 여부를 판가름하는 "창window"으로 지칭한다. 베테랑 영화 배급 책임자 스티븐 프리들랜더Steven Friedlander는 "앞선 발표는 극장이라는 창이 산산이 부서지는 소리"라고 말했다. 디즈니와 워너미디어 역시 자가 격리로 이성을 잃은 수많은 시청자가 참신한 콘텐츠를 끝없이 갈구하고 있다는 사실, 그리고 넷플릭스를 따라잡아야 한다는 강박으로 인해 대규모 부양책을 비롯한 다양한 실험을 실시했다. 스트리밍 업계의 리더 넷플릭스는 TV 산업을 교란한 데 이어 영화계 개편에도 적극 나섰다. 저예산의 영화제 출품작들부터 2억 달러(2,600억 원)짜리 블록버스터에 이르기까지, 카메오처럼 극장에 잠시 얼굴을 비추고 사라진 다양한 작품들을 속속 입수해 공개한 것이다.

모든 게 익숙하지만 코로나19가 뭔가를 앗아간 게 분명한 동네를 거니는 것과 마찬가지로 모든 게 너무 빨리 변화하는 가운데 있다 보면 초현실적인 느낌을 떨치기 힘들다. 우리는 끝없이 진화하는 세상 풍경을 탐색하던 중 사람들과 연결될 수 있는 대안을 발견했다. 가상 시사회 및 온라인 박람회에 참석하고 화상 회의를 통해 수많은 인터뷰를 진행한 것이다. 시기적으로 몇 단계나 서둘러 나온 기술이었지만 단지 일시적인 현상일 뿐이라곤 생각되지 않았다.

기이하고 불안한 분위기가 이어지는 가운데 가장 좋아하는 단편 소설 스티븐 빈센트 베네Stephen Vincent Benét의 《바빌론의 물가에서By the Waters of Babylon》에서 반가운 통찰을 발견할 수 있었다. 자가 격리를 하며 스트리밍을 시청하고 스트리밍에 대해 생각하고 읽고 쓰는 와중에 느낀 완전히 새로운 형태의 울림이었다. 스크린에 비친 바깥세상은 이미 인류의 종말이 도래한 곳 같았다. 고속도로, 도심과 공항에는 인적이 끊겼고 베네치아 운하에는 물고기가 몰려들었다. 곤돌라 운영이 중단되면서 장기간 오염으로 신음해 온 생태계가 회복된 것이다. 카페 문화, 악수, TV 시장을 막론하고 기존의 규범과 전통이 이토록 불안하게 느껴진 적이 없었다. 베네의 소설에는 무명의 한 부족민이 기술을 향한 자만과 헌신으로 파괴된 인간 사회의 증거를 발견하는 장면이 등장한다. 그는 폐허가 된 워싱턴D.C.를 거닐던 중 오래전 대화재로 파괴된 "죽음의 장소Dead Places"에서 어떤 금속을 발견하고는 잃어버린 문명의 전통을 배우고 보존하는 데 힘을 쏟기로 결심한다. "우리가 지금 죽음의 장소로 향하는 건 금속 때문만은 아니야. 그곳엔 책도 있고 글도 있어." 그가 말했다. "배우기는 어렵고 마법의 도구는 부서졌지만 감탄은 할 수 있으니까. 일단 시작해 보는 거야."

베네는 1937년 스페인 내전이 일어나는 동안 파시스트들이 바스크 마을 게르니카를 파괴한 데 대한 명상록 성격으로 이 책을 선보였다. 아직 핵무기가 등장하기 전이었지만 두 차례의 세계대전 사이 수년간 이어진 대공황은 사람들의 정신을 피폐하게 만들었다. 물론 스트리밍을 이처럼 생사가 오가는 문제에 견줄 수는 없을 것이다. 하지만 실존의 갈림길에 서서 오랫동안 이어져 온 관습과 모형이 산산이 부서지는 모습을 목격한 건 중대한 경험임이 분명하다. 우리는 지난 몇 년간 현대 문명의 최신 유물인 스트리밍 산업을 지켜보며 어떤 새질서가 등장할지 궁금했다. 베네의 소설 속 화자가 경고했듯 "예전엔 어쩌면 지식을 너무 **빨리** 먹어치웠는지 모른다."

스트리밍 업계의 인물들

아마존

제프 베이조스 Jeff Bezos   창립자 및 이사회 의장(前 CEO)

앤드류 제시 Andy Jassy   CEO

마이크 홉킨스 Mike Hopkins   프라임비디오 및 아마존스튜디오 수석부사장SVP

제니퍼 살케 Jennifer Salke   아마존스튜디오 총괄

앨버트 쳉 Albert Cheng   前 아마존스튜디오 최고운영책임자, 前 텔레비전 공동 총괄(現
　　　프라임비디오 미국 부사장)

로이 프라이스 Roy Price   前 아마존스튜디오 글로벌 비디오 콘텐츠 대표

밥 버니 Bob Berney   前 아마존스튜디오 마케팅 및 배급 부문 총괄

애플

故스티브 잡스 Steve Jobs   공동 창립자 및 前 CEO

팀 쿡 Tim Cook   CEO

잭 반 앰버그 Zack Van Amburg   애플TV플러스 공동대표

제이미 일리크트 Jamie Erlicht   애플TV플러스 공동 대표

에디 큐 Eddy Cue   인터넷 소프트웨어 및 서비스 부문 수석부사장SVP

AT&T/워너미디어

랜달 스티븐슨 Randall Stephenson   前 AT&T CEO 및 이사회 의장

존 스탠키 John Stankey   AT&T CEO, 前 워너미디어 CEO

제이슨 킬라 Jason Kilar   前 워너미디어 CEO

앤디 포셀 Andy Forssell   前 워너미디어 소비자 직접 판매 부문 부사장EVP 및 국장

밥 그린블랫 Bob Greenblatt   前 워너미디어 의장

케빈 라일리 Kevin Reilly   前 HBO맥스 최고콘텐츠책임자

제레미 레그 Jeremy Legg   前 워너미디어 최고기술책임자(現 AT&T 최고기술책임자)

리처드 플레플러 Richard Plepler   前 HBO 의장 및 CEO

컴캐스트/NBC유니버설

브라이언 로버츠 Brian Roberts   컴캐스트 CEO

스티브 버크 Steve Burke   前 NBC유니버설 CEO

보니 해머 Bonnie Hammer   NBC유니버설 부의장

매트 스트라우스 Matt Strauss   NBC유니버설 소비자 직접 판매 및 국제 부문 의장

제프 셸 Jeff Shell   前 NBC유니버설 CEO

넷플릭스

리드 헤이스팅스 Reed Hastings   공동 창립자 및 前 공동 CEO(現 이사회 의장)

마크 랜돌프 Marc Randolph   공동 창립자 및 前 CEO

테드 서랜도스 Ted Sarandos 공동 CEO

신디 홀랜드 Cindy Holland 前 콘텐츠 인수 및 오리지널 시리즈 부문 부사장

벨라 바자리아 Bela Bajaria 콘텐츠 부문 부사장VP(現 최고콘텐츠책임자)

스콧 스투버 Scott Stuber 오리지널 필름 부문 부사장VP(現 필름 부문 의장)

닐 헌트 Neil Hunt 前 최고제품책임자

패티 맥코드 Patty McCord 前 HR 총괄

퀴비

제프리 캐천버그 Jeffrey Katzenberg 창립자

메그 휘트먼 Meg Whitman CEO

로쿠

앤서니 우드 Anthony Wood 창립자, CEO

스콧 로젠버그 Scott Rosenberg 前 플랫폼 비즈니스 부문 수석 부사장SVP

월트 디즈니

마이클 아이즈너 Michael Eisner 前 이사회 의장 및 CEO

밥 아이거 Bob Iger 前 이사회 의장(現 CEO)

밥 체이펙 Bob Chapek 前 CEO

카림 다니엘 Kareem Daniel 미디어 및 엔터테인먼트 배급 부문 의장

톰 스태그스 Tom Staggs 前 최고운영책임자, 前 최고재무책임자

케빈 메이어 Kevin Mayer 前 소비자 직접 판매 및 국제 부문 의장

지미 피타로 Jimmy Pitaro ESPN 및 스포츠 콘텐츠 부문 의장(現 ESPN 의장)

존 스키퍼 John Skipper　前 ESPN 사장

리키 스트라우스 Ricky Strauss　前 디즈니플러스 콘텐츠 및 마케팅 부문 사장

앨버트 쳉 Albert Cheng　前 디즈니ABC텔레비전그룹 디지털미디어 부문 최고제품책
　　임자

앤 스위니 Anne Sweeney　前 디즈니미디어네트웍스 공동 의장, 前 디즈니ABC텔레비전
　　그룹 사장

차례

서문   5

스트리밍 업계의 인물들   18

들어가며   24

1부 새로운 기준이 된 넷플릭스

1장 꿀벌들 가운데 텔레비전의 발견   51

2장 할리우드의 새로운 중심   65

3장 명성에 부응하는 넷플릭스   87

2부 전쟁의 서막

4장 피의 결혼식   111

5장 하던 대로만 해서는 안 된다는 걸 알고 있었죠 136

6장 쿠퍼티노에서 생방송으로 전해드립니다   163

7장 한 입 거리 퀵바이트   177

8장 본방을 놓친 게 억울했던 만화광 소년   195

9장 장기전   213

10장 클라운컴퍼니의 탄생   228

11장 플라이휠 효과   243

3부 쇼타임

12장 팅커벨의 지팡이   263

13장 여러분도 마음에 드실 거예요 278

14장 퀴비여, 어디로 가시는 겁니까? 291

15장 사람들을 사로잡고 싶다면 애달프게 만들어야죠 304

16장 IQ 테스트 319

4부 리더의 반격

17장 자신에게 도박을 건 넷플릭스 351

5부 대중과의 만남

18장 출격 369

19장 우주에서는 당신이 스트리밍하는 걸 아무도 몰라요 392

6부 회복을 찾아

20장 격변하는 모든 것 411

21장 진격의 아마존 440

22장 인내와 믿음 456

나가며 474

감사의 글 480

주석 484

찾아보기 496

들어가며

라디오 시티 뮤직 홀Radio City Music Hall 구내방송에서 영국식 억양의 냉소적 목소리가 흘러나온다. 오늘 뉴욕의 밤이 평소와는 다르다는 사실을 암시하는 듯하다. 선언이 울려 퍼진다. "끝의 시작에 오신 것을 환영합니다."

TV 판타지 드라마 〈왕좌의 게임Game of Thrones〉의 마지막 시즌을 세계 최초로 공개하는 시사회였다. 말 그대로 시리즈의 끝을 의미할 뿐 아니라 상징적으로도 '종착역'이 될 터였다. 스토리텔링 선구자로 명망 높은 방송국 HBO의 47년 역사상 가장 많은 시청자가 본 프로그램을 떠나보내는 자리였으니 말이다. 시리즈의 마지막 회차 방영 당시 시청자 수는 최고 1,930만 명에 달했고 이 중 유선방송으로 시청한 사람이 1,360만 명이었다. 좀 더 깊이 들여다보면 이번 행사는 엔터테인먼트 업계의 오랜 터줏대감의 입지가 줄어드는 속도에 제동을 걸어줄 이벤트이기도 했다. 지난 수십 년간 HBO는 TV가 문화적으로 강력한 영향력을 갖기까지 주도적인 역할을 해왔다. 메디치 가문이 예술가들을 육성한 것처럼 TV 프로그램의 발전을 이끈 것이다. 하지만 오랫동안 대적할 자가 없었던 이 기업이 사면초가에 빠졌으니, 갑자기 소유자가 바뀌고 스트리밍 업계가 라이벌로 부상한데 이어 심지어 내부 불화까지 터진 것이다. 이 때문에 시사회장은 보통의 환송회에서 볼 수 있는 뿌듯함과 애틋함 대신 불안과 초조로 가득했다.

라디오 시티에는 5,000여 명에 달하는 많은 인원이 운집해 있었던 만큼 모든 이가 HBO의 내밀한 속사정에 몰두하진 않았다. 순전히 팬심만 가득한 일부 사람들의 경우 대형 스크린이 켜지기만 기다리고 있었다. 록펠러 플라자Rockefeller Plaza 중앙에 세워진 높이 25피트(약 7.6미터)의 홍보용 왕좌를 지나 토니상(미국 연극, 뮤지컬계에서 가장 권위가 높은 상으로 영화계 오스카상, 음악계 그래미상과 비견된다-옮긴이)과 로케츠 크리스마스쇼가 열리는 장소로 유명한 아르데코 오디토리움까지 길게 줄을 서가며 구하기가 하늘에 별 따기라는 입장권을 손에 넣은 이들이었다. 라디오 시티는 HBO 오리지널 시리즈 〈소프라노스The Sopranos〉가 높은 시청률을 구가하던 2000년대 중반 레드 카펫 시사회가 열린 곳이자 〈대부The Godfather〉 같은 할리우드 고전 명작이 최초로 선보인 곳이기도 하다.

쇼타임을 알리는 카운트다운이 시작되자 정장을 갖춰 입은 비즈니스맨들까지 흥분과 설렘을 감추지 못했다. 마침내 모든 조명이 꺼지자 회색 정장 차림의 한 남성이 "용이다!"라고 소리쳤다. 아마 매일같이 엑셀 스프레드시트에 시달리다 잠시 해방된 기쁨에 터진 탄성이었으리라. 달빛이 빛나는 상쾌한 밤, 〈왕좌의 게임〉 마스코트인 용이 완벽한 CG로 탄생해 100피트(약 30.5미터) 사이즈의 대형 스크린을 종횡무진 날아다니며 HBO의 관계자들을 흡족하게 했다.

하지만 이 자리에 참석한 5,000명 중 2,000명을 차지했던 HBO 직원들은 행사가 시작되자마자 뭔가 잘못됐다는 것을 알 수 있었다. 물론 라디오 시티라는 유서 깊은 공간에선 계속해서 마법이 펼쳐졌다. 오르간 연주자가 스포트라이트 속에서 라이브 연주를 하는 사이 데이브 셔펠Dave Chappelle, 미셸 울프Michelle Wolf, 키건 마이클 키Keegan-Michael Key와 같은 배우들을 비롯한 〈왕좌의 게임〉 팬으로 알려진 유명인들이 입장해 자리 잡았다. 하지만 유독 한 사람의 빈자리가 눈에 띄었다. 1990년대 홍보 담당자로 일하며 HBO의 이미지를 구축한 뒤 2000년대 들어 최고 직위에까지 오른, 까무잡잡한 피부에 화려한 언변을 자랑하는 간부 리처드 플레플러Richard Plepler 말이다.

상영 전 소개 멘트에서 몇 차례나 언급됐음에도 그는 영광의 순간으로 꾸며진 무대에 오르지 않았다. 그저 자리에 그대로 앉은 채 미소를 띄우며 잠시 손을 흔들었을 뿐이다. 어퍼이스트사이드에 위치한 타운 하우스 자택에서 화려하고 우아한 디너파티를 개최하는 걸로 유명한 이 본 비반트bon vivant(인생을 즐기며 사는 사람-옮긴이)는 전날 밤 이미 센트럴파크사우스의 한 이탈리아 레스토랑에서 출연진 및 스태프와 함께 만찬을 벌인 참이었다. 그래서 공식 시사회가 열린 이날 밤의 애프터 파티는 건너뛰었는데 그 자리가 달곰쓸쓸할 수밖에 없다는 사실을 이미 잘 알았던 것이다.

사실 그 즈음 플레플러는 28년간 몸담았던 회사를 떠날 채비 중이었다. 이미 사무실 정리까지 마친 상태였다. HBO의 새 소유주

AT&T가 대대적 구조 조정에 착수했기 때문이다. 100년 역사를 자랑하는 거대 통신사인 AT&T는 HBO의 모회사 타임워너Time Warner를 850억 달러(110조 5,000억 원)에 인수한 뒤 수지타산을 맞추려고 발버둥 치는 중이었다. AT&T가 미국 비은행 기관으로서는 최대 규모인 1,810억 달러(235조 3,000억 원)에 달하는 부채를 줄이려 고군분투하는 사이 경력이 오래된 HBO의 인재들은 너나 할 것 없이 회사를 빠져나가고 있었다. 날아갈 위기에 처한 HBO의 여러 자산 중에는 브라이언트 공원Bryant Park이 내려다보이는 15층짜리 건물, 다소 소박한 외관과 다르게 영향력만큼은 하늘을 찌르는 HBO 뉴욕 본사도 포함돼 있었다. 덕분이랄까, HBO는 CNN 및 워너브라더스Warner Bros. 같은 자매 기업들과 함께 1930년대 록펠러 센터Rockefeller Center가 착공한 이후 뉴욕의 가장 야심 찬 상업용 부동산 프로젝트 지역으로 손꼽히는 허드슨야드의 번쩍이는 새 집으로 이사할 예정이었다. 이곳의 초고층 건물은 엠파이어스테이트 빌딩보다 18피트(5.4미터)가 더 높았다.

플레플러가 떠난 이후 HBO에서 최고 권력을 거머쥘 이는 57세의 남부 캘리포니아주 출신 존 스탠키John Stankey였다. 보험 영업을 하던 아버지와 가정주부인 어머니 아래에서 막내 아들로 자란 그는 이글 스카우트(미국 보이 스카우트의 스카우트 BSA 프로그램 중 가장 높은 업적 또는 순위-옮긴이)를 달성한 인물이었다. 키가 2미터에 달하는 스탠키가 라디오 시티 로비를 수행단 없이 성큼성큼 걸어 들어갔지만 누구도 주목하지 않았다. 그러나 그는 늘 그랬듯 괘념 않고 목적에 맞춰 움직였다. AT&T에서 그의 포트폴리오가 길어지는 건 시간문제였다. 시가 2,800억 달러(364조 원)의 거대 조직에서 이미 최고운영책임자COO로 지명되었고 이대로라면 CEO도 따놓은 당상이었다. 오를 게 분명했으니 말이다. 평생 AT&T에 몸담은 수많은 직원이 자사의 뿌리를 자랑스럽게 전화회사 벨Bell로 꼽는 걸 감안하면 스탠키는 "벨의 우두머리"라 할 수 있었다. 워너미디어의 직원들 사이에서는 카우보이로 통했는데 AT&T의 본사가 댈러스에 있다는 것에 더해 스탠키의 단순하고 솔직한 성격까지 반영한 별명이다. 그는 중저음의 목소리로 일부러 뜸들이며 말하는 습관이 있는데 비유하자면 시트콤 〈사인필드Seinfeld〉에서 퍼디를 연기한 패트릭 와버튼Patrick Warburton보다 약간 더 딱딱하게 말하는 스타일이었다. 스탠키는 냉철한 수학자처럼 경영진을 다루어 무엇이든 폭넓게 수용하는 분위기인 할리우드에서조차 엔터테인먼트 기업을 운영하기에 어울리지 않는 인물로 다섯 손가락 안에 꼽혔다. 스탠키를 한 단어로 요약하면 1초 고민 후 무조건 "직진하는linear" 기술 기업 CEO라 할 수 있다. 그는 "연합 데이터"나 "플라이휠" 같은 용어를 멋대로 사용하고 창작자들이 만든 영화와 TV 프로그램이 "넘쳐난다"는 식의 개념 없는 발언으로 업계에서 일찌감치 찍힌 사람이었다.

스탠키의 사명은 HBO라는 기업을 재정의하고, 타임워너를 한때 독립적인 계열사의 집합으로 만들어 준 자산들을 해체해 HBO 최대의 적과 기술적으로 맞붙는 것이었다. 넷플릭스는 특히 젊은 시청자들 사이에서 HBO의 문화적 명성을 무색하게 만든 건 물론, 2018년에는 HBO의 에미상 수상 이력까지 따라잡는 데 성공했다. 타임워너의 전 CEO 제프 뷰커스Jeff Bewkes가 "(심각한 위협이 될 리 만무한)알바니아 군대"라고 조롱한 전 DVD 우편배달 업체(1997년 설립된 넷플릭스는 온라인 DVD 대여 서비스로 사업을 시작했고 이 서비스는 2023년 하반기 종료될 예정이다-옮긴이)가 달성하리라곤 아무도 상상 못 했던 업적이었다. 더불어 넷플릭스라는 스트리밍 대기업의 사명은 "HBO가 우리가 되기 전에 우리가 먼저 HBO가 되는 것이다"라는 넷플릭스의 콘텐츠 담당 테드 서랜도스의 발언 또한 자주 회자되었다. 반대로 지난 수년간 HBO와 여타 기업 책임자들은 넷플릭스가 될 마음이 전혀 없었을 뿐 아니라 스트리밍과 같은 부류의 사업에 신경조차 쓰지 않았다는 사실이 명확했다. 스탠키가 책임자로 부임하면서 달라진 계획이 수면 위로 드러났지만 딱히 잘 맞는 옷처럼 보이진 않았다.

라디오 시티 로비에 선 스탠키는 편안한 차림까지는 아니었지만 옥스퍼드 소재의 파란 드레스 셔츠를 풀어 헤친 채 느긋하게 서성이며 참석자들에게 나눠주는 빨간색과 흰색 줄무늬가 그려진 상자에 담긴 팝콘을 한 줌씩 집어먹고 있었다. 〈왕좌의 게임〉 마지막 시즌 시사회에서 무엇이 가장 기대되느냐는 질문에 그는 솔직하게 대답했다. "첫 회죠." 그의 집 120인치 TV 옆에는 〈왕좌의 게임〉 시리즈의 수백만 팬이라면 좀비인 화이트 워커 부대와의 전투도 마다하지 않으며 차지하고자 했을 마지막 시즌 전 회가 담긴 4K 블루레이 디스크가 쌓여 있었다. 하지만 그는 아직 한 회도 보지 않은 상태였다. 뭐가 됐든 대본이 있는 프로그램을 쳐다보는 건 그에게는 고역이었다. 매일 일로 녹초가 되는 와중에 드물게 생기는 휴식 시간에는 대학 미식축구 경기를 보는 게 최고의 기분 전환이었다. 2017년 봄, 타임워너의 수장이 된다는 사실을 알게 된 후 스탠키는 〈왕좌의 게임〉 세 번째 시즌까지 완주하는 데 성공했다. 부임 후 처음 맞은 여름, 일곱 번째 시즌을 준비하게 된 그는 여름이 끝나기 전에 열릴 시사회를 위해 향후 두 달간 남은 네 시즌을 전부 시청하기로 했다. 그리고 2년이 지난 지금, 마지막 여덟 번째 시즌 역시 같은 속도로 끝낼 예정이었다. "일단 1화를 보고 나면 나머지는 **몰아보게** 될 거예요." 스탠키는 눈으로 로비를 훑으며 단호하게 말했다. "그 웅장한 볼거리가 예술이죠."

라디오 시티에서 벌어진 광경은 엔터테인먼트 업계에서 일어나고 있는 광범위한 지각변동을 잘 보여주었다. 비단 AT&T와 그들의 새로운 전리품 타임워너에만 해당되는 문제가 아니었다. 비슷하게 100년 역사를 지닌 여러 미디어 기업 역시 수십억 달러를 들여 넷플릭스와 진지하게 맞붙어 보기로 마음먹고 있었다.

새 주자로 시장에 진입한 NBC유니버설의 경영진은 일찍이 2010년대 중반부터 군비 경쟁이 시작됐다는 걸 감지했다. 스트리밍 관련 NBC유니버설 정기 계획 회의에 참석한 어느 임원은 임계치에 도달했다는 사실을 거의 모든 이가 알고 있다며 "디즈니든 워너든 누군가 뛰어들면 우리도 보고만 있을 순 없다는 게 자명한 사실"이라고 말했다. "종국에는 종합 엔터테인먼트 스트리밍 서비스 몇 곳만 살아남을 텐데 그게 스물다섯 곳에 달하진 않을 거라는 느낌이 있었어요. 그런데 가만히 보고만 있다 너무 뒤쳐지면 그 몇 군데 안에 들지 못할 위험을 감수해야 하는 거죠."

재정적 관점에서 대규모 서비스를 소비자에게 직접 제공할 여력이 있는 기업은 컴캐스트Comcast, 디즈니와 워너미디어 정도였다. 비아콤CBSViacomCBS, 디스커버리Discovery, 라이온스게이트Lionsgate와 AMC 네트웍스AMC Networks 등 다른 미디어 기업 역시 상당 규모의 스트리밍 자원을 확보했고 일부는 넷플릭스에 대적할 만하다는 얘기까지 나왔지만 아직 동급으로는 보기 어려웠다. 경쟁자로 거론되는 미국 기업들이 확보한 리소스의 규모는 넷플릭스와 비교하면 미미한 수준이었고 이들은 수익도 여전히 전통적인 채널을 통해 올리고 있었다.

기술 기업의 투자자들은 미래의 천문학적 성장을 꿈꾸며 현재의 손실은 얼마든지 감수하곤 한다. 아마존의 경우 연간 정산에서 흑자가 되기까지 9년이 걸렸다. 반면에 미디어 기업의 관점은 훨씬 현실적이다. 미디어 기업은 수익의 대부분을 차지하는 영화 및 TV 프로그램은 물론 스트리밍 경쟁에 참여하기 위한 프로그래밍 및 기술 인프라에도 계속해서 투자해야 하는 한편, 넷플릭스 같은 자사 콘텐츠 구매자들로부터 나오는 수익을 포기해야 하는 곤란한 상황에 처해 있었다. 다수의 오리지널 프로그램을 제작하면서 동시에 저작권료를 포기해야 하는 상황은 수십억 달러의 순손실로 이어질 수밖에 없었다.

8년간 NBC유니버설 CEO로 재임한 스티브 버크Steve Burke는 넷플릭스와 다른 기업 간의 격차를 좁힐 수 있다고 자신했다. 근거는 단순했다. 이 스트리밍 1인자가 지금껏 진정한 경쟁에 직면한 적이 없다는 것이다. "향후 5~10년간 넷플릭스는 흥미진진한 날들을 보낼 겁니다." 퇴임하던 2020년, 그가 말했다. "디즈니, AT&T에 우리까지 갑자기 뛰어들어 서비스를 더 저렴한 비용 혹은 무료로 제공할 텐데 넷플릭스도 예전과는 다르게 치열한 경쟁을 맛볼 수밖에 없죠."

갈수록 경쟁이 고조되는 시장, 그리고 신구 미디어의 충돌은 점점 더 흥미롭고 노골적인 방식으로 펼쳐졌다. 일례로 정교하게 구성된 〈더 모닝쇼〉 시사회는 애플TV플러스의 출범식 역할을 했다. 이 행사는 방송업계의 레거시를 조롱하는 동시에 시가 1조 달러(1,300조 원)가 넘는 거대 기술 기업이 과감한 도전에 나섰음을 만천하에 알렸다(2023년 7월 기준 애플의 시총은 2조 9,000억 달러, 원화로 3,900조 원을 넘어선다-옮긴이). 이날 애플 CEO 팀 쿡Tim Cook은 드물게 레드 카펫, 엄밀히 말하면 블랙 카펫 행사에도 참석했는데 이후 골든글로브 같은 시상식에도 처음으로 모습을 드러내는 등 비슷한 행보를 이어갔다. 시사회에서 쿡은 프로그램의 주연 배우이자 제작자인 제니퍼 애니스턴Jennifer Aniston 및 리스 위더스푼Reese Witherspoon과 함께했다. 1994년부터 2004년까지 시청률을 휩쓴 NBC 시트콤 〈프렌즈Freinds〉의 레이철 그린 역으로 입지를 굳혔던 애니스턴의 드라마 출연은 〈프렌즈〉 이후 처음이었다. 여기서 그녀는 TV 아침 방송을 진행하는 베테랑 앵커 앨릭스 레비 역을 맡았다. 드라마에는 레비와 오랫동안 호흡을 맞춘 동료로 배우 스티브 커렐Steve Carell이 NBC의 실제 앵커 맷 라우어Matt Lauer를 모델로 연기한 미치 캐슬러가 나온다. 캐슬러가 여러 건의 성추행 혐의에 연루돼 프로그램에서 잘리자 위더스푼이 연기한 브래들리 잭슨이 그 자리를 대신해 공동 앵커로 투입되고, 레비는 잭슨에게 날을 세우게 된다. 〈더 모닝쇼〉 시사회가 열렸던 시기 애니스턴과 〈프렌즈〉의 다른 주연들은 각자 거의 250만 달러(32억 5,000만 원)에 달하는 출연료를 받고 2020년 재결합 토크쇼에 출연하기로 했고 이후 워너미디어 스트리밍 서비스 HBO맥스에서 공개되었다.

폭만 200피트(6.09미터)에 이르는 블랙 카펫은 링컨 센터 플라자의 중앙 계단부터 시작해 콜럼버스 애비뉴까지 펼쳐졌다. 카펫 양옆으로 팬, 사진사 및 구경꾼들이 포진한 가운데 근육질의 경호원 무리는 땅거미가 질수록 경계 태세를 강화했다. 행사에는 드라마 출연진인 스티브 커렐, 리스 위더스푼, 빌리 크루덥Billy Crudup, 마크 듀플라스Mark Duplass, 민디 케일링Mindy Kaling과 함께 조안 런던Joan Lunden, 다이앤 소여Diane Sawyer, 조지 스테퍼노펄러스George Stephanopoulos 등 친숙한 이물들은 물론 과거부터 오늘날까지 TV 모닝쇼의 진행자 수십여 명도 참석했다. 플라자를 가로지르는 통로에는 라인을 따라 애플과 드라마의 로고가 라인을 따라 설치됐는데 미국 문화계에서 입성하기 가장 어렵기로 유명한 왕궁에 이렇게 기업 브랜드가 도배된 건 극히 드문 일이었다. 가득찬 로고는 집집마다 TV를 장만하면서 매체 호황기가 시작된 1951년, 전자업체 RCA 연구소 연구원들이 "테스트 패턴(방송국의 화면 조정 시간에 주로 쓰임-옮긴이)"으로 개발한 그 옛날 TV 컬러바를 떠올리게 했다.

〈더 모닝쇼〉의 총괄 프로듀서 마이클 엘렌버그Michael Ellenberg가 "애플의 바르 미츠바bar mitzvah(유대인 성인식-옮긴이)"라고 칭한 이 시사회는 영화 〈프로듀서The Producers〉, 〈고스트버스터즈Ghostbusters〉, 〈문스트럭Moonstruck〉 등에 카메오 격으로 등장하기도 한 그 유명한 레브손 분수를 둥그렇게 둘러싼 채 진행되었다. 분수는 드라마의 막대한 예산에 걸맞은 화려한 장식물이었는데 실제로 많은 관계자들이 드라마의 회당 제작비를 1,600만 달러(208억 원)로 추정했다. 사상 최대라 할 만한 제작비가 투입된 것이다. 제작자들은 그보다는 적게 들었다고 주장했지만 말이다. 뒤로 보이는 메트로폴리탄 오페라 극장과 마르크 샤갈Marc Chagall 태피스트리는 월요일 휴관 일정에 따라 조명이 꺼져 있었다. 플라자의 한구석이 이렇게 고요하다 보니 재즈 공연 사운드가 반대편까지 크게 울려 퍼졌고 높은 층의 데이비드 게펀 홀 테라스에서는 칵테일 드레스 차림의 게스트 1,500여 명이 기다란 샴페인 잔에 든 뵈브 클리코를 홀짝이며 재즈 듀오의 연주에 귀를 기울였다.

　진부하나마 스타들을 불러모은 애플의 화려한 행사로 인해 초가을 밤이 후끈 달아올랐다. 하지만 실제로 시사회가 시작되자 애플의 노력이 정확히 무엇을 위한 것인지 의문이 피어올랐다. 스티브 잡스Steve Jobs는 10년 전 전기 작가 월터 아이작슨Walter Isaacson에게 TV를 "마침내 부숴 버렸다"고 의미심장하게 말했다. 아이팟, 아이폰과 아이패드 등을 선보이며 말 그대로 시장을 개척한 애플이었지만 당시 아직 방아쇠를 당기기도 전이었다. 지난 수년간 소문으로만 떠돌던 온갖 억측은 애플이 마침내 스트리밍 사업에 20억 달러(2조 6,000억 원)를 투자해 엄선된 영화, 스페셜과 시리즈를 선보이면서 자취를 감췄다. 협상가들은 현금 부자 애플과 거래해 쏠쏠한 재미를 보고도 스토리텔링 예술보다는 매끈한 제품 디자인을 뽑는 데 훨씬 특화된 그들의 내부 혼란을 떠벌리고 다녔다. 애플은 전 세계를 대상으로 첫날에 106개 국가, 수백만 개의 스크린에 스트리밍 서비스를 시작했다. 하지만 애플TV플러스 프로그래밍에 "모든 걸 쏟아붓기에는" 애플이라는 브랜드 네임과 연간 2,258억 달러(293조 5,400억 원) 규모인 하드웨어 사업의 가치가 너무 높았다. 애플의 제품과 애플TV플러스가 전 세계 공급망과 밀접하게 연관돼 있는 만큼 〈소프라노스〉, 〈브레이킹 배드Breaking Bad〉처럼 혁신적이고 날카로운 통찰이 담긴 시리즈를 공개하기는 어려웠다. 종교, 마약과 섹스 등을 포함한 모든 이슈에 조심스레 접근할 수밖에 없었기 때문이다. 넷플릭스의 경우 화제의 주간 시리즈

〈하산 미나즈 쇼Patriot Act with Hasan Minhaj〉의 호스트 하산 미나즈Hasan Minhaj 가 사우디 왕세자 무함마드 빈 살만Mohammed bin Salman을 비판한 이후 해당 에피소드를 삭제했었는데 이따금 비슷한 문제에 부딪쳤다. 1990년 대 사람들에게 "다르게 생각하라"고 촉구하고 반항아들에게 환호하는 광고 캠페인으로 유명세를 누렸던 애플은 2015년 애플뮤직을 론칭하면서 N.W.A의 힙합 클래식 '퍽 더 폴리스Fuck Tha Police'나 닥터 드레Dr. Dre의 '렛 미 라이드Let Me Ride' 등 원색적인 곡들을 검열 후 "클린 버전"으로 공개하는 회사가 되었다.

제작 과정에 정통한 한 관계자에 따르면 1960년대 우주 탐사 시대의 대체 역사를 그린 〈포 올 맨카인드For All Mankind〉에 흡연 장면을 얼마나 넣을지를 두고 제작진과 애플 임원진이 충돌한 적도 있었다. 담배는 버즈컷과 뿔테 안경만큼 냉전 시대 우주 관제 센터를 연출함에 있어 필수적인 소품이었는데도 말이다. 결국 흡연 장면은 살아남았다. 그러나 애플은 자유방임주의를 표방하며 수많은 영화 관계자와 TV 제작자를 끌어들인 넷플릭스와 완전히 대척점에 있다는 명성을 얻게 되었다. "애플은 논란을 피하려다 단조로움이란 수렁에 빠져들고 있어요." 애플과 수많은 비즈니스를 진행한 할리우드의 노련한 협상가가 말했다. "이런 문제로 곤란을 겪은 인재가 한둘이 아니에요. 그래서 저도 사람들한테 애플하고는 계약하지 말라고 했고요."

소니픽처스텔레비전Sony Pictures Television의 동료였던 잭 반 앰버그 Zack Van Amburg와 함께 애플TV플러스의 공동 수장을 맡고 있는 제이미 일리크트Jamie Erlicht는 애니스턴이 애플의 "주력" 시리즈라고 칭한 〈더 모닝쇼〉를 만들기 위해 어떤 노력을 기울였는지 있는 그대로 털어놨다. "쉬운 일은 아무것도 없었어요." 일리크트가 말했다. "하지만 원래 위대한 작품들이 다 그렇죠." 다른 기업들과 달리 애플은 자사가 보유한 작품이 없었기 때문에 순전히 타사 작품들로 브랜드를 구축하는 수밖에 없었다. 이런 식의 접근은 디즈니가 수많은 애니메이션 작품들, 그리고 마블 및 〈스타워즈Star Wars〉 시리즈를 지렛대로 활용한 데 비하면 엉성하기 짝이 없었다. 워너미디어와 NBC유니버설 역시 자사 작품에 의존했어도 스트리밍 업계의 절대 원칙만은 이해했다. 자사의 강력한 작품들이 고객을 붙잡을 수는 있겠지만 결국 신규 고객을 끌어올 수 있는 건 새로운 오리지널 프로그램뿐이라는 것이다.

〈더 모닝쇼〉는 애플의 콘텐츠 라이브러리가 부족한 상황에서, TV 아침 뉴스를 배경으로 하는 자극적인 드라마로서 애플TV플러스의 시작을 알려야 하며, 기한이 빡빡한 일정 안에 혁신적 작품을 완성해야 한다는 부담까지 지고 있었다. 원작은 CNN 미디어 기자 브라이언 스텔터Brian Stelter가 엄청난 수익을 올리는 뉴스쇼 〈투데이Today〉와 〈굿모닝 아메리카Good Morning America〉 간의 경쟁을 기록한 저서 《최고의 아침Top of the Morning》이었다. 개성 있는 설정이 상당히 흥미로워 보였지만 애플은 힐러리 클린턴Hillary Clinton의 공보 담당 출신으로 프로그램의 오리지널 크리에이터인 제이 카슨Jay Carson을 해고하고 극적인 방향 전환을 모색했다. 2018년 초반 들어 아침 뉴스는 더 이상 행복한 이야기, 가십, 경연이 펼쳐지는 곳이 아니었기 때문이다. 기존 스텔터의 서사가 통하지 않게 된 그곳은 '미투 운동'의 격전지로 돌변해 있었다. 〈투데이〉의 맷 라우어와 CBS 〈오늘 아침This Morning〉의 찰리 로즈Charlie Rose 모두 성추행 혐의로 커리어가 파국을 맞으면서 〈더 모닝쇼〉

는 전면 수정을 단행할 수밖에 없었다. 대형 언론사 뉴스 사업부의 성 문제를 날카로운 시각으로 다루는 좀 더 무게감 있는 작품이 될 필요가 있었다. 그래서 등장인물인 미치 캐슬러, 그리고 그의 앵커직 해임으로 인한 여파에 초점을 맞추도록 재설계되었고 하비 와인스타인Harvey Weinstein(할리우드 영화 제작자로 강간 및 성추행 유죄 판결을 받았다-옮긴이)의 뉴욕 형사재판을 앞둔 시점에 촬영이 진행되었다. 그야말로 각본 수정의 연속이었다. 제작자이자 총괄 책임자인 케리 에린 Kerry Ehrin은 "그해 말쯤 스트레스가 엄청났다"고 회상했다.

제이미 일리크트는 2년 전 잭 반 앰버그와 트레킹을 떠났다 유력 에이전시 CAACreative Artists Agency의 센츄리시티 본사에서 〈더 모닝쇼〉 얘기를 들었다고 회상했다. 소니Sony 임원이던 이들이 애플TV플러스로 이적한 지 불과 3일째 되는 날이었다. 두 사람은 "우리가 찾던 바로 **그 작품**이라는 사실을 알았지만" TV 시장에 이제 막 뛰어든 애플TV 플러스로서는 제안서를 꾸리고 비용을 지급하는 등 물류적인 안정이 무엇보다 시급했다고 말했다. 기업의 새 부지가 확정된 뒤에도 3~4개월의 협상 기간이 이어졌다.

애플에 따르면 애니스턴과 위더스푼은 기술 대기업인 애플과 론칭 파트너가 될 기회를 반겼다고 한다. "누군가 우리를 믿어주기 전에, 우리가 뭔가를 시작하기도 전에, 우리가 서비스명을 뭐로 할지 정하기도 전에 그들이 **애플**을 믿어준 거예요." 애플 인터넷 소프트웨어 및 서비스의 수석 부사장이자 제이미 일리크트와 잭 반 앰버그의 상사인 에디 큐Eddy Cue가 말했다. 〈더 모닝쇼〉 제안서는 처음엔 여러 다양한 회사들을 떠돌아다녔지만 최종적으로 넷플릭스와 애플이 입찰 경쟁을 하게 되었다. 한 협상 전문가에 따르면 두 기업 모두 "놀라울 만큼 공격적인 조건"을 제시했고 결국 애플이 승리해 시리즈 제작진은 '개척자'로 자리매김하게 되었다.

링컨 센터에서 〈더 모닝쇼〉 1, 2회가 상영되자 그 정도의 예산을 투자할 가치가 있었단 게 분명해졌다. 단, 여러 가지 의미에서 말이다. 제이 카슨의 자리를 대신한 미미 레더Mimi Leder는 훌륭했다. 〈세상을 바꾼 변호인On the Basis of Sex〉, 그리고 HBO의 〈레프트오버The Leftovers〉 같은 시네마틱 TV 시리즈로 유명한 그의 제작 수완과 연출은 그야말로 최고였다. 하지만 애플 홍보에 혈안이 된 나머지 조롱거리를 제공하기도 했다. 거의 모든 장면에서 등장인물들이 아이폰을 만지작댄 것이다. 드라마 속 인물들은 새벽 알람을 설정하고 문자를 전송하며 푸시 알림까지 확인했다. 고작 파일럿 에피소드 한 편에도 애플 특유의 기기 간 연결성이 과하게 노출돼 관객들은 이따금 실소를 터뜨렸다. 대부분은 스토리에 집중하는 듯했지만 시사회에 앞서 뵈브 클리코 갈라쇼에 참석하지 않은 비평가들은 좀처럼 설득되지 않았다. 애플TV플러스의 출범과 함께 공개된 다른 8개 쇼와 마찬가지로 〈더 모닝쇼〉에 대한 평가는 분명히 엇갈렸다.

파일럿 에피소드 중반부, 빌리 크루덥이 연기한 비열하지만 카리스마도 있는 방송국 사장 코리 엘리슨은 업계 사람들에게 다음과 같이 설파해 관객들을 웃겼다. "불과 몇 년도 안 돼 방송계 전체가 벼랑 밑으로 추락해 버리면 얼마나 웃기겠나. 우리가 재창조하지 않으면 '쿵! 쾅! 조명 아웃' 이렇게 되는 거야. 뭐든 달라지지 않으면 싹 다 기술에 먹혀버릴 거라고."

넷플릭스 〈아이리시맨〉의 시사회는 문화계와 금융계의 주요 인사 및 A급 스타들이 참석했다는 사실을 넘어 격이 다른 혁신을 선보였다. 실제로 행사 그 자체가 중요한 의미를 지녔다는 얘기다. 〈아이리시맨〉에 대한 넷플릭스의 아낌없는 지원, 그리고 두 달 안에 영화제를 돌고 몇몇 영화관에서 잠깐 상영한 뒤 전 세계에 스트리밍하겠다는 계획으로 인해 그 자리에 있던 관객들은 기대감에 정신이 혼미해질 정도의 전율을 느꼈다.

아무리 스트리밍 시대라지만 대작을 선보이는 방식은 그때까지도 20세기에 머물러 있었다. 전 세계를 순회하며 여기서는 상을 타고 저기서는 비평가들의 찬사를 받으며 흥행 수익을 휩쓸다 결국 VOD로 넘어가고 그로부터 1년 정도 시간이 지난 후에야 구독 서비스 플랫폼에 공개되는 것이다. 이에 비해 2020년 2월 아카데미 작품상을 수상한 〈기생충Parasite〉은 2019년 5월 칸영화제에서 세계 최초로 공개된 뒤 영화제 및 해외 극장에서 상영되다 10월 중순 미국에서 공식 개봉했다. 마틴 스코세이지Martin Scorsese 감독의 〈아이리시맨〉 역시 뉴욕에서 처음 공개된 뒤 가장 스타일리시한 방식으로 아카데미 후보작에 올라야 한다는 최대 목표를 달성했다. 하지만 이는 좀 더 넓게 보면 엔터테인먼트 업계를 호령했던 전제가 더 이상 작용하지 않는다는 분명한 신호이기도 했다. 불과 얼마 전 TV판을 완전히 뒤집어 놓은 넷플릭스가 이번에는 배타적이기로 유명한 100년 역사의 영화판까지 쇄신하기 시작한 것이다. 그리고 이 같은 현실은 받아들이는 사람이 엔터테인먼트 업계에서 어떤 지위를 차지하고 있느냐에 따라 짜증이 나거나 짜릿할 수도, 아니면 둘 다일 수도 있었다.

인근 링컨 센터의 〈아이리시맨〉 시사회에 참석했던 이들이 몰리면서 센트럴파크에 위치한 레스토랑 '태번 온 더 그린'의 내부 주방은 연기로 가득 찼다. 영화 러닝타임이 장장 3시간 반에 달해 파티는 자정에야 시작됐지만 흥에 겨운 이들은 개의치 않았다. 공원까지 반 마일(800미터)을 걸어서 이동하는 사람들도 하나같이 한 가지 이야기뿐이었다. 바로 현대 갱스터 영화의 거장들이 다시 한 번 해냈다는 것이다. 로버트 드 니로Robert De Niro, 알 파치노Al Pacino, 하비 케이틀Harvey Keitel, 조 페시Joe Pesci 등 스코세이지와 손잡은 스타 배우들은 고령에도 변함없는 혈기로 팬들에게 화답했다. 스파이크 리Spike Lee, 존 터투로John Turturro, 매기 질런홀Maggie Gyllenhaal과 비주얼 아티스트 JR을 비롯한 수백 명의 인사들이 그들에게 경의를 표했다. 키 195센티미터에 캘리포니아 산페르난도밸리의 고교 및 대학 야구선수 출신으로 현재는 넷플릭스 필름의 의장인 스콧 스투버Scott Stuber는 VIP 밀실로 성큼성큼 걸어가며 동료에게 이렇게 귀띔했다. "드 니로가 계신 곳에 가는 거야." 갈색 머리에 각진 턱의 스투버는 유난히 재능 있는 자들을 흠모했다. 유니버설픽처스Universal Pictures 마케팅 부서 인턴으로 커리어를 시작해 인생 황혼기를 맞은 거물 루 와서먼Lew Wasserman의 가르침을 그대로 흡수하고 결국 스튜디오 의장직까지 올라선 인물이다. 2017년 그가 넷플릭스에 합류한 일이 넷플릭스가 오리지널 영화를 만드는 것을 진지하게 고민하기 시작한 시기에 일어난 결정적 사건이라는 게 업계 정론이다.

스투버까지 레스토랑 밀실에 들어서자 스코세이지와 5편의 작품을 함께한 리어나도 디캐프리오Leonardo DiCaprio는 더 이상 비좁은 공간을 참지 못하고 여자친구 커밀라 모로네Camila Morrone를 출구로 이끌었다. 경호원들의 엄호를 받으며 주방을 빠져나가는 이들의 모습은 마치 영화 〈달콤한 인생La Dolce Vita〉의 탈출 장면 같았다. 혼잡한 공간에서 넷플릭스 콘텐츠 책임자 테드 서랜도스는 그나마 덜 붐비는 옆방으로 간신히 피신한 뒤 영화감독 노아 바움백Noah Baumbach에게 이렇게 농담했다. "지갑 간수 잘해야겠어!"

말 그대로 농담만은 아니었다. 넷플릭스는 미디어 산업 역사를 통틀어 가장 두둑한 지갑을 손에 넣었고, 이 사실만으로도 그날 밤의 전율이 얼마나 짜릿했는지 어느 정도 설명할 수 있었다. 서랜도스 역시 스투버처럼 미국 남서부 애리조나주 피닉스에서 영화 마니아로 유년기를 보냈다. 1980년대 후반부터 1990년대까지 비디오 매장을 운영하다 미국 서부의 대형 비디오 체인 업체의 간부급으로 승진했다. 그의 전문성은 DVD 배달 업체이자 영화와 인터넷의 강력한 결합의 힘을 포착한 시네필(cinephile, 영화광)들의 천국 넷플릭스가 야망을 실현하는 데 꼭 필요했다. 그렇게 2019년, 대형 스트리밍 기업이 된 넷플릭스는 전 세계 190개국에서 약 1억 6,700만 명의 가입자를 확보하게 됐다. 넷플릭스는 경쟁사보다 몇 배는 더 많은 자금을 콘텐츠에 투자했다. 2015년에 46억 달러(5조 9,800억 원)나 돈을 썼는데 2019년에는 무려 150억 달러(19조 5,000억 원)를 쏟아부었고 계속해서 더 많이 투자할 예정이다. 스트리밍 경쟁에 나선 다른 주자들과 달리 넷플릭스의 직원 8,600명(2023년 기준 1만 2,000여 명-옮긴이)은 가장 중요한 한 가지 목표, 새로운 구독자를 끌어들이고 구독을 유지시키는 것에 집중했다. 광고주도, 테마파크도, 또 전통적인 형태의 채널도 없다 보니 정밀하게 만들어진 단일 앱을 통해 시청자들에게 프로그램을 전송하는 것 이외에는 신경 쓸 일이 없었다.

'파괴적 혁신'은 처음부터 넷플릭스의 DNA에 새겨진 특성이었다. 현재는 물론 미래의 직원에게까지 적용되는 "문화 강령"의 주요 항목에는 다음과 같은 전제도 포함된다. "성공의 핵심은 변화다." 2013년 넷플릭스는 TV 업계에 대한 전면 공세로 정치 스릴러 오리지널 드라마 〈하우스 오브 카드House of Cards〉의 10개 에피소드를 한꺼번에 공개해 '몰아보기'라는 개념을 최초로 선보였다. 이후 애니메이션, 키즈 프로그램, 리얼리티쇼까지 모든 장르가 넷플릭스의 조준망에 포착됐다. 넷플릭스 구독자의 평균 시청 시간이 두 시간을 넘어선 이후에도 총가용시장TAM은 여전히 방대했다. 공동 창립자 리드 헤이스팅스Reed Hastings에 따르면 그래 봐야 전 세계에서 TV 세트로 동영상을 시청하는 비율의 10%에 지나지 않기 때문이다. 미국에서는 증가폭이 완화되고 있지만 전 세계 넷플릭스 구독자 수는 꾸준히 증가하고 있다. 이렇게 구독자가 지속적으로 늘면서 미국 내 유료 TV를 시청하는 가구 수는 2015년 이후 15% 감소했고 손실은 갈수록 커지고 있다. 넷플릭스는 창작 집단에도 이례적인 영향력을 행사하고 있다. 에미상, 오스카상, 골든글로브에 적극 공세를 펼쳐 노미네이션 횟수로 견줘 봐도 전통 미디어 기업과 동등한 실적을 올리고 있는 것이다. 넷플릭스가 이렇게 독보적으로 부상하면서 극장업체, 케이블 및 위성 TV 배급업체와 그 밖의 전통 미디어들은 물론 할리우드의 여러 터줏대감들 역시 동요하고 있다. 사실 수많은 인재들이 넷플릭스로 몰려드는 이유는 지금까지와 다를 바 없다. 그들은 언제나 주머니 두둑한 후원자가 여는 가장 호화로운 파티에 몰려들었으니 말이다.

넷플릭스가 인터넷으로 영화와 TV쇼를 스트리밍하는 사업에 뛰어든 건 지난 2007년으로 빨간 봉투에 DVD를 담아 고객들에게 우편으로 보내주는 사업을 시작한 지 10년째 되는 시점이었다. 기술을 활용해 엔터테인먼트 '배송'에 나선 넷플릭스의 틀을 깨는 혁신에 고객들은 깊은 인상을 받았고 충성도를 구축했다. 넷플릭스는 그동안 제작된 모든 DVD를 인터넷이라는 무한한 저장 공간에 비축하기 시작했고 덕분에 가장 열정적인 시네필들을 끌어들일 수 있었다. 온라인 시장으로 전환하면서 넷플릭스는 현재 경쟁 상대로 부상 중인 여러 미디어 기업들로부터 저작권을 획득했다. 넷플릭스 경영진은 디즈니 소속 픽사Pixar 영화, 혹은 〈프렌즈〉나 〈오피스The Office〉와 같은 고전 시트콤 등 이제는 닳고 닳은 작품들의 저작권을 따내기 위해 엄청난 금액, 심지어 수억 달러를 지급했다.

오리지널 콘텐츠를 만들거나 〈아이리시맨〉 같은 영화를 홍보하기 전인 초창기, 넷플릭스의 화두는 언제나 '무슨 작품'을 제공하느냐가 아니라 '어떻게 제공'하는지였다. 구독자들은 굳이 몇 달씩 기다리지 않아도 거실에서 완성도 있는 영화를 시청할 수 있었다. 중간 광고를 견딜 필요도 없고, 다음 화를 보기 위해 일주일을 기다릴 필요도 없었다. 나아가 10개 에피소드를 앉은 자리에서 끝까지 시청하며 시리즈 전체를 한 번에 해치울 수도 있었다. 그것도 사용자 편의에 따라 얼마든지 설정을 바꿔가면서 말이다. 시청자는 지나치게 긴 주제곡을 담은 프로그램 오프닝을 건너뛸 수 있고 마치 사탕을 꺼내먹듯 버튼 하나만 누르면 다음 에피소드로 쉽게 넘어갈 수도 있었다. 유료 케이블 및 위성방송 업체는 구독자 맞춤형 인터페이스를 원하는 시청자들에게 원활한 기능을 제공하지 못해 결국 시류에 뒤처지고 말았다.

그러나 혁신은 터줏대감들로부터 늘 의심의 눈초리와 노골적인 적대감을 받기 마련이다. 2018년 칸영화제는 실제 극장에 영화를 걸지 않는 스트리밍 산업은 진짜 영화에 대한 저주라는 이유를 들어 넷플릭스를 명망 있는 글로벌 필름 쇼케이스 및 마켓에 초청하지 않았다. 칸영화제의 예술감독 티에리 프레모Thierry Frémaux는 "자기들 모델만 그렇게 고집하니 이제 우리와는 적"이라고 설명했다. 극장 개봉과 플랫폼 공개가 어느 때보다 자유롭게 혼재했던 2021년 중반에도 칸영화제는 넷플릭스 금지 방침을 철회하지 않았다. 업계의 수많은 인플루언서들 역시 공공연히 혹은 은밀하게 이 같은 방침을 지지했다. 스티븐 스필버그Steven Spielberg는 스트리밍 기업의 후원을 받는 작품들은 "TV 영화"에 불과하며 그래서 오스카상의 후보로 지목돼선 안 된다고 주장했다. AMC와 레갈시네마스Regal Cinemas 등 미국의 대규모 영화관 체인은 넷플릭스와 회담을 갖고 대부분 영화가 3개월간 극장에서 독점 공개돼야 한다는 오랜 규정을 고치기 위한 협상에 나섰다. 제작사 측이 지난 수년간 압력을 행사한 결과 영화의 평균 상영일은 74일로 줄어든 상태였다. 회담에 동석한 한 관계자에 따르면 협상안이 "거의 타결될 뻔했지만" 극장이 독점 상영 기간 단축에 동의하지 않아 결국엔 "결렬되고 말았다." 넷플릭스측인 스콧 스투버와 팀원들은 평균 상영일이 절반 정도 지난 42일째가 되면 박스오피스 성적이 하향세로 돌아선다고 밝혔다. 물론 관객이 서서히 느는 역주행 작품들도 있지만 대개는 개봉 후 6주가 지나면 김이 빠진다.

뉴욕영화제는 필름소사이어티오브링컨센터Film Society of Lincoln Center가 순수 예술의 성지에서 개최하는 행사임에도 칸영화제와 달리 넷플릭스와 다른 스트리밍 작품들을 환대해 주었다. 넷플릭스는 〈아이리시맨〉 이외에 노아 바움백의 섬세한 드라마 〈결혼 이야기Marriage Story〉, 그리고 세네갈을 배경으로 한 마티 디옵Mati Diop의 초자연 영화 〈애틀랜틱스Atlantics〉를 제57회 뉴욕영화제 에디션에 선보였다.

78세의 마틴 스코세이지가 넷플릭스를 통해 자신의 작품을 선보인 것은 영화 보존주의자이자 전통 시네마 아바타로서 그의 진심을 생각하면 신념에 반하는 행동임에 분명하지만 지극히 현실적인 결정이었다. 본래 스코세이지는 로버트 드 니로와 오래도록 심혈을 기울인 이 프로젝트를 그간 〈사일런스Silence〉, 〈셔터 아일랜드Shutter Island〉, 〈휴고Hugo〉를 비롯해 대부분의 작업을 함께해 온 파라마운트픽처스 Paramount Pictures에 제안했다. 하지만 전통적인 영화계 시스템에서는 1억 6,000만 달러(2,080억 원)라는 막대한 예산을 지원받을 수 없었다. 예산에는 배우가 작품 속에서 수십 년의 세월을 넘나들게 도와주는 최첨단 기술인 디에이징 특수 효과 비용도 포함됐다. 다른 스튜디오들 역시 차례로 고사했다. 〈아이리시맨〉은 스코세이지가 은퇴 생활을 하던 조 페시를 다시 한 번 불러내고 로버트 드 니로와 아홉 번째 호흡을 맞추는 것에 더해 알 파치노와 처음으로 함께 하는 작품이란 점에서 낭만적이었다. 그러나 그와 별개로 2010년대 내내 모든 할리우드의 스튜디오가 기를 쓰고 피해다녔던 종류의 영화였다. 진지한 내용을 다루는 값비싼 시대극인 만큼 독점 판매권이나 파생 상품으로 수익을 창출할 가능성이 제로였고 만에 하나 용케 오스카상을 휩쓸더라도 손익분기점도 넘기기 힘든 게 사실이었다.

"우리 영화를 지원해 줄 곳을 찾았고 그곳이 바로 넷플릭스였어요." 시사회 날 밤, 스코세이지가 설명했다. "넷플릭스 말고는 이 영화를 만드는데 필요한 것들을 제공해 줄 곳이 없었어요. 솔직히 다들 관심도 없더라고요. 서랜도스와 스투버는 우리가 원하는 조건을 맞춰주었고 아무런 간섭도 하지 않았죠." 드 니로와 오랫동안 함께 작품을 제작해 온 제인 로즌솔Jane Rosenthal은 넷플릭스와의 작업을 높이 평가했지만 약간의 적응이 필요했다고 말했다. "다른 언어를 사용하더라고요" 그녀가 회상했다. "마케팅 회의를 시작하면 나는 이 중에서 원 시트one sheet가 뭔지 물어야 했어요." 전통적 영화 마케팅에서 원 시트는 영화를 규정하는 핵심 이미지, 포스터 아트를 의미한다. 해수면 위를 수영하던 여성을 향해 솟아오르는 상어가 그려진 〈죠스Jaws〉의 포스터를 생각하라. 그러나 넷플릭스의 경우 인구통계학적으로 구독자의 습관을 분석해 포스터라 할 수 있는 "타일을 바꿔가며" 콘텐츠의 다양한 측면을 부각시킨다. 로즌솔은 "이 사람의 화면과 저 사람의 화면에서 보이는 장면이 서로 다른 거예요"라고 말했다. 그녀는 넷플릭스에서 드라마 〈그들이 우리를 바라볼 때When They See Us〉와 다큐멘터리 〈이것은 강도다This Is a Robbery〉 프로젝트 역시 진행했다.

로즌솔 같은 제작자들은 지금까지와는 다른 방식으로 업무 역량을 평가받게 되었다. 제작자와 배우들은 방송 다음날 닐슨 시청률을 확인하는 대신 프로그램 공개 후 10일째, 그리고 28일째 되는 날 누적 시청 횟수를 넷플릭스 자체 시스템을 통해 제공받았다. 외부 데이터에는 시청자의 성별과 연령의 분포처럼 익숙한 지표는 물론, 평균 시청 지속 시간 같은 현대적 지표도 포함돼 있었다. 〈아이리시맨〉 같은 영화의 경우, 할리우드에서 중요한 지표로 생각하는 개봉 첫 주 주말 박스오피스 대신 첫 달 시청 횟수가 평가 지표가 되었다. '불금'에 영화를 보려고 줄 선 관객 수를 기준으로 전체 재무 성적을 예상하는 데 익숙한 영화 업계가 기다리기에는 한 달은 영원 같은 시간이 아닐 수 없었다.

스코세이지는 영화 산업을 교란하는 세력과 손을 잡아 비난의 대상이 됐다는 걸 잘 알았다. 영화 홍보 중 스트리밍 혁명을 찬양하는 일이 없도록 각별히 주의했다. 그럼에도 그는 〈아이리시맨〉을 "흥미로운 하이브리드 작품"이라고 정확히 묘사했다. 이 작품의 존재 자체가 영화란 무엇인지에 대한 대화를 촉발할 것이라고 말했다. "영화를 본다는 건 무엇인가. 집에서 보든 영화관에서 보든 상관 없는가? 혹은 집에서 보는 것만 가리키는 걸까? 아니면 영화제에서만 보는 것일까? 또 이 옵션들 사이에 어떻게 균형을 맞춰야 하는 걸까?"에 관해서 말이다. 〈아이리시맨〉이 추수감사절에 맞춰 넷플릭스에 공개되자마자 왜 여러 시리즈로 나누지 않고 한편으로 공개됐는지 사람들 사이에서 논쟁이 벌어졌다. 심지어 트위터 이용자들은 영화를 45분으로 네 등분 할 수 있는 정확한 타임코드까지 추천하며 열을 올렸다. 스코세이지는 자신이 뉴욕주립대에 재학 중이던 1960년대 뉴웨이브·뉴할리우드 시대와 비교하며 말했다. "우리는 지금 유례없는 변화의 한복판에 서 있다."

1부

새로운
기준이 된
넷플릭스

1장

꿀벌들 가운데
텔레비전의 발견

독립 영화 제작자 데이비드 블레어David Blair는 관람 문화가 훌륭한 수많은 영화제 및 대학 캠퍼스에서 자신의 영화를 선보여 왔다. 관객들은 상영관 조명이 꺼지고 영상이 대형 스크린을 가득 메우기를 기다리곤 했다.

1993년 4월의 어느 날, 맨해튼의 제너럴모터스General Motors 건물에 들어섰을 때 블레어는 이날의 상영이 지금까지와는 전혀 다른 형태로 진행되리라는 사실을 알고 있었다. 그가 새롭게 선보이는 실험작 〈밀랍, 혹은 꿀벌들 가운데 텔레비전의 발견Wax, or the Discovery of Television Among the Bees〉이 장편영화로는 최초로 온라인 개봉하면서 관객들이 컴퓨터로 작품을 관람하게 되었기 때문이다.

한때 대형 컴퓨터가 방에 가득했을 것으로 보이는 사무실에 모여앉아 플라스틱 컵으로 음료를 마시고 있던 관객들은 작품이 담긴 VHS 카세트를 들고 들어오는 블레어를 맞이했다. 벽에는 블레어가 보기에 "싸구려 러시아 우주복 같은" 단열재가 그대로 노출돼 있었고 테이블 위에는 VHS 비디오 플레이어, 그리고 T1 전용 전화선으로 영상과 음성을 실시간 전송하는 인터넷 멀티캐스트 백본 또는 M본에 연결된 실리콘그래픽스Silicon Graphics의 고급 기계가 놓여 있었다. 썬마이크로시스템즈Sun Microsystems의 한 엔지니어에 따르면 이 스트리밍 실험은 사무실에서 커피를 내리고 있는 동료를 물끄러미 지켜보는 것보다 훨씬 대담한 활동으로 기록될 예정이었다. 이번 시연을 성사시키기 위해서는 관객들의 컴퓨터 자원을 최대한으로 동원해야 했다. 대학 및 연구기관의 과학자들이 소위 월드와이드웹이라 부르는 컴퓨터 네트워크를 통해 정보를 공유하는 방법을 영국 과학자 팀 버너스리Tim Berners-Lee가 고안한 지 불과 4년밖에 안 된 시점이었다.

당시 블레어는 자신이 직접 대본을 쓰고 연출까지 한 영화를 배급하는 데 어려움을 겪고 있었다. 영화는 제이콥 메이커라는 무기 유도 시스템 제작자가 벌에게 지배당하는 내용을 중심으로 전개된다. 죽은 자들이 환생한 영혼이 들어 있는 벌들은 메이커를 조정하기 위해 그의 머릿속에 크리스털 TV를 삽입한다. 그리고 메이커를 일종의 유도 미사일로 활용해 사막의 이라크 특공대를 공격한다.

블레어는 주로 통신 해킹에 대한 정보를 다뤘던 온라인 뉴스레터 〈프랙Phrack〉의 전자 메일링 목록을 활용해 작품 홍보에 나섰다. 여기에 흥미를 느낀 유명 컴퓨터 과학자 데이브 파버Dave Farber가 구체적인 내용을 자신이 "재미있는 사람들"로 분류한 이메일 이용자들과 공유했다.

이렇게 테크노라트(많은 영향력을 행사하는 과학기술 분야의 전문가-옮긴이)들 사이에 떠돌던 소문은 얼마 지나지 않아 디지털 문화를 소개하는 신규 잡지 〈와이어드Wired〉 창립자들의 귀까지 들어갔다. 잡지는 "가장 섹시한 '전자 시네마' 작품 중 하나"라고 영화를 극찬했고 블레어는 〈와이어드〉 론칭 파티에까지 초대받았다. 그곳에서 그는 "좀 더 거물급의 위험한 녀석들"과 마주쳤는데 그중 두 군데서 "영화를 인터넷으로 상영하자"는 제안을 받았고 곧장 수락했다. 그리고 독립 영화라는 변두리 세계는 이내 전례 없는 관객층을 확보하게 된다.

이 기술 시연은 공학적으로는 어느 모로 보나 엉성하기 짝이 없는 시도였다. 블레어가 VCR에 영화 테이프를 넣고 컴퓨터로 플레이하면 컴퓨터가 영상을 인터넷으로 송출하는 식이었다. 디지털 시사회가 진행되는 도중 영상이 깜빡이기라도 하면 마운틴뷰에 위치한 썬마이크로시스템즈의 엔지니어팀이 대형 컴퓨터 워크스테이션에서 조정했다.

당시 썬마이크로시스템즈의 엔지니어링 책임자였던 토머스 케슬러Thomas Kessler는 멀티캐스트라고 불리던 전송 시스템에서 데이터를 수신하는 역할을 담당했다. 인터넷으로 송출된 스트리밍 영상은 스탠포드대, 서던캘리포니아대와 로렌스버클리연구소에서 수행한 비디오 압축 연구의 정점을 보여주었다. 당시 인터넷 트래픽의 대부분은 연구 및 정부 기관에서 발생했던 터라 월드컴WorldCom이나 AT&T 같은 통신사들은 보다 강력한 비즈니스용 네트워크를 창조하는 데 혈안이었다. "그 영화는 네트워크의 완전한 국제화를 위한 최초의 시도였어요." 케슬러가 회상했다. "블레어 감독은 사람들의 관심을 끌고 싶어 했어요. 일종의 컬트 영화였는데 어떻게든 대중에 노출되길 원했던 거죠. 우리도 마침 흥미로운 실험거리를 찾고 있었던 터라 흔쾌히 수락했어요."

케슬러의 기억에 따르면 당시 영상의 화질은 흐릿했다. 초당 15프레임, 즉, 표준 프레임의 절반에 불과한 속도로 송출되었고 소리 역시 "질 나쁜 통화음"처럼 들렸다. 그럼에도 스트리밍이 널리 보급된 시점보다 20년을 앞선 이 시도는 디지털 비디오의 탄생을 알린 사건으로 기록되었다. 의외로 블레어는 스포트라이트가 비추는 역사적인 그 순간이 전혀 신나지 않았다고 한다. "앉을 데도 없고 있는 거라고는 VHS 기계뿐이었어요. 해상도도 최악이고 영화를 보는 사람은 아무도 없었죠. 비디오를 삽입하고 키보드 버튼을 눌러서 영화를 그냥 틀어놓은 것뿐이었어요."

누가봐도 명백한 성공까진 아니었지만 역사적인 상영이었던 것만큼은 분명했다. 게다가 이것은 기계를 통해 그림을 움직이려는 선구적 시도를 잇는 일이었다. 스크린에서 움직이는 이미지에 대중이 처음 매료됐던 때는 거의 200년 전, 대략 산업화가 부상하던 시기와 맞물린다. 구전으로 전해지는 TV의 역사를 다룰 때 빼놓을 수 없는 사료인 제프 키셀로프Jeff Kisseloff의 저서 《더 박스The Box》에 따르면 최초의 시도는 1820년대에 이뤄졌다. 그는 "초기의 발명품들은 경이로운 수준 못지않게 경이로운 이름을 가졌다"고 적었다. 이를 테면 판타스코프, 페나키스코프, 조에트로프 등이다. "이들은 원반 가장자리에 그림을 각인하는 방식으로 만들어졌다. 원반을 회전시킨 후 뷰어를 통해 보면 그림이 연속적으로 움직이는 것처럼 보였다."

남북전쟁이 끝나고 AT&T의 공동 창립자 알렉산더 그레이엄 벨 Alexander Graham Bell이 전화기를 발명해 세상을 놀라게 한 뒤로 미국인들은 언젠가 이미지에서 음성이 흘러나오는 날도 올 것이라고 기대하기 시작했다. 조지 듀 모리에George du Maurier는 1879년 잡지 〈펀치Punch〉의 양면 기사를 통해 거실 벽에 영상을 전송하는 상상도를 선보였다. 허구지만 얼마든지 가능할 법한 장치였다. 연필로 그린 환상적인 그림에는 거실에 앉은 한 가족이 테니스 경기 도중 잠시 휴식을 취하는 선수들과 영상 통화하는 모습이 담겨 있었다. 동시대 프랑스의 화가이자 작가였던 알베르 로비다Albert Robida 역시 보드빌(17세기 말엽부터 프랑스에서 시작된 버라이어티쇼 형태의 연극 장르-옮긴이), 영화, 라디오나 TV가 등장하기 훨씬 전, 듀 모리에처럼 미래에 등장할 법한 장치를 창조하고 텔레포노스코프téléphonoscope라고 이름 지었다.

공상과학소설 장르의 선구자 중 한 명으로 꼽히는 쥘 베른Jules Verne과 동시대를 살았던 로비다는 강박적으로 기술에 관한 다양한 이야기를 쓰고 그렸다. 그는 이미 1883년에 오랫동안 사랑받게 될 자신의 소설인 '20세기'라는 의미의 《르 베티엠 시에클Le Vingtième Siècle》에서 실현되기까지 적어도 한 세기는 더 걸릴 멀티미디어 환경을 설정했다. 로비다는 오늘날의 세상, 모든 게 연결된 스트리밍 시대의 핵심이 되는 장치와 소비자 습관을 오싹할 정도로 정확하게 예측했다. 생방송 뉴스, 현대의 리얼리티쇼와 비슷한 통속 시리즈를 비롯해 수많은 볼거리들을 60만 명에 달하는 구독자가 돈을 내고 시청할 것이라고 상상한 것이다. 텔레포노스코프 스크린이 방의 한쪽 벽 전체를 차지한 채 전 세계 프로그램을 시청자에 따라 맞춤형으로 제공하는 공급망의 중추 역할을 한다. 이를 통해 중국에서 벌어지는 전쟁, 드라마, 시사 풍자 뮤지컬, 유럽 각국 수도에서 공연되는 오페라와 발레, 상품 소개 및 원거리에서 이루어지는 수업까지 시청할 수 있다. 이 얼마나 2020년스러운 풍경인가!

리얼네트웍스RealNetworks 창립자 롭 글레이저Rob Glaser는 1993년 봄의 어느 날을 회고하곤 한다. 텍사스주 오스틴에 위치한 전자 프론티어 재단 이사들과 컴퓨터를 빙 둘러싸고 서서 미래를 그리던 때였다. "이 모자이크 같은 걸 보셔야 해요." 재단 멤버 데이브 파버가 최초의 현대적 웹브라우저를 실행하며 말했다. 그때까지만 해도 인터넷은 깜빡이는 문자, 숫자와 부호의 조합에 지나지 않았다. 하지만 모자이크로 표현된 이미지에 영감을 받은 글레이저가 한 발짝 더 나아가 단어와 그림의 무음 조합에 음성을 입혀 보기로 했다. 마이크로소프트Microsoft에 10년간 몸담으며 받은 주식 배당금, 그리고 로터스Lotus 창업자 미치 케이포Mitch Kapor 같은 투자자들의 자금을 합쳐 웹에 음성을 입히는 스타트업을 시작했다. "그 당시 비트레이트Bitrate 속도로는 미학적으로 만족스러운 다중 오디오를 구현하기 힘들었기 때문"이라고 글레이저는 말했다. 그의 회사는 1995년 4월, 리얼오디오 플레이어를 출시하는데 미국 공영 라디오의 아침 및 저녁 뉴스 프로그램 〈모닝 에디션Morning Edition〉과 〈모든 걸 고려했을 때All Things Considered〉 방송과 ABC뉴스 업데이트에 이용된다. 인터넷 속도와 압축 기술은 지속적으로 발전했고 음악과 동영상 스트리밍도 가능해지게 된다.

비슷한 시기 마크 큐번Mark Cuban은 댈러스에 위치한 프랜차이즈 식당 캘리포니아 피자 키친에서 친구이자 사업 파트너인 토드 와그너Todd Wagner와 점심을 먹으며 스포츠 경기를 삐삐로 실시간 전송하는 아이디어를 논의하고 있었다. 큐번에 따르면 "삐삐로 방송하는 게 가능할 것 같진 않았다"고 한다. "그래서 재빨리 포기하고 인터넷이라는 신기술을 이용해 저희 모교인 인디애나대의 스포츠 경기 중계나 들을 방법을 찾아보자고 이야기했죠." 무엇이 됐든 댈러스에서 열리는 경기를 블루밍턴에서 스피커폰 앞에 라디오를 두고 듣는 것보다는 나을 것이었다. 두 사람은 큐번의 집 작은 침실에서 오디오넷닷컴AudioNet.com을 론칭하고 "케이블이 TV 시장을 교란했듯 인터넷 역시 라디오 시장을 크게 교란시키는 세력이 될 수 있다"는 생각으로 지역 AM 라디오 방송국을 판매했다. 그들은 30달러(3만 9,000원)짜리 VCR을 라디오 방송국의 오디오 보드에 연결하고 테이프가 다 돌아가는 8시간마다 큐번의 집으로 가져와 인코딩한 후 서버에 올려 스트리밍했다. 이후 브로드캐스트닷컴Broadcast.com으로 이름을 바꾼 이들은 슈퍼볼을 비롯한 다양한 이벤트를 생중계하던 1998년 기록적 IPO(기업공개)를 달성했고, 닷컴 열풍이 절정에 달했던 1999년에는 57억 달러(7조 4,100억 원)를 받고 야후YAHOO에 기업을 매각했다. 그 결과 배포가 남달랐던 공동 창립자 큐번은 억만장자 반열에 올랐다. 1997년 설립된 넷플릭스는 이 같은 초기 기술을 바탕으로 글로벌 비즈니스의 기반을 마련할 수 있었다. 인터넷 전자상거래의 선구자 아마존닷컴, 누구나 이용 가능한 동영상 플랫폼 유튜브YouTube가 그랬던 것처럼 말이다. "우리가 스트리밍을 주류로 만들었어요." 큐번은 말했다. "수백만 명이 매일 사용하도록 만든 거죠. 특별한 시기였습니다."

스트리밍의 잠재력이 일찌감치 시장에서 입증되자 할리우드에서는 이를 엔터테인먼트 산업의 발전에 활용할 비전을 구축하는 프로듀서가 등장한다.

조너선 태플린Jonathan Taplin은 밥 딜런Bob Dylan과 더 밴드The Band의 투어 매니저로 쇼 비즈니스 업계 커리어를 시작했다. 몇 년 지나지 않아 영화계로 이적한 뒤 마틴 스코세이지 감독을 세상에 알린 장편영화 〈비열한 거리Mean Streets〉를 제작했다. 이후 20년간 26시간 분량의 TV 다큐멘터리부터 12편의 장편영화에 이르기까지 차곡차곡 포트폴리오를 쌓았다. 여기에는 밥 딜런과 더 밴드의 샌프란시스코 고별 공연을 촬영한 스코세이지 감독의 〈더 라스트 왈츠The Last Waltz〉도 포함된다. 제작자로서 태플린은 극장에 영화를 거는 게 얼마나 힘든지 잘 알았다. 특히 〈타이타닉Titanic〉, 〈쥬라기 공원Jurassic Park〉, 〈맨 인 블랙Man in Black〉 같은 블록버스터 영화들과 경쟁해야 하는 다큐멘터리나 예술 영화 관련 제작자의 경우 스크린을 확보하기가 더욱 힘들 수밖에 없었다. 메가플렉스의 등장으로 한 극장에만 스크린이 최대 30개씩 설치되면서 지난 10년간 미국 내 스크린 수가 두 배로 늘고, 1990년대에 저예산 영화였던 〈섹스, 거짓말, 그리고 비디오테이프Sex, Lies, and Videotape〉가 성공한 이후 독립 영화 업계가 풍성해져 흥행작도 연이어 배출됐지만 그럼에도 일부 할리우드 대작의 스크린 독과점 현상은 계속되었다. 태플린은 주문형 디지털 비디오 기술이 기존의 영화 배급 방식을 혁신할 수 있다는 사실을 깨달았다.

그는 일찍이 콜로라도주 루이빌에 위치한 케이블랩스연구소

CableLabs research에서 전화선으로 영상을 전송하는 모습을 목격하고 자신의 생각이 얼마든지 실현 가능하다고 확신했다. 영상이 뚝뚝 끊기기는 했지만 크기가 TV를 가득 메울 정도는 되었던 것이다. "머릿속에서 폭죽이 터지는 것 같았어요." 태플린은 금요일 밤을 기다리는 소비자에게 비디오 대여점 블록버스터Blockbuster 뒷벽을 따라 쭉 진열된 비디오보다 훨씬 많은 선택권을 제공하고 싶었다. "사람들은 보고 싶은 비디오가 제자리에 없는 끔찍한 상황에 닥치더라도 여전히 영화를 보고 싶어 합니다. 그것도 원하는 영화를 원하는 시점에 말이에요. 그게 우리의 이론이었죠."

1996년 6월 그는 인터테이너Intertainer를 설립하고 소비자 인터페이스를 개발해 인터넷으로 영화를 전송하는 테스트를 실시했다. 마이크로소프트가 이 벤처 기업에 자사의 소프트웨어 도구, 그리고 윈도우미디어플레이어에 대한 액세스 권한을 허용해 주었는데 마침 다른 제작사들은 이 같은 제안을 하나같이 거절한 참이었다. 태플린은 마이크로소프트뿐 아니라 소니, 인텔Intel, 컴캐스트 등의 대기업들로부터도 약 1억 달러(1,300억 원)의 투자를 끌어내 TV 및 컴퓨터로 온갖 볼거리를 스트리밍할 수 있는 서비스를 구축했다.

온라인 최대 규모의 영화 라이브러리를 확보한 인터테이너의 성장은 초고속 인터넷 보급이 확대되면서 탄력을 받았다. 태플린은 할리우드의 메이저 제작사 대부분, 다시 말해 투자자인 소니픽처스뿐 아니라 워너브라더스, 유니버설픽처스, 라이온스게이트 및 메트로-골드윈-메이어스튜디오MGM, Metro-Goldwyn-Mayer Studios와도 일괄 계약을 맺었다. 이 와중에 파라마운트픽처스 수장 조너선 돌겐Jonathan Dolgen

은 시장을 교란하는 기술의 힘에 두려움과 혐오감을 내비치며 끝까지 고집을 꺾지 않았다.

태플린은 "돌겐은 '내 영화들을 전깃줄로 공급할 일은 없다'고 했어요"라고 회상했다. 상당히 과장된 것 같긴 하지만 돌겐의 비서 중 한 명은 다가올 디지털 시대에 대한 돌겐의 적대감을 전하며 태플린을 단념시켰다. "일찌감치 포기하세요. 지난주에도 티보TiVo에서 사람들이 나와 시범을 보여줬어요. 다 끝나고 '자, 그럼 거래를 시작해 볼까요?'라고 물었는데…. 돌겐이 티보 셋톱박스를 집어 들더니 2층 **창밖**으로 던져 버리더라고요." 물론 돌겐이 기술 추종자가 아니기도 했지만, 현상 유지만 고집한 데에는 현실적 이유도 있었을 것이다. 파라마운트픽처스의 모기업인 비아콤Viacom이 비디오 대여 체인점인 블록버스터를 소유 중이었던 것이다.

2002년, 인터테이너는 생각보다 빨리 사업을 접게 된다. 영화 제작사들이 배포와 관련된 모든 권리를 거둬들이고 소니가 이끄는 벤처 기업, 훗날 무비링크Movielink로 사명을 바꾸는 무비플라이Moviefly를 통해 인터넷 배급을 직접 관리하기로 했기 때문이다. "8,000여 편에 이르던 영화가 불과 일주일 만에 8편으로 줄었어요." 태플린이 말했다. "셔터를 내리는 것 말고는 다른 선택지가 없었어요."

태플린은 소니픽처스, 유니버설스튜디오Universal Studios, 당시 워너브라더스와 뉴라인시네마New Line Cinema의 모기업이던 AOL타임워너 AOL Time Warner를 상대로 소송을 제기했다. 이들 제작사가 자신의 아이디어를 도용하고 인터테이너에 영화를 제공하기로 한 계약을 위반했다는 것이다. 사건은 3년간의 법정 공방 끝에 수천만 달러의 합의금으로 마무리되었지만 태플린에게는 상처뿐인 영광이었다. 제작사들과 맞서기로 했을 때 영화계에서 그의 커리어는 사실상 끝난 것과 다름없었기 때문이다. 그는 서던캘리포니아대에서 교수로 활동하고 기술과 미디어에 관한 집필과 강연을 병행하며 학계에서 인생의 새 장을 열었다.

제작사들의 지원을 등에 업은 무비링크는 10년간 구독자들에게 DVD를 배달하다 2007년 스트리밍으로 전환한 넷플릭스마저 앞서 나갔다. 1999년, 소니의 아이라 루벤스타인Ira Rubenstein은 무비링크의 프로토 타입 작업을 시작했는데 소니픽처스를 비롯한 제작사들을 위한 인터넷 불법 복제를 방지하는 영화 다운로드 서비스였다. 덕분에 소비자들은 어느 정도 유연하게 서비스를 이용할 수 있게 되었다. 영화를 빌리거나 복사본을 만들고 이를 또 친구에게 빌려줄 수 있게 된 것이다. 친구가 파일을 열려면 별도 단계를 거쳐 디지털 열쇠를 획득해야 한다. 하지만 여기에는 불법 복제를 막기 위한 잠금장치 기술 역시 함께 설치돼 있었다.

루벤스타인은 파라마운트픽처스, 유니버설스튜디오 및 20세기폭스20th Century Fox의 경영진을 만나 영화를 온라인에 합법적으로 서비스하자고 지원을 요청했다. 매번 위협에 대처하는 게 얼마나 시급한 일인지 강조하며 프레젠테이션을 마무리했다. "여러분의 영화도 이미 인터넷에 올라와 있다고요." 루벤스타인이 불안감에 휩싸인 제작사 경영진에게 말하면 그들은 컴퓨터로 현재 극장에서 상영 중인 영화의 해적판을 검색해 보곤 했다.

무비링크는 제작사들의 이해관계가 일치하는, 좀 더 정확히 말하면 영화 산업이 음악 산업과 동일한 운명을 겪게 될 것이라는 편집 증에 일제히 사로잡히는 드문 순간을 이용했다. 음악 업계는 냅스터 Napster 같은 P2P 파일 공유 사이트에 지나치게 늦게 대응해 결국 수익이 반 토막나는 비극을 겪었다. 미국음반산업협회Recording Industry Association of America에 따르면 음악 업계의 매출은 1999년 146억 달러(18조 9,800억 원)로 정점을 찍었으나 2015년에는 약 70억 달러(9조 1,000억 원)로 쪼그라들었다. 그 밖의 엔터테인먼트 업계의 경우 "하나님의 은총이 아니었다면 우리도 매한가지였을 것"이라는 분위기였다. 적어도 무비링크는 제작사들이 최소한 음반 업체들처럼 피해를 받지 않도록 도울 수 있는 실질적이고 적극적인 방법을 제공했다.

메트로-골드윈-메이어스튜디오, 파라마운트픽처스, 유니버설스 튜디오, 그리고 워니브라너스가 모두 이 보험에 동참했다. 하지만 오래지 않아 서로 간의 이해관계가 엇갈리고 말았다. 파라마운트픽처스는 다운로드 파일을 위장해 불법 복제를 막아야 한다고 주장했는데 까다로운 기술이 요구되는 작업이어서 서비스 론칭이 지연되었다. 한편 제작사의 변호사들은 프로그램 유료 시청제Pay Per View를 제한한 HBO와의 계약을 준수하려면 대여 기간을 기존 비디오 대여점 블록버스터에 적용하는 7일보다 훨씬 짧은 24시간으로 축소해야 한다고 주장했다. 제작사들은 DVD 매출이 줄거나 수익 기간이 줄어들 것을 우려해 대여 혹은 판매 가격 인하를 거부했다.

"누군가 내 새끼를 죽이는 모습을 지켜보는 게 너무 고통스러워 더 이상 이사회에도 가지 않았어요." 루벤스타인이 말했다.

무비링크는 2002년 온라인 영화 대여 서비스를 시작했지만 DVD

출시 후 30~60일이 지난 뒤에야 영화를 선보여 고객 확보에 난항을 겪었다. 2006년에는 DVD 출시 당일 온라인 다운로드를 가능하게 해 영화계에서 디지털 배급의 이정표를 세웠지만 서비스 가입자가 늘어나지는 않았다. 1년 후 넷플릭스, 애플, 아마존닷컴에 월마트Walmart까지 온라인 시장으로 모여들면서 무비링크는 결국 영화 대여 체인인 블록버스터에 매각되었다.

물론 블록버스터는 비디오카세트와 똑같은 운명을 겪게 되었다. 한때 영화 대여 시장을 장악했던 이 기업은 기술을 갖춘 발 빠른 경쟁자들에게 밀려 2010년 파산 신청을 하기에 이르렀다. 그리고 2014년, 마지막 남은 체인점까지 문을 닫고 말았다. 스트리밍 시장은 넷플릭스, 아마존, 그리고 애플의 아이튠즈는 물론 그린시네GreenCine 및 자만Jaman처럼 틈새시장을 노리는 기업들로 북적였다. 온라인 비디오 서비스는 별도의 카테고리를 구축하였고 2016년에 이르러선 드디어 미국 내 DVD 및 블루레이 판매량을 넘어서게 된다.

변화가 일어나던 초창기, 혁신할 수 있는 기회를 차버린 미디어 업계 거물들은 '몰아보기'의 시대가 왔다는 사실을 더는 확인할 필요도 없이 미래학자 알베르 로비다가 보여줬던 거실로 황급히 달려가는 모양새로 2010년대를 마감했다. 작가 스스로가 지금까지 일어난 모든 혁신을 "집대성했다"고 소개한 로비다의 비전은 특유의 명징함과 희망을 담은 채 수십 년에 걸쳐 사람들 입에 오르내렸다. 물론 메이저 영화사들은 팬데믹이 끝난 이후에도 여전히 영화관에 영화를 배급할 테고, 무비링크나 인터테이너와 같은 업체들의 유망한 제안을 외면하고, 자체 스트리밍 서비스를 통해 영화를 선보일 것이다. 스트리밍과 관련한 로비다의 예측에서 가장 놀라운 건 스트리밍의 가장 두드러지는 특징인 효율성을 강조했다는 점이다.

"이 장치는 크리스털 스크린을 벽과 맞닿거나 벽난로 위에 거울처럼 설치하는 간단한 형태야." 로비다는 자신의 창조물에 대해 섬뜩할 정도의 선견지명이 있었다. "아무리 극장 애호가라도 집을 나설 필요가 전혀 없어. 그저 스크린 앞에 앉아 극장을 선택하고 몇 가지 설정만 하면 쇼가 바로 시작되지."

2장

▶

할리우드의
새로운 중심

할리우드 산업에 대한 이야기는 출세를 꿈꾸는 이들의 스토리와 많은 면에서 닮았다. 100년 전 끝없는 야망으로 무에서 유를 창조한 유대인 이민자 집단은 최초의 영화 제작사를 설립했다. 험난한 장거리 여행 끝에 캘리포니아 남부에 도착한 이들은 황량한 사막 한가운데 환상의 공장을 건설했다. "그들은 진흙 구덩이에서 살았어요." 극작가 아서 밀러Arthur Miller의 말이다. "하지만 이곳은 반드시 꿈이 실현되는 곳이었죠. 생각할 수 있다면 곧 이룰 수도 있었어요. 마치 마법처럼요. 그리고 그들은 이 마법을 영화에 가득 채웠습니다."

엔터테인먼트 업계의 초기 설계자들은 마법사이기도 하면서 동시에 떠오르는 신흥 부자이기도 했다. 새로운 신흥 계급의 전형이던 워너브라더스의 공동 창립자 잭 워너Jack Warner는 비벌리힐스의 스페인 양식의 저택을 토머스 제퍼슨Thomas Jefferson의 몬티첼로(미국의 제3대 대통령 토머스 제퍼슨이 팔라디오 양식을 기초로 설계한 신고전주의 건축물로서 미국의 역사적 기념물- 옮긴이)를 남북전쟁 이전으로 돌려놓은 듯한 건축물로 개조하기도 했다. 그는 저택 지하에 볼링장을 만들고 지상에는 9홀 골프장을 설치했다. 심지어 윌리엄 랜돌프 허스트William Randolph Hearst의 해안가 저택처럼 프랑스에서 발견된 베르사유 궁전의 파케이 양식의 바닥 패널 등 도난품을 가득 쌓아두기도 했다.

쾌락으로 찬 워너의 궁전을 꾸민 이는 배우 출신 윌리엄 헤인즈William Haines였다. 그는 할리우드의 황금기에 동성 파트너와의 동거 사실을 당당하게 밝힌 뒤에도 주연 배우로 활동하는 독특한 위업을 쌓았지만 결국 MGM의 공동 창립자 루이스 B. 메이어Louis B. Mayer로 인해 연기 인생에 파국을 맞이한다. 헤인즈가 당시 다른 수많은 동성애자 배우들처럼 아내가 될 사람을 찾았다고 메이어가 주장했던 것이다. 다행히 그는 다른 커리어로 선회하는 선택지를 발견했다. 이내 앤티크 겸 인테리어 디자인 매장을 오픈하고 할리우드 레전시Hollywood Regency 스타일로 알려진 미학의 창시자 중 한 사람이 되었다. 이후 주택 설계와 더불어 개인 예술 소장품을 영화 제작 현장에 대여해 주기도 하고 배우 조안 크로퍼드Joan Crawford, 영화감독 조지 쿠코르George Cukor, 로널드 레이건Ronald Reagan 같은 고객과 함께 작업하기도 했다.

〈더 피플 vs. O.J. 심슨The People v. O. J. Simpson: American Crime Story〉, 〈닙/턱Nip/Tuck〉, 〈아메리칸 호러 스토리American Horror Story〉 등의 TV 프로그램을 제작한 것으로 유명한 라이언 머피Ryan Murphy는 2020년 넷플릭

스에서 선보인 대체 역사물이자 멜로 드라마 〈할리우드Hollywood〉에 헤인즈를 등장인물로 설정했다. 이 시리즈는 LA의 여러 지역과 사운드 스테이지들을 돌며 촬영했지만 사실상 넷플릭스의 미국 본사라고 할 수 있는 선셋가 5808번지 건물에 있는 직원들의 피땀 어린 노력 덕분에 온전히 탄생할 수 있었다. 유리와 철강으로 만들어진 "아이콘"이라는 별칭의 14층 높이의 이 현대적 건물은 헤인즈와 그의 엘리트 고객을 사로잡았던 화려하고 다채로운 디자인과는 거리가 멀었다. 매끈한 흰색 외관으로 인해 균일한 창들이 더 도드라져 오래 쳐다보고 있으면 영화 및 TV 타이틀이 담긴 직사각형이 줄지어 서 있는 넷플릭스 홈 화면을 떠오르게 했다.

설정샷establishing shots(사건이 벌어지는 공간을 영화의 주제와 분위기에 맞춰 보여주는 것으로 주로 도입부나 마지막에 들어간다-옮긴이)에 대해서라면 모르는 게 없는 할리우드의 제작사들은 오랜 경험으로 말미암아 자신들이 맡은 역할을 자신들이 거주하는 공간으로 표현하는 게 얼마나 중요한지 잘 알고 있었다. 연철로 만든 파라마운트픽처스의 정문은 정교한 세공으로 화려하게 장식해 필름 시대 초기부터 이어진 회사의 오랜 역사를 떠오르게 했다. 전설에 따르면 이 철제문은 미남 배우 루돌프 발렌티노Rudolph Valentino의 팬들이 경호원을 제압하고 입구를 넘어가는 사건이 발생한 뒤 세워졌다고 한다. 포스트 모더니즘 건축가 마이클 그레이브스Michael Graves가 설계한 디즈니 본사 건물에는 디즈니의 애니메이션 유산에 대한 경의가 재치있게 담겨 있다. 디즈니의 첫 장편 애니메이션 영화 〈백설공주와 일곱 난쟁이〉에 등장하는 난쟁이 일곱 명이 19피트(5미터 80센티미터) 크기로 얇은 돌을새김으로 새겨져 지붕을 떠받치고 있다.

아이콘은 철저하게 21세기 미학을 따른 건축물이지만 1940년대에 헤인즈가 규정한 할리우드의 특성 한 가지를 공유하기도 한다. 스트리밍을 통해 **스크린**에 구현되는 이미지가 쇼 비즈니스의 새로운 중심이라는 사실이다. 한편 톰 앤더슨Thom Andersen이 자전적 다큐멘터리 영화 〈로스앤젤레스 자화상Los Angeles Plays Itself〉에서 주지했듯 "할리우드는 단순한 장소가 아니다. 영화 산업의 환유다." 마찬가지로 아이콘이라는 매끈한 건물 안에서 일어나는 일들이 얼마나 거대한 의미를 지니는지 생각해 볼 때 넷플릭스 역시 스트리밍의 대명사로 떠오르고 있다 하겠다.

넷플릭스 건물은 할리우드 고속도로와 매우 인접한 지역 내에서 노쇠는 느릿느릿 고급 시설이 늘어서고 있는 구획 한가운데 자리하고 있다. 한때 TV 시트콤 〈왈가닥 루시I Love Lucy〉와 컬럼비아픽처스Columbia Pictures가 장악했던 전설의 방음 스튜디오 운집 구역 가워 굴치Gower Gulch에서 불과 다섯 블록 떨어진 곳이다. 워너브라더스는 1927년 최초의 유성 영화인 〈재즈 싱어Jazz Singer〉를 이곳 "가워 굴치"에서 촬영했다. 1.5마일(2.41킬로미터) 떨어진 곳에는 할리우드 황금기를 상징하는 대형 극장이자 1922년 더글러스 페어뱅크스Douglas Fairbanks가 주연한 〈로빈 후드Robin Hood〉의 첫 시사회가 열린 '이집트 극장'이 위치해 있다. 넷플릭스는 아이콘에 입주한 지 얼마 지나지 않아 비영리 단체 아메리칸시네마테크American Cinematheque로부터 이집트 극장의 운영권을 인수한 뒤 다양한 상영회나 행사를 열었다. 뿐만 아니라 뉴욕 플라자 호텔 옆의 '파리 극장' 역시 비슷하게 인수해 폐업을 막았다. 넷플릭스는 이 같은 임대 계약 이후, 자금난에 시달리면서도 자사의 영화를 상영하길 거부한 영화관을 외려 일제히 사들이기 시작했다는 소문에 휩싸였지만 넷플릭스는 거듭 부인했다. 2021년 봄, 할리우드에서 유명한 '시네라마 돔'과 '아크라이트 시네마'가 팬데믹으로 문을 닫는다고 발표하자 시네필들은 오히려 소문 속 시나리오를 지지했다. 저널리스트 야샤 알리Yashar Ali는 "넷플릭스, 이제 뭘 해야 하는지 알죠?"라는 말을 트위터에 올리기도 했다.

아이콘 인근을 여행할 때 가장 눈에 띄는 건 쇼 비즈니스의 화려함이 아니다. 호황과 불황의 사이클이 한 세기 넘게 지속된 지역인 만큼 오히려 투지가 돋보인다. 빌딩이 있는 선셋가에서 두 블록 더 내려가면 나오는 패밀리 레스토랑 데니스는 가난한 이들이 가장 즐겨 찾는 곳이며 고속도로 맞은편 대형 철물점 홈디포 주차장에는 일용직 노동자들이 가득하다. 수많은 비즈니스 업체들이 코로나19 팬데믹으로 사무실 공간을 재고할 처지에 놓이기 전이던 2019년, 넷플릭스는 회사 맞은편 건물로 사옥 확장 이전 계획을 발표했다. 이 새로운 건물은 에픽Epic으로 불릴 예정이었으며 넷플릭스는 인근의 다른 건물인 큐Cue의 여러 층 또한 임대했다.

2020년 넷플릭스 창립자이자 공동 CEO인 리드 헤이스팅스(2023년 2월부로 CEO에서 내려와 이사회 의장을 역임하고 있다-옮긴이)가 코로나19 기간 동안 진행된 원격 근무를 "백해무익"하다고 표현하며 "백신 승인 12시간 후" 직원들을 다시 불러들이겠다고 농담처럼 약속했지만 미국 일터의 미래를 예측하기는 어렵다. 출근을 몇 명이나 했든 넷플릭스 사무실은 핵심 브랜드 가치를 전달한다. 2016년, 콘텐츠 책임자 테드 서랜도스는 할리우드 상공회의소 행사 도중 아이콘에 대해 이렇게 말했다. "아이콘과 같은 건물은 당신이 누구인지, 무엇을 믿는지, 그리고 무엇을 하고 싶은지 보여줍니다." 아이콘의 미학은 샌프란시스코에 본사를 둔 건축 및 디자인 회사로 페이스북Facebook, 에어비앤비Airbnb, 세일즈포스Salesforce 같은 기술 기업을 포함해 여러 고객과 협력해 온 건축 회사 겐슬러Gensler가 구현했다. 건물의 외관과 회사 운영 방식은 직원들의 활약과 결코 무관하지 않다. 겐슬러는 넷플릭스 일본 본사에 대해 설명하면서 "넷플릭스의 풍부한 스트리밍 콘텐츠를 떠올리게 하는 기능과 공간을 발랄하게 통합해 직원들도 넷플릭스의 유비쿼터스 프로그램을 이용하는 고객들처럼 다양한 장면에 젖어들 수 있도록 했다"고 말했다.

　방문객들은 아이콘의 메인 로비에 늘어서자마자 문위기에 빠져들게 된다. 팬데믹 기간 동안 일부 공간이 바뀌긴 했지만—잘 가라, 공짜 유기농 스낵!—로비는 〈뉴욕타임스New York Times〉가 붙여준 "할리우드의 청사"라는 수식어를 유지할 가치가 충분했다. 리어나도 디캐프리오, 유명 MC 데이비드 레터맨David Letterman, 팝스타 비욘세Beyoncé, 배우 브래드 피트Brad Pitt와 같은 유명 인사들이 매일같이 출몰했고 어느 평일 아침에는 실베스터 스탤론Sylvester Stallone과 그의 측근들이 반원 형태로 서서 로비의 바리스타가 준비한 에스프레소를 홀짝이기도 했다. 가로 24.3미터, 세로 3.6미터에 달하는 스크린에서는 예고편과 클립 영상이 흘러나왔다. 참고로 상영관은 반대편에 위치해 있다. 아무튼 이 공간은 할리우드 명사들이 즐겨 찾는 유서 깊은 호텔 샤토마몽, 레스토랑 타워바, 사교 클럽 소호하우스의 뒤를 잇는 만남의 장소임에 분명하지만 차이가 있다. 아이콘의 로비는 공공장소가 아니라, 건물 디자이너의 표현으로 얘기하자면 단일 기업이 관장하는 "로비 활동"이 벌어지는 곳이란 점이다. 규모로 따지면 CAA와 엔데버Endeavor Group Holdings, Inc.의 본사, 혹은 다양한 시기에 존재했던 스튜디오 부지 정도를 비슷한 급으로 볼 수 있다. 하지만 이렇게 방대한 양의 프로그램과 영화, 그리고 수많은 재능이 넷플릭스가 치밀하게 설계한 공학 기기를 통해 전달된다는 사실만으로 이 공간의 매력은 쉽게 변치 않는다. 넷플릭스 건물에서 미팅할 기회를 거부할 사람은 찾아보기 힘들다.

버락 오바마Barack Obama 같은 톱 VIP여서 지하 통로를 이용하는 게 아닌 이상 사람들은 대형 유리 진열장 옆 정문을 통해 아이콘에 들어선다. 진열장 선반에는 영국아카데미상, 골든글로브, 오스카상, 에미상의 작은 조각상이 바깥을 향한 채 서 있고 "살아있는 벽"에는 3,500여 종의 식물이 전시돼 있다. 넷플릭스의 대표작들을 기념하는 조각상도 빙글빙글 돌아간다. 스크린에 나오는 영상은 그날 방문 예정자에 따라 맞춤형으로 재생되는 경우가 많다. 예를 들어 알폰소 쿠아론Alfonsó Cuaron 감독이 오면 넷플릭스의 2018년작 〈로마Roma〉가 대형 스크린에 상영된다.

만약 아이콘이 2010년대를 거치며 일어난 넷플릭스의 성장까지 표현한다면 초창기를 구현한 곳은 훨씬 소박하고 초라할 것이다. 넷플릭스 설립 전 리드 헤이스팅스는 퓨어아트리아Pure Atria라는 소프트웨어 기업의 CEO로서 마크 랜돌프Marc Randolph가 공동 창립한 인테그리티QAIntegrity QA라는 회사를 인수했다. 랜돌프는 퓨어아트리아에서 마케팅을 총괄했는데 이곳 역시 1990년대 기술 기업들의 인수합병 붐을 타고 매각되었다. 헤이스팅스는 본래 이 매각 협상이 규제 당국의 심사만 통과하면 막대한 보수를 받고 퇴사할 예정이었고 랜돌프역시 떠날 준비를 하고 있었다. 합병 절차가 완료되기를 기다리는 몇달 동안에도 두 사람은 여전히 월급을 받으며 서니베일에 위치한 퓨어아트리아 사무실에 매일같이 출근해 다양한 프로젝트를 진행했다. 벤처 자본이 유입되고 주식시장이 폭등하자 랜돌프는 새로운 스타트업을 시작하고 싶은 마음에 온몸이 근질거렸고 헤이스팅스 역시 교육 개혁에 빠져들고는 있었지만 투자자나 고문으로 "발을 담가 보기로" 마음먹었다. 헤이스팅스와 랜돌프는 둘 다 산타크루즈에 살았기때문에 이내 한 차로 17번 고속도로를 타고 산타크루즈 산맥을 넘나들며 온갖 아이디어를 주고받았다.

랜돌프가 포착한 것처럼 실리콘밸리는 훌륭한 창업 스토리, 그러니까 빛나는 영감, 혹은 날카로운 통찰의 형태로 기업의 정수가 담긴이야기를 사랑한다. 많은 사랑을 받는 창립 설화 형태 중 하나가 역경과 혼란을 딛고 엄청난 보상을 얻는 스토리다. 술 냄새가 진동하는 우버Uber의 기원을 생각해 보라. 소셜 검색 엔진 스텀블어폰StumbleUpon의창업자 개릿 캠프Garrett Camp가 새해 전날 친구들과 대리운전 기사를고용하는 데만 800달러(10만 4,000원)를 쓰고 나서 떠올린 게 우버 아니었던가. 아니면 에어비앤비 창업자 브라이언 체스키Brian Chesky와 조게비아Joe Gebbia의 일화는 어떤가. 에어비앤비는 그들이 샌프란시스코 집의 천문학적 임대료를 충당하기 위해 다락방을 민박으로 개조하고 매트리스를 투숙객당 80달러(1만 4,000원)에 세를 놓으면서 시작되었다.

일단 널리 알려진 바에 따르면 넷플릭스의 전설은 야심찬 발상에서 시작되었다. 공동 창립자 헤이스팅스는 블록버스터에서 대여한 〈아폴로 13Apollo 13〉 연체료로 40달러(5만 2,000원)나 물고 난 뒤 충격에 휩싸였고 의문을 품었다. "연체료가 없다면 어떨까?" 하지만 이들의 진짜 창립 스토리는 초창기 넷플릭스가 제시한 '소비자에게 반납일이나 연체료 걱정 없이 DVD를 빌릴 수 있는 혜택을 제공한다는 아이디어'로 간단히 요약하기엔 너무나도 복잡하다. 공동 창립자 랜돌프는 이 같은 아이디어가 불현듯 떠오르기는커녕 헤이스팅스와 차로 수 마일을 달리면서 엄청난 논의를 한 끝에 도달한 결론이라고 말한다.

랜돌프는 자신의 낡은 볼보를 운전하면서, 혹은 헤이스팅스의 깔끔한 도요타 조수석에 앉아 맞춤형 서핑 보드를 팔자, 개 사료와 샴푸를 인터넷으로 팔아보자는 등 스타트업으로 시작할 만한 수많은 아이디어를 제시했다. 하지만 냉정한 분석가인 헤이스팅스는 하나같이 수익성이 없다며 거부했다. 공방을 지속하다 마침내 시장 잠재력을 발견한 아이템이 영화 테이프였다. VHS 테이프는 부피가 커서 배송도 어렵고 개당 가격이 75~80달러(약 10만 원)로 비쌌지만 최초로 영감이 떠오르고 얼마 지나지 않은 1997년, 헤이스팅스는 컴팩트디스크 크기의 DVD가 출시된다는 소식을 접했다. 디스크는 가격도 좀 더 저렴하고 얇아 우편 배송이 가능했지만 한편으로 배송 과정에서 파손될 우려가 있었다. 두 사람은 레코드 매장에서 컨트리 가수 패치 클라인Patsy Cline의 히트곡 모음집을 구입한 뒤 디스크를 연하장 봉투에 넣고 32센트(410원)짜리 우표를 붙여 발송했다. 이틀 후 헤이스팅스의 집으로 배달된 디스크에는 흠집 하나 없었다. 아이디어가 현실이 되는 순간이었다.

헤이스팅스, 랜돌프와 앤젤 투자자들이 모은 창업 자금 190만 달러(24억 7,000만 원), 그리고 12명의 직원을 기반으로 사업이 시작되었다. 첫 6개월은 디스크를 판매하고 대여할 수 있는 간단한 전자상거래 웹사이트를 구축하는 데 심혈을 기울였다. 랜돌프는 "1998년 당시에는 작품이 그리 많지 않았고 구할 수 있는 곳도 거의 없었어요. 그래서 우리가 한곳에서 다 해결할 수 있는 매장을 만들기로 했죠"라고 증언했다. 넷플릭스의 첫 사무실은 두 사람이 17번 고속도로를 타고 갈 때마다 지나쳤던 마을 스코츠밸리의 한 업무 지구에서 본래 은행 지점으로 쓰인 곳이었다. "냄새나는 초록색 카펫이 깔려 있었어요." 지저분한 카펫을 두고 랜돌프는 돈을 빨리 벌고 싶었던 은행의 마음이 담긴 거라고 동료들과 농담하기도 했다고 회상했다. 사업 초기, DVD는 은행에서 쓰던 오래된 금고에 보관했다. 회사에 자금도 부족하고 너무 급하게 이사해 사무용 가구를 마련할 틈도 없었던 것이다. "사람들이 비치 의자를 가져와서 일했어요." 넷플릭스가 정식 오픈한 1998년 4월 14일에는 150건이나 되는 주문이 한꺼번에 몰려 서버가 다운되기도 했다. 하지만 첫해에는 여러모로 힘들었다. "그때는 블록버스터 대여점과 어떻게 경쟁할지, 스트리밍의 미래가 어떨지 같은 건 안중에 없었어요." 랜돌프가 말했다. "우리가 만든 이 소박한 웹사이트, 오로지 그 생각뿐이었죠."

넷플릭스는 돈을 전혀 벌지 못했다. DVD는 잘 나갔지만 들어가는 비용이 많았기 때문이다. DVD는 그 자체도 비싸고 배송료도 비쌌으며 홍보용으로 수천 개씩 뿌리느라 더 많은 돈이 들었다. 판매 가능성을 타진하기 위해 아마존의 제프 베이조스와 만난 자리에서 한 가지가 분명해졌다. 책 말고 다른 상품도 판매할 야심을 품고 있는 이 전자상거래 거물과 넷플릭스가 조만간 경쟁하게 될 것이라는 사실이다. "그래서 초기 회사로서는 상당히 어려운 결정을 처음으로 밀어붙일 수밖에 없었어요." 랜돌프가 말했다. "매출의 95%를 차지하지만 결국엔 폐업하고 말 아이템을 고집할 것인가, 아니면 지금은 매출이 안 나지만 수익이 나게 만들 수만 있다면 엄청난 성공을 안겨줄 아이템에 모든 것을 걸 것인가 하는 문제죠."

넷플릭스는 도박을 하기로 했다. 그때부터 1년 반 동안 직원들은 "수백 가지" 방법을 시도한 끝에 결국 초창기 넷플릭스 고객이라면 또렷하게 기억할 대여 시스템을 장착하게 된다. 바로 월 구독료를 내면 한 번에 최대 3편의 영화를 대여할 수 있는 시스템이다. DVD는 중국의 춘절 선물처럼 빨간 봉투에 담겨 우편으로 배송되었다. 이 무제한 대여 모델은 소비자들에게 상당한 편의를 제공했고 넷플릭스는 심지어 자신들을 골치 아프게 했던 문제까지 해결할 수 있었다.

"당시 창고에 쌓인 DVD만 수십만 개에 달해 헤이스팅스와 제가 이런 얘기를 했어요. '이 많은 DVD가 창고에서 그냥 썩고 있다니 참 안타까운 노릇이야. 이걸 고객들 가정에 보관할 방법이 없을까?' 라고요." 랜돌프는 말했다. "고객들이 DVD를 그냥 갖고 있게 만들 수 없을까? 원하는 만큼 보관하다 다른 게 보고 싶어지면 우편으로 반납하고 또 다른 걸 대여하는 거지. 반납일이나 연체료 따위 없이 말이야."

1999년 넷플릭스가 이 서비스를 도입한 이후 내내 고전을 면치 못했던 실적이 변하기 시작했다. 넷플릭스의 참신한 대여 방식뿐 아니라 추천 엔진과 시네필 커뮤니티 기능에 반응한 이들이 충성 고객으로 거듭나면서 구독자가 23만 9,000명까지 늘어난 것이다. 소셜 미디어가 탄생하기 전이었기 때문에 채팅방과 게시판이 주된 커뮤니케이션 수단이던 시절이었다. 넷플릭스 가입자들은 여기서 보고 싶은 작품에 '대기'를 걸고 다른 가입자와 리뷰를 주고받을 수 있었다. 맥도날드McDonald 같은 대중 브랜드의 영향을 받아 종업원이 카키색과 파란색이 섞인 유니폼을 입고, 대오를 엄격히 맞춘 통로 등을 자랑하는 비디오 대여점 블록버스터와 비교해 넷플릭스의 핵심 가치는 '개인'에 있었다. 고객들이 각 영화에 직접 평점을 매길 수 있도록 하고 그대로 사이트에 반영했다. 심지어 각 구독자의 데이터까지 수집하기 시작했는데 이는 향후 혁신적인 노두로 사리배심하게 된다.

넷플릭스 구독자만이 열광한 게 아니었다. 실리콘밸리 투자자들이 무려 1억 달러(1,300억 원)를 투자하면서 이 스타트업은 직원만 350명이 넘는 기업으로 도약했다. 닷컴 버블이 정점에 달한 시점에는 기업 공개 예정 기업을 찾아다니던 투자자들이 "마치 서류 가방을 든 독수리처럼 **넷플릭스** 주위를 돌기 시작했다." 하지만 2000년 3월 거품이 꺼지면서 눈먼 돈의 씨가 말랐고 넷플릭스는 5,700만 달러(741억 원)를 잃을 위기에 처하고 말았다. 이때 헤이스팅스와 랜돌프는 출구 전략을 가슴에 품고 텍사스주 댈러스로 향했으니, 바로 블록버스터 CEO 존 안티오코John Antioco를 만나 넷플릭스가 온라인에서 입지를 구축할 수 있도록 5,000만 달러(650억 원)에 매입해 달라고 제안한 것이다. 하지만 60억 달러(7조 8,000억 원) 규모의 홈엔터테인먼트 대

기업 수장은 단칼에 거절했다. 그리 놀랄 일도 아니었다. "더 큰 효율성을 자기 발로 걷어차는데 우리가 무슨 말을 하겠나?" 헤이스팅스는 2020년 출간한 저서 《규칙 없음No Rules Rules》에서 이렇게 회고했다.

넷플릭스는 막다른 골목에 부딪쳤고 헤이스팅스는 가장 유능한 직원만 남기고 전체 구성원의 3분의 1을 해고해야만 했다. 쓰라린 시기였지만 덕분에 기업이 실적을 내는 데 가장 중요한 게 뭔지 여실히 깨달을 수 있었다. 헤이스팅스는 "내게는 큰 깨달음을 준 시기였다. 조직의 운명에 인재가 얼마나 중요한 역할을 하는지 실감한 인생의 전환점이었다"라고 적었다. 이렇게 험난한 길을 가던 넷플릭스에 뜻밖의 행운이 찾아온다. DVD 플레이어 매출이 늘면서 DVD의 우편 구독 역시 급증한 것이다. 이 같은 기세로 2002년 상장한 넷플릭스는 엄청난 구독자 수에 힘입어 8,250만 달러(1,072억 5,000만 원)를 벌어들였다 물론, 엄청난 수라고 해봐야 60만 명 정도로 지금에 비하면 소박한 수준이지만 말이다(2023년 7월 기준 구독자 수는 약 2억 3,800만 명-옮긴이).

넷플릭스의 성장에 맞춰 헤이스팅스는 핵심 간부들을 고용했다. 테드 서랜도스도 바로 그중 한 명이었다. 사교성이 좋기로 유명한 그는 미국 최대 비디오 유통 업체 중 하나인 이스트텍사스배급East Texas Distributing에서 지역 디렉터를 역임하고, 합치면 500개 지점에 달하는 대여 체인점 비디오시티Video City와 웨스트코스트비디오West Coast Video의 사업 아이템을 VHS 테이프에서 DVD로 넘어가도록 도왔던 사람이다. 사실 둘은 달라도 너무 달랐다. 일단 서랜도스는 '흙수저'다. 애리조나주 피닉스의 가난한 동네에서 5남매 중 넷째로 태어나 자랐다. 친할아버지가 10대 시절 그리스 사모스섬에서 미국으로 이민 오며 성을 서랜도스로 바꾸었다. 부모님은 모두 고등학교 중퇴자였다. 어머니는 온종일 TV를 켜두는 걸 좋아했고 아버지는 전기공으로 일했다. 그는 "부모님이 너무 어려 나는 늑대들 품에서 자랐다"고 농담하곤 했다. 5시간만 자면 충분했기에 매일 밤 목마른 자가 우물을 찾듯 대중문화를 들이켰다. 특히 〈대부〉, 〈비열한 거리〉, 〈뜨거운 오후Dog Day Afternoon〉 같은 할리우드 신작 영화들은 그의 어린 시절에 큰 영향을 미쳤다. 수십 년 후 그의 널찍한 사무실에 〈대부〉 포스터와 같은 1970년대를 상징하는 신성한 유물들이 가득차게 된 건 우연이 아니다. 유명 시트콤 〈올 인 더 패밀리All in the Family〉 제작자 노먼 리어Norman Lear의 얼굴 스티커가 창문에 붙어 있어 특정 시간대가 되면 리어의 이미지가 은 빙 안에 투사된다. 10대 시절, 서랜도스는 부모님께 피닉스 시내까지 태워달라고 부탁해 클린트 이스트우드Clint Eastwood의 스릴러 영화 〈건틀릿The Gauntlet〉의 촬영 현장을 지켜보았다. "애리조나주 역사상 가장 더운 날이었어요. 온종일 밖에 앉아 촬영하는 걸 구경했는데 너무 더워서 제 운동화가 녹아내릴 정도였어요. 그래도 꾹 참고 눈앞의 마법을 지켜봤죠…. 그날 저는 신에게 한 발짝 다가갔어요." 이후 고등학교 신문사에서 일하며 저널리스트의 꿈을 키우던 그는 당시 TV 드라마에서 보도국의 괴팍한 상사 루 그랜트 역으로 출연한 에드 애스너Ed Asner를 인터뷰하게 된다. 그리고 저널리즘의 기술보다 애스너의 쇼 비즈니스 이야기에 가슴이 더 뛴다는 사실을 깨달았다.

이후 글렌데일커뮤니티칼리지에 진학한 서랜도스는 애리조나비디오카세트웨스트Arizona Video Cassettes West 대여점의 단골이 되었고 사장을 꼬드겨 점원 자리까지 꿰찼다. 손님이 그리 많지 않았던 터라 자신의 포드 F-150 트럭으로 출근한 뒤 온종일 비디오를 볼 수 있었다. 이때 매장의 모든 VHS 테이프를 섭렵하며 쌓은 백과사전급 영화 지식은 그가 훗날 넷플릭스의 콘텐츠 책임자이자 공동 CEO가 된 이후까지 빛을 발했다. 게다가 당시 영화 추천 부탁을 워낙 많이 받았던 덕분에 사람들 취향이 놀랍도록 다양하다는 사실도 깨달을 수 있었다. 급기야 그는 일하던 비디오 대여점을 관리하기 위해 대학까지 중퇴한다. 1980년대에 VCR이 주류로 떠오르면서 비디오 대여 산업이 급부상하던 때였다. 대여점 체인 블록버스터의 소규모 라이벌 체인점들에서 잇따라 근무하는 한편, 결국 합병한 두 중견 체인 비디오시티와 웨스트코스트비디오의 운영을 돕다 DVD 시장이 전도유망하다는 사실도 깨달았다. 대여점의 상당수는 가구 소득이 높고 최신 가전에 열광하는 미군 기지 인근 시장에 입점해 있었다.

서랜도스는 할리우드 제작사들과 계약을 체결해 DVD를 무료로 제공 받는 한편, 대여 수익을 나누기로 했다. 그가 넷플릭스라는 이름을 처음 접한 건 DVD 플레이어 패키지에 동봉돼 있던 홍보물, 즉, 10회 무상 대여를 내세워 가입을 권유하는 카드를 통해서였다.

서랜도스가 터너브로드캐스팅Turner Broadcasting에서 일하던 1980년대 친분을 쌓은 영화 제작자 조 아모데이Joe Amodei는 음악과 영화에서 서로 통하는 부분이 많았다고 회상했다. 서랜도스는 프랭크 시나트라Frank Sinatra, 토니 베넷Tony Bennett, 브루스 스프링스틴 같은 아이콘을 숭배하며 그들의 지극히 미국적인 자유분방함을 모방했다. 아담한 체구에 커다란 눈과 어두운 갈색의 곱슬머리를 한 서랜도스는 언제나 에너지가 넘쳤다. 아모데이를 처음 만났을 때 서랜도스는 쇼 비즈니스의 화려함과는 거리가 먼 비디오 도매업자였지만 흔히 볼 수 없는 열정으로 업무에 임했다. "그는 전국 매장에 직접 전화를 걸어 제 영화를 홍보해 줬어요. 그때마다 얼마나 열변을 토하는지 마치 자기가 직접 만든 영화를 소개하는 것 같았죠. 우리는 금방 친해졌어요."

반면 헤이스팅스는 특권층 자녀였다. 외증조부인 알프레드 리 루미스Alfred Lee Loomis는 예일대와 하버드대를 졸업한 월스트리트의 거물로서 전력 회사에 투자해 엄청난 부를 쌓았다. 〈포브스Forbes〉에 따르면 그는 1929년 주식시장 붕괴를 앞두고 보유 주식을 정리해 아메리카컵에 출전하는 요트 연합을 후원하는가 하면 사우스캐롤라이나주 힐튼헤드섬의 대부분을 개인 놀이터 용도로 구입하는 등 대공황기에도 호화로운 생활을 시작해 나갔다. 이후 과학 분야로 관심을 돌려 알베르트 아인슈타인Albert Einstein, 엔리코 페르미Enrico Fermi, 어니스트 로런스Ernest Lawrence 등 저명한 과학자들이 모인 턱시도 공원의 물리학 실험 연구소에 자금을 지원했다. 리드 헤이스팅스는 보스턴의 부유한 교외 마을에서 자랐다. 양친 모두 학력이 높았는데 어머니는 웰즐리대를 졸업했고 아버지는 하버드대를 우등 졸업했다. 사립학교에 다니다 메인주의 보든대를 선택해 가족들이 충격을 받았는데 엄격한 선발제 학교이기는 했지만 아이비리그가 아니었기 때문이다. 2년간 아프리카 에스와티니 평화 봉사단에서 고등학생들에게 수학을 가르친 후 미국으로 돌아와 스탠포드대에서 인공 지능을 공부했다.

각기 다른 성향의 두 사람은 각각 회사의 좌뇌와 우뇌를 담당하며 20년이 넘는 기간 동안 넷플릭스에서 멋진 콜라보를 선보여 왔다.

헤이스팅스는 넷플릭스의 로스가토스 기술통제센터 및 본사에서 업무 전반을 총괄했고 서랜도스는 로스앤젤레스의 창의 허브를 육성했다. 넷플릭스에 고용되던 당시 남부 캘리포니아주 해안 지역인 팔로스 베르데스에 살고 있던 서랜도스는 자신이 그곳에 계속 머물게 해 달라고 헤이스팅스를 설득했다. 실리콘밸리의 로스가토스 본사로 가기보다 그렇게 하는 게 창의 집단과 더 자연스럽게 유대감을 구축할 수 있다고 생각했기 때문이다. 서랜도스는 "전략적으로 훌륭한 선택이었죠"라고 회상했다. "엔터테인먼트 커뮤니티의 기술 문화를 존중할 수 있고 기술 커뮤니티의 엔터테인먼트 문화도 존중할 수는 있죠. 하지만 둘은 태생이 다르기 때문에 화합하기 상당히 힘들어요. 할리우드 사람들은 기술 업계 관계자들이 내려와 엄청난 자금을 투자하더라도 얼마 못 버티고 떠날 거라고 확신해요. 자기들은 북부에서 온 신참들과 달리 '지난 100년간 그랬던 것처럼 이곳을 지킬 거야. 왔다가 결국 떠나는 이들을 그동안 숱하게 봐 왔지'라고 생각하죠. 기술 관계자들은 제작사 사람들이 멍청한 데다 제대로 하는 게 없다고 철석같이 믿고요. 함께 일하기 좋은 문화는 아닌 거죠. 하지만 '서랜도스'라는 사람이 '로스앤젤레스'에 있었고 그곳에서 팀을 꾸리기 시작했다는 게 주요했어요." 넷플릭스는 탄력을 받았고 서랜도스는 이런 결론에 도달했다. "결국 이건 관계의 비즈니스예요."

서랜도스와 함께 일하던 넷플릭스 최초의 팀은 비벌리힐스 저층 오피스 빌딩 한곳에 자리 잡았다. DVD가 중심이던 당시에는 그때그때 가장 잘나가는 영화의 포스터를 주 회의장 벽에 게시했는데 아이콘에 있는 자사 홍보용 스크린의 초기 버전이라 할 수 있다.

단순히 대여 체인 블록버스터에 맞서려다 그 이상의 출구를 개척하면서 넷플릭스는 초록색 카펫이 깔린 옛 은행 지점에서 일하던 당시와 비교도 안 되게 큰 조직으로 거듭났다. 2020년 말 직원 수는 9,400명이었다(2023년 기준 1만 3,000여 명에 달한다-옮긴이). 기존 직원은 헤이스팅스의 첫 번째 벤처 기업 출신인들을 포함해 모두 창업자들과 인연 있는 이들이었다. 회사가 성장하면서 헤이스팅스는 초기에는 번성하지만 사업 규모가 커지고 절차가 복잡해질수록 위축되기 마련인 혁신과 도전의 문화를 보존하려 노력했다. "보통 기업은 효율성은 높이고 오류는 줄이는 방식으로 운영되지만 그러다간 자칫 경직될 수 있어요. 우리는 창작 기업입니다. 유연함을 중시하며 운영하다 실제로 혼돈이 닥치면 민첩하게 대처하는 게 낫죠." 그와 경영진은 전통 미디어 기업과는 진혀 다른 기업 가치와 업무 십는 방식을 설계했고 이는 헤이스팅스가 제작한 파워포인트 슬라이드에 담겼다. 이것이 오늘날 비즈니스 및 기술 분야에서 현대판 마그나 카르타Magna Carta로 알려진 '넷플릭스 컬처 덱Netflix Culture Deck'이다.

"우리는 세상을 즐겁게 만들고 싶다. 성공한다면 사람들은 지금보다 훨씬 많이 웃고, 공감하며 또 기뻐할 것이다." 문서는 이렇게 시작된다. "이를 실현하기 위해 우리는 놀랍고도 특별한 직원 문화를 실천한다." 이 같은 성명서에 함께 공을 들인 수많은 간부 중에는 HR 부문의 오랜 수장이었던 패티 맥코드Patty McCord도 포함돼 있다. 헤이스팅스가 성명서를 인터넷에 게시하기로 결정한 이후 조회 수는 무려 2,000만 회를 기록했다.

넷플릭스는 실력자를 발굴해 후한 보수를 지급하고 폭넓은 자율성을 부여했다. 덕분에 의사 결정이 신속하게 진행돼 굼뜬 라이벌 기업을 가볍게 넘어설 수 있었다. 하지만 자유에는 책임이 따르는 법, 성명서의 핵심 신념 중 하나는 "과격한 투명성"이었다. 회사의 상사, 부하, 동료들은 시도 때도 없이, 그리고 직급과 무관하게 서로에게 솔직하게 피드백을 했다. 한 전직 간부는 지속적인 피드백이 두려움이라는 문화를 만든다고 설명했다. "매 순간 모두가 서로를 작게 만들어요. 그러면 보상을 받거든요." 대신 누군가 실수를 하면 직원들은 마치 햇볕 아래 온몸을 드러내듯 동료들에게 모든 걸 공유하는 "햇빛 비추기sunshining"라는 관행을 통해 어떤 교훈을 얻었는지 공개적으로 이야기한다. 직원들이 실패는 곧 위험을 감수한 결과라고 받아들이도록 격려하는 방법인 것이다.

심지어 보수도 투명하게 공개한다. 이사급 이상 직원 500여 명은 사내 모든 직원의 연봉을 알고 있으며, 직원들은 "360도 검토" 정책을 통해 역시나 직급에 관계없이 다른 직원의 성과에 대한 의견을 제출할 수 있다. 기업이 벌인 다양한 활동에 대한 결과도 추적을 통해 공개된다. 성명서에는 "각 작품마다 성과, 모든 전략 결정 과정, 모든 경쟁사, 모든 제품 기능 테스트에 대한 평가가 공개되고 모든 직원이 열람할 수 있다"고 규정돼 있다. 직원들은 높은 수준의 독립성과 자율성을 누리며 자신의 스케줄을 직접 정하고 의사 결정도 내릴 수 있는 권한을 위임받는다. 엔터테인먼트 운영에 있어서도 넷플릭스는 이사회 승인을 기다리는 동안 모든 게 지체되는 기존 제작사의 방식을 버리고 승인 권한을 수십 명의 직원에게 부여했다. 헤이스팅스는 기업의 성공, 그리고 거대한 전환 속에서도 앞으로 나아갈 수 있었던 원동력으로 이 괴짜 같은 문화를 꼽았다.

투명성을 강조하는 기업 문화로 인해 난감한 상황이 연출되기도 했다. 넷플릭스의 기업 커뮤니케이션 책임자였던 조너선 프리드랜드 Jonathan Friedland는 백인이었는데 회의 도중 흑인을 비하하는 단어를 두 번이나 사용해 문제가 되었다. 〈월스트리트저널〉에 따르면 첫 번째는 스탠드업 코미디 프로그램에서 사용되는 공격적 어휘에 관한 요점을 도발적으로 강조하려다 튀어나왔는데 나중에 사과했다고 한다. 두 번째는 위 사건의 해결을 돕던 인사부의 흑인 직원 두 명을 상대하던 중 일어났다. 헤이스팅스는 직원들에게 편지를 보내 프리드랜드의 해고 이유를 공개적으로 설명했다. "그와 같은 단어를 사용한 것은 인종에 대한 인식과 감수성이 용납할 수 없을 만큼 낮다는 사실을 보여주며 이는 우리 기업의 가치에 부합하지 않습니다."

넷플릭스에는 관리자가 위대한 직원을 남기고 좋은 직원을 해고하기 위한 "키퍼 테스트Keeper Test"라는 인사 시스템이 있다. 키퍼 테스트를 통과하지 못한 이들은 해고를 당하지만 넷플릭스로부터 후한 퇴직금을 받는다. 헤이스팅스는 "우리는 항상 넷플릭스를 가족이 아닌 팀으로 일컬어 왔어요"라고 말한다. 넷플릭스라는 기업의 후광으로 대부분의 퇴직자들은 새로운 기업에 스카우트된다. 한편으로 "과격한 투명성"은 "사무실 정치"의 또 다른 표현에 불과하다고 우려하는 직원들도 많다. 가령 컬처 덱 전반에 등장하는 "북극성(동일한 목표)"이나 "고도로 정렬되었으며 느슨하게 결합된(목표로 향하는 서로 다른 방법)"과 같은 불명확한 용어들은 마치 비밀결사 조직원들이 "내 편 네 편"으로 편을 가르기 위해 사용하는 언어처럼 느껴진다는 것이다.

그런가 하면 "업무 처리 방식을 설명하는 과정에서 저런 단어들을 사용하게 됩니다. 이메일에도 쓰고 동료들에게 이야기하면서도 쓰고요. 서로를 이해할 수 있도록 그런 언어와 단어들을 사용하는 거죠"라고 말하는 전직 간부도 있었다.

오리지널 스튜디오 필름 관리자인 타히라 구든Tahirah Gooden은 뉴 리젠시New Regency와 라바베어필름Lava Bear Films 등 전통적인 제작사에서 일하다 넷플릭스에 합류했다. "컬처 덱을 아무리 많이 읽어도 이곳에 실제로 와보기 전까지는 넷플릭스 문화를 결코 이해할 수 없어요. 하지만 넷플릭스를 샅샅이 이해하고 나면 그만큼 신선한 것도 없죠. 물론 적응해야 할 부분도 분명 있지만요." 2019년 사내 팟캐스트 〈우리는 넷플릭스다We Are Netflix〉에 출연했을 당시 그녀가 한 이야기다. 그녀는 이전 직장의 경우 "업무를 완수할 때까지 정보를 최대한 적게 제공하는 것이 더 안전했지만 넷플릭스에서는 과도한 소통이 살아남을 방법이었죠"라고 덧붙였다. 구든은 나름 성공적으로 적응했다고 생각하지만 피드백을 받는 것은 여전히 어렵다고 말했다. "보통 '어쩜 좋아, 망했어. 내가 잘못하고 있는 거야'라고 생각하지만 저는 다르게 받아들이는 연습을 했어요. '그들은 내가 성공하도록 도와주고 있는 것뿐이야'라고요."

헤이스팅스는 키퍼 테스트를 거침없이 적용했다. 2017년에는 거의 20년 동안 넷플릭스의 최고 제품 책임자로 일하면서 그 유명한 '알고리즘'을 설계한 절친 닐 헌트Neil Hunt를 해고하기도 했다. 188센티미터의 큰 키에 극도로 마른 체형, 그리고 예리함을 지녀 "작대기 위의 두뇌"라고 불리는 헌트는 지금은 건강 기술 스타트업의 CEO가 되었다. 넷플릭스 창립 멤버 중 한 명인 패티 맥코드 역시 키퍼 테스트의 대상이었다. 2011년, 넷플릭스는 DVD 사업부를 퀵스터Qwikster라는 새로운 기업으로 분할한다는 계획을 발표한 뒤 또다시 험난한 시기를 맞이했다. 주가가 폭락하면서 헤이스팅스가 경영진 전체 평가를 실시해 누가 남을지 결정하기로 했고 이때 맥코드가 해고된 것이다. 시간이 흐른 뒤 그녀는 당시 "슬펐다"라고 고백했다. 하지만 넷플릭스 설립 당시부터 자신이 설파했던 개념을 헤이스팅스가 수용해 준 데 대해서는 뿌듯했다고 한다. 컬처 덱에 대한 신념은 그녀가 퇴사한 이후에도 꾸준히 지속되었던 것이다. 그리고 이는 2018년 그녀가 출간한 저서 《파워풀Powerful: Building a Culture of Freedom and Responsibility》의 핵심 주제이기도 하다. 그녀는 책을 통해 말했다.

"오늘날의 비즈니스 성공과 관련해 우리가 넷플릭스를 통해 배운 근본적인 교훈은 20세기를 거치면서 발전해 온 정교하고 복잡한 인재 관리 시스템은 21세기에 기업들이 당면한 과제에는 대응할 수 없다는 것이다."

3장

명성에 부응하는 넷플릭스

대체 뭘 보지? 넷플릭스는 DVD를 대여해 주던 사업 초창기부터 소비자들의 이 풀리지 않는 수수께끼에 해답을 제공해 왔다. 사람들이 보고 싶어 하는 콘텐츠를 제공하기 위해 끈질기게 노력하고 개별 소비자의 취향을 이해하기 위해 다각도로 접근함으로써 넷플릭스는 할리우드의 라이벌 제작사들과 차별화되는 데에 성공했다. 엔터테인먼트 기업들은 지금까지 소비자들이 특정 시간에 채널을 고정하고, 특정 요일에 극장을 찾도록 설득하는 데 주력했다. 반면 넷플릭스는 자신의 역할을 호객꾼이 아닌 중매쟁이라고 생각했다. 2000년 2월 최초의 추천 엔진인 '시네매치Cinematch' 서비스를 도입해 구독자들이 혼자 살펴보기엔 너무 방대한 5,000편의 영화 라이브러리를 탐색할 수 있도록 도왔다. 6년 후에는 추천 정확도를 10% 높이기 위한 경연 대회를 열어 세간의 주목을 받았다. 넷플릭스는 100만 달러(13억 원)의 상금을 내걸었지만 괴짜들을 유인한 진짜 미끼는 48만 189명의 고객이 1만 7,700편의 영화에 대해 매긴 1억 개가 넘는 평가 데이터에 접근할 수 있는 권한이었다. 2009년, '벨코어의 실용적 혼돈'이라는 팀명을 가진 AT&T 연구 개발팀이 우승을 차지했는데 넷플릭스는 좀 더 간편하고 계산 부담이 적은 형태로 소비자 취향을 예측하는 알고리즘을 구현했다. 하지만 이보다 더 큰 결실은 따로 있었다. 넷플릭스가 기술 커뮤니티에서 중요하게 여기는 전산 문제를 다루는 기업이란 이미지를 구축할 수 있었다는 점이다.

"스타급 인재를 유치할 수 있는 실력을 쌓은 게 무엇보다 큰 성과였죠." 최고제품책임자였던 닐 헌트가 회상했다. "알고리즘도 훌륭했지만 더 중요한 건 추천에 관한 머신러닝 전문가 수십 명, 그리고 더 광범위한 분야의 전문가 수백 명을 고용할 수 있었다는 사실이에요. 그들의 참여와 기여를 통해 실제로 기술과 역량을 향상시킬 수 있었으니까요."

핵심 사업을 DVD에서 스트리밍으로 바꾸면서 넷플릭스의 추천 방식 역시 진화했다. DVD 때는 고객 평가에 기반해 추론했다면 스트리밍으로 넘어와서는 고객들이 어떤 영화나 TV 프로그램을 찾아 맛보고 또 몰아보기를 하는지 실시간 데이터를 살펴볼 수 있었다. 게다가 넷플릭스가 우편 주문 시스템으로 빛을 못 보던 당시 영입한 인재들이 엔터테인먼트 업계를 혁신할 기술적 역량을 선사했다. 예상컨대 스탠퍼드대 출신 컴퓨터 과학자이자 차분한 대학 교수 같은 어투가 돋보이는 수학자 헤이스팅스는 회사 설립 당시부터 이 순간을 준비해 온 것으로 보인다. 초기 투자자이자 이사회 일원인 리처드 바턴Richard Barton은 2000년 초 헤이스팅스와 저녁 식사를 하다 넷플릭스의 DVD 대여 모델에 우려를 제기했던 일화를 기억했다. 당시 실리콘밸리에서 신생 회사인 넷플릭스를 두고 블록버스터 대여점이나 인터넷에 밀려 결국 망할 거라고 믿고 있단 사실을 전한 것이다.

"저는 'DVD라는 형태의 매체는 이제 사라질 게 분명해요. 시간 문제란 게 명백해요. 결국 당신 회사도 막다른 골목에 부딪혀 끝장나고 말 거예요'라고 말했어요. 그랬더니 헤이스팅스가 그러더군요. '나는 이걸 우편 DVD-플릭스(플릭스는 영화를 의미-옮긴이)라고 하지 않았어요. **넷플릭스**라고 했죠.' 그는 아주 멀리 볼 줄 알고, 상당히 큰 흐름까지 파악할 수 있는 보기 드문 능력의 소유자 중 한 명이에요. 미래로 가는 과정에 어떤 결정들이 따르게 될지는 몰라도 목적지만큼은 확실히 알아요."

헤이스팅스와 그의 기술팀에게 목적지로 향하는 길은 무어의 법칙, 즉 반도체 성능이 2년마다 두 배로 발전한다는 인텔 창립자 고든 무어Gordon Moore의 이론을 적용하면 간단히 찾을 수 있었다. 닐 헌트는 인터넷 속도도 마찬가지라고 말한다. 2000년대로 접어든 이후 광대역 인터넷 연결망이 전역으로 확산되기 시작해 2000년 당시 미국 가구의 1%에 불과했던 보급률이 2007년에는 51%로 급증했다. "인터넷으로 영화를 전송한다는 게 허무맹랑한 이야기가 아니었어요. 문제는 영화를 밤새 찔끔찔끔 다운받게 할 것이냐 아니면 실시간 스트리밍으로 제공할 것이냐였죠."

넷플릭스는 이후 1년간 DVD 우편 배송 사업을 본 딴 서비스 구축에 매달렸다. 구독자들이 온라인에서 영화를 주문한 뒤 대역폭이 넉넉한 야간 동안 파일을 다운받아 가정 내 디스크에 저장하는 방식이었다. 하지만 이 계획은 유튜브의 부상으로 소비자들이 당장 영상을 볼 수 있는 스트리밍을 더 선호한다는 사실이 입증되면서 보류되었다. 스트리밍 시대라는 밝은 미래로 향하기 위해선 섬세한 외교력이 필요했다. 넷플릭스는 궁극의 교란자로 엔터테인먼트 시장에 등장했지만 한편으로는 어엿한 구성원으로 받아들여지기를 갈망했다. 한 발은 실리콘밸리에, 다른 한 발은 할리우드에 담그고 있는 상황에서 그 간극을 좁히기 위해 노력하기 시작했다. 인터넷 불법 복제로 음악 업계가 만신창이가 되는 모습을 공포에 떨며 지켜본 제작사 경영진은 온라인 전송이 지닌 위험성에 극도로 민감했다. 저작권자들은 처음엔 기술적으로 불가능하거나, 구현하기에 비용이 너무 많이 드는 사항을 요구했다. 또 고객에게 들이밀기 난감한 걸 요구하기도 했다. 가령 헌트의 증언에 따르면, 넷플릭스가 서비스를 배급하는 지역의 소비자들이 실제로 그곳에 거주한다는 사실을 증명하기 위해 그들의 운전면허증을 스캔해 제출해야 한다는 요구도 있었다. "그중 기술적인 부분은 제 담당으로 넘어왔어요. 하지만 대부분은 콘텐츠 조달, 구매 및 저작권 계약을 처리하는 팀에 넘어가면서 업무 분담이 확실하게 이뤄졌죠."

우여곡절 끝에 넷플릭스가 2007년 1월 출시한 서비스 왓치나우 Watch Now는 엉성하기 그지없었다. 인터넷 성능을 한계까지 밀어붙였기 때문에 화질이 좋을 리 없었다. 게다가 마이크로소프트의 윈도우미디어플레이어가 설치된 컴퓨터에서만 시청이 가능했다. 하지만 기술이 더 발전할 때까지 마냥 기다릴 수만은 없는 노릇이었다. 헌트는 말했다. "기술적 도약에 뒤따르는 문제 중 하나는 처음엔 대중이 흡족할 만큼 매끄럽게 작동하지 않는다는 점입니다. 하지만 그렇다고 그 흐름에 뛰어들지 않으면 다른 누군가가 당신의 사업을 훔쳐가 버릴 수 있어요. 기술은 2년마다 곱절로 발전하니까요. 그러다 그 흐름이 대중을 휩쓸어 버리는 시점이 되면 이미 게임은 끝난 거고요."

헤이스팅스는 투자자들에게 넷플릭스의 계획은 물리적 세계와 디지털 세계, 두 마리 토끼를 모두 잡는 것이라고 설명했다. 스트리밍 서비스를 시작하더라도 수익성 좋은 DVD 구독 사업에 계속해서 공격적으로 투자하겠다고 밝혔다. 스트리밍이 소비자들 생활에 스며드는 걸 막는 장애물, 말하자면 제한적 콘텐츠, 그리고 영화와 TV 프로그램을 거실 TV까지 전송하기에 부족한 기술을 극복할 때까지 돈이 되는 대여 사업이 회사를 지탱하도록 도왔다.

앞으로 대세가 될 맞춤형 서비스On-Demeand에 비전을 품은 기업은 넷플릭스뿐만이 아니었다. 아마존 역시 DVD 구매가 급증하는 추세를 파악하고 온라인 배송으로의 피할 수 없는 전환에 대비해 2004년 팀을 꾸리기 시작했다. 초반에 팀장으로 고용한 이가 할리우드 전통에 흠뻑 젖어 자란 로이 프라이스Roy Price였다. 프라이스의 외할아버지이자 작가 겸 프로듀서였던 로이 허긴스Roy Huggins는 블랙리스트에 오르고 공산주의자 활동을 감시하는 하원비미활동위원회HUAAC에서 증언을 강요당할 때도 꿋꿋이 버텨 결국 오랫동안 회자된 TV 탐정 액션 드라마 〈록포드 파일The Rockford Files〉과 영화 〈도망자The Fugitive〉를 제작한 인물이었다. 아버지인 프랭크 프라이스Frank Price는 유니버설텔레비전Universal Television 수장으로서 1970년대에 〈600만 달러의 사나이The Six Million Dollar Man〉, 〈인크레더블 헐크The Incredible Hulk〉, 〈배틀스타 갈락티카Battlestar Galactica〉 등 TV 히트작들을 연이어 배출했으며 이후 컬럼비아픽처스와 유니버설픽처스까지 이끌었다. 프라이스의 어머니인 캐서린 크로퍼드Katherine Crawford는 〈죽음을 타고Riding with Death〉, 〈봄바람A Walk in Spring Rain〉 같은 할리우드 영화 및 미니시리즈 〈제미니 맨Gemini Man〉에 출연한 배우였다.

로이 프라이스의 말을 들어보자. "제가 왔을 때 목표와 기회만 있었지 구체적 계획은 없었어요. 그래서 맨 처음부터 시작했죠." 그는 아마존의 서비스가 갖춰야 할 3가지 요소를 구축하기 시작했다. 즉 고객들에게 흥미를 불러일으키고, 기술적으로 실현 가능하며, 인터넷 배급 방식에 대해 "흥미롭다"부터 "절대 안 돼"까지 다양하게 반응한 제작사들이 모두 만족해야 했다. 그는 땀 냄새가 진동하고 다 먹은 다이어트 콜라 캔이 어지럽게 널려 있는 비좁은 회의실에서 팀원들과 서비스 출시를 위해 고군분투하던 때를 떠올렸다. 2006년 9월 7일, 그 결실로 언박스Unbox라는 이름의 다운로드 사이트가 출시되었는데 불과 며칠 후 애플이 디즈니, 픽사와 미라맥스Miramax films 영화, 그리고 ABC의 인기 TV 프로그램을 아이튠즈 스토어를 통해 다운로드할 수 있도록 판매한다고 발표하면서 세간의 관심을 빼앗기고 말았다.

넷플릭스는 DVD 구독자들에게 스트리밍을 사실상 무료로 제공해 막강한 경쟁사들과 차별화를 꾀했다. 당시 경쟁사들은 영화 대여에 2~3달러(2,600~3,900원), 구매에 15달러(1만 9,500원)를 부과하고 있었다.

초기 스트리밍 서비스는 단출했다. 제공되는 영화와 TV 프로그램이 모두 합쳐 1,000여 편으로 7만 편이 넘는 DVD 컬렉션에 비하면 굉장히 적었다.

당시에는 8명으로 이뤄진 팀이 스트리밍을 담당했는데, 한 임원의 증언에 따르면 "DVD 우편 대여 사업체 옆면에 작게 튀어나온 혹" 같은 작은 프로젝트에 매달리는 모양새였다. "일종의 과학 프로젝트 같은 걸 진행했어요. 중간 크기 정도 되는 회의실에서 스트리밍 회의를 했는데 인력이 그게 다였죠."

넷플릭스가 인터넷 동영상으로 넘어가기 전, 헤이스팅스는 이따금 실리콘밸리의 또 다른 시장 교란자 앤서니 우드Anthony Wood를 만났다. 우드는 선구적 디지털 비디오 레코더인 리플레이TVReplayTV를 통해 본방송이 방영되는 시간 외에도 원하는 프로그램을 시청할 수 있도록 했지만 '30초 광고 건너뛰기 기능'을 홍보하기 시작하면서 법적 논란에 휩싸였다. 넷플릭스는 우드의 차기 벤처였던 로쿠Roku에 적잖은 금액을 투자했고, 우드는 보답하는 차원에서 로스가토스의 넷플릭스 사무실에 정기적으로 들러 그의 표현을 빌리면 "스트리밍의 미래에 대해 훈화를 하곤 했다."

우드의 다음 아이템은 인터넷 동영상을 집에서 가장 큰 스크린인 TV로 보내는 장치였다. 원리에 대해서는 이미 헤이스팅스에게 지속적으로 말한 상태였다. 어느 날, 넷플릭스의 채용 담당자가 우드에게 스트리밍 서비스의 최초 버전, 즉 영화를 PC로 보내는 형태의 개발을 총괄해 달라고 제안했다. 우드는 로쿠의 CEO로서 열정을 바치고 있는 프로젝트인 스트리밍 장치 개발을 지속할 수 있어야 한다는 전제 하에 제안을 받아들였다. 우드는 유래를 기억 못 했지만 영화 〈플레이어The Player〉에 출연한 팀 로빈스Tim Robbins의 캐릭터 이름에서 따온 것으로 알려진 코드명 '프로젝트 그리핀' 팀은 '넷플릭스 플레이어' 개발에 착수했다. 이와 동시에 인터넷 TV 및 게임기에 스트리밍 서비스를 통합하기 위한 라이선스 협상도 삼성Samsung, LG 및 마이크로소프트와 함께 진행했다.

이 장치는 넷플릭스가 하드웨어를 자체 생산할 경우 애플과의 관계가 복잡해질까 우려한 헤이스팅스가 손을 뗀 2007년 12월 이후 몇 달 만에 출시되었다. 넷플릭스는 하드웨어 사업을 로쿠로 분리했고, 로쿠는 자체 브랜드를 달고 플레이어를 출시했다. 넷플릭스 로스가토스 지사의 코딩팀이 스트리밍 기술을 보완하기 위해 애쓰는 사이 서랜도스는 콘텐츠를 더 풍성하게 채우기 위한 방법을 찾기 시작했다. 2008년 10월, 그는 디즈니 및 소니와 3년 기한의 스트리밍 계약을 맺으며 9,000만 달러(1,170억 원)를 지급했다. 이제 겨우 매출 10억 달러(1조 3,000억 원)를 넘긴 회사로서는 엄청난 도박이었다.

"그때 사람들은 케이블 방송국인 스타즈Starz에 돈을 너무 많이 준다고 생각했어요. 서랜도스도 그렇고 헤이스팅스도 마찬가지였지만 금액이 너무 크다며 논쟁을 벌였죠." 스타즈의 전 CEO 크리스 알브레히트Chris Albrecht가 회상했다. 스탠드업 코미디언 출신인 알브레히트는 HBO 수장으로서 〈소프라노스〉, 〈섹스 앤 더 시티Sex and the City〉, 〈식스 핏 언더Six Feet Under〉, 〈안투라지Entourage〉, 〈밴드 오브 브라더스 Band of Brothers〉, 〈더 와이어The Wire〉 등 대박이 난 시리즈들을 승인해 주며 밀레니얼의 TV 황금기를 연 인물이다.

헤이스팅스와 서랜도스는 자신들이 고가에 사들인 프로그램들에 고객들이 호응할 것인지 그리 오래지 않아 확인할 수 있었다.

2009년 넷플릭스는 일면 스트리밍 덕분에 구독자가 300만 명 가까이 늘었다. 소비자들이 소니 플레이스테이션3, 마이크로소프트 엑스박스, 닌텐도 위 등의 인터넷 게임기, 그리고 애플TV 같은 장치를 통해 거실 소파에서 영화와 TV 프로그램을 시청할 수 있게 되면서 구독자가 63%나 급증한 것이다. 뿐만 아니라 넷플릭스는 파라마운트 픽처스, 메트로-골드윈-메이어스튜디오와 라이온스게이트의 영화들로 스트리밍 콘텐츠를 강화하고 프리미엄 케이블 채널 에픽스Epix와 10억 달러(1조 3,000억 원) 규모의 5년 전속 계약까지 체결하면서 빠른 성장세를 이어갔다.

이 신생 스트리밍 서비스는 할리우드를 발판 삼아 성장했다. 헤이스팅스와 넷플릭스는 경영진이 매출 목표를 달성하면 고액의 보너스를 지급하는 제작사들의 보상 구조를 교묘하게 이용했다. 엄청난 자금력을 은근히 과시해 당장 수익을 내는 것에 급급한 이들을 홀렸다. 일부 제작사의 경영진은 풋내기의 주머니를 터는 데 성공했다고 떠벌리고 다녔다. 하지만 몇 년 후, 넷플릭스가 감히 넘볼 수 없는 우위를 확보하면서 관성에 빠진 엔터테인먼트 업계가 어떤 대가를 치르게 됐는지가 분명해진다.

"스타즈가 수억 달러씩 지급하는 모든 콘텐츠에 넷플릭스가 접근할 수 있게 됐어요." 2008년 운명적으로 넷플릭스와 계약했다 이후 갱신을 거부하고 스타즈로 이적한 알브레히트가 말했다. "덕분에 넷플릭스는 횡재했고 스타즈는 곤경에 빠졌죠. 다른 기업들은 거액에 사들이는 콘텐츠를 스타즈가 넷플릭스한테는 푼돈에 넘겼다고 모든 **유료 TV** 사업자들이 분노했거든요." 업계가 넷플릭스를 과소평가했던 건 당연한 일이었다. 10년 넘게 NBC유니버설의 고위 간부로 재직하며 브라보Bravo 같은 서비스를 궤도에 안착시킨 로렌 잘라즈닉Lauren Zalaznick은 업계에서 내부적으로 논의하는 방식이 시장 교란자를 파악할 수 없는 형태였다고 말한다. "경쟁자를 중심으로 논의가 이루어지도록 치밀하게 짜여 있어서 넷플릭스 같은 기업은 아예 배제됐어요. 인지조차 못 했던 거예요."

2017년 넷플릭스를 퇴사한 닐 헌트는 이후 환자가 의사에게 올바른 정보를 제공할 수 있도록 돕는 머신 러닝 기반 의료 스타트업 쿠라이Curai에 합류했는데 그에 따르면 당시 넷플릭스는 기존 DVD 구독자들에게 여전히 무료로 제공하고 있었던 스트리밍 서비스를 위해 갈수록 더 많은 자금과 설비 자원을 투입해야 했다. 그래서 결국 스트리밍에 요금을 부과할 방법을 찾을 수밖에 없었다.

넷플릭스 역사상 최대의 실수는 스트리밍 서비스로의 전환이라는 필연을 맞이할 준비를 하던 이 시기에 일어났다. 즉, 2011년 DVD 대여 사업을 퀵스터라는 별도의 서비스로 분리하기로 결정하고 실제로 추진하기 시작한 것이다. 비평가들은 이 아이디어를 쓰레기 취급했고 헤이스팅스 역시 자신의 착오를 사과하는 유튜브 동영상을 올렸다가 〈새터데이 나이트 라이브〉에서 패러디되는 등 조롱거리로 전락했다. 이 사태로 넷플릭스는 수백만 명의 구독자를 잃고 주가는 75% 이상 폭락하는 등 엄청난 타격을 입었다. 몇 달 후 열린 주말 경영진

수련회에서 헤이스팅스는 회사에 손해를 끼쳤다며 눈물로 사과했지만 경영진은 회사가 1년간은 그 여파에 시달렸다고 말한다. "옳은 전략이었지만 고객인 소비자의 의견을 듣지 않고 리스크도 파악하지 않은 채 너무 빨리 시행한 게 패인이었죠." 퀵스터 사건 당시 넷플릭스에서 커뮤니케이션을 담당한 스티브 스와시Steve Swasey가 말했다.

다행히 헤이스팅스와 그의 팀이 창조 중인 미래에 업계 최대의 기업들이 눈독을 들이기까지는 아직 몇 년의 시간이 남아 있었다. 덕분에 넷플릭스는 실수를 만회할 수 있었다. 디즈니는 심지어 디즈니, 픽사, 마블의 영화와 2016년 시작될 〈스타워즈〉 시리즈, 그리고 라이브러리 작품들을 스트리밍 서비스에 좀 더 빨리 제공하기로 하면서 넷플릭스를 굴욕의 늪에서 꺼내주었다. 디즈니가 몇 년 후 선보이게 되는 디즈니플러스의 핵심 작품들은 넷플릭스 구독자들에게 먼저 제공되었고 단숨에 최고 인기작으로 등극했다.

알브레히트는 당시 스타즈 CEO로서 디즈니의 밥 아이거Bob Iger에게 유료 TV 네트워크와의 라이선스 계약을 갱신해 줄 것을 호소했다고 말했다. 하지만 디즈니가 넷플릭스와 맺은 계약 때문에 모든 것이 여의치 않았다. 그는 공개를 거부한 이메일을 통해 아이거에게 디즈니가 교란자에게 날개를 달아주는 실수를 저질렀다고 경고했다. "그게 모두의 실수였다는 건 하느님도 아는 사실이에요. 모두가 돈을, 눈앞의 수익을 챙기는 데 급급했으니까요. 그들은 '나는 매출 목표를 초과 달성했으니까 연말 성과급도 초과 지급되겠지'라는 생각밖에 못 했던 거예요."

이 계약으로 넷플릭스의 주머니는 두둑해졌다. 한 분석가는 덕분에 넷플릭스가 2017년에만 4억 5,000만 달러(5,850억 원)의 수익을 확보했을 거라고 예상했지만 그보다 더 큰 수확은 7,600만 명의 구독자, 그리고 수십억 달러로 치솟은 시장 가치였다. 계약 사실이 발표되던 당시 주당 12.38달러(1만 6,094원)였던 넷플릭스의 주가는 아이거가 디즈니 영화들을 넷플릭스에서 회수해 직접 스트리밍하겠다고 발표한 2017년 8월, 178.36달러(23만 1,868원)까지 올라 있었다.

"리드 헤이스팅스가 양의 탈을 쓴 늑대라고 보는 사람들도 있지만 그는 앞서 나갔을 뿐이에요. 데이터를 갖고 있었고 언젠가 경쟁자가 될 파트너의 라이브러리에 있는 프리미엄 콘텐츠의 가치를 알고 있었던 거죠." 오랫동안 인터넷 기업가로 활동하며 CBS의 최고디지털책임자를 역임했고 스트리밍 서비스인 'CBS 올액세스'의 개발을 주도한 야후 CEO 짐 랜존Jim Lanzone이 말했다. "그때 사람들은 콘텐츠에 '너무 비싼 돈을 치렀다'고 했지만 넷플릭스는 그게 어떤 가치를 지니며 또 자신들이 무엇을 구축하고 있는지 정확히 알았어요."

주도권을 쥐고 있던 제작사 경영진들은 수년 동안 넷플릭스는 경쟁 상대가 안 된다며 비웃어 왔다. "이를테면 '알바니아 군대가 어떻게 세계를 제패하겠어?' 같은 거예요." 2010년 타임워너 CEO 제프 뷰커스가 인터뷰에서 한 말이다. "그럴 리 없죠." 이는 결국 "듀이가 트루먼을 꺾다"에 버금가는, 미디어 환경과 소비자 성향을 완전히 오독한 발언으로 기록되었다(1948년 미국 대선 당시 〈시카고 데일리 트리뷴〉이 공화당 듀이 후보가 민주당 트루먼을 이길 것이라 예측하고 편집을 마감해 1면에 오보가 나갔던 사건-옮긴이).

할리우드가 정신을 차리기 시작할 무렵, 넷플릭스는 오리지널 시리즈에 투자하고 있었다.

서랜도스와 신디 홀랜드Cindy Holland 덕분에 넷플릭스는 수많은 작품을 선보이는 '제작사' 중 한 곳으로 탈바꿈했다. "그리고 이런 문화의 상당 부분은 테드 서랜도스의 쇼맨십, 그리고 신디 홀랜드가 아름답게 변주하는 창의성이 결합한 결과라고 생각해요." 프로듀서 라이언 머피가 매거진 〈뉴욕〉과의 인터뷰에서 말했다. 홀랜드는 네브래스카주 오마하 인근의 옥수수 밭에 둘러싸인 작은 마을에서 "순수하고 영리한 꼬마"로 자라면서 야망을 키웠다. 집에 없는 케이블 TV 대신 책에 빠져들었는데 커트 보니것Kurt Vonnegut의 《고양이 요람Cat's Cradle》과 《제5도살장Slaughterhouse-Five》을 가장 좋아했다. 군용 헬기 조종사이자 옥스퍼드대 로즈 장학생 출신으로 법조계에 몸담았던 아버지, 그리고 전업주부였던 어머니는 홀랜드와 여동생에게 마음만 먹으면 무엇이든 할 수 있다고 격려했고 홀랜드는 그 말을 그대로 흡수했다. 스탠퍼드대에서 정치학을 전공하고 졸업 후 1년간은 수상 스키 경연 대회를 휩쓸기도 했다.

홀랜드가 영화계에 발을 들인 건 뉴욕의 파라마운트픽처스에서 책과 영화에 대한 애정을 한꺼번에 쏟아낼 수 있는 시나리오 검토일을 시작하면서부터였다. "저는 글을 정말 빨리 읽어서 하룻밤이면 한 권을 다 봐요." 그녀가 말했다. 하지만 얼마 지나지 않아 영화계에서 일하려면 로스앤젤레스로 가야 한다는 사실을 깨닫고 비교적 문학성이 두드러지는 작품을 발표하는 제작사들의 명함을 챙겨 서부로 향했다. 폴라 와인스타인Paula Weinstein의 스프링크릭프로덕션Spring Creek production에 입사하고 배리 레빈슨Barry Levinson의 볼티모어픽처스

Baltimore Pictures와 합병해 볼티모어스프링크리프로덕션이 탄생하는 것까지 지켜봤다. 이후 4년 반 동안 워너브라더스와 협업하며 주류 제작사의 프로젝트들을 진행했지만 정작 홀랜드는 관객을 만날 기회가 없어 빛을 못 보는 독립 영화와 아트 하우스 영화, 다큐멘터리와 외국 영화에 매력을 느꼈다.

"절망적이었어요. 다큐멘터리든 픽션 영화든 이렇게 훌륭한 제작자 분들이 진짜 안간힘을 써서 대형 업계를 뚫은 덕분에 저까지 감독판을 볼 기회가 주어지는데 그래 봐야 정작 관객들에게는 선보이지 못하거든요." 그녀는 독립 영화 제작자의 길을 걷는 게 고난의 연속이라는 사실을 깨닫고는 뮤추얼필름컴퍼니Mutual Film Company의 일자리 제안을 수락했다. 그곳에 성공한 제작자 겸 자본가로서 전 세계 투자 배급사와 네트워크를 구축한 게리 레빈손Gary Levinsohn과 마크 고든Mark Gordon이 있었기 때문이다. 인터넷이 자신이 아끼는 독립 영화의 배급 문제를 단숨에 해결할 방법이라 믿었던 홀랜드에게 닷컴 붐은 엄청난 변화의 신호탄이었다. 그녀는 충동 구매 리스트에 곧잘 들어가는 DVD를 한 시간 이내 배송해 주겠다고 약속하는 코즈모Kozmo라는 스타트업에 입사해 제작사 내 가정용 비디오 부서가 VHS 테이프나 DVD를 가정에 직접 배송해 주는 계약의 협상을 시작했다. 당시 그와 같은 서비스를 제공하는 곳은 서부의 넷플릭스라는 기업이 유일했다. 코즈모는 추락하고 자취를 감췄지만 다들 알다시피 넷플릭스는 살아남았다. 그리고 서랜도스는 자신의 라이벌이던 홀랜드를 고용했다. 처음엔 홀랜드도 아직 상장도 되지 않고 자금도 부족한 또 다른 스타트업에 합류한다는 게 불안했다. 하지만 헤이스팅스와 넷플릭스 팀원들의 진취적인 모습에 깊은 인상을 받았다. 게다가 비주류 영화에 대한 열정을 지녔다는 점에서도 공감대를 구축할 수 있었고 결국 서랜도스와 손을 잡았다.

홀랜드는 넷플릭스의 콘텐츠 인수 담당 부사장VP으로서 미국의 저작권 문제를 총괄하는 한편 처음에는 DVD, 그다음에는 스트리밍 서비스를 위한 영화 및 TV 라이브러리 구축을 도왔다. 2012년, 미디어라이츠캐피털Media Rights Capital에서 그녀에게 전화해 오리지널 시리즈 제작에 관심이 있는지 물었는데 그 작품이 바로 스트리밍 서비스의 궤도를 완전히 바꾼 넷플릭스 오리지널 시리즈 〈하우스 오브 카드〉였다. 사실 넷플릭스는 한때 레드 엔벨롭 엔터테인먼트라는 사업부를 통해 독립 영화 제작에 뛰어들었다 접은 이력이 있었다. 서랜도스에겐 개인적 좌절로 남아 있었다. 이에 대한 차선책으로 최대한 많은 콘텐츠를 확보해 광범위한 구독자를 유치하는 데 집중해야 한다는 게 그와 헤이스팅스의 생각이었다. 오리지널 프로그램 제작은 먼 훗날에나 고려해 볼 계획이었던 것이다.

〈하우스 오브 카드〉는 특별한 기회였다. 정치 스릴러물로 훗날 성추행 혐의로 영화계에서 몰락하는 아카데미 수상 배우 케빈 스페이시Kevin Spacey가 야망을 위해 물불 가리지 않는 사우스캐롤라이나 의원 프랭크 언더우드 역할을 맡은 데다 〈세븐Se7en〉, 〈파이트 클럽Fight Club〉, 〈조디악Zodiac〉과 〈소셜 네트워크The Social Network〉 등 다양한 작품으로 찬사를 받은 데이비드 핀처David Fincher 감독의 TV 시리즈 데뷔작이었다. 홀랜드는 이 시리즈의 원작인 영국 시리즈를 이미 잘 알고 있었는데 미디어라이츠캐피털 사무실에서 읽은 극작가 보 윌리몬Beau

Willimon의 각색에 깊이 감탄했다. 윌리몬이 척 슈머Chuck Schumer와 힐러리 클린턴의 상원의원 선거 캠프, 그리고 민주당 빌 브래들리Bill Bradley와 하워드 딘Howard Dean의 대선 캠프에서 일한 경험이 있는 터라 워싱턴 정계를 묘사하는 데 있어 내부자의 날카로운 관점이 돋보였던 것이다.

"회사로 돌아가서 서랜도스한테 '오리지널 콘텐츠를 만든다면 이 작품이어야 한다'고 말했어요." 홀랜드는 이 프로젝트에 참여를 확정한 인재들이 작품 수준을 보장할 것이라고 덧붙였다. "데이비드 핀처는 별로인 영화를 만든 적이 없어요. 그때는 케빈 스페이시도 '오스카상 수상의 영예에 빛나는 케빈 스페이시'로 불릴 때인데 그런 그의 첫 TV 프로젝트였고요."

DVD 대여 데이터와 스트리밍 보고서를 수년간 검토하며 자신만의 감을 쌓은 서랜도스 역시 이 정도 조합이면 보통의 정치 드라마보다 훨씬 많은 시청자를 모을 수 있을 것이라 생각했다. 그리고 만약 넷플릭스가 오리지널 프로그램 제작이라는 모험을 감행한다면 할리우드의 정예 작품들과 견줘도 손색없을 야심 가득한 작품이어야만 했다. 홀랜드와 서랜도스는 핀처와 제작사가 절대 거절할 수 없는 조건을 제시했다. 각 13회씩 두 시즌을 제작하는 데 1억 달러(1,300억 원)를 투자하겠다고 약속한 것이다. "우리는 꼭 붙잡고 싶은 마음이었는데 그들은 거절할 이유가 1,000가지는 됐거든요." 서랜도스가 말했다. "그러니 수락할 이유를 적어도 한 가지는 줘야죠."

서랜도스에 따르면 이런 조건을 뒤늦게 알게 된 헤이스팅스는 펄쩍 뛰며 충격을 감추지 못했다고 한다. "대체 왜 그랬어요? 진짜 엄청난 돈이잖아요!" 서랜도스는 이 도박을 전형적 리스크 감수 비용으로 정의했다. "만약 실패하면 한 작품에 돈을 너무 많이 썼다는, 우리가 항상 안고 있는 리스크가 현실이 된 데 불과해요. 하지만 성공하면 이 사업의 방향을 근본적으로 바꿀 수 있죠."

2013년 2월 1일 공개된 〈하우스 오브 카드〉는 넷플릭스의 분수령이 되었다. 평론가들은 이 시리즈가 HBO의 〈소프라노스〉처럼 플랫폼의 지위를 격상시켰다며 극찬했다. 비디오용 작품, 뮤직비디오나 수준 떨어지는 싸구려 영화와 동급으로 취급되던 넷플릭스가 하루아침에 인터넷 콘텐츠를 새롭게 재정의한 플랫폼으로 떠오른 것이다. 넷플릭스의 오리지널 콘텐츠는 전 회차 제작에 들어가기 전, 파일럿부터 선보여 콘셉트가 효율적으로 실현될 수 있는지 입증해야 하는 기존 방송사의 제작 사이클을 어겼다. 일주일에 한 편의 에피소드만 공개하는 오랜 관례 역시 보기 좋게 깨트렸다.

넷플릭스는 몰아보기가 가능하도록 〈하우스 오브 카드〉 시즌1의 13회 에피소드를 한꺼번에 공개했다. 넷플릭스의 모든 콘텐츠가 원하면 연달아서 한 번에 볼 수 있는데 이 프로그램만 예외로 할 이유가 있는가? 이것만 예외로 하는 건 콘텐츠를 언제 어떻게 볼지 소비자가 결정한다는 넷플릭스의 철학에 정면으로 위배되는 행위다. 게다가 데이터도 넷플릭스의 철학을 뒷받침해 주었는데 구독자가 넷플릭스로 TV 시리즈를 시청하면 그 옛날 레이스 감자칩 광고에서나 보던 상황이 벌어졌기 때문이다. 즉 한 편으로 만족하는 사람은 아무도 없었다. 넷플릭스가 〈하우스 오브 카드〉의 모든 회차를 한 번에 공개하겠다고 발표하자 한 유명 방송국 간부가 서랜도스에게 전화 걸어 이렇게 물었다. "서랜도스, 텔레비전 산업이 어떻게 돌아가는지 알기나 하는 거요?" 하지만 서랜도스는 업계의 전통을 존중하거나 비즈니스 모델을 보존하는 데 전혀 관심이 없었다. 이 교란자에게 중요한 것은 한 가지, 구독자를 행복하게 해 결국 방송국 경영진까지 새로운 환경에 적응할 수밖에 없도록 만드는 것이었으니 말이다.

사실 넷플릭스가 최초로 시도한 오리지널 시리즈는 따로 있는데 바로 〈릴리해머Lilyhammer〉다. 뮤지션에서 배우로 변신한 스티븐 밴 잰트Steven Van Zandt가 마피아 출신인 수리공 프랭크 태글리아노로 등장하는데 극중 그는 뉴욕의 뒷골목을 고발한 뒤 연방 증인 보호 프로그램을 통해 노르웨이 피오르드로 이송된다. 이 캐릭터는 밴 잰트가 〈소프라노스〉에서 8년간 연기한 마피아 두목 실비오 단테를 모델로 기획되었다. 〈릴리해머〉는 노르웨이 방송사 NRK와 독일에 본사를 둔 레드애로우스튜디오인터내셔널Red Arrow Studios International이 제작한 프로그램으로 시즌1의 제작이 완료된 후 넷플릭스가 미국 판권을 인수했다. 예산은 〈소프라노스〉와 달리 소박해서 대부분의 영화나 TV 프로그램처럼 촬영 현장에 트레일러들을 설치하는 대신 친절한 지역 주민들의 집에서 배우와 스태프의 숙박을 해결했다. 밴 잰트는 자신이 인터넷 배급 시리즈라는 새로운 영토에 발을 들였단 걸 알고 있었다. "업계 사람들이 하나같이 '정신 나갔어? 역사상 최고의 시리즈를 막 끝냈는데 지금 노르웨이로 가겠다고? 이 프로그램이 어떨 줄 알고?'라고 했죠."

브루스 스프링스틴의 'E 스트리트 밴드'에서 반다나를 두르고 기타리스트로 활동한 밴 잰트의 오랜 팬이던 서랜도스는 판권 계약을 체결하기 전 이 스타와 이야기를 나눴다. 모든 에피소드를 한꺼번에 공개할 계획이라고 알려준 것이다. "그가 '잠깐, 잠깐만요, 이 프로그램 제작에 우리 삶의 9개월을 바쳤는데 그냥 한꺼번에 다 까발린다는 얘기예요?'라고 묻기에 '네, 앨범처럼요'라고 답했죠." 서랜도스는 미소를 띠며 당시를 회상했다.

2012년 〈릴리해머〉가 공개됐을 때 비평가들의 반응은 미적지근했지만 오리지널 시리즈를 한꺼번에 공개하는 시도만큼은 화제였다. 트리베카에서 열린 레드 카펫 론칭 행사에는 스프링스틴과 E 스트리트 밴드의 다른 멤버들, 토니 베넷, 그리고 빈센트 파스토레Vincent Pastore와 토니 시리코Tony Sirico 같은 〈소프라노스〉 출연진들이 참석했다. 홀랜드에 따르면 〈릴리해머〉에는 공론화되지 않은 다른 목적이 있었다. 넷플릭스가 세계 여러 지역에 하나의 콘텐츠를 동시다발로 스트리밍할 수 있을지 확인하기 위한 시험대였던 것이다. 〈릴리해머〉는 시즌3까지 방영되었다.

새로운 오리지널 시리즈가 나올 때마다 넷플릭스는 구독자가 늘어난 건 물론, 명성 또한 높아졌다. 감옥 코미디 〈오렌지 이즈 더 뉴 블랙Orange Is the New Black〉은 이내 〈하우스 오브 카드〉와 더블 히트를 기록했다. 홀랜드는 파이퍼 커먼Piper Kerman의 감옥 수기를 읽은 뒤, 이 작품의 저작권을 확보한 라이온스게이트 소속으로 〈위즈Weeds〉의 제작자이기도 한 젠지 코한Jenji Kohan을 만나 어떻게 시리즈로 만들 것인지 계획을 들어보았다. "그의 구상에 완전히 홀렸어요." 본인 역시 성소수자로 자랐지만 자신의 모습이 스크린에 투영된 건 거의 본 적이 없다고 미국 TV 비평가들에 토로한 바 있는 홀랜드가 말했다. "이 작품은 여성과 수감 생활, 정체성과 인종 문제를 탐구할 수 있게 해 줘요. 또한 이들에 대한 일반적 예상을 완전히 뒤엎고 이들이 누구이고 어떤 이야기를 갖고 있는지 다차원적으로 들여다볼 수 있는 아주 좋은 방법이기도 하죠. 전 세계에 돌풍을 일으킬지는 모르겠지만 내가 푹 빠진 것만큼은 확실해요."

이렇게 두 편의 히트작이 넷플릭스를 재규정한 이후 콜롬비아 마약왕 파블로 에스코바Pablo Escobar의 삶을 적나라하게 다룬 드라마 〈나르코스Narcos〉, 화려한 배경의 역사 드라마 〈더 크라운The Crown〉, 긴장을 늦출 수 없는 레트로 공상과학 스릴러 〈기묘한 이야기Stranger Things〉가 줄줄이 선보였다.

〈하우스 오브 카드〉 제작 결정으로 넷플릭스와 업계의 지형이 달라졌을 뿐 아니라 넷플릭스라는 플랫폼 자체에도 말 그대로 지속적인 반향이 일었다. 넷플릭스의 모든 오리지널 프로그램은 오디오 시그니처라고도 불리는 연상 기호로 시작되는데 이는 〈하우스 오브 카드〉 시즌2 마지막 장면에서 등장인물 프랜시스 언더우드가 책상을 주먹으로 두 번 내리치는 "더블 노크"에서 비롯되었다는 말이 있다. 넷플릭스를 시청할 때 이 사운드가 더 이상 빼놓을 수 없는 요소가 되면서 넷플릭스는 2021년도 대규모 홍보 이벤트도 이 소리의 의성어로 만든 '투둠Tudum'으로 이름 지었다. "듣는 순간 아실 겁니다." 보도 자료의 설명이었다.

자체 프로그램 제작을 통해 기득권 업체들과 대결 구도를 형성한 넷플릭스는 다음으로 세계 전역의 업체들을 상대로 도전장을 내밀었다. 헤이스팅스는 2016년 1월 라스베이거스에서 열린 소비자가전박람회ces의 기조연설을 통해 이 같은 야망을 그대로 드러냈다. 호리호리한 체형에 수염이 덥수룩한 간부가 스포트라이트를 받으며 무대에 등장하기 전부터 넷플릭스는 이미 기념비적인 작품을 자신들의 라이브러리에 구축하고 있었다. 사상 최초로 시즌 전 회차를 한꺼번에 공개해 몰아보기의 시대를 열었고, 프로그램을 세계 각국에 같은 날 공개함으로써 아르헨티나부터 핀란드까지 분포해 있는 시청자들이 하나의 이야기를 정확히 동시에 즐길 수 있게 되었다. 방송사 편성표대로 시청하는 대신 개인의 선택에 따라 자유롭게 볼 수 있는 맞춤형 서비스를 도입한 것이다.

스크린에 세계 각국의 국기가 펼쳐진 가운데 등장한 헤이스팅스는 넷플릭스가 인도, 나이지리아, 폴란드, 러시아, 사우디아라비아, 싱가포르와 터키(2022년 튀르키예로 영문 국호 변경-옮긴이)를 포함한 세계 130개국에서 서비스를 시작했다고 선언했다. "지금 여러분은 글로벌 TV 네트워크의 탄생을 목격하고 계십니다." 헤이스팅스의 목소리가 열정과 흥분으로 고조되었다. "현재 있는 곳이 시드니든 상트페테르부르크든, 싱가포르든 서울이든, 산티아고든 새스커툰이든 당신은 이제 인터넷 TV 혁명의 일부가 될 수 있습니다. 더 이상 기다릴 필요도, 내가 선택하지 않은 스케줄에 맞춰 시청할 필요도, 좌절할 필요도 없죠. 넷플릭스가 있으니까요."

2부

전쟁의
서막

4장

▶

**피의
결혼식**

〈왕좌의 게임〉 제작팀은 죽음의 군대가 등장하는 전투 시퀀스를 촬영하기 위해 무려 55일 동안 아일랜드의 살을 에는 추위 속에서 눈과 비를 헤치며 양 배설물이 뒤섞인 진흙 바닥에 뒹굴었다. 이 장면은 역사상 가장 야심 찬 전투 시퀀스라 해도 과언이 아니었다. 티리온 라니스터를 연기한 피터 딘클라지Peter Dinklage는 해당 촬영에 대해 "인정사정 없었다"며 덕분에 팬들이 가장 좋아하는 시즌6 속 "서자들의 전투 장면은 마치 테마파크처럼 볼거리가 넘쳐난다"고 말했다. 이렇게 엄청난 노력을 쏟아부은 덕분에 이 시리즈의 회당 제작비는 약 1,500만 달러(195억 원)를 호가했다.

넷플릭스가 막대한 돈을 프로그램에 투입하고 에미상과 골든글로브의 애프터파티, 1년 내내 계속되는 테이스트메이커tastemaker(유행을 선도하는 사람-옮긴이) 모임을 매번 초호화로 개최한다는 사실과 비교하면 2019년 〈왕좌의 게임〉 마지막 시즌인 시즌8 시사회의 애프터파티는 다소 실망스러웠다. 돈을 적게 쓴 건 아니었다. 200만 달러(260억 원)면 넷플릭스가 가장 돈을 많이 쓴 이벤트와 맞먹었지만 높은 뉴욕의 물류 비용과 노조 임금으로 많이 소요되었다. 당연히 근사한 장소를 마련하지도 못해서 시사회에 초청된 1,000여 명의 게스트는 영화계에서 가장 유명한 웨스트 54번가 지그펠트 극장 터에 신축된 이벤트홀인 지그펠트 볼룸Ziegfeld Ballroom으로 모여들었다. 1927년 세워진 브로드웨이 극장의 후신 지그펠트 극장에서는 〈미지와의 조우Close Encounters of the Third Kind〉 시사회를 비롯해 수많은 행사가 열렸었다. 브로드웨이 극장 시절에는 에미상 시상식이 열리는가 하면 TV쇼 〈페리 코모 쇼Perry Como Show〉 녹화도 10년간 진행되었다. 격앙된 감정이 영화관을 채우는 날도 많았는데 9·11 테러의 비극을 다룬 다큐드라마 〈플라이트 93United 93〉이 세계 최초로 상영된 날도 그런 날이었다. 이 영화가 트라이베카영화제(9·11 테러 이후 뉴욕의 부흥을 기원하며 2002년부터 시작된 영화제-옮긴이) 개막작으로 상영되던 당시, 관객들 중에는 사고 여객기 희생자 가족도 있었는데 이들 중 수십 명은 참혹한 마지막 장면을 보며 일제히 흐느꼈다.

수십 년이 지나며 당시 이곳을 메웠던 감정은 희석되었고 벽에 걸린 스크린에서는 불꽃이 타오르는 가운데 스테르노 캔 히트(작은 캔 용기 안에 연료가 들어 불을 지필 수 있는 휴대용품-옮긴이)가 갈색 소스가 뿌려진 애피타이저를 따뜻하게 데워주었다. 행사 요원들은 프로그램 로고가 새겨진 밝은 빨간색 티셔츠를 입었다. 〈왕좌의 게임〉 팬이라면 이 화사한 색감을 보고 드라마 속 래니스터 가문에 대한 경의의 표현으로 해석했을 수 있다. 화려해 보이기는 했지만 딱히 HBO를 떠올리게 하는 모양새는 아니었다.

애프터파티에 앞서 라디오 시티에서 진행된 시사회가 끝난 뒤 HBO는 록펠러 센터 내 레스토랑이 위치한 저층을 통째로 빌려 화려한 파티를 열었다. 바텐더가 유기농 체리로 장식한 완벽한 맨해튼 칵테일을 건네주었고 수천 명의 게스트들은 4피트(1미터 20센티미터) 높이의 얼음 타워에서 신선한 조개를 건져 먹었다. 요즘 이렇게 고루한 파티는 크루즈 유람에서나 마주칠 법하지만 말이다.

당시 정황을 보면 시사회가 불과 6주 앞으로 다가왔을 때에서야 AT&T는 마침내 미국 법무부의 오랜 그늘에서 벗어날 수 있었다. 법무부 반독점국은 2016년 10월 AT&T가 처음 제안한 타임워너 인수를 막기 위해 한편으로는 신기할 만큼 끈질기게 노력해 왔다. 2018년 6월 연방법원이 합병을 허가한 이후 법무부가 항소를 제기했는데 2019년 2월 항소법원이 이를 만장일치로 기각했다. 2017년 가을, 반독점국은 AT&T와 타임워너의 합병이 비슷한 자산의 "수평" 통합이 아닌, 겹치는 데가 거의 없을 만큼 이질적인 유통 사업과 콘텐츠 사업을 결합하는 "수직적" 합병임에도 소송을 제기하기로 결정했다. 합병으로 소비자와 경쟁사가 모두 피해를 볼 수 있다는 게 법적 근거였다. AT&T가 다이렉TV DirecTV, 기타 케이블 방송사와 인터넷 배급 업체뿐 아니라 HBO, 워너브라더스와 터너브로드캐스팅 등 대규모 매체까지 소유하게 될 경우 경쟁사와 고객 모두에게 더 높은 요금을 부과하도록 가격을 조작할 수 있다는 것이었다.

반독점국이 합병을 막으려 한 배경에 도널드 트럼프Donald Trump 전 대통령이 지명한 마칸 델라힘Makan Delrahim 반독점국장이 있는 건 분명해 보였다. 트럼프가 타임워너의 핵심 자산인 CNN을 대놓고 싫어했기 때문이다. 소송은 합병안이 처음 제기되고 전 세계 여러 규제 당국에서 지지 입장을 내놓은 이후 1년을 꽉 채워 진행되었다. 합병안은 재판에 회부되었고 수직 합병안 중에는 40여 년 만에 처음으로 미국 규제 당국의 제재를 받은 케이스로 기록되었다. 미국 지방법원 판사 리처드 J. 레온Richard J. Leon은 트럼프와의 연관성을 명확히 입증할 수 있는 문서의 공개를 거부했고 백악관 역시 배후설을 강력 부인했다. 〈뉴요커New Yorker〉 정치 전문 기자 제인 메이어Jane Mayer의 기사를 포함한 재판 이후 언론 보도는 워싱턴과 행정부 소식통을 인용해 트럼프가 해당 합병안에 필사적으로 맞서도록 반독점국에 지시했다고 주장했다.

이 같은 정황이 사실이란 걸 보여주는 난감한 증거도 있었다. 2018년, 루퍼트 머독Rupert Murdoch의 21세기폭스21st Century Fox를 디즈니가 713억 달러(92조 6,900억 원)에 인수했을 때 트럼프는 머독에게 전화 걸어 축하와 찬사의 메시지를 공개적으로 전달했다. 머독 가문에 수십억 달러를 안겨준 이 대규모 거래로 디즈니는 연극, 영화 시장의 절반을 점유하고, 훌루를 인수했으며, 그밖에도 여러 가지를 손에 넣은 뒤 결국 수천 명을 해고했다. 2년 전, 대통령 후보였을 때 합병안을 "극소수 기업에 권력이 과도하게 집중되기 때문에 내 행정부에서 승인하지 않을 사안"이라며 AT&T와 타임워너를 비난했던 것에 비하면 훨씬 따뜻한 반응이었다.

　워싱턴 연방법원에서 반독점 재판이 진행되던 6주간, 엔터테인먼트 업계 경험이 부족한 상황에서 2017년 타임워너 포트폴리오 책임자로 임명된 존 스탠키는 매일같이 법정에 직접 출석했다. 창문도 없어 동굴 같은 법정의 좌석에 앉아 그가 할 수 있는 일은 배심원단 개입 없이 판결을 내릴 레온 판사 앞에서 증인들이 증언하는 모습을 지켜보는 것뿐이었다. 스탠키를 비롯해 그의 상사인 AT&T CEO 랜달 스티븐슨Randall Stephenson 및 타임워너 CEO 제프 뷰커스 같은 최고 임원이 증언대에 서는 동안 극적인 상황이 연출되기도 했다. 간간이 변호사, 증인과 판사가 법정 내 다른 이들의 귀에 들어가지 않도록 서로 작은 목소리로 대화하는가 하면 민감한 사안의 보호를 위해 레온 판사가 백색 소음기를 켜는 경우도 있었다. 민사 법원에서 O. J. 심슨을 기소하는 데 성공한 바 있는 화려한 백발의 다니엘 페트로첼리Daniel Petrocelli(O. J. 심슨은 1994년에 일어난 미국 형법 역사에서 중요한 살인 사건의 용의자로 무죄 판결을 받았지만 민사 소송을 통해 피해자는 보상을 받았다. 페트로첼리는 디즈니의 변호인단으로도 많이 활동했다-옮긴이) 변호사가 AT&T의 방어를 이끌었다. 경직돼선 두서없이 말하는 법무부 검사들을 상대로 명백한 우위를 점하는 듯했다. 2018년 6월 재판이 끝나고 몇 주 후, 레온 판사는 정부의 증인 유도에 제동을 걸고 원고 측에 "부당한" 항소를 제기하지 말라는 경고와 함께 AT&T의 압승을 알리는 판결을 내렸다. 그럼에도 법무부는 이 같은 조언을 무시하고 항소를 제기해 많은 이들을 놀라게 했다. 결국 법적 절차는 재개됐지만 2019년 2월, 3명의 판사로 구성된 연방 항소심 패널이 만장일치로 기각했고 정부는 대법원까지 가는 대신 마침내 항복했다.

재판이 길어지는 동안 스탠키와 타임워너 사단은 결국 레온 판사가 합병에 손을 들어줄 것이라 예상하고 조용히, 하지만 열정적으로 물밑에서 자신들의 계획을 진행했다.

스탠키는 워너미디어의 기업 정체성 및 로고 교체를 뛰어넘는 훨씬 거대한 변화를 추진하려는 마음을 품고 있었다. 지난 수십 년간 주요 사업 부문이 크게 번창했던 기업을 전면적으로 개편할 생각이었던 것이다. 스트리밍 시대가 도래한 만큼 기업을 완전히 새롭게 재구성해야 한다는 게 스탠키의 신념이었다. 그동안 주요 비즈니스의 축으로 구분해 온 3가지, 다시 말해 CNN, TNT, TBS 같은 케이블 네트워크의 본거지인 터너, 그리고 워너브라더스와 HBO를 분리해 온 관행을 없애고 싶어했다.

그는 25억 달러(3조 2,500억 원)에 달하는 합병 비용을 절감하기 위해 배급, 마케팅 및 제휴 업무 등은 중앙에서 일괄 통제해야 한다고 생각했다. 이렇게 극적인 통합이 실현되면 노련한 간부급 인재들을 상당수 잃게 될 것이므로 다른 방면에서 과감하게 조치할 필요가 있었다. 우선 넷플릭스를 필두로 하는 주요 스트리밍 서비스에 저작권을 임대해 수년간 고수익을 올리게 했던 계약을 종료할 생각이었다. 유료 TV 네트워크 가입자 수가 확연히 줄어든 만큼 인터넷으로 동영상을 구독할 고객을 직접 확보해야 했다. 따라서 타임워너의 오랜 관행대로 〈프렌즈〉 같은 프로그램을 넷플릭스에 팔거나 HBO 작품을 아마존에 판매해 수억 달러를 거둬들이는 대신 콘텐츠를 회수해 다른 미디어 업계와 마찬가지로 **자체 스트리밍 서비스**를 통해 배급할 계획이었다.

새로운 서비스의 이름으로 워너브라더스라는 단어를 다양하게 변주한 버전부터 산하 브랜드들을 활용한 이름까지 다양한 후보가 물망에 올랐다. 컨설턴트를 고용하고 포커스 그룹(시장 조사나 여론 조사를 위해 각 계층을 대표하도록 뽑은 소수의 사람들로 이뤄진 그룹-옮긴이)을 구성해 연구를 거듭한 결과 소비자들에게 가장 잘 어필할 수 있는 이름으로 '워너브라더스'가 지목되었다. 물론 디즈니만큼 인지도가 높은 건 아니었지만 파란색과 하얀색이 섞인 알파벳 'WB' 모양의 방패는 만화 〈벅스 버니Bugs Bunny〉가 시작된 무렵부터 한 세기 가까이 여러 작품을 통해 사람들에게 알려졌다. 하지만 노련한 TV 제작자이자 간부로서 2019년 3월 워너미디어의 엔터테인먼트 사업부 의장으로 임명된 밥 그린블랫Bob Greenblatt의 생각은 달랐다. 이 새로운 서비스가 HBO의 성공과 명성을 이어받아야 한다고 주장했다. 결국 그린블랫을 포함해 HBO라는 명칭을 지지하는 이들과 그랬다가는 오히려 브랜드가 애매해진다고 생각하는 이들 간 내부 분쟁이 일었다.

그런데 공교롭게도 그린블랫을 지지하는 세력 중에는 HBO가 소중한 자산인 건 맞지만 손댈 수 없는 자산은 아니라고 여기는 AT&T의 핵심 경영진도 있었다. 예를 들어 이들은 HBO는 왜 광고를 내보내지 않았는지 계속 질문해 워너미디어의 수많은 관계자들을 당황하게 만들었다. 아무튼 HBO맥스라는 이름으로 선보일 스트리밍 서비스에서는 케이블 및 위성 방송 고객들에게 제공될 HBO 정규 프로그램을 비롯해 새로운 오리지널 프로그램, 나아가 〈카사블랑카Casablanca〉부터 〈프렌즈〉에 이르는 워너브라더스의 영화 및 TV 작품들까지 모두 제공될 터였다. 수십 년을 바친 이들 입장에서 HBO라는 이름은 단순히 〈빅뱅 이론The Big Bang Theory〉 재방송 채널이 아니라 명성과 차별성을 의미했다.

HBO는 지난 50여 년간 유료 TV 사업자에 서비스를 제공하는 도매업에 종사해 왔었다. 하루아침에 갑자기 소비자에게 직접 재화를 판매하는 소매업으로 선회하면서 여러 가지 문제가 튀어나왔다. HBO가 최초로 방송을 시작한 반세기 전이라면 생각할 필요도, 상상할 여지도 없었을 문제들이었다.

HBO는 1972년부터 방송을 시작했는데 설립한 인물은 놀랍게도 뉴욕에서 가장 유명한 미디어 왕가 중 하나지만 선호도 면에서는 꼴찌였던 가문의 가장 찰스 돌란Charles Dolan이었다. 스털링맨해튼케이블Sterling Manhattan Cable에서 시작해 향후 케이블비전Cablevision으로 발전하는 돌란 제국은 성장을 거듭해 결국 매디슨 스퀘어 가든 경기장, 농구팀 뉴욕 닉스, 하키팀 뉴욕 레인저스까지 사들였다. 하지만 찰스 돌란의 아들 제임스 돌란James Dolan이 1999년부터 두 구단을 총괄하기 시작하면서 두 팀 다 우승 한 번 못하고 침체의 늪에 빠지게 된다. "세계에서 가장 유명한 경기장"을 자처하는 매디슨 스퀘어 가든은 2020년대 들어 분노에 찬 팬들이 돌란을 향해 "팀을 팔라!"면서 쏟아내는 원성으로 가득 찼다.

혁신은 골치 아픈 문제에서 시작된다는 이야기가 있다. HBO의 경우 TV 신호를 1960년대 뉴욕의 빽빽하게 들어찬 고층 건물을 뚫고 깨끗하게 송출해야 하는 게 골치 아픈 문제였다. 테드 터너Ted Turner, 존 말론John Malone, 컴캐스트의 랠프 로버츠Ralph Roberts 등 핵심 인물과 함께 초기 케이블 TV 사업에 투자한 돌란은 거리 바닥에 동축 케이블을 매립하는 방법을 써서 〈보난자Bonanza〉, 〈로완&마틴 쇼Laugh-In〉와 저녁 뉴스를 내보내기로 결정했다. 미국에서는 최초로 지하 네트워크를 구축한 것이다. 당시 상황은 스털링맨해튼케이블의 광고 캠페인에 잘 드러났다. "뉴욕에는 도움이 필요합니다: TV 세트는 발전하는데 수신은 악화되고 있어요."

　뉴욕에서 진행되는 모든 일들이 으레 그렇듯 해당 프로젝트 역시 막대한 돈이 들었다. 스털링맨해튼케이블과 파트너인 타임라이프Time Life는 지하철 터널, 하수관 및 지하실 인근에서 중장비를 운용하느라 그야말로 빚더미에 올라앉게 되었다. 파산을 막기 위해서라도 돌란은 자신의 야심 찬 건설 프로젝트에 자금을 조달할 방법을 찾아야 했다. 가족과 함께 유럽으로 떠난 크루즈 여행에서 문득 깨달음을 얻었는데 12개 방송의 네트워크 신호를 깨끗하고 안정적으로 전송할 뿐 아니라 시청자들이 스털링맨해튼케이블에 가입하도록 유도할 수 있는 방법이었다. 바로 시청자들에게 완전히 새로운 TV 경험을 제공하되 소정의 월 구독료를 받는 것이다. 그렇게 하면 모든 케이블을 설치하는 데 필요한 보조금을 확보할 수 있다. 얼마 후 이 아이디어는 '그린 채널'이라는 임시 명칭하에 실제 사업으로 구체화되었다. 나중에는 '홈 박스 오피스Home Box Office'라는 이름으로 바뀌었는데 최고 수준의 엔터테인먼트가 주는 즐거움을 안락한 거실에서 오롯이 즐기라는 의미였다. 돌란은 스포츠부터 영화, 생중계에 이르는 모든 프로그램이 광고로 인한 방해 없이 제공되는 스털링 네트워크가 곧 "텔레비전 백화점"이라고 말했다.

HBO에서 방영된 첫 번째 프로그램은 장편영화 〈스탬퍼가의 대결Sometimes a Great Notion〉, 그리고 펜실베이니아주 윌크스배리에서 열린 폴카 축제 생중계였다. 위성 기술의 발달로 신호가 훨씬 멀리 전송되기 전까지 네트워크 신호에는 지리적 한계가 있었다. 초기 프로그램들은 걸작과 거리가 멀었지만 등장만으로 혁신의 도래를 알렸다. 그간 안테나로 방송을 수신하고 무료로 보는 대신 광고를 감수했던 시청자들이 광고 없는 방송을 구입할 수 있는 선택권을 갖게 된 것이다. 이는 "왓슨 씨, 이리 와요(전화기가 발명되고 이루어진 최초 전화 통화에서 벨이 상대방에 한 말-옮긴이)"에 버금가는 혁명적 순간이었다. HBO가 궤도에 오르고 초기 케이블 시스템과 셋톱박스가 전국적으로 확산되던 1970년대 말부터 1980년대 초에 걸쳐 니켈로디언Nickelodeon, CNN과 MTV 같은 네트워크가 잇따라 생겨났다.

클리블랜드에서 대학을 중퇴한 뒤 스포츠 뉴스 영화와 산업 영화 제작으로 커리어를 시작한 돌란은 비즈니스 운영 능력은 탁월했지만 미디어 산업의 미래를 예측하는 감각은 전무했다. HBO를 목적 달성을 위한 수단 정도로만 여겨서 안정적 기반이 확보되자 1973년 자신의 지분을 타임Time에 매각했다. 이후 타임은 이 선구적 케이블 네트워크를 1989년에는 워너브라더스와, 1995년에는 터너브로드캐스팅과 합병해 적극 육성했다. 초기 HBO는 날카로운 시각을 지닌 돋보이는 코미디 스페셜, VCR이 없던 시절에는 특히 더 귀했던 R등급 스튜디오 영화, 그리고 〈뉴스가 아니어도 좋다Not Necessarily the News〉 같은 독창적 풍자 프로그램을 통해 자신만의 색깔을 구축했다. 독특한 시각의 간부와 출연진이 많았던 만큼 프로그램들 역시 갈수록 깊이가 깊어지고 다양해졌다. 1980년대 초 간부가 되었던 한 전직 임원은 말했다. "HBO는 최고의 인재들로 넘쳐났어요. 출근하면 하버드생이 된 느낌을 받았죠. 새롭고 젊은 감각을 자랑하는 데다 인기까지 많아서 진짜 똑똑하고 개성 있는 이들이 모여들었어요. 야심과 의욕이 넘치는 집단이었습니다."

기존의 TV 네트워크가 광고주와 검열 당국의 비위를 맞추고 약간의 논란조차 피하고자 애쓰는 사이 신생 HBO는 전혀 다른 운영 규정을 확립하고 획기적 변화를 잇따라 도입했다. 경쟁사들의 지적대로 HBO가 제작 편수는 훨씬 적고 예산은 훨씬 많기도 했지만, 다른 네트워크는 감히 대적할 수 없는 프로그램들이 쏟아져 나왔다. 〈소프라노스〉, 〈더 와이어〉, 〈걸스Girls〉, 〈래리 샌더스 쇼The Larry Sanders Show〉, 〈데드우드Deadwood〉, 〈섹스 앤 더 시티〉, 〈식스 핏 언더〉, 〈커브 유어 엔수지애즘Curb Your Enthusiasm〉 등을 비롯해 조지 칼린George Carlin, 크리스 록Chris Rock과 로빈 윌리엄스Robin Williams가 각자의 전성기를 바친 코미디 스페셜 프로그램, 〈밴드 오브 브라더스〉, 〈엔젤스 인 아메리카Angels in America〉 등 영화 같은 완성도로 최고의 몰입을 선사하는 미니 시리즈, 〈택시캡 컨페션Taxicab Consfession〉, 〈리얼 스포츠Real Sports〉 같은 다큐멘터리 시리즈와 〈프리드먼가 사람들 포착하기Capturing the Friedmans〉 같은 다큐멘터리 영화에 이르기까지 제목만 들어도 탄성이 나오는 작품들이 즐비했다.

HBO는 TV를 '재정의'했다. 오랫동안 언론인 월터 크롱카이트Walter Cronkite와 쇼 진행자 에드 설리번Ed Sullivan이 나오는 네모 상자에 불과했던 TV를 위험하지만 창의적인 실험의 장으로 거듭나게 한 것이다. 〈걸스〉 3회에서는 마니가 공중화장실에서 자위하는 장면이 버젓이 나오고, 〈소프라노스〉 5회에서는 안티 히어로 토니 소프라노가 딸과 함께 대학 캠퍼스를 구경하다 약간의 내적 갈등 끝에 마피아 밀고자를 교살하는 상황이 태연하게 묘사된다. 〈왕좌의 게임〉에서는 드레드포트 군주의 사생아로 가학적 성향을 지닌 램지가 산사의 웨딩 드레스를 갈기갈기 찢어 강간하고 이에 산사가 고통 속에 내지른 비명의 여운이 오래도록 이어져 에피소드 전체가 비평가들의 원성을 샀음에도 HBO는 사과 한마디 하지 않았다. 초창기에는 조지 카를린이 그간 TV에서는 절대 말할 수 없었던 7개의 단어, 즉, "빌어먹을shit, 꺼져piss, 제길fuck, 계집cunt, 개자식cocksucker, 후레자식motherfuck, 찌찌tits"에 관한 독백을 선보여 배우이자 코미디언 밀턴 베를Milton Berle의 네모 상자를 조롱하는 형식을 확립했다. HBO는 초창기부터 모호함, 스캔들, 그리고 이전에는 영화와 소설에서나 볼 수 있었던 불협화음을 보란 듯 프로그램에 녹여내며 시청자들의 **몰입**을 이끌어 냄으로써 남다른 브랜드를 구축했다. 1990년대 중반 탄생한 유명 슬로건 "TV가 아닙니다. HBO입니다It's not TV. It's HBO."는 상당히 수긍할 만한 예리한 광고 문구였다.

에미상을 셀 수 없이 수상하고 최고의 명성을 쌓아갈수록 HBO는 자신들의 지위까지 위협하는 새로운 기술에 대응하고자 안간힘을 썼다. 바로 인터넷이다. 대부분의 전통 미디어 기업들이 비슷한 상황에 직면해 있었는데 아이러니하게도 HBO는 인터넷에 대응하기 위한 시도를 수없이 반복할수록 오히려 오랜 기간 안주하던 관성이 더 깊게 뿌리내렸다. 그래서 실제로 스트리밍 시대가 눈앞에 닥쳤을 때 해결해야 할 과제가 너무 많이 쌓여 있었다.

2020년, 디즈니플러스, 애플TV플러스와 피콕Peacock 등 경쟁사들이 스트리밍 서비스를 출시하고 몇 달 후 HBO맥스가 시장에 선을 보였다. 사실 5년 전 HBO는 이미 TV 방송 프로그램을 소비자가 직접 스트리밍할 수 있는 HBO나우HBO Now를 출시해 업계에서 선두를 점한 참이었다. 인터넷 사용자라면 누구나 HBO나우를 통해 HBO 최고의 인기 프로그램을 시청할 수 있었다. 지난 40여 년간 이 프로그램들이 유료 TV 가입자들에게 독점적으로 제공되고 인기가 높아질수록 네트워크와 케이블 사업자의 배만 불려줬던 걸 감안하면 극적인 변화였다.

그런데 큰 문제가 생겼다. 자신들의 채널을 거치지 않고도 소비자들이 HBO를 시청할 수 있다는 사실에 불안감을 느낀 케이블과 위성 사업자들이 계약서에 명시된 "최혜국 대우" 조항 준수를 요구한 것이다. 그래서 HBO나우에 가입하려면 유료 TV 패키지와 동일한 월 구독료 14.99달러(1만 9,400원)를 내야 했다. 이에 비해 라이벌 프리미엄 네트워크인 쇼타임Showtime과 스타즈가 자사의 스트리밍 서비스를 할인해서 제공하기로 결정하면서 수많은 배급사들과 마찰을 빚었다. HBO나우는 심지어 기존 HBO에 비해서도 참신한 시도가 부족했다. HBO가 걸음마를 뗄 때부터 키워주다시피 해 온 유료 TV 사업자들이 자사를 경쟁자로 인식할까봐 두려웠던 것이다. 결국 2019년 말까지 가입자를 800만 명밖에 확보하지 못한 HBO나우는 다른 스트리밍 서비스에 뒤처지게 되었다. HBO의 스트리밍 서비스는 여러모로 혜택을 감축하고 나서야 가까스로 의회를 통과한 보편적 의료보장법안의 엔터테인먼트 버전이라 할 수 있다. HBO와 타임워너는 다가오는 디지털 시대에 어떻게 대응해야 할 지 10년도 넘게 모색했었다. 지난 2001~2003년 사이 타임워너는 AOL타임워너로 거듭나며 악몽 같은 시간을 보냈는데 당시 AOL과의 합병이 미국 산업계에 벌어진 역사적인 재앙 중 하나로 기록됐지만 어쨌든 살아남는 데는 성공했다. 이 시기 동안 AOL타임워너의 엔터테인먼트 사업부는 〈해리 포터Harry Potter〉와 〈반지의 제왕Lord of the Rings〉 시리즈를 선보이는가 하면 워너브라더스텔레비전Warner Bros. Television과 HBO가 공동 제작한 TV 프로그램을 잇달아 흥행시켜 사상 최고의 성과를 냈다. 게다가 DVD 사업도 호황을 맞아 새로운 추가 수익까지 올렸다. 이 같은 분위기 속에서 AOL 경영진은 처음엔 시너지 효과를 창출하려 애썼지만 결국 두 기업은 결별 수순을 밟게 되었다(2009년 AOL이 분리 독립-옮긴이).

심지어 합병 전부터 있었던 옛 타임워너의 내부 조직에서조차 소통이 잘 안 이뤄졌다. 가령 디즈니 같은 곳에서는 상상도 할 수 없는 일이었다. 부서끼리 서로 조력자 역할을 하기는커녕 내 알 바 아니라는 식의 태도가 난무했다. 2001년 워너브라더스가 처음으로 초대형 베스트셀러를 영화화한 작품 〈해리 포터와 마법사의 돌〉이 개봉했을 때 〈엔터테인먼트위클리Entertainment Weekly〉 평론가 리사 슈워츠바움Lisa Schwarzbaum은 작품이 "다양한 매력을 지녔지만 별로 놀랍지는 않다"며 B등급을 주었다. 합병 참사가 낳은 후유증 중 단연 최악은 회사가 '기술'에 부정적 시각을 갖게 되었다는 것이다. 이 책 전반에 등장하는 '혁신가의 딜레마'가 2000년대의 AOL타임워너보다 더 극명하게 드러난 곳은 아마 없을 것이다.

2002~2006년 AOL 의장 겸 CEO를 지낸 조너선 밀러Jonathan Miller는 여러 인수안 및 공동 프로젝트를 타임워너 이사회, 제프 뷰커스 CEO와 딕 파슨스Dick Parsons 의장에게 차례로 제안했던 때를 회상했다. 만약 이 중 상당수가 승인되었다면 회사와 미디어, 그리고 기술 산업은 전혀 다른 방향으로 발전했을 것이다. 유튜브가 등장한 2005년 말, 밀러는 샌프란시스코 포시즌스 호텔 바에서 유튜브 공동 창립자 중 한 명인 채드 헐리Chad Hurley를 만났다. 사이트에 업로드된 동영상이 하키스틱 패턴으로 성장한다는 설명을 들은 밀러는 곧장 적절한 금액대를 약 5억 5,000만 달러(7,150억 원)로 설정하고 행동에 돌입했다. 그리고 2006년 1월, 타임워너 이사회에 유튜브 매입을 제안했다. "꺼지라고 하던데요." 밀러가 말했다. 당시 유튜브는 불법 동영상의 온상이라는 평판에도 불구하고 유튜브 매입을 성사시키는 데 "혈안이 돼 있던" 그는 몇 달 후 다시 한 번 이사회에 제안서를 가져갔다. "그때는 모두가 유튜브를 고소할 생각뿐이었어요. 나는 고소하지 말고 매입하자. 우리가 거기서 최고의 콘텐츠를 제공하면 승산이 있다고 호소했죠." 하지만 돌아오는 대답은 여전히 '안 돼'였다. 2006년 말, 유튜브는 결국 16억 5,000만 달러(2조 1,450억 원)에 구글로 넘어갔다.

2006년 7월에는 페이스북이 창업자 마크 저커버그Mark Zuckerberg와 비즈니스 파트너들에 의해 10억 달러(1조 3,000억 원)짜리 매물로 나왔다. 야후는 협상을 진행했지만 금액 앞에 망설였다. 밀러는 저커버그에게 11억 달러(1조 4,300억 원)를 제시했으나 저커버그는 AOL에 경멸을 표하며 14억 달러(1조 8,200억 원)면 거래하겠다고 말했다. "그래서 난 제프 뷰커스한테 가서 '이건 아마 별로일 거예요. 수익을 내는 게 아니라 투기니까요. 하지만 이게 미래가 될 수도 있어요'라고 했죠." 타임워너가 매입 자금을 조달하고 "한 푼"도 손해보지 않으려면 산하의 맵퀘스트MapQuest 및 다른 디지털 자산을 팔아치우는 것도 방법이라고 밀러는 뷰커스에게 말했다. 합병으로 인한 기대 효과가 창출되지 못했음에도 AOL은 여전히 타임워너와 수십억 달러의 수익을 나누고 있었다. "내겐 동아줄이 필요해요." 밀러가 뷰커스에게 말했다. "이건 기회라고, 놓치면 안 된다고 얘기하니 맵퀘스트를 팔아야겠으면 팔라고 하더군요." 하지만 정작 페이스북 매입에 대한 대답은 어땠을까? "안 돼, 였습니다."

오늘날 페이스북(페이스북의 모기업은 2021년 사명을 메타로 변경-옮긴이)의 일일 활성 사용자 수는 20억 명에 육박하고 인스타그램과 와츠앱을 소유한 데다 연간 850억 달러(11조 500억 원)가 넘는 매출을 올리고 있다. 유튜브의 경우, 1분마다 500시간 분량의 동영상 콘텐츠가 업로드되고 일일 동영상 조회 시간을 모두 합치면 무려 10억 시간이 넘을 것으로 추정된다. 2021년 7월, 구글은 자사의 동영상 플랫폼인 유튜브에서 단 한 분기 동안 벌어들인 광고 수익만 70억 달러(9조 1,000억 원)에 달해 최고 기록을 세웠다고 보고했다.

타임워너가 놓친 또 다른 대어는 밀러가 타임워너와 관계를 끊고 디지털 사업부를 이끌게 되는 뉴스코퍼레이션News Corp 및 NBC유니버설의 지원으로 시작된 훌루였다. 타임워너는 훌루가 강자로 떠오르고 몇 년이 지난 뒤에야 10% 지분을 매입했다. 이후 그마저도 AT&T에 매각했지만 말이다.

이 모든 헛스윙 중에서도 가장 놀라운 건 무려 넷플릭스 매입 기회를 놓쳤다는 사실이다. 크리스 알브레히트에 따르면 이 DVD 우편 배달 업체가 스트리밍을 시작한 2007년, 타임워너의 한 사업 개발 담당자가 인수를 제안했지만 그대로 묻히고 말았다.

제프 뷰커스가 수장이던 시절 타임워너는 소셜 네트워킹 기업 베보Bebo를 8억 5,000만 달러(1조 1,050억 원)에 매입했는데 이 대규모 인수가 결국 뷰커스의 앞길을 막았다. 베보가 추락하기 무섭게 불타 버리자 뷰커스는 "너무 비싸게 샀을 수 있다"고 인정했다. 하지만 넷플릭스 매입과 관련해서는 여전히 반감을 보이며 "우리에게도 일종의 넷플릭스가 있다. HBO가 있으니까"라고 2014년 주장했다.

타임워너가 이렇게 위험이라면 기를 쓰고 피해 다니던 시기에 HBO 경영진은 '마이HBOMyHBO'라는 디지털 서비스를 구축하는 데 성공했다. 당시 소셜 미디어 업계의 초신성으로 떠오른 '마이스페이스MySpace'에서 따온 이름이었다. 추후 'HBO고HBO Go'로 이름을 바꾸는 이 스트리밍 서비스를 이용하려면 유료 TV에 가입해야 했다. 타임워너는 워너브라더스, HBO와 터너브로드캐스팅의 콘텐츠를 통합할 온라인 서비스, 즉 HBO맥스의 초기 버전이 될 시스템에 대해 기업 차원에서 폭넓게 논의했다. 향후 HBO맥스는 HBO의 비즈니스 유산을 지나치게 위협한다는 우려를 받게 된다.

HBO의 의장이자 CEO였던 크리스 알브레히트는 당시 이 문제를 해결하고자 워너브라더스의 디지털 간부 출신인 짐 몰로쇼크Jim Moloshok를 2005년에 영입했다고 회상했다. 일반 직원들은 심드렁한 반응이었다. "한 번은 회의에서 동료들에게 '짐 몰로쇼크가 인터넷 탄생에 대해 사과할 필요는 없어요. 우리가 지금 이런 대화를 하고 있는 게 그의 잘못은 아니니까요'하고 말했죠." 알브레히트가 말했다. 내부 논의가 진행될 때마다 종래의 TV 패키지를 넘어 도약해야 한다고 믿는 이들과 그런 건 어리석은 일탈일 뿐이라고 단정 짓는 이들 간의 균열이 깊어졌다. 반대자들은 루퍼트 머독의 뉴스코퍼레이션이 2005년 당시 5억 8,000만 달러(7,540억 원)에 인수한 마이스페이스의 사례를 지적했다. 참고로 마이스페이스는 소셜 네트워크 라이벌 기업 페이스북에 완전히 밀려나 결국 3,500만 달러(455억 원)에 매각되었다. "테이블 한쪽에서는 내가 우리를 미래로 데려가 달라고 호소하고 있었어요." 2007년, 당시 여자친구를 폭행한 혐의로 기소되면서 사임했다 스타즈 및 레전더리엔터테인먼트Legendary Entertainment 지도부로 부활하는데 성공한 알브레히트가 말했다. "그런데 반대편에서는 '그 미래는 우리를 너무 **빨리** 파괴할 거야. 지금의 비즈니스도 이미 위대하잖아. 망치지 마'라고 경고했죠." 그가 고개를 세차게 저었다. "현상 유지는 혁신의 적이에요."

존 스탠키는 통신사 임원이었지만 배타적이고 폐쇄적인 통신 업계에 안주하지 않았던 만큼 빅테크 기업들만 경쟁자로 여기지 않았다. 때문에 페이스북, 유튜브 및 넷플릭스와의 거래가 성사됐을 때 그가 책임자였을 거라는 가정도 신빙성이 있다. 하지만 안타깝게도 타임워너와의 합병 체결 후 빅테크 기업을 바라보는 그의 조급함이 다소 볼썽사납게 표출되었다(앞서 다뤘듯, AT&T와 합병 후 타임워너 사명이 워너미디어로 바뀌고 제크 뷰커스를 이어 존 스탠키가 워너 CEO를 겸직한다-옮긴이). 2018년 여름, 직원들과 참석한 타운홀 미팅에서 워너미디어 HBO 의장 리처드 플레플러 맞은편에 앉은 스탠키는 보기 드문 모습을 보였다. 합병 이후 업계의 격식을 갖추고 진행된 회동이었는데 직설적 발언으로 회의장 분위기에 찬물을 끼얹었다. 우선 합병이 "출산"에 견줄 만큼 대단히 힘든 과정이 될 것이라고 했다—그의 아내가 싫어하는 스탠키식 비유였다. 특히 HBO와 관련해 그는 모바일 장치와 디지털 기술이 근본적으로 바꿔놓은 TV의 현대적 시청 방식에 대처해야 한다고 플레플러와 그의 사단에 강조했다. HBO는 일요일 밤 말고 다른 날에도 시청자를 끌어들여야 했다. 스탠키는 경고했다. "일주일에 몇 시간, 한 달에 몇 시간으로는 안 됩니다. **하루**에도 몇 시간씩 시청하게 만들어야 해요." 타운홀 미팅을 인터넷 생중계로 시청한 이들은 실제로 현장에 있었던 이들보다 훨씬 크게 당황했다. 플레플러가 포커페이스를 유지하기 위해 안간힘을 쓰는 게 흔히 보였기 때문이다. "연설할 때 보여준 손짓, 몸짓은 더 끔찍했어요." 한 간부가 기억을 더듬으며 말했다. "두 사람이 한 프레임에서 서로 마주보고 있는 장면이나 각자의 얼굴이 나오는 장면을 보면 상황이 좋지 않다는 걸 알 수 있었죠."

몇 달 후 인터뷰에서 스탠키는 손짓이나 몸짓에 의존하지는 않았지만 자신의 메시지는 한 번 더 강조했다. "산업의 경계가 사라진 상황에서 시장의 25%, 혹은 유료 TV 시장의 25%를 점유하는 걸로 충분하지 않다면 사실상 세상의 모든 소비자와 관계 맺을 수 있어야 합니다. 그래야 구글이나 아마존, 애플과 경쟁할 수 있죠." 하지만 이렇게 규모 확장을 위해 시동을 걸기 시작할 무렵 AT&T에서는 정부와의 소송전을 겨우 넘긴 고위 경영진 수십 명이 이제 대규모 구조조정을 맞아 줄줄이 회사를 떠나는 상황이 이어졌다.

스탠키는 결국 워너미디어 직원들에게도 불안감이 스며들었다는 사실을 인정해야 했다. 리스크가 큰 환경에서 자신이 무분별하게 행동해 상황이 악화됐다고도 했다. 그는 직원들이 "나에 대해 **그다지** 좋게 말할 게 없을 것"이라고 시인하면서 "나는 건설적인 방식으로 그들을 포용하고 또 함께 일하려고 노력했어요. 대체로 그랬다고 생각하고요. 하지만 나도 완벽한 인간이 아니니 실수할 때도 있겠죠"라고 말했다.

스탠키가 내부에 강속구를 많이 날렸다고 한다면 스탠키 직전 CEO였던 랜달 스티븐슨(스탠키는 2020년 AT&T CEO가 된다-옮긴이)은 야구에 비유하면 투자자 및 직원들에게 저속 커브볼을 던지는 투수에 가까웠다. 그가 월스트리트 분기 실적 보고나 컨퍼런스, 혹은 언론에 등장해 발표하는 내용은 말 그대로 업계 '최신' 뉴스였다. "그가 이제 HBO맥스에서 스포츠 생중계나 뉴스를 볼 수 있다고 발표하잖아요? 그럼 그때까지 직원이고 뭐고 아무도 몰랐던 거예요." 워너미디어의 한 간부가 2019년 말했다.

스티븐슨은 특유의 소탈한 태도와 오클라호마식 느릿한 말투로 잘 알려져 있지만 2018년, HBO와 가장 강력한 라이벌 넷플릭스에 대해 변증법적 주장을 펼쳐 인상에 남겼다. "저는 넷플릭스가 말하자면 SVOD(주문형 비디오 구독 서비스)계의 월마트라고 생각해요. 반면 HBO는 일종의 티파니죠. 프리미엄 콘텐츠를 자랑하는 최고급 브랜드니까요." 이 비유를 한참 후까지도 납득하지 못한 HBO의 한 고위 간부는 "월마트 시가총액이 5,000억 달러(650조 원) 정도 되지 않나요? 그게 허접한 건가요?"라며 해명을 요구했다. 얼마 후 밥 그린블랫 역시 스티븐슨이 한 것과 비슷한 공격을 펼쳤다. 워너미디어 엔터테인먼트 사업부 의장으로 임명되고 며칠 후 그는 NBC 뉴스와의 인터뷰에서 이렇게 말했다. "넷플릭스에는 브랜드가 없어요. 뭔가 필요할 때 방문하는 곳일 뿐이죠. 브리태니커 백과사전처럼요. 만약 지구상에서 최대한 많은 사람들 사이에 퍼지는 게 목표라면 이는 아주 훌륭한 비즈니스 모델이에요."

넷플릭스 창립자이자 CEO인 리드 헤이스팅스는 경쟁자들의 의식적인 말을 대수롭지 않게 넘겼다. 2019년 1월 투자자들에게 보낸 편지에서 그는 "우리의 경쟁 상대는 HBO라기보다는 온라인 게임 포트나이트죠"라고 적었다.

헤이스팅스가 이렇게 업계 메이저 기업을 무시하는 태도를 보이자 2012년 넷플릭스가 첫 오리지널 시리즈 〈릴리해머〉를 가까스로 공개했을 때 HBO가 어떤 지위였는지 생생하게 기억하는 사람들은 더욱 부아가 치밀었다. 당시 뷰커스는 넷플릭스에 대해 "800파운드(226킬로그램) 체중의 고릴라가 아니라 고작 200파운드(90킬로그램)짜리 침팬지"라고 주장하면서 수많은 라이벌 중 하나일 뿐이라고 비웃었다. "HBO가 넷플릭스가 될 수도 있었죠." 몇 년 후 월스트리트 분석가 마이클 네이선슨Michael Nathanson이 말했다. "하지만 소유주들한테 그만한 배짱이 없었던 것 같아요." 당시 HBO에 몸담았던 직원들은 오만함을 원인으로 지목한다. 한 전직 간부에 따르면 스트리밍 서비스 HBO고와 HBO나우에는 "4개의 벽"이 있었다. 사용자 경험이 제한되고, 기존 TV보다 역동성이 떨어지며, 오프닝도 건너뛰지 못하는 데다, 시즌 전체를 몰아볼 수도 없었던 것이다. 수천 명의 엔지니어가 고객을 '기쁘게 하기' 위해 정밀하게 설계한 알고리즘 기반의 넷플릭스 인터페이스에 비하면 편의성이 떨어질 수밖에 없었다. 사람들이 케이블 TV를 보며 순수하게 즐거워했던 때가 얼마나 까마득한 옛날 일인데 말이다.

HBO를 공격할 때 넷플릭스는 익숙한 전술을 사용했다. 에이미 슈머Amy Schumer, 데이브 샤펠Dave Chappelle, 제리 세인펠드Jerry Seinfeld 같은 코미디언들을 엄청난 금액으로 포섭한 것이다. 〈그레이 아나토미Grey's Anatomy〉의 숀다 라임스Shonda Rhimes, 〈아메리칸 호러 스토리〉의 라이언 머피, 〈블랙키쉬Black-ish〉 크리에이터 케냐 배리스Kenya Barris 등 최고의 TV 제작자들을 아홉 자릿수 계약금(1,000억 원 이상)으로 포위하고 전 대통령 버락 오바마, 미셸 오바마 부부와 영상 제작 계약을 체결하기도 했다. J. D. 밴스J. D. Vance의 베스트셀러 회고록 《힐빌리 엘레지Hillbilly Elegy》를 론 하워드Ron Howard가 드라마화하기로 하고 제작사 선정에 들어갔을 때 넷플릭스는 HBO를 포함한 경쟁사들의 최고 입찰가보다 두 배 이상 높은 4,500만 달러(585억 원)를 제시했다.

넷플릭스는 〈더 크라운〉, 〈기묘한 이야기〉 등의 오리지널 시리즈와 〈아이리시맨〉 같은 영화를 포함한 작품의 제작, 인수와 마케팅을 위해 수십억 달러를 쏟아부었다. 뿐만 아니라 상황이 좋든 나쁘든 제작진만큼은 건드리지 않았다. HBO가 조지 칼린, 〈소프라노스〉 크리에이터 데이비드 체이스David Chase를 비롯한 수십 명에게 광고도 없고 뭐든지 가능한 기회를 제공했던 것과 비슷하다. 직원들에게 주어진 승인 권한 또한 유료 TV에 비하면 훨씬 분산돼 있었다. 덕분에 넷플릭스는 2018년에만 무려 700편의 오리지널 시리즈를 선보였다.

제작사에 대한 기존 방송사들의 반응은 넷플릭스와 달랐다. 맥클레인 웨이Maclain Way와 채프먼 웨이Chapman Way 형제는 인도에서 시작돼 오리건주 시골 마을까지 침투한 문화를 다룬 6부작 다큐멘터리 시리즈 〈오쇼 라즈니쉬의 문제적 유토피아Wild Wild Country〉를 판매하기 위해 수많은 배급업자를 만났지만 싸늘한 대접만 받았다. "대부분 이름만 들으면 알 만한 셀럽을 원했어요." 맥클레인 웨이가 회상했다. HBO 역시 회의적이기는 마찬가지여서 임원 중 한 명은 스타가 내레이션을 맡는다고 하면 고민해 보겠다고 말했다. 이때 넷플릭스가 등장했다. 내레이터 없이 제작된 시리즈는 비평가들의 열광적 반응을 이끌어냈고 프라임타임 에미상을 수상했으며, 실증적 데이터는 없지만 가장 인기 있는 오리지널 프로그램 중 하나로 등극했다.

〈왕좌의 게임〉 마지막 시즌의 테마는 한 마디로 '난장판'이었다. 출연진 중 한 명이 실수로 두고 간 스타벅스 컵을 제작진과 방송사가 발견 못해 결국 방송에 그대로 노출되는 해프닝이 벌어졌다. HBO는 성명을 통해 실수를 인정했고 팬들은 이렇게 엉성한 관리로 시리즈가 멋진 착륙에 실패한 게 또 한 번 입증됐다고 여겼다. 〈왕좌의 게임〉은 엄청난 시청자를 끌어모았지만 규모에는 대가가 따랐다. 플레플러가 추가 비용까지 감수하며 재촬영을 지시하고 창작 본능에 충실하고자 위험한 도박도 서슴지 않는 등 애정을 쏟았지만 시리즈는 결국 기업 홍보물로 전락했다. 직원들을 대상으로 한 합병 홍보 동영상에 시리즈에 나오는 용이 삽입되는가 하면, 마지막 시즌 마케팅 예산

2,000만 달러(26억 원) 중 상당 부분이 맥주 브랜드와의 합작 슈퍼볼 광고에 사용됐다. 사람들은 의아해했지만 광고는 큰 호응을 받았다. NCAA 3월의 광란(NCAA 남자 농구 토너먼트를 의미-옮긴이)이 시작될 무렵 TBS 농구 토너먼트 중계방송은 온갖 프로모션으로 얼룩졌다. AT&T 매장에는 〈왕좌의 게임〉을 테마로 한 휴대폰 케이스가 출시되었고 AT&T 트위터 계정 역시 "까마귀를 보내세요 #8강 #3월의 광란" 같은 문구를 트윗해 홍보에 가담했다. 미니애폴리스에서 열린 토너먼트 4강 경기장에는 기둥 복제품이 전시된 가운데 〈왕좌의 게임〉 사진 콘테스트가 열리기도 했다. AT&T는 "증강 현실 기술을 통해 경기장을 찾은 관중들이 중앙에 설치된 비디오 스크린 속 〈왕좌의 게임〉 세계로 빠져들 수 있을 것"이라고 단언했다.

이에 비해 지그펠트 볼룸에서 진행된 현실 속 애프터파티는 너무도 협소해 제약이 많았다. 파티 참석자들은 끼리끼리 자리를 잡고 서로 어울리지 않다시피 했다. 킷 해링턴Kit Harington과 에밀리아 클라크Emilia Clarke 등의 벼락 스타, 그리고 제이슨 모모아Jason Momoa와 피터 딩클리지Peter Dinklage 등 알려진 할리우드 스타를 포함한 출연진은 단연 가장 열정적인 기세로 시리즈의 놀라운 여정을 축하했다. 하지만 나머지 관계자들에게선 오히려 낙담에 가까운 아리송한 분위기가 느껴졌다. HBO에서 살아남은 한 간부는 어떻게 견디고 있는지 묻는 질문에 어깨를 으쓱하며 "내가 괜찮은지 모르겠네요. 몇 달 후 다시 물어보세요"라고 답했다. 대부분의 제작사 대표들이 반갑게 인사하고 자부심에 가득 차 식사를 즐기고 있을 때 스탠키는 AT&T 댈러스 지사 간부들 사이에 서 있었다. "사람들이 앞으로는 각자 술값을 내야 하는지 계속 물어보더군요." AT&T가 비용 절감에 나설 것이란 가정을 비웃으며 스탠키가 말했다. 시사회 몇 주 전, 워너미디어 엔터테인먼트 사업부 의장으로 합류한 TV 전문가 그린블랫은 소수의 충성스러운 직원들과 나란히 서서 파티장을 둘러보았다. "리처드 플레플러가 없으니 파티에서 다들 따로 놀더라고요." HBO의 한 전직 간부가 말했다. "그에게는 사람들을 결속시키는 힘이 있거든요."

〈왕좌의 게임〉 공동 크리에이터 데이비드 베니오프David Benioff는 라디오 시티 무대에서 리처드 플레플러에게 애틋한 감사의 마음을 전했다. 상영 전, 베니오프와 제작 파트너인 D. B. 와이스D. B. Weiss는 창의적 컬래버레이션뿐 아니라 AT&T에서는 더 이상 볼 수 없게 될 비즈니스 방식에 경의를 표했다. "〈왕좌의 게임〉 가족 모두에게 감사하고 싶네요." 베니오프가 말했다. "우리가 다 함께 비와 눈을 맞고 진흙탕과 햇볕 속에 뒹굴었던 경험을 이제 다시는 할 수 없을 거라고 해도 과언이 아닐 거예요. 어느 누구도 이런 경험을 **다신** 하지 못할 겁니다."(이 책 4장의 제목인 '피의 결혼식'은 잔칫날에 벌어진 비극을 다룬 〈왕좌의 게임〉 속 한 에피소드를 가리킨다-옮긴이)

5장

하던 대로만 해서는
안 된다는 걸 알고 있었죠

월트디즈니컴퍼니Walt Disney Company가 공식적으로 인정한 연대기에 따르면 디즈니가 기술 역량에 본격적으로 투자하기 시작한 건 스트리밍이 아직 등장조차 하지 않은 100여 년 전부터였다. 그리고 카메라가 익숙한 기상캐스터 출신으로 캐피털시티즈/ABCCapital Cities/ABC에서 승승장구하다 2005년 디즈니 CEO가 된 밥 아이거 체제하의 디즈니는 스티브 잡스의 애플과 두 건의 계약을 체결함으로써 과감한 혁신의 시작을 알렸다. 첫 번째 혁신은 아이거가 수장 자리에 오른 지 불과 2주 만에 고객들이 인기 ABC TV 프로그램을 구입해 새로운 아이팟으로 시청할 수 있게 된 것이었다. 그리고 몇 달 후, 잡스가 이끌던 컴퓨터 애니메이션 선도 기업 픽사를 디즈니가 74억 달러(9조

6,200억 원)에 인수함으로써 두 번째 혁신이 일어났다.

아이거는 회고록 《디즈니만이 하는 것The Ride of a Lifetime》에서 2000년 대를 돌아보며 "흥미로운 시기였다"라고 적었다. 또한 "그리고 우리가 알던 전통 미디어의 종말이 시작되는 시기이기도 했다. 가장 흥미로웠던 건 거의 모든 전통 미디어 기업이 용기가 아닌 두려움으로 변화하는 세상에 적응하고자 했다는 사실이다. 그들은 급격한 변화를 견뎌낼 리 없는 낡은 모델을 보호하겠답시고 고집스레 방어벽을 구축해 나갔다"라고 말했다.

하지만 21세기 역사를 돌이켰을 때 디즈니가 디지털에 눈을 뜬 시기와 범위는 이보다 훨씬 복잡한 설명이 필요하다. 디즈니는 자사의 핵심 사업에 별로 중요하지 않지만 유행은 따라야 한다는 명목으로 소셜 네트워크부터 소셜 게임, 바이럴 비디오 등의 인수에만 16억 달러(2조 800억 원)를 낭비했다. 넷플릭스의 수백만 구독자가 비싼 돈을 내고 디즈니 영화를 소장하는 것보다 월 구독료를 내고 스트리밍하는 걸 더 좋아한다고 밝혀진 지 수년이 지나서야 DVD 판매 부진을 만회하기 위한 '디지털 라커' 서비스(온라인 파일이나 디지털 미디어를 저장해 주는 서비스-옮긴이)를 출시하기도 했다. 불법 복제는 음악 산업에서처럼 변화를 받아들이도록 만드는 강력한 요인이었다.

2005년 5월 23일, 당시 디즈니-ABC텔레비전그룹Disney-ABC Television Group의 사장이던 앤 스위니Anne Sweeney가 월요일 아침 스태프 회의에 활기차게 들어섰다. ABC 히트작 〈위기의 주부들Desperate Housewives〉의 시즌 마지막 회가 전날 밤 몇 퍼센트의 시청률을 기록했는지 빨리 알리고 싶었던 것이다. 겉보기엔 평온한 외곽 마을의 어두운 이면을 탐구한 이 프라임타임 드라마는 무려 3,000만 명이 최종회를 시청했을 만큼 강력한 문화 현상으로 자리 잡았다. 하지만 스위니가 이렇게 좋은 소식을 전하기 전, ABC의 최고기술책임자 빈스 로버츠Vince Roberts가 먼저 발언권을 요청했다. 그가 5층 회의실의 DVD 플레이어에 조용히 디스크를 삽입한 뒤 플레이 버튼을 누르자 〈위기의 주부들〉의 출연진 에바 롱고리아Eva Longoria, 테리 해처Teri Hatcher, 펠리시티 허프먼Felicity Huffman이 나타났다.

"내가 '빈스, 저건 최종회잖아요'라고 말하자 그가 이렇게 답했죠. '네, 방송이 나가고 15분 만에 온라인에서 다운로드할 수 있었어요.'" 몇 년 후 스위니가 회상했다. "산통 다 깨졌죠…. 시청자 규모를 정확히 알고 있다고 생각했는데 완전히 뒤통수 맞았어요. 훨씬 많은 사람이 우리 작품을 봤지만 그만한 보상을 받지 못했고 그렇다고 광고주들에게 '이봐요, 사실 우리에겐 1,000만 명의 시청자가 더 있어요'라고 말할 수도 없는 노릇이었으니까요."

몇 달 후, 잡스는 끝없이 추락하는 음악 산업 임원들을 만나 그랬던 것처럼 온라인 불법 복제에 대한 해결책을 제시했다. 심지어 버뱅크로 날아와 아이팟으로 직접 동영상 재생을 시연하기도 했다. 스위니는 아이거의 주선으로 잡스와 통화할 수 있었는데 실리콘밸리에서 가장 비밀스러운 기업의 수장이던 그가 솔깃한 제안을 해왔다. "저희가 현재 진행 중인 작업을 보여드리고 싶네요."

잡스는 팀 디즈니(디즈니의 업무용 건물 지구-옮긴이) 행정동 회의실에서 ABC네트워크ABC network 책임자를 만나 노트북을 펼치고는 〈로스트Lost〉 이미지가 대문짝만하게 박힌 아이튠즈 스토어 버전을 보여주었다. 말을 이어가며 프로그램을 다운받더니 1.8인치짜리 동영상 스크린을 갖춘 뮤직플레이어 같은 기기를 스위니에게 건네주었고 그걸로 그녀는 비행기 추락 사고 생존자들의 이야기를 다룬 〈로스트〉를 시청했다. "그가 가고 나서야 깨달았어요. 잠깐, 〈로스트〉 동영상이 어디서 났지?" 하지만 답은 이미 나와 있었다. "다운로드 안 받는 사람이 없었던 거죠."

디즈니와 애플은 신속히 계약을 체결하고 〈나르코스〉의 한 장면을 방불케 하는 비밀 물류 작전을 통해 회사 비행기로 ABC의 〈로스트〉, 〈위기의 주부들〉, 〈나이트 스토커Night Stalker〉와 디즈니 채널 프로그램 두 편의 마스터 편집본을 쿠퍼티노에 있는 애플 본사로 운송했다. 엔지니어링 책임자가 갈색 종이에 포장된 패키지를 잠금장치가 있는 방으로 직접 옮겼는데 아이튠즈 업로드를 위해서였다.

이 두 기업의 파트너십은 2005년 10월 12일이 돼서야 세상에 알려졌다. 1927년 재건된 산호세의 초호화 캘리포니아 극장에서 애플이 제품 발표회를 개최한 이날, 아이거가 무대에 등장해 잡스와 악수를 나눴다. 깐깐한 지배주주들이 있는 픽사와 디즈니 사이의 냉랭했던 관계에 햇빛이 스며드는 순간이었다. 객석에서 이를 지켜보던 스위니는 당시 아이튠즈와의 계약이 디즈니가 불법 복제에 맞서기 위해 내디딘 첫발이었다고 말했다. 하지만 계열사들의 생각은 달랐다. "그날 오후 비행기로 버뱅크에 돌아가는데 제 휴대폰에 그야말로 불이 났어요." 스위니가 회상했다. "수많은 계열 방송사들이 전화해서 불같이 화를 냈죠. 그래도 메이저 광고주들은 화내기는커녕 우리가 앞으로 무엇을 하든 함께하고 싶다고 했어요."

한 발은 미래, 한 발은 과거에 둔 채 균형을 유지하기란 쉽지 않았다. 디지털 태동기부터 현대의 스트리밍 시대에 이르기까지 디즈니는 철저한 계산에 따라 위험을 감수해 종래의 사업 부문에서 수십억 달러에 달하는 수입을 계속 올리는 한편 신중한 혁신도 이어나갔다.

애플과의 콘텐츠 계약은 아이거가 전임자인 마이클 아이즈너 Michael Eisner 체제에서 악화된 픽사 경영진과 주주들과의 관계를 회복하기 위해 설계한 방안이었다. 디즈니는 〈토이 스토리Toy Story〉, 〈니모를 찾아서Finding Nemo〉 같은 블록버스터 애니메이션을 제작한 픽사를 통 크게 인수함으로써 영화관, 상품과 테마파크를 훌쩍 뛰어넘는 자산을 얻었다. 기술 분야를 선도하는 고문이자 측근, 그리고 이사로 잡스를 영입하게 된 것이다. 브랜드가 얼마나 중요한지 본능적으로 알고 품질에 있어서는 결코 타협하는 법이 없는 스티브 잡스의 성정은 디즈니의 모든 사업에 영향을 미쳤다(픽사의 대주주였던 잡스는 디즈니의 개인 최대 주주가 된다-옮긴이). 디즈니는 결국 10억 달러(1조 3,000억 원)를 투자해 캘리포니아 어드벤처 테마파크를 뜯어고치는가 하면 크루즈 노선도 확장했다. 잡스는 콘텐츠의 황금기가 도래할 것이며 기술 덕분에 사람들은 영화와 TV 프로그램을 손과 주머니 안에 넣고 다닐 것이라 믿었다. 아이거 역시 이러한 비전을 보고 들으며 생각이 달라져 여러 과감한 시도를 단행했는데 이 때문에 기존 엔터테인먼트 업체들과 대립각을 세웠다. 가령 최신 애플 기기에 디즈니 콘텐츠를 제공해 경쟁사들로부터 종래의 비즈니스 모델을 위협한다는 비난을 들어야 했다. 아이거가 가전제품에 대해 수다 떠는 걸 좋아할 만큼 넉살 좋은 기술 애호가였던 것도 도움이 됐다고 ABC의 전 최고제품책임자이자 온라인 미디어 플레이어 및 아이패드 앱의 개발을 주도한 앨버트 쳉Albert Cheng이 증언했다.

"제가 아이거와 막역한 사이라 아는데 그는 기술에 진심이었어요." 현재 아마존스튜디오Amazon Studios에서 텔레비전 사업부를 공동으로 맡고 있는 쳉이 말했다. "그래서 아이거가 CEO가 되면서… 좀 더 과감한 시도가 허용됐죠. 'CEO가 허락했으니 한번 해보자' 같은 분위기가 생겼어요."

아이거와 디즈니의 고위 경영진은 2004년 〈와이어드〉 편집자 크리스 앤더슨Chris Anderson의 도발적 저서를 읽고 미래에 대해 생각해 보게 되었다. 《롱테일The Long Tail》에서 앤더슨은 인터넷이 유연하고 진입장벽 없는 플랫폼을 창조해 틈새시장이 고객을 만나고 번창하게 되면 엔터테인먼트 경제는 급격한 전환을 맞이할 것이라고 예측했다. 아이거는 기업 전략가 케빈 메이어Kevin Mayer에게 다가오는 콘텐츠 민주화가 대중 영화와 TV 프로그램을 공급하는 디즈니에 어떤 의미일지 조사해 달라고 요청했다.

그 결과 "디즈니 2015"라는 미래 지향적 보고서가 탄생했고 최고재무책임자이던 톰 스태그스Tom Staggs와 메이어가 플로리다주 올랜도에 위치한 월트디즈니월드에서 열린 이사회에서 선보였다. 보고서는 평범한 콘텐츠, 즉 소비자들이 수요일 밤 9시에 특별히 보고 싶은 게 있어도 TV 편성표를 따라 수동적으로 채널을 돌리는 것 이외에 할 수 있는 게 없는 세상에서 번창했던 프로그램들의 종말을 예측했다. 앞으로 소비자들은 무제한 볼거리로 무장하고 친구들이나 전문가들이 방금 본 영화나 TV 프로그램에 대한 감상을 거의 즉각적으로 올려주는 피드백 루프를 통해 정보를 얻게 될 터였다.

디즈니가 앞으로 다가올 격변의 시대에도 승승장구하기 위해서는 소수의 뛰어난 작품을 제작하는 한편 선택의 바다에서 허우적대는 소비자들에게 등대가 될 수 있는 강력한 프랜차이즈를 구축하는 데 집중해야 한다. 이 중대한 보고서는 디즈니 이사들의 지지를 얻어 아이거가 유서 깊은 미디어 기업을 어떻게 전환해 나가야 하는지 방향성을 잡아주었다. 그 결과 디즈니는 마블과 루카스필름Lucasfilm을 인수해 사상 최대 규모의 합병을 두 건이나 성사시켰다.

그렇게 6년 동안 디즈니는 주문형 세상으로 이행하는 혼돈의 와중에도 거뜬히 살아남을 만큼 강인한 캐릭터들로 누구나 부러워할 만한 라인업을 완성했다. 아이언맨, 캡틴 아메리카, 블랙 팬서 같은 만화책 속 영웅부터 〈스타워즈〉의 루크 스카이워커, 다스베이더와 레이아 공주, 〈토이 스토리〉의 버즈와 우디에 이르기까지 모두가 디즈니 식구였다. 물론 아무리 엔터테인먼트 대기업일지라도 디지털이란 미래로 나가기 위해선 신중할 필요도 있었다. 회의적인 월스트리트 투자자들에게 이 시장에 154억 달러(20조 원)라는 거금을 쏟는 이유를 블록버스터 박스오피스로 입증해야 했다. 2006년 디즈니 소유의 ABC가 〈위기의 주부들〉, 〈로스트〉 같은 인기 프로그램을 방영한 다음 날부터 광고와 함께 온라인 스트리밍을 시작했던 것처럼 디즈니는 디지털 부문에 지속적으로 공을 들이며 변화하는 소비자 습관을 인정함과 동시에 방송사 및 케이블 계열사와의 관계를 "존중하고 발전시켜 나갔다."

"하던 대로 현상 유지만 해서는 지속 가능하지 않다는 걸 우리는 알고 있었죠." 스위니가 말했다.

디즈니와 다른 미디어 업체들이 엇갈리기 시작한 건 2008년이었다. 경제가 대공황 이래 볼 수 없었던 빈사 상태로 무너져 내렸다. 경제적 압박에 시달린 소비자들은 디지털 기술의 부상으로 무엇이 가능해졌는지 잘 알고 있는 만큼 전에는 생각할 수도 없었던 일들을 고민하기 시작했다. 케이블 TV 서비스를 해지하는 것이다. 2년 약정과 숨겨진 수수료, 객관적으로 열악한 서비스 품질에 마음이 돌아선 시청자들은 유료 TV를 버리고 넷플릭스, 유튜브와 훌루 같은 대안을 선택하기 시작했다.

TV 업계는 이 같은 흐름을 막기 위해 'TV 에브리웨어'라는 깜찍한 이름의 계획안을 발표했다. 미국 케이블 업계의 양대 산맥 컴캐스트와 타임워너가 주도한 이 프로젝트는 이미 유선 TV를 끊으려고 마음먹은 시청자들을 붙잡기 위한 시도였다. TV 에브리웨어는 미디어 시장의 역사와 역학 관계가 워낙 복잡하게 얽혀 있어 여기서 풀어내기엔 지루한 감이 있다. 하지만 10년이나 기술이 뒤처지며 절박해진 미디어 기업들이 어떻게 스트리밍 업계에 뛰어들었는지, 그리고 스스로 자초한 상황에 어떻게 접근했는지 이해하려면 설명을 안 할 수가 없다.

TV 에브리웨어에서는 소비자들이 회원으로 로그인해 유료 TV 가입자임을 인증만 하면 주위의 모든 인터넷 장치를 통해 TV 프로그램을 볼 수 있었다. 타임워너 CEO 제프 뷰커스는 2009년, 커져만 가는 유료 TV 이탈이라는 위험 요소를 어떻게든 작게 보이도록 하려고 애썼다. "소비자들은 매달 주머니 사정에 따라 선택합니다. 그들은 케이블에 가입할 필요도, 서비스를 누리기 위해 돈을 낼 필요도 없지만 여전히 그렇게 하고 있어요. 가입형 TV에 돈을 내는 사람들의 수는 매 분기마다 계속해서 늘고 있죠.”

디즈니는 애플과의 제휴 사실을 선전하고 혁신 의지를 불태우고 있었지만 실상 내부적으로 상당한 교착상태에 빠져 있었다. 한참이 지나서야 아이거는 당시 오랫동안 기업에 수익을 안겨준 비즈니스를 외면한다는 게 “말처럼 쉽지 않았다”며 혁신가의 딜레마로 치열하게 고민했다는 사실을 순순히 인정했다. “고유의 유산을 자랑하는 기업들은 대개 계속해서 보호하고 개발해 수익성을 높여야 하는 대규모 사업을 갖고 있어요. 거기에는 주주, 고객, 직원과 이사회에 최고의 수익을 안겨야 한다는 책임이 뒤따르죠. 당장은 별로 돈이 되지도 않을 뿐더러 현재의 사업에 직접적으로 타격을 줄 수 있는 새로운 사업으로 전환한다는 게 결코 쉬운 일이 아니에요.”

TV 에브리웨어 찬성론자들은 자신들이 판매하는 건 소비자들이 뭐든 사줄 거라는 믿음에 휴대폰, 노트북과 태블릿으로 프로그램을 제공할 때는 추가 비용을 청구하라고 유료 TV 사업자들을 부추기기까지 했다. 하지만 이는 소비자 권익 단체의 원성을 산 건 물론, 실효성도 없는 것으로 입증되었다. 경쟁사였던 훌루가 TV 프라임타임 프로그램을 데스크톱 컴퓨터에서 무료로 스트리밍해 볼 수 있는 서비스를 시작했기 때문이다.

올림픽은 TV 에브리웨어가 널리 알려지는 계기가 되었다. 미국의 선구적 케이블 사업체이자 오랫동안 올림픽을 중개한 NBC유니버설의 소유주 컴캐스트는 2012 런던 올림픽을 TV 에브리웨어를 통해 시청한 가입자가 150만 명에 이르는 것으로 집계했다. 하지만 그와 같은 경험이 사람들, 특히 손안에서 콘텐츠의 우주를 펼치도록 해주는 아이팟 및 아이폰과 이미 사랑에 빠진 수백만 시청자들을 사로잡는 데는 실패했다. 몇 단계씩 거쳐야 해서 짜증을 일으키는 TV 에브리웨어의 인증 절차는 이미 더 나빠질 게 없는 소비자와 케이블 기업과의 관계에 부정적 인식을 덧칠했다. 소비자들은 소셜 미디어, 온라인 게시판과 블로그에 불만을 표출한 후 BBC가 영국에만 스트리밍하는 올림픽 콘텐츠를 가로챌 수 있는 소프트웨어를 만들었다.

　종래의 TV 제작자들과 배급자들에게는 자신들의 콘텐츠를 보호하는 게 최우선 과제였다. 스트리밍을 완전히 유동적이고 개방적인 서비스로 내버려두기엔 너무 많은 것이 걸려 있었다. "ABC에 있을 땐 케이블 기업 입장에서 인터넷 배포 제한 사항을 협상하느라 초반 5년이 그냥 끔찍하게 지나갔어요." 쳉이 모멸감을 드러내며 말했다. 미국 비즈니스 역사를 통틀어 무無에서 대박 성공을 일군 스토리 중 하나이자 수십 년간 신중하게 육성해 온 유료 TV 패키지 전체가 위험에 직면해 있었다. 옛 유선 TV 시대에는 상상도 할 수 없었던 불법 복제, 해킹, 비밀번호 공유를 비롯해 골치 아픈 다양한 위반이 이제 끊임없는 위협을 가했다. 립-믹스-번(2010년대에 애플이 발표한 캐치프레이즈로 사람들이 만든 콘텐츠 중 필요한 부분을 뜯어내고 다시 혼합해서 새로운 콘텐츠를 구워내는 방식-옮긴이) 시대가 도래해 엄청난 충격에 빠졌던 대형 음반사들처럼 종래의 TV 업체들도 서비스를 온라인으로 확장하기로 결정했지만 범위는 극히 제한적이었다. 이들이 이렇게 몸을 사린다는 사실은 TV 에브리웨어 앱에 로그인한 사용자가 며칠 후 자동 로그아

웃되는 게 디폴트로 설정돼 있다는 걸로도 극명하게 드러났다. 로그인 정보를 저장해 또다시 로그인해야 하는 번거로움을 덜어주는 넷플릭스의 매끄러운 인터페이스와 달리 TV 에브리웨어 앱은 마치 상단에 철조망까지 설치된 높은 장벽을 마주한 듯한 경험을 선사했다.

번거로움은 여기서 끝나지 않았다. 유료 TV 패키지의 대부분이 여전히 광고로 수익을 얻는 만큼 인터넷 스트리밍 서비스에 걸맞은 완전히 새로운 광고 모델을 설계해야 했다. 초창기 유튜브와 달리 제작사들은 광고주들로부터 온라인 광고에 대한 정당한 보상을 받기를 원했다. 유선 광고에 'X'를 지급하던 광고주들이 스트리밍 서비스에서 동일한 자리를 확보하기 위해 'X+1'을 지급해야 한다는 뜻이었다. 멀티 플랫폼 광고가 시급하다고 느낀 광고주들이 많지 않았으므로 결과적으로 광고 편성표에 빈 공간들이 생겨났다. 광고 편성표는 종래의 유선 TV 광고와 동일한 블록으로 구성됐는데 보통 러닝타임이 정해져 있었다. 가령 기존 공중파 방송에서 4분짜리 광고 '공간'이 우량 광고주에게 판매되지 않으면 방송사는 공간을 잘라 러닝타임이 짧은 광고들에 자리를 내주고 덜 유명한 광고주들을 찾아 그대로 판매한다. 소규모 케이블 방송사들이 역모기지나 보험 전문 변호사 등이 등장하는 싸구려 광고를 줄기차게 내보내는 건 바로 이 같은 관행이 수익성이 입증되었기 때문이었다.

TV 에브리웨어 같은 스트리밍 영역에서는 프록터앤드갬블Procter&Gamble이나 마이크로소프트의 광고를 수주하는 데 실패할 경우 이러한 광고 관행이 더 기승을 부렸다. 베테랑 미디어 분석가 리치 그린필드Rich Greenfield는 BTIG에서 근무하던 2014년 당시 보고서를 발표해 "시청자 친화적이지 않은" 〈라스트 쉽The Last Ship〉의 시청 경험에 대해 논의했다. 이 드라마는 TNT네트워크TNT network와 TV 에브리웨어 앱을 통해 방송됐는데 두 플랫폼 모두 TV 에브리웨어의 대표 전도사인 제프 뷰커스가 책임자로 있었다. 그린필드와 그의 팀은 〈라스트 쉽〉의 45분짜리 에피소드를 시청하려면 건너뛰기도 못하는 광고를 장장 20분이나 보고 있어야 한다는 사실을 발견했다. 이때 여러 다양한 광고가 나오기도 했지만 판매되지 않은 편성 공간도 광고를 내보내다 보니 몇 번씩 반복적으로 등장하는 광고들도 많았다. 예를 들어 브레이크타임 한 번에 쉐보레 광고가 세 차례나 나오는가 하면 에피소드 한 편이 진행되는 동안 버라이즌Verizon 광고가 네 차례나 등장하는 식이다. "온라인 동영상은 사용자에게 훨씬 매력적인 경험을 선사해야 해요. 종래의 TV와 비슷하거나 뒤처지는 수준이어선 안 되죠." 그린필드가 투덜댔다.

하지만 미국의 TV 산업 역사를 돌아보면 수익을 위해 시청자 만족도 따위 저버리고 과도한 광고를 내보내더라도 TV 산업이 내내 번창했다는 놀라운 사실을 알 수 있다. 다른 나라의 경우, 매년 소비자가 지급하는 저작권료를 중심으로 미디어 경제가 운영되며 이로 인해 소비자들은 광고가 거의 없는 프로그램을 즐길 수 있다. 이에 비해 미국에서는 TV 광고가 최초로 방영된 1940년대부터 TV 세트는 무료 설치가 가능하지만 프로그램까지 무료로 보려면 광고를 견뎌야 한다는 인식이 지배적이었다.

이뿐만이 아니다. TV 에브리웨어는 광고 꾸러미에 더해 배급권 때문에도 혼란에 휩싸였다. 네트워크가 유료 케이블 및 위성 TV 가입자들에게 스트리밍으로 제공하길 원하는 프로그램의 대다수는 저작권 문제에 겹겹이 둘러싸여 있었다. 일부 프로그램은 훌루, 아마존이나 넷플릭스에 저작권 사용을 이미 허가한 터라 계약을 갱신 혹은 대체해야 하는 등의 복잡한 문제가 발생했다. 이밖에 이미 체결돼 있는 저작권 계약들도 스트리밍 환경을 전혀 고려하지 않았기 때문에 법적 해석이 중구난방으로 이루어질 수 있었다. 이렇게 수많은 걸림돌로 인해 TV 에브리웨어는 출시부터 지연된 데 이어 프로그램 라인업도 들쑥날쑥했고 홍보 활동도 고질적인 차질을 겪었다.

유선 방송 이외에 소비자와 연결될 수 있는 수단을 마련하는 게 과연 시급한 문제인지를 두고 심지어 TV 업계 내부에서조차 보편적 합의가 이루어지지 않았다. "TV는 결국 애플리케이션이고 애플리케이션은 온갖 장치에 다 탑재돼 있어요." 2011년, 버라이즌의 미디어 및 엔터테인먼트 제품 관리 책임자 조 암보Joe Ambeault가 주장했다. 그는 서로 먹고 먹히는 냉혹한 시장에서 "만약 당신이 화면에 보이지 않으면 경쟁업체가 고객을 빼앗아 갈 것"이라고 덧붙였다. 하지만 모두가 이 말에 동의하는 건 아니었다. 여러 기존 업체 경영진은 대표적 제3자 조사 기관인 닐슨이 자사의 스트리밍 횟수를 정확하게 집계하지 않아 수익이 감소할까 봐 노심초사했다. 또한 유료 TV 배급 업체가 스트리밍 서비스의 가장 강력한 지지자로 부상하면서 네트워크 업체의 앙심이 커졌는데 두 진영이 마치 해트필드-맥코이 가문처럼 오랫동안 견원지간으로 사업을 함께해 왔기 때문이다. "배급사들은 콘텐츠를 부가가치로 여겨서 무료로 제공하고 싶어했어요." TV 에브리웨어가 등장할 무렵 비아콤미디어네트웍스Viacom Media Networks의 콘텐츠 배급 및 마케팅 부문 부사장이던 데니즈 덴슨Denise Denson이 말했다. "하지만 소비자들이 그런 걸 이해할 리 없죠." 다시 말해, 스트리밍 서비스가 유료 TV 패키지에서 "중요하게" 여겨지지 않았다는 것이다.

디즈니는 처음엔 TV 에브리웨어에 약간의 의구심을 품었다. 아이거는 2009년 미국케이블방송통신협회National Cable Television Association 컨퍼런스 기조연설에서 회사의 입장을 분명히 밝혔다. "멀티채널 서비스에 가입하지 않으면 온라인에서 어떤 프로그램도 시청할 수 없도록 하는 것은 소비자와 기술에 반하는 행위로 비칠 수 있으며 따라서 우리는 수용하기 어렵습니다." 그가 말했다. 이 발언은 기술 추종자라는 그의 명성을 확고히 했지만 한편으로 아이거는 눈앞의 청중을 이해했고 경제 전망이 이렇게 불투명한 시기에 배를 너무 많이 흔들어선 안 된다는 사실 역시 인지하고 있었다. "분명히 말씀드리죠. 케이블 TV는 우리 회사에 굉장히 중요합니다." 이 말에 청중에게서 박수가 터져나왔다. "케이블 TV는 우리와 소비자들을 연결하는 핵심적인 고리입니다. 여러 사업, 다양한 시장과 전 세계에 걸쳐 우리의 가치를 확산시키는 핵심 크리에이티브 엔진입니다."

2013년, 디즈니는 모든 의혹을 내려놓고 TV 에브리웨어의 노력을 수용하기로 결정함으로써 ESPN, 디즈니 채널과 기타 네트워크의 포트폴리오를 앱으로까지 확장했다. "우리는 인증 절차를 극도로 지지하며 이는 단지 트렌드의 시작으로서 ESPN뿐 아니라 디즈니 소유의 이른바 케이블 TV 자산에도 적용될 것이라 믿습니다." 아이거가 말했다.

다른 미디어 기업과 마찬가지로 디즈니 역시 자사의 인증형 스트리밍 플랫폼에 콘텐츠를 제공하기 시작한 이후에도 넷플릭스 및 기타 플랫폼에 영화 및 TV 프로그램을 계속해서 판매했다. 타사에 저작권 사용을 허가해 거두는 수익이 수십억 달러에 달해 하향세인 DVD 시장 매출을 보완할 수 있다는 점을 감안하면 그리 어려운 결정은 아니었다. DVD 시장은 아마존, 넷플릭스와 훌루가 영화와 TV 프로그램을 주문형으로 제공하기 시작한 2007년부터 자연스레 내리막길을 걸었다. 2012년, 디즈니는 넷플릭스와 장기 저작권 임대 계약을 맺어 그해에만 3억 달러(3,900억 원)를 벌어들였으며 그와 같은 호재가 한동안 지속되었다. 2015년 월스트리트 분석가들과 함께한 분기별 실적 발표회에서 아이거는 넷플릭스와의 관계를 묻는 질문에 이렇게 답했다. "적보다는 친구에 가깝죠. 우리에게 거세게 달려드는 고객이 됐으니까요."

넷플릭스는 TV 시청자, 특히 젊은 층을 대상으로 새로운 방식의 프로그램 편성을 경험하게 함으로써 기존의 시청 체계를 완전히 바꿔놨다. 당시 프로그램들은 유선 TV에서 방영될 때는 애매한 시청률만 기록하다 넷플릭스에서 스트리밍되기 시작하면 차트 톱을 찍었다. AMC의 〈매드 맨Mad Men〉과 〈브레이킹 배드〉가 넷플릭스의 광범위한 시청 기반의 수혜를 입은 대표적 프로그램들인데 시즌이 거듭될수록 시청률은 줄어드는 대신 오히려 증가했다. 넷플릭스는 심지어 〈브레이킹 배드〉 마지막 시즌이 미국에서 방영된 바로 다음 날 영국과 아일랜드의 고객들에게 전 에피소드를 제공했다. 넷플릭스는 채널 서핑이나 예약 시청 등 TV를 시청할 때 필수적으로 따라 붙었던 기존의 행위들을 상당 부분 없애버렸다. 수많은 시청자들이 넷플릭스에 작품이 공개되기만을 기다린다는 증거가 점점 더 많아졌다. 사람들은 프로그램 방송 시간에 맞춰 TV 앞으로 달려가거나 TV 에브리웨어 앱으로 스트리밍을 하는 대신 좀 더 기다리더라도 광고 없이 전 시즌을 몰아보기할 수 있는 특권을 즐겼다. 참고로 대부분의 유료 TV 시스템은 주문형 비디오 라이브러리에 지난 시즌 영상들을 "쌓아 놓지 않아" 문제를 더 악화시켰는데 시청자들을 유선 TV 방송으로 유인하려는 시도였으나 역효과만 냈다. 디즈니 소유의 ABC는 몰아보기 시청 패턴을 여러 차례 경험했다. ABC의 간판 프로그램으로 훌루 이외의 플랫폼에 저작권을 허가한 최초 작품인 〈그레이 아나토미〉도 그중 하나였다. "몰아보기에 최적화돼 있어요." 이 시리즈가 넷플릭스에서 승승장구하는 이유에 대해 ABC의 리서치 책임자 앤디 쿠비츠Andy Kubitz가 말했다. "사람들은 그냥 팝콘 한 통 들고 담요에 폭 파묻혀서 그레이를 보고 싶어 하죠."

넷플릭스라는 로터스 나무(그리스 신화에 등장하는 나무로 이 나무에서 열리는 열매를 따먹으면 모든 걱정을 잊게 되는 것으로 알려져 있다-옮긴이)에서 열매를 따 먹는 데 따른 위험은 2013년 극명하게 드러났다. 그 무렵 유료 TV 가입자 수가 사상 처음 감소세로 돌아섰고 1년 내내 이 같은 흐름이 지속되면서 결국 25만 명 줄어든 1억 800만 명을 기록했다. 이후로도 수년간 하락세가 지속돼 2020년 말에는 8,100만 명으로 떨어졌다. 광대역 인터넷이 확산되면서 다른 옵션을 선택하는 소비자들이 늘어난 것이다. 넷플릭스, 훌루와 아마존 같은 독립형 서비스 이외에 디시네트워크Dish Network의 슬링TV와 소니의 플레이스테이션뷰 등 저렴한 패키지 서비스가 선보이기도 했다. 이들은 20~30

달러(2만 6,000~3만 9,000원)의 비교적 저렴한 월 구독료에 수십 개의 채널을 연간 약정 없이 제공했다. 지난 40년간 TV 업계를 호령하며 번영을 누려온 유료 TV 업체들은 갑자기 전례 없는 침입에 맞닥뜨리게 되었다.

미디어 업계의 황금알을 낳는 거위였던 유료 TV 패키지에 대한 불안감이 고조되면서 디즈니가 최고의 엔터테인먼트 기업으로 도약하던 순간마저 빛이 바래고 말았다. 2015년 12월, 디즈니는 할리우드 대로를 점령해 무려 400미터 길이의 레드카펫을 깔고 인근 3개 극장에 6,000명의 관객들을 운집시켰다. 〈스타워즈 에피소드7: 깨어난 포스〉가 전 세계 최초로 공개되는 날이었던 것이다. 10년 만에 선보이는 〈스타워즈〉 시리즈이자 디즈니가 루카스필름을 인수한 뒤 처음 공개하는 작품이기도 했다. 하지만 참석자들은 밥 아이거에게서 루크 스카이워커와 한 솔로의 귀환보다 케이블 TV 가입자 추이에 대해 더 듣고 싶어 했다. 무엇보다 ESPN이 2년 만에 700만 명의 가입자를 잃은 상황이었다. "이게 공포에 질릴 이유일까요? 절대 아니죠." 아이거는 개봉 몇 주 전 디즈니의 분기별 실적에 대해서도 덤덤하게 말했다. "사람들은 여전히 TV를 사랑해요. ESPN도, 스포츠 생중계도 좋아하고요." 하지만 투자자들은 그렇게 확신하지 못했다. 디즈니 주가는 하락을 거듭하더니 급기야 12월에는 10% 가까이 떨어졌다. 이는 심지어 〈스타워즈 에피소드7〉이 전 세계적으로 16억 달러(2조 800억 원)에 육박하는 흥행 기록을 향해 순항하는 중에 벌어진 일이었다.

아이거와 다른 디즈니 경영진은 일단 스트리밍 서비스에 진출하기로 결정한 뒤부터는 죽기 아니면 까무러치기의 심정으로 빠르게 사업에 몰입했다. 회고록에서 아이거는 2015년 8월, 유료 TV 가입자가 줄어드는 것을 그다지 신경 쓰지 않는다고 월스트리트에서 했던 발언이 "너무 솔직했다"고 적었다. 이미 그는 거의 능력자 오비완 케노비(스타워즈의 등장인물-옮긴이)처럼 미래는 스트리밍의 시대라는 것을 직감하고 있었다. 하지만 한 전직 임원의 말처럼 사업이라는 게 손바닥 뒤집듯 갑자기 바꿀 수 있는 건 아니다. "사실 저희는 프랜차이즈를 모으고 육성하며 창의 센터가 제 역할을 다하도록 만드는 데 중점을 두고 있었어요. 디즈니의 저작권 판매 전략을 들여다보면 '잠깐만요, 우리도 다른 업체들처럼 이 핵심 사업을 하루빨리 소비자 직접 거래로 전환해야 합니다'라고 말하기까지 적지 않은 시간이 걸릴 수밖에 없다는 사실을 알 수 있어요."

디즈니의 또 다른 문제는 97년 역사를 지나오는 동안 기술 부문에서는 상당히 엇갈린 기록을 갖고 있었다는 사실이다. 다른 미디어 기업들과 마찬가지로 디즈니도 1990년대에 인터넷이 주요 매체로 떠오를 것을 염두하고 있었다. AOL과의 합병 가능성을 포함해 여러 옵션을 검토한 후 마침내 자사의 기술 개발 사업에 불운한 선례를 남기고 말 대형 프로젝트에 착수했으니 바로 고네트워크Go Network의 탄생이었다. 이 웹포털은 초기 검색 엔진 인포식Infoseek과 공동으로 추진한 사업이었는데 추후 디즈니가 검색 엔진의 또 다른 신흥 강자 야후와 손잡기를 거부한 뒤 통째로 인수하게 된다. MIT 출신 엔지니어로서 하버드 MBA까지 마친 케빈 메이어는 디즈니 최고의 기술 전략가로 당시 야후와의 계약을 추천했다. 역시 전략팀의 일원이자 향후 최고재무책임자와 최고운영책임자로 16년간 재임하게 되는 톰 스태그스는 야후와 협상을 원칙적으로 체결하기 위해 애썼다. 디즈니가 1억 8,000만 달러(1,040억 원)를 지급하고 야후 지분의 10~15%를 갖는 내용이었는데, 그렇게 되면 야후는 디즈니라는 친근한 브랜드의 포트폴리오에 힘입어 방문자가 증가할 것이었다.

하지만 당시 디즈니 CEO였던 마이클 아이즈너는 "이걸 왜 다른 데랑 같이 하는 거요? 우리가 직접 하겠소"라며 협상을 중단시켰다. 제임스 B. 스튜어트James B. Stewart의 저서 《디즈니 전쟁Disney War》에 따르면 아이즈너는 디즈니 전략팀을 '겁쟁이'라고 부르면서 디즈니가 스스로 길을 개척할 계획을 세우도록 요구했다. 그리고 콘텐츠 포털 고네트워크가 그 해결책이었다.

그러나 고네트워크는 연이은 문제에 봉착했다. 지사가 여러 도시에 퍼져 있어 효율성이 떨어졌고, 신호등 모양의 로고는 상표권 분쟁에 시달렸으며, 방문객이 너무 적어 광고주들의 관심을 끌지 못했다. 그러던 1999년 치명적 사건이 터졌다. 고네트워크의 고위 간부였던 패트릭 노튼Patrick Naughton이 아동 포르노를 소지하고 온라인상에서 13세 소녀에게 성관계를 요구한 혐의로 체포되었다. 이 임원은 미성년자와 성관계를 가질 의도가 있었다는 점에서 주법을 위반했으나 FBI가 온라인 소아성애자를 잡는 데 도움되는 기술을 개발했다는 이유로 구속은 면했다. 만남을 위해 산타모니카 부두에 모습을 드러낸 노튼은 만나기로 한 사람이 성인인 줄 알았다며 "판타지 같은 항변"을 늘어놨다.

ESPN의 유능한 임원이던 스티브 본스타인Steve Bornstein은 고네트워크를 이끌어 달라는 요청을 몇 차례나 받았지만 이것이 가능성 있는 사업이라고 믿지 않았다. 대신 그는 처음부터 아이즈너에게 9개국에서 2,000여 명의 직원을 고용한 포털 사이트를 폐쇄하고 ABC뉴스, 디즈니와 ESPN 등 개별 브랜드의 잠재력에 집중하자고 제안했다. 패배를 인정하길 강하게 거부했던 아이즈너는 본스타인이 오히려 앞을 제대로 내다볼 줄 모른다고 생각했다. "머리 위로 비행기가 날아다니는데 당신은 여전히 철도를 달리고 있네요." 그가 본스타인에게 투덜댔다. 고네트워크의 향방을 둘러싼 내부 분쟁은 몇 달이나 지속되다 2001년, 디즈니가 마침내 7억 9,000만 달러(10조 270억 원)를 회수하고 발을 빼면서 마무리되었다.

열차 탈선은 계속해서 일어났다. 2010년 디즈니가 7억 6,300만 달러(9,880억 원)에 인수한 인기 소셜 게임 스타트업 플레이돔Playdom은 6년 후 게임 사업부 폐쇄 결정과 함께 역사 속으로 사라졌다. 2007년 3억 5,100만 달러(4,560억 원)에 매입한 어린이용 소셜 네트워크로 마이스페이스의 놀이터 버전이었던 '클럽 펭귄'은 결국 인기가 시들해졌다. ABC와 유니비전Univision이 공동 투자한 '퓨전'은 라틴계 밀레니얼 세대를 겨냥한 새로운 유선 케이블 TV 네트워크로 타이밍이 안 좋았던 2013년 개국해 디지털 플랫폼까지 구축했지만 3년 후 디즈니는 모든 지분을 넘기고 나왔다. 2014년 디즈니가 6억 7,500만 달러(8,770억 원)에 인수한 멀티채널 네트워크 '메이커 스튜디오'는 초기에는 블록버스터급 성장을 기록했지만 창출하는 광고 수익의 절반을 크리에이터가 가져가는 유튜브에 밀려 급격한 하락세를 맞이했다.

밥 아이거의 관점에서 돌아보면 디즈니는 앞날을 내다보고 혁신가의 딜레마 따위 신경 쓰지 않기로 마음먹고는 혼돈의 늪에 기꺼이 몸을 던진 셈이었다. 하지만 실리콘밸리 기업도 아닌데 기술 사업에 유연하게 접근해 성공적으로 통합하기란 보통 어려운 일이 아니다. 2010년대, 중심축을 스트리밍으로 옮겨가던 디즈니는 명실상부 미디어 업계 최고의 기업이었다. 언제나 관례를 깨는 영화를 선보여 온 스튜디오는 마블, 픽사와 루카스필름의 작품들이 모여 이룬 파이프라인 덕분에 글로벌 박스오피스 상위권을 놓치지 않았다. 유료 TV의 경우, ESPN은 구독률이 계속 하락하기는 했지만 고급 스포츠 판권을 독점하고 있었던 만큼 케이블 사업자들에게 계속해서 사악한 금액을 청구할 수 있었다. 가입자당 8달러(1만 원) 이상이었는데 이에 비해 대부분의 네트워크는 불과 몇 센트를 부과하는 데 그쳤다. "수익성이 높은 사업이 많았는데 대부분 옛 인프라에서 파생되는 수익이었어요. 현실이 이렇다 보니 변화를 받아들이기가 더 어렵기도 했죠." 전직 디즈니 최고 임원의 말이다. ESPN에서 나오는 수익이 테마파크 수익보다 많다 보니 전함의 뱃머리를 돌리기 위해서는 장기간에 걸쳐 엄청난 의지와 결단력을 발휘해야 했다.

조직이라는 특성상 사업을 운영하는 수십 명의 간부들이 보상받는 기준은 장기 리스크를 감수하는 용기나 모험에 뛰어들 열정 따위가 아닌 분기별 실적이었다. 금전적 인센티브 또한 뭔가를 재창조하라는 게 아니라 기존 인프라에서 최대의 성과를 올리라는 의미로 주어졌다. 이들은 수년간 노력하고 싸워서 어느 정도 영향력 있는 지위까지 올랐지만 플레이돔 및 메이커Maker와 체결한 계약은 "지나치게 소소해서 기업의 DNA까지 바꾸지는 못했다"고 전 임원이 지적했다. "그리고 디즈니의 DNA에는 그런 종류의 비즈니스를 구축하고 또 육성하도록 내버려두는 코드가 아예 없었다"는 것이다. 이 같은 유전적 결함에도 불구하고 2016년 디즈니는 트위터와의 합병 협상을 깨나 진전시켰다. 하지만 결국 인수까지 이어지지는 못했는데 이 건이 "디즈니의 브랜드 **평판을 갉아먹을 것**"이라는 아이거의 판단 때문이었다.

하지만 늘 그랬듯 미래가 계속해서 디즈니의 비즈니스에 끼어들었다. 25년간 디즈니의 글로벌 전략을 수립해 온 호리호리하고 세련된 영국인 앤디 버드Andy Bird는 릴레이 직원회의에 참석했다 인지 부조화에 맞닥뜨린 적이 있다고 회고했다. ESPN의 존 스키퍼John Skipper가 돈 되는 케이블 네트워크에서 프로 스포츠 중계권을 얻기 위해 수십억 달러를 투자하자고 이야기하는데 스튜디오에서는 자사 라이브러리를 현재의 프리미엄 케이블 서비스 스타즈에서 신생 넷플릭스로 옮겼을 때 얻을 수 있는 돈벼락에 대해 칭송했던 것이다. 그야말로 현기증이 일기에 충분한 상황이었다. 버드는 소비자들이 돈 내고 콘텐츠를 소유하는 것보다 단순히 시청하는 것을 선호하는 만큼 비디오도 음악과 같은 길을 걸을 수밖에 없다고 확신했다. 아이거를 대리해 버뱅크(과거의 디즈니를 의미-옮긴이)에 매몰돼 있는 디즈니를 끄집어내 진정한 글로벌 미디어 기업으로 재탄생시켜야 하는 임무를 띤 버드는 스트리밍으로 뛰어들 것을 제안했다.

"아이거는 훌륭했어요. '그 생각에 그렇게 열정을 갖고 있다면 한 번 계획을 세워 봐'라고 했거든요." 버드가 말했다.

이것이 바로 디즈니가 영국에서 가족용 상품으로 내놓은 '디즈니 라이프'의 시초였다. 여기에는 〈밤비Bambi〉부터 픽사의 〈토이 스토리〉에 이르는 애니메이션 영화, 〈캐리비안의 해적Pirates of the Caribbean〉 시리즈 같은 블록버스터 영화, 노래 5,000곡과 디즈니 책의 디지털 버전 등 온갖 콘텐츠가 모여 있었다. 버드의 팀은 엄청난 시간과 노력을 들여 배급 계약을 재협상하고 지역의 대표 방송사 '스카이'로부터 디즈니의 영화와 TV 프로그램에 대한 비독점 권리를 되찾아왔다. 사내 팀이 개발한 이 서비스는 2015년 가을, 월 이용료 9.99파운드(1만 6,000원)로 출시되었다.

"더 작은 시장을 선택해 레이더망을 피해갈 수도 있었지만 무엇보다 저는 이게 많은 걸 배울 수 있는 기회라고 생각했어요. 마이너 시장에는 없는 교훈을 얻을 수 있을 거라고 생각했죠." 버드가 회상했다. "물론 위험 부담이 따랐죠. 하지만 감수할 가치가 있는 위험이라고 생각했기 때문에 그곳에서 출시하기로 결정했습니다."

디즈니라이프는 쓸 게 못 됐다. 자체 개발한 기술은 오류가 많이 발생했는데 안드로이드폰에서는 특히 심했다. 가격은 너무 비쌌으며 마케팅 캠페인은 충격적일 만큼 엉망이었다. 런던의 경영진은 출시 행사를 마치 영화 시사회처럼 진행했고 광고는 TV로 내보냈다. 스트리밍 소비자들에게 다가가는 최고의 방법이나, 테마파크의 정보를 활용해 디즈니 최고 열성 팬들에게 어필할 방법 등을 파악하는 데 실패했다. 하지만 아이거는 서비스를 중단하는 대신 버드의 권유대로 "대규모 실시간 포커스 그룹"을 관찰한다는 명목으로 디즈니라이프 서비스를 계속 이어나갔다.

디즈니라이프에서 교훈을 얻은 케빈 메이어는 디즈니의 주문형 서비스를 지원할 기술팀을 이제 버뱅크에서만 찾지 않고 메이저리그 야구의 스트리밍 부문으로 눈을 돌리기로 결심했다. MLB어드밴스드

미디어MLB Advanced Media는 다양한 디지털 사업을 운영했지만 스트리밍 유닛이 가장 유명했고 결국 이는 독립해 나와 밤테크BAMTech라는 약칭의 별도 사업체로 자리 잡았다. 이 의외의 선도 기업은 맨해튼 첼시 마켓에 본사가 있었는데, 첼시 마켓으로 말할 것 같으면 이전엔 비스킷 공장이었다 지금은 멋진 푸드 코트, 쇼핑몰, 그리고 구글을 비롯한 푸드 네트워크 및 기타 기술 미디어 기업의 사무실이 모여있는 곳이다. 야구라는 스포츠의 위상은 TV 시청률이 전국적으로 휘청이고 스테로이드 스캔들이 끊이지 않는 데다 '국민 취미' 지위까지 내주면서 더 이상 젊은 층에 어필하지 못하는 것처럼 보였다. 하지만 이렇게 최악의 위기 속에서도 동영상 배급의 시대가 열릴 것을 미리 예측하고 대비했다. 2002년, 밤테크는 텍사스 레인저스와 뉴욕 양키스 간의 경기를 실시간 스트리밍으로 최초 제공했고 양키스 권역 밖에 거주하는 사람들에게도 무료로 제공했다. 그래서 지역 방송사에는 영향을 미치지 않았다. "실행할 기술이 존재한다고 해서 그것이 꼭 좋은 기술이라는 의미는 아니죠." 밤테크를 이끈 밥 보먼Bob Bowman이 말했다. "초기의 스트리밍 이미지는 플립북(페이지마다 그림이 있고 책을 빠르게 넘기면 영상처럼 보이는 책-옮긴이)에 더 가까워 보였으니까요." 그럼에도 당시 ESPN닷컴을 총괄하던 ESPN의 스키퍼는 보먼과 그의 사업에 대해 잘 알게 되었다. ESPN의 사장으로 취임할 무렵 스키퍼는 이미 밤테크의 전도사가 돼 있었으며 자사의 스트리밍 사업을 기꺼이 맡기고 싶어 했다.

밤테크의 스트리밍 서비스는 대부분의 미국인이 인터넷을 여전히 전화선으로 접속하던 시절에 출범했음에도 빠르게 인기를 얻었다.

MLB는 2002년 구독 패키지를 출시해 8월과 9월에 열리는 페넌트 레이스(미국 프로야구 정규 시즌 말미를 뜻하는 용어로 우승을 놓고 겨루는 경기를 의미-옮긴이) 기간 동안 레이스 이외의 경기 역시 제공했다. 시간이 흘러 수년간 아마존, 페이스북과 유튜브가 터를 닦으면서 스트리밍은 친근한 게임 미디어로 등극하게 된다. 유선 TV 때와 마찬가지로 스포츠가 스트리밍의 성장을 이끄는 가운데 밤테크는 있었다. 여기에는 누가 무엇을 볼 수 있는지 알아보는 데 도움이 되는 특허 받은 위치 추적 기능도 포함되었다. 타 기업들이 밤테크 기술을 자사 이름으로 이용하는 '화이트 라벨'도 제공했다. NCAA 3월의 광란 농구 토너먼트, 프로 레슬링 경기와 NHL 하키 경기가 모두 밤테크의 기술로 스트리밍되었다. 밤테크의 다음 목적지는 당연히 엔터테인먼트 시장으로 보였다. 고객인 훌루와 HBO가 2015년 5,000만 달러(650억 원)를 들여 빠듯한 일정으로 소비자 직접 서비스 HBO나우를 선보였던 것이다.

케빈 메이어는 스트리밍 플랫폼을 처음부터 구축하려면 수년이 걸리고 비용도 수억 달러나 든다는 사실을 알고 있었다. 그래서 스트리밍 부문에서는 전문 업체와 손잡고 플러그 앤드 플레이(컴퓨터 본체에 연결만 하면 바로 사용할 수 있는 기기나 기능-옮긴이) 방식으로 가는 게 나을 것으로 판단했다. 결국 밤테크와의 다단계 계약을 통해 일단 10억 달러(1조 3,000억 원) 초기 투자금으로 33% 지분을 확보하고 2020년까지는 경영권을 완전히 가져오기로 했다. 이 같은 뉴스는 밤테크가 ESPN의 소비자 직접 판매 서비스를 구축한다는 소식과 함께 공식 발표되었다. 이로부터 1년이 채 지나기 전에 아이거는 올랜도 이사회에서 돌아와 메이어에게 밤테크 인수 절차에 더 박차를 가하고 다른 임원들에게도 "스트리밍 사업으로의 중대한 전략적 전환을 준비하도록" 알리라고 지시했다.

이미 10년도 더 전에 이미 톰 스태그스와 케빈 메이어가 디지털 시대에는 강력한 프랜차이즈와 브랜드만 살아남을 거라고 예측하고 근거를 내놓았던 만큼 디즈니는 끊임없이 재창조 노력을 기울였다. 수백 개의 스트리밍 서비스에서 갈수록 많은 콘텐츠가 쏟아져 나오는 세상이 되면 시청자들은 결국 마블, 스타워즈, 픽사처럼 친숙한 지표에 끌리게 될 것이다. 2주 후, 아이거는 벨 에어에 위치한 루퍼트 머독의 모라가 포도밭에서 와인 한 잔을 마시며 감히 상상할 수 없었던 제안을 했다. 80대에 접어든 협상 전문가 머독이 신문 몇 부에서 시작해 지난 40여 년간 일군 미디어 제국을 인수하겠다는 내용이었다. 21세기폭스의 대부분을 인수할 경우, 디즈니에는 더 많은 메이저 프랜차이즈가 생기고 훌루에 대한 입김도 더 강해질 수 있었다. 아이거의 자서전에 따르면 머독이 예상치 못한 제안을 해와 그를 놀라게 했지만, 당시 소식통은 결국 승기를 잡은 건 자사의 유산을 공고히 하는 데 진심인 젊은 미디어 거물이었다고 덧붙였다.

한 전직 임원에 따르면 머독 가문과 폭스의 주주들은 디즈니 이외의 기업에서 제시한 인수합병 제안을 거절한 후 자사의 인수합병 이력, 특히 규제 내역을 면밀히 검토했다. 21세기폭스는 루퍼트 머독이 자신의 제국을 건설하는 데 핵심 주춧돌 역할을 한 위성 배급사 '스카이'를 인수하는 데 두 번이나 실패한 전적이 있었다. 두 번 다 루퍼트 머독이 뉴스 비즈니스에서 벌인 행각이 규제 당국에 발각됐기 때문이었는데 첫 번째가 타블로이드지의 전화 해킹 스캔들이었고, 두 번째가 폭스뉴스 채널을 둘러싼 부정적 기류였다. 갈수록 운신의 폭이 좁아질 것이 분명했다.

반면 아이거 입장에서 이 713억 달러(92조 6,900억 원)짜리 인수는 디즈니의 기동력을 보여주는 궁극의 신호라고 규정했다. 심지어 스트리밍 사업을 겨냥해 내건 연이은 도박의 정점이라고도 불렀다. 미디어 부문의 다른 기업들과 달리 디즈니는 테마파크, 호텔과 유람선을 운영해 왔고 또 그만큼 소비자와 직접적으로 연결돼 있다는 사실을 자랑거리로 삼았다. 고객 확보하고 만족시키고 유지한다는 필수 요소들은 스트리밍에서 훨씬 중요하게 다뤄질 터였다. 컴캐스트와의 입찰 전쟁에서 승기를 잡고 복잡하게 얽힌 일련의 규제 문제들까지 해결한 아이거는 미디어 지형을 완전히 바꿔놓은 거래에 나설 수 있었던 동기가 뭔지, 마음가짐에 어떤 변화가 있었던 건지 돌아보았다. 그리고 폭스를 TV 네트워크와 영화 스튜디오 자산의 집합체로 보는 대신 스트리밍 파이프를 채운다는 관점에서 바라봤다는 사실을 알게 되었다. 디즈니는 연간 700편을 선보이는 넷플릭스를 절대 따라잡을 수 없을지 모르지만 이 인수 덕분에 그렇지 않아도 훌륭한 라이브러리에 〈심슨 가족The Simpsons〉, 〈아바타Avatar〉와 내셔널지오그래픽 National Geographic까지 추가할 수 있게 되었다.

"인수 기회가 왔을 때 우리는 무조건 해낸다는 걸 알고 있었어요. 이 새로운 관점에서 우리가 뭘 사는 건지 평가했죠." CNBC에서 아이거가 말했다. "**폭스**의 라이브러리를 갖게 된다는 게 무슨 의미일까요? 전통적인 방법으로 수익을 창출하는 게 아니라면 이걸로 뭘 할 수 있을까요? 펑! 갑자기 좋은 생각이 떠올랐어요."

6장

▶

쿠퍼티노에서
생방송으로 전해드립니다

2019년 3월의 서늘하고 흐린 날씨의 아침, 할리우드의 셀럽들, 스튜디오 간부들과 변호사들이 캘리포니아주 쿠퍼티노에 모였다. 대다수가 주연 자리와 최종 편집권이라는 특권에 익숙한 A급 인사들이었지만 이제 조연 혹은 고용되길 기다리는 감독으로 강등될 처지였다. 이 쇼의 명실상부한 스타는 애플, 그리고 곧 발표될 애플의 스트리밍 서비스였기 때문이다.

애플의 이메일 초대장에서 영화계의 오랜 거장이 그래픽인터체인지포맷GIF 형태로 등장해 "3-2-1" 카운트다운과 함께 "쇼타임"을 외쳤다. 빅테크 기업의 할리우드 데뷔가 코앞에 다가왔다는 사실이 알려지며 기대감도 커져갔다. 비밀주의를 추구하는 애플은 동영상 스트리밍 서비스를 시작할 의도를 굳이 숨기지 않았다. 물론 오프라 윈프리Oprah Winfrey와 계약해 놓고 소문을 잠재우기도 어려운 일이다. 하지만 아직 풀리지 않은 의문도 많았다. 얼마큼의 예산을 쏟아부을 것인가? 출시 일정은? 애플 기기 사용 인구 14억 명을 어떤 식으로 동원해 시장 점유율을 높일 계획인가? 비교도 안 되게 다양한 영화와 TV 프로그램을 제공하는 다른 서비스들과 과연 경쟁할 수 있을까?

한자리에 모인 에이전트, 스튜디오 간부와 스타들은 그간 무슨 일이든 은밀하게 서로 정보를 공유해 왔지만 이번엔 절망적일 정도로 아는 게 없었다. 너무나 많은 물음표들을 이번 행사에서 해소할 수 있길 바랐다.

애플은 2017년 11월, 넷플릭스를 제치고 〈더 모닝쇼〉 편성을 따내 할리우드 입성 의지가 장난이 아님을 보여주었다. 이 명품 드라마는 애플이 일전에 선보였던 〈플래닛 오브 디 앱스Planet of the Apps〉와 같은 오리지널 콘텐츠와는 결별했음을 알렸다. 〈플래닛 오브 디 앱스〉는 기술 업계 기업가들이 귀네스 팰트로Gwyneth Paltrow, 제시카 알바Jessica Alba와 윌아이엠Will.i.am. 같은 셀럽 멘토 패널에 앱 아이디어를 판매하는 리얼리티 시리즈로 2017년 애플뮤직에서 시즌1 방송 후 폐지되었다.

변화는 애플이 AMC의 〈브레이킹 배드〉, FX의 〈더 실드The Shield〉와 넷플릭스의 〈더 크라운〉 등 히트작을 제작한 소니픽처스텔레비전의 전 임원 두 사람을 영입해 오리지널 콘텐츠 사업을 맡기면서 일어났다. 잭 반 앰버그와 제이미 일리크트는 넷플릭스의 초대형 엔터테인먼트 뷔페를 감히 따라잡으려 하지 않았다. 대신 프리미엄 소비자 브랜드로서 애플만의 관점을 담을 만한 고상한 프로젝트 서너 건을 원했다. 두 사람은 애플에서 맡게 될 매입자가 아닌 매매자로 커리어의 대부분을 보냈지만 할리우드의 크리에이티브 커뮤니티와 협상 전문가들에게 이미 잘 알려져 있었다. 이들이라면 실리콘밸리에서 날아온 기술 기업에 반사적으로 갖는 할리우드의 경계심을 얼마든지 극복하고 현금을 뿌리며 엔터테인먼트의 재창조에 대해 떠벌릴 수 있다는 데 모두가 동의했다.

두 사람은 영화감독 스티븐 스필버그, 토크쇼 진행자이자 업계 거물인 오프라 윈프리, 아카데미 수상 경력에 빛나는 배우 옥타비아 스펜서Octavia Spencer 등 할리우드의 명사들과 계약을 체결했다. 〈더 모닝쇼〉는 라인업도 너무 특별했다. 오스카 수상자인 리스 위더스푼이 20여 년 만에 처음으로 정규 시리즈 주연을 맡아 제니퍼 애니스턴과 대결을 펼칠 예정이었고 스티브 커렐과 빌리 크루덥이 비중 있는 역할을 맡았다.

윈프리, 애니스턴, 위더스푼, 스필버그와 영화감독 J. J. 에이브럼스J. J. Abrams 등 굵직한 인사들이 2019년 3월 애플이 개최하는 이벤트에 참석하기 위해 북부 캘리포니아주로 떠난다는 소문이 돌았다. 하지만 첫 실리콘밸리 나들이는 그동안 할리우드에서 겪었던 행사와는 완전히 다를 예정이었다. 쇼 비즈니스 업계 인사들은 홍보할 쇼나 영화, 혹은 참석할 시상식이 있으면 보통 레드 카펫 위를 걸어가 포즈를 취하고 사진을 찍은 뒤 인터뷰를 하고 또 몰려드는 인파에 사인을 해줬다. 그리고 시사회가 끝난 뒤엔 짧은 코멘트 영상, 사진과 비디오 클립이 세상을 물들였다. 하지만 이 회색빛 월요일 아침에 이 같은 모습은 어디에서도 찾아볼 수 없었다.

　엔터테인먼트 업계의 거물 변호사 켄 지프렌Ken Ziffren, 유니버설 영화 엔터테인먼트 그룹 부의장 피터 레빈손Peter Levinsohn을 포함한 할리우드 거물 인사들은 행사 전면에 나서는 대신 스티브 잡스 극장 1층 로비에 모였다. 이들은 앤젤 투자자 론 콘웨이Ron Conway, 고故 스티브 잡스 애플 공동 창업자의 미망인 로렌 파월 잡스Lauren Powell Jobs 등 실리콘밸리의 왕족들과 함께 파르페와 에스프레소 음료를 즐기며 활발히 담소를 나눴다. 제3자가 보기에는 마치 수많은 열대어가 둥근 형태의 유리 극장 안을 동분서주 헤엄치는 듯한 모습이었다. 극장이 유리 구조물로 만들어진 덕분에 어디서든 175에이커(21만 평)에 달하는 광활하고 푸르른 애플 캠퍼스를 막힘없이 한눈에 조망할 수 있었다. 개방적이고 현대적인 애플 스토어의 미학을 연상시키도록 디자인 된 이 극장은 높이 22피트(6.7미터), 지름 135피트(41.1미터)의 거대한 유리 원통으로 지붕은 심지어 렌즈 모양으로 덮여 있었다.

　1,000석 규모의 극장은 지하에 숨겨져 있어 애플 브랜드에 걸맞은 "놀라움의 요소"를 충실히 구현한다.

　월터 아이작슨이 스티브 잡스의 전기를 통해 "애플이 컴퓨터, 뮤직 플레이어와 휴대폰을 심플하고 우아하게 만들었듯 TV도 그렇게 만들 것"이라고 슬쩍 힌트를 준 지 8년이 지난 시점이었다. 잡스는 애플의 TV가 복잡한 리모컨을 쓸모없게 만들 것이라고 단언했었다.

　그토록 고대했던 애플TV 세트는 애플 연구실에 프로토타입을 두고도 결코 실현되지 못했다. 병세가 깊었던 잡스는 팔로알토 자택에서 경영진과 만나 음성과 터치만으로 제어 가능한 TV의 비전에 대해 논의했다고 애플의 전직 간부는 말했다. 내부 디자인팀은 TV 인터페이스를 더 단순화하겠다는 잡스의 야망을 실현하기 위해 다양한 프로토타입을 만들었다. 브레인스토밍에서는 소비자가 들어서면 얼굴을 인식해 시청 경험을 개인화하기 시작하는 실로 똑똑한 TV 등 다양한 기능들이 제시됐다.

"문제는 비용이 상상을 초월할 텐데 사람들은 기껏해야 7년에 한 번씩 TV를 바꾼다는 사실이었어요." 애플의 전 내부자가 말했다. "그리고 집집마다 TV 크기가 제각각인데 애플은 당시 '우리는 뭐든 두 종류만 최고 수준으로 만든다'는 방침이었어요."

2011년 10월 잡스가 췌장암 합병증으로 사망한 후, 소프트웨어 부문 부사장 크레이그 페데리기Craig Federighi, 운영체제 전문가 스콧 포스톨Scott Forstall, 소프트웨어 및 서비스 책임자 에디 큐, 디자인 책임자 조너선 아이브Jonathan Ive 등을 포함한 CEO 팀 쿡의 임원진은 애플TV의 운명을 두고 논의를 펼쳤다. 큐는 7,000달러(910만 원)짜리 TV를 어떻게 판매할 것이며 설사 판매한다고 해도 남는 게 별로 없는데 어떻게 수익을 낼 것인지 의문을 제기했다. 팀 쿡 역시 TV를 중심으로 어떤 사업을 구축할 수 있을지 의문이었다.

이는 애플 생태계를 구축하려는 CEO 팀 쿡의 비전과는 맞지 않았다. 애플 공급망을 매끄럽게 다듬어 자신의 이름을 각인시킨 그는 획기적 신제품을 선보이는 것보다 잡스의 창작품을 중심으로 한 여러 제품과 연동된 서비스를 구축하는 능력으로 잘 알려져 있었다. 똑똑하고 안정적인 운영자여서 애플의 아이콘이던 잡스 사망 후 애플의 빈자리에 꼭 들어맞는 인물이었다. 무대 위에서 쿡은 차분한 태도로 두 손을 꼭 쥐고 서서 앨라배마주 사람 특유의 억양으로 말해 따뜻한 느낌을 자아냈지만 잡스가 선사했던 짜릿함은 부족했다. 잡스는 청중을 기대감에 열광하는 지경까지 몰아넣었다 종국에는 그날의 신제품을 이렇게 소개하는 것으로 마무리지었다. "뭐, 하나 더 가져왔어요 One more thing."

잡스가 애플의 "말도 안 되게 위대한" 창조물을 공개해 우리에게 희열을 안겨주던 시대는 끝났다. 쿡은 "새로운 멋"을 추구하는 대신 2006년 공개했던 애플TV 셋톱박스를 소비자들의 거실에 비교적 저렴한 가격에 제공하겠다는 일념으로 거듭 업그레이드해 선보였다.

하지만 실제 제품을 출시하는 것과 소문만 무성했던 구독형 비디오 스트리밍 서비스를 구현하는 것은 엄연히 달랐다. 이는 2019년 3월까지 맥 컴퓨터와 아이패드 매출을 합친 것보다 더 많은 매출을 올리는 등 수십억 달러 규모의 비즈니스로 급성장하고 있는 애플의 서비스 사업에 제격일 것이다. 뿐만 아니라 아이폰 판매율이 점차 떨어지고 있는 시기에 수익을 떠받쳐 주고 애플 기기를 고수해야 하는 이유를 고객들에 제공해 줄 것이었다.

일부 제작사 경영진은 앞날이 불투명한 애플이 장기전을 준비하고 있다고 내다봤다. 수백만 대의 아이폰과 아이패드에 설치만 된 채 거의 관심 밖으로 밀려나고 있는 애플TV 앱을 소생시키기 위해 몇 가지 핫한 프로젝트에 수십 억 달러를 투자한다는 것이다. 소비자들이 애플TV 앱을 사용하는 데 익숙해지면 이를 통해 다른 스트리밍 혹은 영화 대여 서비스에 접속하는 횟수도 덩달아 급증하기 마련이라는 게 그들의 계산이었다. 그때가 되면 애플TV 앱을 통한 신규 구독이 감소해, 수익의 30%쯤 줄더라도 기꺼이 받아들일 수 있다. 결국 TV앱의 춘추전국시대는 막을 내리고 오로지 애플TV 앱만 남게 될 테니 말이다.

"저는 이게 콘텐츠를 재결합하려는 움직임이라고 생각해요." 주문형 서비스 업체에 몸담은 적 있는 한 TV 업체 간부가 말했다. "지금까지 케이블 사업자가 콘텐츠를 결합하는 역할을 해 왔죠… 애플은 **디지털계의 케이블 사업자**가 되려는 거예요. 콘텐츠를 보려면 애플TV로 와야만 하도록 말이에요."

실제로 에디 큐는 케이블 대기업 컴캐스트와 제휴를 맺어 셋톱박스를 단독으로 공급하고자 했지만 실패했다. 대신 컴캐스트는 자사의 X1 플랫폼에 투자해 고급 검색과 취향 저격 추천 기능, 그리고 인터넷 동영상 앱까지 직접 소화하기로 했다. 큐는 이후 컴캐스트는 제쳐 두고 프로그래머들과 직접 계약을 맺으려 했지만 이 역시 비슷하게 실패했다. "프로그래머들 중 일부는 큐를 좋아하지 않았어요." 애플 소식통이 말했다. "큐가 건방지기 짝이 없다고들 했죠."

거듭 퇴짜를 맞은 큐는 결국 TV 구독 서비스를 직접 구축해 보기로 결정한다.

애플은 2014년 비츠일렉트로닉스Beats Electronics를 30억 달러(3조 9,000억 원)에 매수한 이후 겪었던 문화적 충돌이 반복되지 않도록 신중을 기하며 수년간 동영상 서비스 개발에 박차를 가했다. 단연 최대 규모의 이 인수합병을 애플이 이례적으로 단행했던 건 신생 업체 스포티파이Spotify가 수백만 명의 구독자를 확보하고 있는 음악 스트리밍 사업에 진출이 늦은 만큼 속도를 내기 위해서였다. 덕분에 비츠일렉트로닉스의 공동 창립자이자 래퍼 겸 프로듀서인 닥터 드레, 그리고 인터스코프레코드Interscope Records 설립자 지미 아이오바인Jimmy Iovine 을 영입함으로써 애플에게 절실하게 필요했던 음악적 색깔도 수혈받을 수 있었다.

개인 맞춤형 스트리밍 서비스로 명성이 높았던 비츠뮤직은 애플이 스트리밍 업계에서 남다른 색깔을 갖는 데 도움이 되었다. 하지만 탄생 과정은 복잡했다. 쿠퍼티노에 있는 아이튠즈팀은 컬버시티의 음악계 인사들과 머리를 맞대 절충안을 내놨지만 비평가와 사용자 모두 시큰둥한 반응이었다. 결국 브루클린 출신의 부두 노동자 아들이자 지극히 현실적이었던 아이오바인은 피가 뜨거웠던 잡스 시대가 끝난 뒤 한층 신중하고 또 부유해진 애플에서 더 이상 환영받지 못했다. "애플로 간 이후 내겐 새로운 창의적 문제가 생겼어요. 이걸 어떻게 음악 비즈니스의 미래로 만들까? 어떻게 하면 평범하지 않게 만들 수 있을까? 하지만 나만의 활주로가 부족했죠." 〈뉴욕타임스〉와의 인터뷰에서 아이오바인이 말했다. "그 일을 할 다른 누군가가 필요했어요."

큐는 이번엔 반 앰버그와 그의 오랜 조력자 일리크트라는, 보여주기용 인사가 아닌 진정한 일꾼들을 영입했다. 소니를 택하지 않은 이유에 대해 묻는 업계 동료들에 두 사람은 소니의 트리니트론 TV를 예로 들었다. 한때 가정용 TV의 대명사였던 트리니트론은 선명도가 뛰어나기로 유명했다. 놀랍게도 가전기기로는 최초로 에미상을 수상하기도 했다. 이에 힘입어 2억 8,000만 대가 팔려나갔지만 결국 혁신을 지속하는 데 실패했다. 1996년 특허가 만료되면서 미쓰비시 같은 경쟁업체가 동일한 기술로 더 저렴한 모델을 생산할 수 있게 되자 트리니트론은 가정에서 자취를 감췄다. 소비자 기술이라는 정글에 확립된 다윈의 법칙에 따라 진화 실패가 곧 도태로 이어진 것이다.

"두 사람은 소니에 있으면서 이 과정을 직접 목격했어요. 최대 수익을 창출하던 단일 제품이 더 이상 쓸모없어지는 걸요." 한 에이전트가 반 앰버그와 일리크트에게서 직접 들은 이야기를 전해주었다. "애플의 마음가짐, 애플TV뿐 아니라 애플 브랜드 전체에 녹아있는 신념은… 현재의 영광에 안주해서는 안 된다는 거죠. 어떻게 하면 사람들이 애플 기기를 더 사고 싶게 만들 것인가? 이렇게 그들은 진화를 거듭했어요."

쿠퍼티노에서 열린 공개 행사에서 애플의 새로운 스트리밍 서비스가 베일을 벗기 전, 할리우드에서 온 손님들은 대개 무관심했지만 확장된 제품 라인을 소개하는 자리가 한 시간가량 진행되었다. 이를 통해 애플의 새로운 신용카드, 뉴스 구독 서비스, '애플 아케이드'라고 불리는 모바일 게임 서비스, 어느 스크린에서나 볼 수 있는 향상된 기능의 애플TV 앱 등이 선보였다.

이날의 하이라이트 순서가 시작되고 쿡은 스티브 잡스의 과장법을 빌려 새로운 스트리밍 서비스가 세상을 뒤바꿀 것이라고 소개했다. "우리는 위대한 스토리텔링을 통해 우리의 문화와 사회에 뭔가 중요한 것을 기여할 수 있다고 생각합니다." 쿡이 말했다. "그래서 우리는 가장 사려 깊고 성공한 데다 수상 경력까지 자랑하는 창의적 선구자 그룹과 파트너십을 맺었습니다. 이들이 사상 최초로 한자리에 모여 이미 존재하는 그 무엇과도 다른 서비스를 창조한 거죠."

쿡의 등 뒤로 보이는 프로젝션 스크린에서 구름 사이로 비치는 찬란한 햇볕과 함께 애플TV플러스라는 이름이 등장했다. 곧이어 일리크트와 반 앰버그가 "남다른 지혜와 용기를 발휘해" 본인의 최고 작품을 애플과 공유한 "놀라운 아티스트들"을 어떻게 끌어모았는지 이야기하며 뽐냈다. 두 사람은 이 서비스가 "역대 최고의 스토리"들을 선사할 것이라고도 덧붙였다.

웅장한 교향곡이 깔린 흐릿한 흑백 영상을 배경으로 한 홍보 영상에서는 스필버그, 에이브럼스, 소피아 코폴라Sofia Coppola, M. 나이트 샤말란M. Night Shyamalan, 론 하워드, 스펜서, 위더스푼과 애니스턴 등 할리우드의 여러 거장이 자신들의 창작 과정을 이야기하면서 스토리텔링의 예술을 논했다. 무대 조명이 켜지자 애플 파크에 처음 방문한 스필버그가 환호와 갈채 속에 미소 지으며 나타났다. 이렇게 극적인 등장이 계속 이어지면서 애플TV플러스 출시 라인업의 스타들, 〈더 모닝 쇼〉의 위더스푼, 애니스턴과 커렐, 〈어둠의 나날See〉의 제이슨 모모아, 〈리틀 아메리카Little America〉의 쿠마일 난지아니Kumail Nanjiani, 〈세서미 스트리트Sesame Street〉의 빅 버드Big Bird, 그리고 〈리틀 보이스Little Voice〉의 조력자 사라 바렐리스Sara Bareilles와 함께 온 에이브럼스가 무대에 섰다. 이후 쿡이 최고의 순간을 위해 다시 무대에 올랐다. 하늘하늘한 흰색 블라우스 차림의 오프라 윈프리가 애플과의 협업을 거부할 수 없는 이유에 대해 외쳤다. "이건 주머니가 10억 개거든요. 와우! 주머니가 10억 개요!(새로운 스트리밍 서비스가 사전 설치된 아이폰만 해도 10억 대에 달한다는 의미-옮긴이)"

이 행사는 이미 계획돼 있던 디즈니 투자자의 날보다 2주 앞서 열렸다. 선점 효과를 겨냥한 일정으로 보인다. 만약 스트리밍 음악의 세계를 단순히 시끄러운 상태로 비유하자면 스트리밍 비디오의 세계는 갈수록 불협화음이 일어나는 공간이었다. 미국에서 이미 운영 중인 구독 서비스만 해도 235개에 달하는데 애플은 심지어 멜로디를 조율하기도 전에 볼륨을 높이려는 듯보였다.

하지만 2시간 가까이 진행된 이 초호화 행사에서도 애플TV플러스에 과연 얼마의 예산이 투입되는지, 출시는 언제인지 등 중요한 의문이 풀리지 않은 건 마찬가지였다. 홍보하는 프로그램의 동영상 클립 역시 보통 광범위하게 공개해 입소문을 타게 하는 그간의 관행과 다르게 불과 몇 초 만에 지나가 버려 놀라움을 안겼다.

그럼에도 애플은 이 행사가 성공적이었다고 평가했다. 주최 측은 고질적으로 다른 캘리포니아주 북부와 남부의 문화를 잇는 데 성공했다고 여겼다. 애플은 행사 전날 밤 도착한 게스트들을 위해 애플 파크 카페에서 이브닝 리셉션을 열었고 소셜 미디어 사용에 최적화된 환경을 활용해 할리우드 특유의 자기 홍보 욕구를 한껏 충족시켜 주었다. 윈프리와 위더스푼 같은 셀럽들은 수백만 명의 인스타그램 팔로워들과 사진을 공유하는 데 여념이 없었다. 애플은 심지어 이 행사를 위해 북쪽으로 300마일 순례길을 마다하지 않고 와준 30명의 셀럽들의 초상화를 〈베니티페어Vanity Fair〉 스타일로 제작해 무대에 오르지 못해 구겨진 셀럽들의 자존심을 달래주었다.

하지만 애플 입장에서 가장 중요한 것은 이벤트를 앞두고 핵심 세부 정보가 유출되지 않았다는 사실이었다.

그렇다고 그 자리에 있었던 모두가 승리의 기쁨을 공유한 것은 아니었다. 방영을 앞둔 애플TV 시리즈 〈디펜딩 제이콥Defending Jacob〉

의 크리스 에반스Chris Evans와 미셸 도커리Michelle Dockery, 그리고 〈디킨슨Dickinson〉의 제인 크라코프스키Jane Krakowski가 시큰둥한 얼굴을 적나라하게 드러낸 것이다. 이들은 스포트라이트와는 거리가 먼 자신들의 좌석에서 발표가 진행되는 동안 마치 싸울 듯한 기세로 박수를 보냈다.

한 에이전트는 발표가 끝난 직후 반 앰버그와 일리크트를 구석으로 몰아세운 뒤 격하게 불쾌감을 표시했다. 에이전트는 격앙된 태도로 자신의 고객이 무대에 오르지 못한 건 물론, 프로젝트가 언급조차 되지 않은 걸 불쾌해 하고 있다는 점을 분명히 밝혔다. "그 부분은 후회하더라고요." 에이전트가 애플에 대해 말했다.

다른 에이전트는 훨씬 직설적이었다. "정말이지 뭣 같았어요. 저는 가서 '지금 장난해요?'라고 따지고 싶었죠." 이 TV 에이전트는 애플이 오리지널 프로그램 트레일러는 보여줄 생각도 하지 않고 월간 잡지 구독 서비스를 그렇게 오랫동안 자세하게 설명했다는 데 놀라움을 금치 못했다. "전 그냥 애플이 이 **업계**에서 엉뚱한 얘기만 하고 있는 것 같았어요."

할리우드가 짜증과 당혹감을 동시에 느꼈다면 언론은 냉정했다.

"애플TV의 새 프로그램들이 출시 행사 자체처럼 잘난 척하고 제멋대로에 편집 규율도 지키지 않는 것으로 판명되면… 애플 구독자에게는 아주 나쁜 소식이지만 현재 시장을 주도하는 넷플릭스에는 아주 좋은 소식이 될 것이다." 〈가디언Guardian〉의 마크 로슨Mark Lawson의 말이다. "애플은 기술 기업에서 종교 뺨치는 컬트로 변질될 위험에 처한 듯 보일 때가 있는데 이번 TV 콘텐츠 시장 진출 행사에서는 그야말로 미디어계의 통일교 같은 모습이었다." CNN의 프랭크 팔로타

Frank Pallotta는 "애플의 큰 이벤트가 작게 느껴졌다"는 제목의 요약 기사에서 스타들이 운집한 그날의 행사가 "집단 비호감" 형성에 일조했다는 데 놀라움을 표했다. 대부분 이렇게 부정적 의견을 쏟아냈지만 〈벌처Vulture〉의 조셉 아달리안Josef Adalian은 드물게 다른 논조를 제시했다. "애플은 월요일에 트위터에 언급되거나 애플TV플러스 구독자를 늘리고자 노력하지 않았다. 매디슨가에 구애할 필요도 없고, 이미 최고 수준의 창의적 인재를 수없이 확보한 만큼 TV 사업에 진출하려는 애플의 노력이 진짜임을 할리우드에 입증하지 않아도 된다."

하지만 애플 제품 창고에서 잠자고 있던 유령이 쿠퍼티노의 행사장에서 풀려나면서 일부 할리우드 인사들은 일전에 상당한 논란을 일으켰던 엔터테인먼트 서비스를 떠올렸다. 2014년, 팀 쿡은 무대에서 U2를 맞이하며 아이튠즈 회원은 원하든 원하지 않든 누구나 이들의 새 앨범 〈송즈 오브 이노센스Songs of Innocence〉를 무료로 다운로드할 수 있다고 발표했었다. 당황하거나 분노한 소비자들이 줄줄이 반대 목소리를 높였고 이로 인해 애플은 1억 달러(1,300억 원)가 넘는 손해를 입었다. U2의 리더 보노Bono는 추후 ABC뉴스와의 인터뷰를 통해 사과했다. "과대망상, 너그러움, 자기홍보, 그리고 지난 몇 년간 우리 삶을 쏟아부은 곡들을 아무도 듣지 않을지 모른다는 두려움 등이 복합적으로 작용한 것 같아요." 그가 해명했다. "그래서 지금 엄청 시끄럽네요."

애플TV플러스는 기술과 엔터테인먼트의 합병 노력이 얼마나 큰 부작용을 일으킬 수 있는지 여실히 보여주었다. 사실 기술 업계는 고객이 더 좋은 신규 모델을 기다리느라 현재 모델을 구입하지 않는 이른바 오스본 효과Osborne effect를 피하려고 안간힘을 쓴다. 이는 서류 가방만 한 개인용 컴퓨터를 제조하던 오스본컴퓨터코퍼레이션Osborne Computer Corporation이 더 크고 성능도 향상된 차세대 기기가 출시된다는 소식에 매출이 급락하고 급기야 파산한 뒤 생겨난 용어다. 1983년도의 이 파산을 계기로 실리콘밸리의 기술 기업들은 신규 기기의 출시 준비가 완료될 때까지 무조건 침묵을 지키는데 애플에서도 오스본 효과를 마치 복음처럼 떠받들고 있다.

이에 비해 할리우드는 출시를 앞두고 분위기를 달구기 위해 티저 시리즈를 활용한다. 트레일러가 '최초 공개'되고 소셜 미디어로 얘기가 흘러들어가면서 조만간 선보일 TV 프로그램이나 영화에 대한 기대감이 고조되는 것이다. 기술 업계와 달리 엔터테인먼트 업계에서 침묵은 곧 죽음이다.

7장

한 입 거리
퀵바이트

드림웍스 전 CEO 제프리 캐천버그의 원대한 이상은 미디어 및 기술 분야 인사들에게 궁극의 목적지로 손꼽히는 앨런앤드컴퍼니 Allen&Company 선밸리 콘퍼런스에서 처음 모습을 드러냈다. 수많은 기술 및 미디어 계약에 관여하는 투자 은행이 주최하는 이 여름 정기 회의에는 수많은 유력 인사들이 모여 은밀하게 아이디어를 교환한다. 실제로 디즈니의 캐피털시티즈/ABC 매입, 아마존 창립자 제프 베이조스의 〈워싱턴포스트Washington Post〉 인수 등 굵직한 계약들이 여기서 시작되었다. 하지만 언론의 레이더망을 피해 호화로운 분위기에서 열리는 이 행사는 애슬레저룩을 입고 참석해 편안하게 담소를 나눌 수 있는 자리이기도 하다.

2017년 7월의 콘퍼런스에서 캐천버그는 아이다호에 도착한 이후 휴대폰 엔터테인먼트를 혁신할 자신의 비전에 대해 쉼 없이 열변을 토했다. 아직 최종 사업 계획까지 세운 건 아니었지만 본인이 "뉴TV"라고 이름 붙인 개념을 동료 거물들에게 대략 소개해 주었다.

요지는 할리우드 스타의 영화 및 TV 프로그램을 7~10분 분량으로 휴대폰으로 감상하는 것이었다. 병원 대기실에 앉아서, 슈퍼마켓 계산대 앞에 줄을 서서, 혹은 스타벅스에서 주문한 라떼를 기다리며 멀뚱히 보내는 시간을 즐길 수 있도록 말이다. 물론 유튜브와 소셜 미디어에서도 지난 수년간 중독성 강한 동영상들을 제공해 왔지만 뉴TV는 품질 기준을 높여 구독료가 아깝지 않을 만큼 눈에 확 띄는 프로그램을 제공할 계획이었다. 다시 말해 캐천버그는 숏폼 동영상을 고급화하고자 했다. 그리고 그는 자신의 비전을 구현하기 위해 20억 달러(2조 6,000어 원)에 달하는 거액을 투자하겠다고 약속했다. "이게 거대한 프로젝트일까요? 그렇고말고요." 컴캐스트의 NBC유니버설이 드림웍스애니메이션DreamWorks Animation을 인수한 이후 등 떠밀려 나와야 했던 캐천버그가 내내 품어왔던 아이디어를 공개한 뒤 〈버라이어티Variety〉와의 인터뷰에서 말했다. "드림웍스보다 규모가 더 클까요? 그랬으면 좋겠네요."

선밸리에서 뉴TV의 콘셉트를 맛보기로 발표한 지 3년여 후 로스앤젤레스로 돌아온 캐천버그는 대형 빔프로젝터 스크린이 설치된 깔끔한 하얀색 회의실에서 회의를 주재했다. 불과 5주 후인 2020년 4월 6일, 한창 치열한 경주가 벌어지는 스트리밍 업계에 캐천버그도 공식 합류할 예정이었다. 이름은 "빠른quick"과 "한입bites"의 의미가 합쳐진

"퀴비"로, 애피타이저처럼 금세 먹어치울 수 있는 콘텐츠를 의미했다. 이름에 대한 반응이 그리 좋지는 않았지만 캐천버그가 본래 스시 레스토랑에서 흔히 쓰는 '셰프의 선택'이라는 뜻의 일본어 '오마카세'로 하려고 했다는 걸 감안하면 그나마 다행이었다.

　75분 동안 진행된 회의의 목적은 20명으로 구성된 크리에이티브 팀이 서비스 출시를 앞두고 편성표 없는 프로그램들을 돌려보는 것이었다. 이는 캐천버그의 오랜 스타일이었다. 70세의 나이에도 여전히 엉뚱함과 에너지로 넘쳤던 그는 벌써 60년째 엔터테인먼트 업계에 몸담으며 넓고 깊이 있는 인맥을 쌓아오고 있었다. 심지어 할리우드의 다른 정력적 인사들에 비해서도 아침 식사 약속이 더 넘쳐나고 강박적일 만큼 직업윤리를 지키는 것으로 유명했다. 캐천버그는 10대 시절, 당시 뉴욕시장 후보였던 존 린제이John Lindsay의 청년 코디네이터로 일하면서 평생 헤어나오지 못할 정치에 발을 담갔다. 뉴욕대에서 첫 학기를 마치고 중퇴한 뒤, 시장 사무실에서 일하다 21세 무렵 할리우드의 매력에 사로잡혔다. 마치 발사된 대포처럼 로스앤젤레스로 날아간 그는 배리 딜러Barry Diller의 제자로 승승장구하다 불과 31세에 파라마운트픽처스 수장으로 임명돼 역대 최연소 스튜디오 대표 대열에 합류했다. 이후 디즈니로 자리를 옮겨 월트디즈니스튜디오 의장으로서 〈인어공주The Little Mermaid〉, 〈알라딘Aladin〉, 〈라이온 킹The Lion King〉을 비롯해 수많은 히트작을 탄생시키며 침체돼 있던 애니메이션 스튜디오의 부활을 이끌었다. 1919년 형성된 스튜디오 유나이티드아티스츠United Artists 이후 가장 예술가 친화적인 드림웍스SKG를 데이비드 게펀David Geffen, 스티븐 스필버그와 함께 설립한 뒤 그곳의 애니메이션 사업부를 총괄했다. 스튜디오 직원들은 보통 숫자 계산에 능한 MBA 유형, 그리고 대본을 읽고 수정 방향을 제시하는 어빙 솔버그Irving Thalberg 유형의 경영진, 이렇게 두 부류로 나뉘게 마련이다. 캐천버그는 두 가지에 모두 능했지만 솔버그 쪽에 좀 더 가까웠다. 드림웍스에서 그는 녹음 세션에도 종종 참석해 농담을 던지거나 대사를 어떻게 읽으면 좋을지 시범을 보이곤 했다. 그가 디즈니 스튜디오를 맡은 뒤 직속 부하들에게 뭐라고 했는지만 봐도 그의 기준이 얼마나 높은지 여실히 알 수 있다. "토요일에 출근하지 않을 거면 일요일에도 굳이 나오지 마세요."

캐천버그는 평일 직원회의를 시작하면서 인스타그램 인플루언서 클라우디아 오쉬리Claudia Oshry, @GirlWithNoJob와 재키 오쉬리Jackie Oshry, @JackieOProblems 자매를 퀴비가 어떻게 섭외할 수 있었는지 일화를 들려주었다. 그는 해변의 레스토랑 '노부 말리부'에서 메뉴판에는 없지만 "인생이 뒤바뀌는" 메뉴를 주문해 두 사람을 화들짝 놀라게 만들었다. 이들은 즉시 메뉴의 이름을 "캐천버거"라고 짓고 팔로워가 수백만 명에 이르는 소셜 미디어 계정에 포스팅했다. 한편 어느 일요일에 열린 디너 파티에서 그는 〈도전! 슈퍼모델America's Next Top Model〉의 제작자인 타이라 뱅크스Tyra Banks와 한 테이블에 앉게 되었다. 그는 지난번 제안했던 다큐 시리즈 〈뷰티Beauty〉와 관련해 확답을 받지 못해 수줍게 인사했고 결국 뱅크스는 해당 프로그램의 진행은 물론 책임 제작까지 맡아 주었다.

캐천버그는 캐스팅 진행 상황을 보고받고 대본 수정까지 챙기는 사람이었다. "2장 결말 최악. 수준 떨어짐"과 같은 코멘트를 남기는 건 물론 팀원들과 홍보 이벤트의 틀을 잡는 등 도무지 지칠 줄 몰랐다. 메트갈라 패션쇼 화장실에서 패션 디자이너 알렉산더 왕Alexander Wang 이 셀러브리티 토크쇼 〈화장실 토크Potty Talk〉를 진행한다는 이야기도 있었고 캐천버그가 〈더미Dummy〉의 스타 애나 켄드릭Anna Kendrick, 그리고 그녀의 보조이자 남자친구의 섹스 인형인 바바라를 초대해 로스 앤젤레스 레이커스 경기 코트사이드에서 함께 관람한다는 이야기도 있었다.

뉴욕에서 코로나 확진자 수가 33명으로 늘어나고 불안감이 커지면서 코로나19가 일상을 잠식하기 시작했다. 〈가장 위험한 게임 Most Dangerous Game〉의 주인공 리암 햄스워스Liam Hemsworth가 오스트레일리아를 떠나 텍사스주에서 열리는 사우스바이사우스웨스트South by Southwest 미디어 페스티벌에 참석하는 데 우려를 표하면서 코로나19에 대한 스타들의 걱정도 받아들여지기 시작했다. 팬데믹의 침공에 직면한 할리우드는 불과 며칠 만에 사우스바이사우스웨스트를 비롯해 온갖 라이브 이벤트가 취소되는 등 초토화되었다. 극장들은 문을 닫았고 〈뮬란Mulan〉, 〈F9〉, 제임스 본드 시리즈의 최신작 〈007 노 타임 투 다이No Time to Die〉 등 주요 영화의 개봉이 연기되었다. 스튜디오 역시 수백 편에 달하는 TV 시리즈의 제작을 중단했다.

"이렇게 빠르게 환경이 변한 적은 처음이에요. 매일매일 새로웠어요. 새로운 데이터와 새로운 걱정이 쏟아져요." 캐천버그가 퀴비를 이끌 수장으로 직접 영입한 CEO 메그 휘트먼이 말했다. 두 사람은 캐천버그가 디즈니 스튜디오 의장이요, 휘트먼이 하버드 MBA 출신 인재로 디즈니 전략 기획 그룹에서 일하던 때부터 알고 지낸 사이였다. 캐천버그는 이후 그녀를 드림웍스애니메이션 이사회에 초빙하기도 했다.

캐천버그는 처음엔 팬데믹이 야기한 재앙을 퀴비에 행운으로 작용하게 만들려 했다. 그렇지 않아도 퀴비는 살짝 빗나가기는 했지만 작가들의 파업으로 인한 제작 중단이라는 혼란을 예상하고 새로운 콘텐츠를 비축해 오던 참이었다. 온 국민이 집안에 처박혀 바이러스 확산이 멈추기만 초조하게 기다리고 있는 상황에서 갈수록 거세지는 바이러스를 잠시라도 신경을 잊게 할 뭔가가 필요했다고 캐천버그는 말했다. 그리고 그것이 바로 퀴비가 약속한 스마트폰용 엔터테인먼트, 즉 소화하기 쉬운 '바이츠'였다. 여기서는 영화도 책처럼 챕터별로 펼쳐지고, 빠르게 전개되는 리얼리티쇼는 에피소드의 논리적 흐름에 맞춰 자연스럽게 끊기도록 설계돼 있었다. 2020년 봄, 뜨거운 인기를 구가했던 '뉴스' 역시 동영상 콘텐츠에 포함되었다.

"우리 서비스의 희망이자 중심축을 아마 이렇게 표현할 수 있을 거예요. 지금 우리는 **모두** 집단적으로 스트레스받고 불안과 우울, 위협에 시달리고 있습니다. 우리가 알던 삶은 더 이상 존재하지 않죠." 캐천버그가 말했다. "그리고 여러분이 처한 상황에 따라 이 순간이 지독하게 끔찍할 수도, 그저 불쾌하고 불편하며 허망한 정도로 느낄 수도 있습니다. 이런 때를 위해 새롭고 고유하며 색다른 뭔가를 가져왔습니다."

어떤 의미에서 휘트먼은 캐천버그의 첫 번째 행운이었다. 캐천버그가 휴렛팩커드엔터프라이즈Hewlett-Packard Enterprise CEO 자리에서 물러나겠다고 발표한 2017년 11월 21일 그녀에게 전화가 왔다. 오랜 친구 캐천버그였다. "그가 '그래서 뭐 할 거요?'라고 묻기에 저는 '글쎄요,

모르겠어요. 비영리단체 티치포아메리카Teach for America 의장 노릇도 좀 하고 남편과 여행도 좀 다니려고요'라고 했죠." 휘트먼이 말했다. "그런 데 그가 '아니, **오늘 밤**에 뭐 할 거냐고요' 하기에 '당신과 함께 저녁을 먹어야겠네요' 했어요."

캐천버그는 팔로알토로 날아가 노부에서 장장 3시간 동안 식사 하며 휴대폰으로 숏폼 동영상을 제공하는 서비스에 대해 일장연설을 늘어놓았다. 무선 셀룰러 네트워크가 빠르게 발전함에 따라 그야말 로 모든 이가 늘 휴대하고 다니는 스마트폰으로 고화질 동영상을 시 청할 수 있게 될 것이라고 기술적 흐름에 대해 열변을 토했다. 게다가 소비자들은 이동 중에도 동영상을 시청하는 고무적 습관을 갖게 돼 2012년에는 하루 6분이던 시청 시간이 5년 후 40분으로 늘어났다. 지 금이야말로 "사업적 시너지의 순간"으로써 그가 제공할 프리미엄 엔 터테인먼트 구독 서비스의 인기를 극대화할 타이밍인 것이다.

인터뷰에서 캐천버그는 무료 TV 상품이 거실을 지배하던 시절에 출시된 구독 서비스 HBO를 예로 들었다. HBO는 인기 시트콤 〈프렌 즈〉나 〈ER〉 같은 프라임타임 드라마가 엄청난 시청률을 누리던 1990 년대에 비평가들의 극찬을 받은 마피아 드라마 〈소프라노스〉 등 막대 한 예산의 오리지널 프로그램을 제작하기 시작했다. "HBO가 등장하 면서 이렇게 말했죠. 'TV가 아닙니다. HBO입니다.' 그렇다고 TV를 폄하한 건 아니에요. 어떻게 감히 그럴 수 있겠어요? 당시는 TV의 전 성기였고 환상적 TV로 찬양받던 때인데요. 그들은 단지 '우리가 다른 걸 줄게. 우리는 구독 서비스니까… TV 방송이 못하는 걸 우리는 할 수 있어'라고 말한 것뿐이에요."

휴대용 동영상 역시 위와 비슷하게 매체를 재규정할 기회였다. 분석적인 휘트먼은 프록터앤드갬블, 월트디즈니컴퍼니, 해즈브로Hasbro와 이베이 등 미국에서 내로라하는 기업에서 일한 경험을 통해 위대한 소비자 비즈니스를 구성하는 요소에 대한 뚜렷한 철학을 갖고 있었다. 그리고 캐천버그의 제안은 그 모든 요소를 만족했다.

"저는 결국 '그거 알아요? 제가 꿈꿔 오던 스타트업이에요,'라고 말했어요." 또 다른 비전 설계자 피에르 오미디야르Pierre Omidyar와 함께 이베이의 CEO를 역임한 휘트먼이 말했다. 2018년 3월 1일, 퀴비의 첫 번째 직원으로 합류한 그녀는 일단 위워크처럼 젊은 분위기가 초창기 이베이를 연상시키는 공유 업무공간 '세렌디피티 랩스'로 들어갔다. 비치 체어가 배치돼 있고 청바지와 티셔츠 차림의 젊은 직원들이 가득해 캐주얼한 분위기의 이 실리콘밸리 사무실에 대해 휘트먼은 "답답한 대리석과 마호가니로 꾸며져 있고 스트라이프 정장 차림의 사람들로 가득한, 하버드대에서 목표로 하고 또 대비해 온 회의실과는 거리가 멀었다"고 이베이를 이끈 10년을 돌아보며 쓴 저서《다수의 힘The Power of Many》에 적었다.

휘트먼이 부임한 지 5개월 만에 캐천버그는 퀴비가 10억 달러(1조 3,000억 원)라는 놀라운 규모의 투자금을 확보했다고 발표했다. 이는 월마트의 월튼 가문이 투자 사업으로 운영하는 매드론캐피털파트너스Madrone Capital Partners, 중국의 거대 이커머스 기업 알리바바Alibaba, 투자 은행 골드만삭스Goldman Sachs와 JP모건체이스JPMorgan Chase가 합류한 결과였다. 삼성의 상속녀로 한때 캐천버그의 초기 스타트업인 드림웍스에 투자할 것을 주장했으며 현재는 미디어 거물로 변신한 미키 리

Miky Lee(이미경)의 부재가 눈에 띄었다.

이렇게 할리우드의 대형 스튜디오가 모두 투자에 참여하기까지는 한 은행가가 말한 "멍청한 보험Schmuck insurance"의 역할이 컸다. 이는 투자가 잘못된 결정으로 드러날 경우에 대비해 판매 상품의 일부를 담보로 잡고 있는 것인데 실제로 '뉴TV'가 실패할 경우 스튜디오는 IP를 소유하고 있는 만큼 이들의 콘텐츠를 좀 더 전통적인 영화나 TV 프로그램의 형태로 합쳐 퀴비의 2년 독점 기간이 만료된 후 다른 곳에 판매할 수 있었다.

결국 17억 5,000만 달러(2조 2,750억 원)에 이르는 엄청난 자금을 모으자 퀴비는 할리우드의 눈길을 사로잡았다. 제공할 프로그램이 있는 이는 누구든 퀴비를 막대한 개발 자금을 지닌 봉으로 여겼다.

"제프리 캐천버그한테 최대한 빠른 시일 내에 최대한 많이 판매했어요." 블룸하우스프로덕션Blumhouse Productions CEO 제이슨 블룸이 말했다. 그는 조던 필Jordan Peele 주연으로 오스카상 후보에 이름을 올린 〈겟 아웃〉을 포함, 할리우드에서 가장 성공한 공포 영화의 제작자로서 수익성 높은 틈새 시장을 개척한 인물이었다. 이후 그는 나오미 왓츠Naomi Watts 주연의 〈늑대와 마을 사람들Wolves and Villagers〉과 다른 두 시리즈의 제작 계약을 체결했다.

블룸뿐만이 아니었다. 퀴비는 영화감독 기예르모 델 토로Guillermo del Toro와 샘 레이미Sam Raimi, 배우 제니퍼 로페즈Jennifer Lopez, 이드리스 엘바Idris Elba, 케빈 하트Kevin Hart와 퀸 라티파Queen Latifah, 운동선수 캠 뉴튼Cam Newton과 르브론 제임스LeBron James, 뮤지션 조 조나스Joe Jonas, 데미 로바토Demi Lovato, 릴 야티Lil Yachty와 찬스 더 래퍼Chance the Rapper

등 A급 스타들을 대거 끌어들였다. 퀴비가 장편영화계 인재들에게 어필할 수 있었던 건 무엇보다 계약 후 7년이 지나면 저작권이 크리에이터에게 돌아가도록 설계됐기 때문이었다. 이는 다른 스트리밍 업체에 비하면 상당히 유연한 계약으로 가령 넷플릭스는 엄청난 금액을 지급하기는 했지만 보통 저작권을 영구 소유했다.

하지만 퀴비의 한 임원에 따르면 이렇게 엄청난 돈에는 심각한 부작용이 뒤따랐다. 퀴비는 캔자스시티의 프로듀서 모건 쿠퍼Morgan Cooper와 그의 적나라한 재기작 〈더 프레시 프린스 오브 벨 에어The Fresh Prince of Bel-Air〉처럼 젊은 고객을 사로잡아 입소문을 탈 만한 작품에 기꺼이 도박을 걸던 배고픈 스타트업에서 NBC 뉴스와 웨더 채널처럼 무난하고 시청 기반이 탄탄해 광고주 및 투자자들을 기쁘게 해 줄 수 있는 콘텐츠에 치우친 매체로 그야말로 순식간에 돌변했다.

"너무 많은 돈은 독이 되기도 하죠. 캐천버그는 20억 달러(2조 6,000억 원)를 **유치**했기 때문에 그만큼의 수익을 돌려줘야 하는 처지가 됐어요. 만약 이들이 1억 달러(1,300억 달러)로 시작해 조용히 사업을 해 나갔다면 모든 이에게 자신을 입증할 필요는 없었겠죠." 전 임원의 말이다.

퀴비는 이론상으로는 재능을 마음껏 펼칠 수 있는 환경을 제공하는 곳이었지만 일각에서는 다른 스튜디오에서 쫓겨난 이들의 안식처로 전락했다고 수근대기도 했다. 코미디 프로그램 〈더미〉를 예로 들어보자. 이는 TBS가 같은 계열사 방송국이 설정한 성인 대상 시간대 '어덜트 스윔'을 본따 만든 심야 시간대의 프로그램으로 수년 전부터 편성돼 있었다. 작가 코디 헬러Cody Heller가 남자친구 댄 하먼Dan

Harmon의 섹스돌을 발견하면서 시작된 이 프로젝트는 에피소드 8회 중 7회가 완성된 시점에 TBS가 편성을 포기해 이러지도 저러지도 못하는 상황에 처하고 말았다.

〈더미〉는 한때 터너의 개발 책임자로서 TBS에서 이 프로젝트를 추진했던 콜린 데이비스Colin Davis가 퀴비에 합류함에 따라 가까스로 부활했다.

"데이비스에게서 전화를 받았어요. '내가 TBS를 나와서 지금은 제프리 캐천버그가 하는 새 회사에 합류했어. 당신은 어딘지 모르겠지만 말이야. 아무튼 내가 마음대로 〈더미〉 대본을 캐천버그한테 보여줬는데 당신을 바로 만나보고 싶다고 하네.' 그러더라고요." 헬러가 회상했다. "그래서 캐천버그를 만났는데 정말 끝내주게 멋있었어요. 상당히 적극적이었고 대본에 있는 대사까지 인용하더라고요."

캐천버그는 적절한 "스타 파워"를 확보할 수 있다는 전제하에 프로그램을 제작하는 데 관심을 보였다. 결국 애나 켄드릭Anna Kendrick이 출연을 확정해 그녀의 스케줄이 비는 18일에 걸쳐 초스피드로 촬영이 진행되었다. 〈더미〉는 평론가들로부터 호평을 받아 "유쾌하게 더럽고 날것 그대로인, 지금 우리에게 필요한 쇼"로 회자되는가 하면 켄드릭은 에미상 후보에 올랐다.

퀴비라는 이름과 요란한 접근 방식은 크리에이티브 커뮤니티에 수많은 기회를 열어주었지만 한편으로는 소셜 미디어에서 끊임없이 비난을 사기도 했다. 스타트업들은 으레 회의론에 맞닥뜨리기 마련인데 그만한 이유가 있을 때도 있지만 그렇지 않을 때도 있다. 퀴비의 경우 창업자와 CEO가 사업 아이템을 과연 어디서 얻었는지가 조롱의 대상이었다. 퀴비가 엔터테인먼트 지도에서 사냥꾼들이 북적이지 않는 "빈 곳"을 찾았다고 거듭 주장했음에도 서비스 구상기였던 3년간 스트리밍 지형은 점점 더 혼잡해져 갔다. 눈에 띄는 라이벌이자 강박적으로 재미를 추구하는 동영상 공유 앱 틱톡이 스포트라이트를 독점하면서 드디어 퀴비가 출시될 무렵엔 다운로드 횟수가 무려 20억 회를 돌파했다.

코디 헬러는 "트위터에서는 퀴비를 싫어하는 게 하나의 트렌드가 됐어요. 모두가 퀴비를 욕하고 싶어하는 상황에서 저는 방어적인 자세를 취하게 되었고 상처받을 수밖에 없었죠. 그래도 저는 제 프로그램을 만들어야 했어요. 캐천버그는 저를 믿어주었고 제가 진심으로 만들고 싶었던 프로그램을 만들 수 있게 해줬죠"라고 고백했다.

할리우드 소식통과 퀴비에 가까운 사람들에 따르면 휘트먼이 "우뇌 중심 스토리텔러"라고 묘사한 캐천버그와 자칭 "좌뇌 중심 분석가"인 CEO 휘트먼은 플랫폼을 구체화하는 과정에서 충돌을 빚었다고 한다. 한 할리우드 변호사는 일부 유명 임원들이 캐천버그의 워커홀릭 성향에 반발해 회사를 떠났다고 말했다. 캐천버그는 주말 근무를 비롯한 몇 가지 규정을 고집해 지금의 자리에 올랐지만 요즘 시대 기준으로 자신이 '네안데르탈인'으로 낙인찍혔다는 사실도 알게 되었다. "열심히 일하는 것보다 똑똑하게 일하는 게 나을 때가 있더라고요." 그가 2018년 스탠포드대 MBA 수료생들과의 대담에서 시인했다. 하지만 수많은 내부자들에 따르면 퀴비가 출시 모드에 돌입했을 당시에는 이 같은 관대함은 눈곱만큼도 찾아볼 수 없었다고 한다.

"예전에는 우리가 20년만 더 젊었으면 지금쯤 서로를 죽였을 거라고 농담했어요." 휘트먼이 인정했다. "하지만 우리는 서로가 퀴비의 승리를 원할 뿐이라는 걸 알 정도는 성숙했으니까요. 영역 싸움을 하는 게 아니잖아요… 우리 관계엔 기품, 관용과 신뢰가 있어요. 우리는 서로를 너무나도 신뢰하고 서로의 본능과 전문성을 믿어요. 위대한 파트너십은 신뢰를 기반으로 구축되죠."

하지만 이는 희망사항에 지나지 않았던 것으로 드러났다. 〈월스트리트저널〉의 한 기사는 겉으로는 그럴듯해 보이는 프로페셔널한 업무 관계가 스트레스로 파열을 일으켰다고 폭로했다. 휘트먼은 캐천버그가 자신을 무시하는 데다 CEO는커녕 부하 직원처럼 대하는 독재자라고 묘사했다. 기사에는 심지어 그녀가 그만두겠다는 협박까지 했다고 적혀 있었다. '문화 충돌'은 퀴비 초기부터 명백했다. 한 임원은 할리우드 문화에 익숙한 캐천버그가 사무실과 비서 등 보여지는 것에 지나치게 집착하면서 가식 없고 소박한 실리콘밸리 감성의 휘트먼에게 반감을 일으켰다고 회상했다.

"우습기도 한데 이게 퀴비가 겪은 문제들의 한 단면을 잘 보여주는 사례예요." 전 임원이 이 같은 겉치레가 넷플릭스가 지닌 전문성, 그리고 무조건 고객을 중심으로 생각하는 태도와 극명한 대조를 이뤘다고 말하며 덧붙였다. "퀴비에서는 사무실 크기부터 누구를 만나고 **회의 테이블**에서 누가 어디에 앉는지, 그리고 누가 발언하는지 등이 훨씬 중요했죠."

고위 임원이 잇따라 퇴사하면서 퀴비의 내부 갈등이 공개적으로 드러나기도 했다. 〈할리우드리포터Hollywood reporter〉의 전 편집자 제니스 민Janice Min은 '데일리 에센셜Daily Essentials'로 명명된 퀴비의 뉴스 및 정보 프로그램의 방향성을 두고 캐천버그와 충돌을 빚어 결국 회사를 떠났다. 파트너십 및 광고 책임자인 팀 코널리Tim Connelly는 휘트먼이 광고 계약을 멋대로 주무르려 해 관뒀고 퀴비의 브랜드 및 콘텐츠 마케팅을 총괄했던 전 넷플릭스 디렉터 메건 임브레스Megan Imbres는 캐천버그의 말에 따르면 전략에 대한 "의견 차이"로 퀴비 출시 고작 2주 만에 사임했다.

캐천버그와 휘트먼은 2020년 1월 라스베이거스에서 열린 소비자 가전박람회에서 퀴비를 대중에 공개할 때 이 같은 갈등은 묻어두고 단합된 모습을 선보여야 했다. 기조연설은 홍보 영상으로 시작되었는데 몇 달 후 코로나19 시대로 들어선 뒤에는 전혀 다른 세상에서 온 타임캡슐처럼 보일 예정이었다. 사람들이 수영장 튜브에 몸을 맡긴 채 휴식을 취할 때, 지하철 플랫폼에서 열차를 기다리거나 카페에서 커피를 마실 때 등 일상의 어느 순간에나 동영상을 시청하는 모습이 담겨 있었기 때문이다.

영상은 엔터테인먼트의 미래가 여러분 손 안으로 들어왔다고 호언장담했다.

"휴대폰은 역사상 가장 널리 보급되고 또 민주화된 엔터테인먼트 플랫폼입니다." 캐천버그는 무대 위 연단에 홀로 서서 말했다. "모바일 기술과 네트워크 역량의 혁신으로 수십억 명의 사용자가 매일 수십억 시간 분량의 콘텐츠를 시청하고 있죠. 그리고 이미 거대한 이 숫자는 계속해서 증가할 것입니다."

캐천버그는 기술 혁신의 기나긴 여정에서 퀴비가 이동 중에도 볼 수 있도록 특별 제작된 영화급 스토리를 제공하는 서비스로 새로운 진화를 이룩함에 따라 할리우드의 창의성이 업그레이드됐다고 말했다. 휘트먼은 스토리텔러가 터치스크린, 카메라, 그리고 위치 및 방향성 인식 기능 등 휴대폰의 역량을 최대한 활용해 다른 스토리를 선보일 수 있는 플랫폼을 퀴비가 구축했다고 주장했다.

"우리는 모바일 전용 플랫폼을 만들고 있다는 사실을 처음부터 분명히 밝히고 싶었어요." 휘트먼이 말했다. "TV를 휴대폰으로 단순히 축소하는 게 아니기 때문이죠. 우리는 새로운 것을 창조했어요." 휘트먼은 그 예로 해가 져야 볼 수 있는 스필버그의 공포 시리즈를 소개했다. "어둠이 깔려야 에피소드가 펼쳐졌어요. 아침에 해가 뜨면 가상 필름이 당신의 눈앞에서 녹아내릴 수 있죠." 이 〈애프터 다크After Dark〉 프로젝트는 실제 제작에 돌입하지 못했다.

퀴비 프레젠테이션의 핵심은 소위 '턴 스타일'이라고 불리는 기술로 사용자가 휴대폰을 회전할 때마다 세로로 보이던 전체 화면이 가로형 동영상으로, 혹은 반대로 부드럽게 전환되는 기능이다. 유튜브 동영상이 휴대폰을 어떻게 잡느냐에 따라 이미 가로 혹은 세로로 전환되기는 했지만 퀴비는 달랐다. 이를 위해서는 모든 영화가 가로와 세로의 두 가지 형태로 촬영 및 편집된 뒤 하나의 패키지로 휴대폰에 전송돼야 하기 때문이다. 덕분에 사용자는 손목 회전 한 번으로 관점의 변화를 즐길 수 있다.

잭 웨터Zack Wechter 감독은 퀴비 영화 〈와이어리스Wireless〉에서 하나의 이야기를 두 개의 시점으로 전달하는 기능을 백분 활용했다. 〈레디 플레이어 원Ready Player One〉의 타이 셰리던Tye Sheridan이 자동차 사고로 콜로라도산맥에 고립돼 유일하게 의지할 수 있는 게 휴대폰뿐이지만 그마저도 배터리가 빨리 닳아 강박적으로 변해가는 대학생을 연기했다.

"휴대폰을 가로로 들고 있으면 전통적 영화의 관점에서 스토리를 즐길 수 있어요." 특수 기술을 활용해 휴대폰 스크린뿐 아니라 전방 및 후방 카메라 화면까지 포착한 웨터가 말했다. "하지만 휴대폰을 세로로 회전하면 내 휴대폰이 마치 인물의 휴대폰이 된 것처럼 느껴지죠."

〈와이어리스〉는 퀴비의 잠재력을 입증함과 동시에 프로그래밍의 허점도 보여주었다. 앱이 갖는 기술적 특징을 활용해 독특한 경험을 선사함으로써 엄청난 이점을 누렸지만 앱 출시와 동시가 아닌, 몇 달 후 9월에 공개된 것이다. 프로그램 중에는 〈더 핫 드롭The Hot Drop〉처럼 휴대폰의 상호작용 기능에 기댄 것들도 있었다. 이 TV 데이트물은 만남을 원하는 사용자가 자신의 동영상을 제출하면 퀴비 커뮤니티에서 투표를 진행해 출연할 후보 3명을 선발하는 방식으로 기획되었지만 첫 데이트조차 이루어지지 못했다.

"상호작용으로 스토리를 만들어 나갈 수 있는 기술적 인프라가 구축돼 있었지만 결국 빛을 보지 못했죠." 퀴비에 몸담았던 한 직원이 말했다.

대신 퀴비는 캐천버그의 할리우드 인맥으로 시선을 돌렸다. 퀴비 출시와 동시에 공개되는 작품으로는 리암 햄스워스와 크리스토프 왈츠Christoph Waltz가 주연을 맡은 〈가장 위험한 게임The Most Dangerous Game〉, 〈판사 주디Judge Judy〉 류의 법정 리얼리티 시리즈이자 크리시 타이겐Chrissy Teigen 주연의 〈크리시의 법정Chrissy's Court〉, 가수 찬스 더 래퍼와 다시 시작하는 MTV의 몰래카메라쇼 〈펑크드Punk'd〉, 그리고 티투스

버지스Tituss Burges 진행의 요리 경연대회 〈디스맨틀드Dishmantled〉 등 그 야말로 별들의 잔치였다. 이후 공개될 작품들 역시 키퍼 서덜랜드Kiefer Sutherland 주연의 〈도망자〉 리메이크작, 돈 치들Don Cheadle과 에밀리 모 티머Emily Mortimer가 출연한 미래형 스릴러 〈돈 룩 디퍼Don't Look Deeper〉, 그리고 케빈 하트의 코미디 액션 메타쇼 〈다이 하트Die Hart〉에 이르기 까지 화려했다.

"우리가 퀴비를 선보이겠다고 발표한 지 18개월이 채 안 됐다는 게 믿기지 않네요." 캐천버그가 소비자가전박람회장 무대를 가로지르 며 말했다. 무대 뒤로는 셀럽들의 화려한 초상화가 스크린을 가득 메 우고 있었다. "그렇게 짧은 시간 동안 엔터테인먼트 업계의 이렇게 놀라운 인사들, 그리고 더 많은 이들이 퀴비에 참여하기로 했다는 사 실이 정말 자랑스럽습니다."

하지만 문제는 따로 있었다. 캐천버그가 스타 파워로 유혹하려 했던 밀레니얼 세대 시청자들이 전혀 관심 갖지 않았던 것이다. 퀴비 가 휴대폰으로 셀럽들을 이어준다 한들 그들은 아무 감흥이 없었다. 틱톡이나 인스타그램 등 다른 곳에서도 얼마든지 볼 수 있는 게 바로 스타였으니 말이다.

캐천버그는 다시 무대로 돌아가 익숙한 영화와 TV 프로그램을 풍부하게 갖춰 놓지 못한 채 구독 서비스를 출시하는 것이 얼마나 어 려운 일인지 인정했다. 퀴비의 맞춤형 프로그래밍 전략은 기성 시스 템에서 구현할 수 있는 게 아니었다. 그래서 퀴비는 새로운 콘텐츠를 모두 직접 제작해 한 해 동안 무려 175개의 새로운 오리지널 프로그 램을 선보이기로 했다. 이는 넷플릭스에 맞먹는 규모였지만 퀴비가 쓸 수 있는 예산은 넷플릭스의 135억 달러(17조 5,500억 원)에는 명함도 못 내미는 수준이었다.

"하루 중 잠시 짬이 나는 모든 순간에 똑같은 엔터테인먼트가 필요한 건 아니라는 사실을 깨달았습니다." 캐천버그가 말했다. "그래서 우리는 매 순간을 위한 고유한 뭔가가 있다는 가정하에 콘텐츠에 접근할 것입니다."

경영진은 퀴비가 세 유형으로 콘텐츠를 제공할 것이라고 설명했다. 첫째, 7~10분 길이의 챕터별 영화, 둘째, 각본 없는 에피소드 형식의 시리즈 및 다큐멘터리, 그리고 마지막으로 데일리 에센셜이다. 데일리 에센셜은 전국 뉴스, 스포츠 및 날씨에 명상 프로그램인 〈데일리 칠Daily Chill〉 같은 라이프스타일 콘텐츠를 결합한 것으로 다른 분야처럼 결코 평범하다고 할 수 없는 수단을 활용해 선보였다. 가령 ESPN은 6분짜리 맞춤형 하이라이트쇼를 기획했고, 뉴스 메인 프로그램이자 52년 전통의 〈60분60minutes〉 역시 압축 버전인 〈6분짜리 60분60 in 6〉을 최초 선보인 데다 주간 CBS 방송과는 차별화된 고유 기사를 채워넣었다.

퀴비 출시가 가까워질수록 예약이 줄었지만 희망의 끈을 놓지 않는 이들도 있었다. 소비자가전박람회장에 참석한 한 투자 은행가는 라스베이거스의 한 비공개 만찬에서 느낄 수 있었던 분위기를 "DBA 제프리"로 압축했다. "제프리의 실패를 단언하지 말라Don't Bet Against Jeffrey"의 줄임말이다. 노장에 대한 일말의 존중은 담겨 있었지만 전폭적 지지와는 거리가 멀었다.

8장

본방을 놓친 게 억울했던
만화광 소년

초등학생 시절엔 보통 우주비행사, 운동선수, 소방관이 되길 꿈꾸기 마련이다. 매트 스트라우스Matt Strauss는 만화를 원 없이 볼 수 있기만 바랐다. 뉴욕 외곽의 오이스터베이에서 성장기를 보낸 1970년대에는 미처 몰랐지만 누구나 할 수 있는 그런 생각을 현실로 만드는 게 그의 직업이 되었다. 만화에 집착하던 어린 시절부터 NBC유니버설 스트리밍 서비스 피콕의 수장이 되기까지 스트라우스가 걸어온 길을 살펴보면 TV 비즈니스가 디지털 시대에 어떻게 대비해 왔는지 알 수 있다.

접할 수 있는 매체가 TV 방송뿐이었던 수십 년 전, 스트라우스는 토요일 아침이면 자신이 좋아하는 만화가 언제 방영되는지 모조리 확인했다. 하지만 외출을 하거나 늦게 일어나 본방송을 놓치기라도 하면 만화를 다시 볼 수 있는 방법이나 시간 따위 존재하지 않았다. 이 같은 운명이 "얼마나 불공평해 보였는지" 길고 긴 세월이 지나당시를 회상하는 그의 목소리에서 여전히 어린 시절의 분노가 담겨있었다. "부모님이 어찌할 바를 모르실 정도였어요. 다른 애들은 하나같이 야구 카드를 모으느라 신났는데 저는 계속 그걸로 투덜대고 있으니까요."

그러던 중 비디오카세트의 시대가 도래했다. 1970년대 후반 미국소비자들 사이에 비디오가 널리 보급되기 시작하자 스트라우스의 부모는 측은한 아들을 위해 비디오를 한 대 장만해 주었다. 불과 9세의소년에게는 획기적 사건이었다. "곧장 번화가로 갔어요." 스트라우스가 웃으며 말했다. "모든 걸 녹화하고 모든 걸 분류해 말 그대로 **수백개**의 테이프를 만들었어요. 데이터베이스를 구축하고 모든 걸 목록화했죠. 물론 당시에는 깨닫지 못했지만 어떤 면에서는 원하는 시간에원하는 만화를 볼 수 있도록 만들고 있었던 거예요. 이후 친구들이 저희 집에 많이 놀러왔죠. 저는 만화를 '가진' 아이였으니까요."

롱아일랜드의 마을이었던 오이스터베이는 케이블비전 설립자이자 HBO를 만든 미디어 선구자 척 돌란Chuck Dolan이 자란 곳이다. 그래서인지 이곳은 미국에서 가장 처음으로 케이블 TV, 그리고 얼마 지나지 않아 VCR을 사용하기도 했다. 스트라우스는 3개 방송국 대신30개 케이블 네트워크의 만화를 모조리 녹화해 이내 자신의 데이터베이스를 10배로 늘렸다. TV 장비 역시 수집하기 시작했는데 이 취미는 성인이 돼서까지 이어졌다. "저는 사상 최초의 무선 리모컨을 갖고 있어요. 제니스, 제니스 플래시 매틱이요." 그는 그 말이 "아주 쓸데없는" 정보였음을 인정했다.

　스트라우스는 뉴욕대에서 경영학을 전공한 뒤 ABC 뉴욕 본사에 취직하는데 성공했다. 당시 ABC를 이끌던 밥 아이거를 영웅처럼 우러러보던 그는 풍부한 경영 지식을 활용하는 한편 가슴속에는 훨씬 큰 야망을 불태우며 전략 계획 사업부에서 승승장구했다. 데이터베이스와 목록을 구축하던 어린 시절부터 그는 "TV가 더 좋아지게 하는 데 관심을 쏟았다." 이는 경영학과 동기들의 생각이 머물던 TV의 점진적 개선이나 시청률 상승보다 훨씬 진지한 종류의 관심이었다. '만화는 왜 토요일 아침에만 방영돼야 하는지' 결코 이해하지 못해 분노를 표출할 만큼 남다른 정의감이 있었다. 스트라우스의 설명을 들어보자. "저는 잘못된 것을 바로잡으려고 했어요. TV의 운용 방식이 제게는 잘못된 것이었죠. 저는 TV가 이렇게 나쁘고 우리는 TV를 이렇게 볼 수밖에 없다는 사실을 받아들일 수 없었어요. 그래서 작게나마 저만의 방식으로 뭔가를 하고 싶었습니다."

　ABC에서 업계 전반을 익힌 스트라우스는 고향에서 매체에 좀 더 뚜렷한 족적을 남길 기회를 제안받는다. 케이블비전이 주문형 서비스를 개발하기 위해 그에게 도움을 청한 것이다. 스트라우스는 비즈니스 계획안을 통해 이른바 '맥랙Mag Rack'이라는 서비스의 기틀을 잡았다. 2001년 실제 출시된 이 서비스의 이름은 신문 가판대나 서점에서 잡지를 훑어보는 행위에서 비롯되었다. 인터넷의 발달로 케이블 기업들이 이미 방송된 프로그램을 주문형 비디오로 제공할 수 있게 되면서 맥랙은 과학, 건강, 자동차, 와인 등 틈새 분야에 초점을 맞춘

'비디오 잡지'를 제작했다. 케이블비전에 따르면 이 잡지가 무료로 제공되면서 자사 케이블 서비스를 구독할 이유가 많아졌을 뿐더러 심지어 다른 케이블 사업자들도 이 잡지의 저작권을 빌리게 되었다고 한다. 이 같은 혁신과 가능성에도 불구하고 척 돌란은 케이블비전을 비즈니스 업계에서 흔히 '패스트 팔로워'로 불리는, 영세 업체들이 개발한 기술을 주류화하는 기업으로 탈바꿈시켰다. 케이블비전은 케이블박스에 DVR 기술을 설치해 티보 및 다른 기업들과 몇 년째 법정 소송을 벌이는 와중에도 디지털 비디오 레코더 기술에 열중했다. 또한 소니와 손잡고 업계에서 결코 볼 수 없었던 정교한 디자인의 셋톱박스를 제작하기 위한 모험에 뛰어들기도 했다. "거의 셋탑박스계의 페라리였어요." 스트라우스가 장인 정신에 감탄하며 말했다. "결국 현실화하기엔 비용이 너무 많이 드는 것으로 판명났죠. 하지만 덕분에 사업 가능성이 무엇인지 조금은 엿볼 수 있었어요." 불과 20대의 나이에 부사장으로서 돌란과 함께 이 모든 혁신을 직접 지휘한 스트라우스는 자신만의 집을 찾은 것 같았다. "저는 주문형에 미래가 있다고 언제나 믿어 왔어요." 그가 말했다.

시간이 지나면서 케이블비전에게 롱아일랜드라는 무대는 좁아지게 된다. 케이블비전은 뉴욕에서도 시장 점유율이 꽤 높았지만 미국 케이블 업계에서는 6위 업체에 불과했다. 결국 TV의 모든 잘못을 바로잡을 수 없었던 스트라우스는 자신이 길잡이가 되고자 결심했고, 궁극석으로 피곡까지 다다르게 된다. 스트라우스는 미디어계의 전설로서 캐피털시티즈를 이끌다 스트라우스가 ABC에 근무하던 시절 ABC와 합병을 진행한 댄 버크Dan Burke의 아들이자 컴캐스트케이블

Comcast Cable 필라델피아 지사 대표인 스티브 버크에게 무작정 전화를 걸었다. 스티브 버크 역시 젊은 시절 캐피털시티즈/ABC에 몸담았다 컴캐스트로 자리를 옮겼는데 스트라우스가 전화했을 당시 컴캐스트는 이미 미국 최고의 케이블 사업자로 거듭나 있었다.

스트라우스의 전화를 받은 버크는 놀랍게도 컴캐스트 CEO 브라이언 로버츠Brian Roberts뿐 아니라 스트라우스가 공개석상에서 하는 발언 역시 챙겨 듣고 있었다고 고백했다. 두 사람 다 시청자가 원하는 시간에 원하는 프로그램을 볼 수 있도록 만드는 것에 TV 비즈니스의 미래가 달려 있다고 공언해 왔던 것이다. "나는 그에게 '당신이 주문형 서비스로 뭘 하려고 하는지 알고 내가 그걸 구축할 수 있어요. 당신이 지금 해야 하는 게 뭔지 내가 정확히 알고 있다는 거요'라고 했어요." 버크는 당장 필라델피아행 기차를 타고 와서 더 많은 이야기를 해달라고 말했다. 스트라우스는 케이블 TV 초창기부터 존재해 온 유료 시청 상품과 아예 차원이 다른 주문형 프로그램의 비전을 제시했다. "우리는 오리지널 프로그램을 제작하고 이를 패키지로 묶어 케이블 TV를 차별화하는 부가가치 요소로 활용해야 해요." 그가 버크에게 말했다. 컴캐스트는 "사람들이 TV를 시청하는 방식을 바꿀" 뿐 아니라 "단방향" 기술로 인해 주문형 서비스를 제공하는 데는 한계가 있는 다이렉TV나 디시네트워크 등 위성 케이블 업체보다 더 큰 경쟁력을 갖게 될 수 있다고 말이다.

만남이 성사된 지 2주 후, 스트라우스는 "사실상 정해진 직무도 없이" 채용되었다. 스트라우스가 컴캐스트에서 보낸 17년의, 이 책을 쓰고 있는 지금까지도 진행 중인 역사는 그렇게 시작되었다(2023년 기준 컴캐스트 자회사 NBC유니버설 의장 직급-옮긴이). 그는 다양한 프로젝트를 주도해 컴캐스트를 개척자로 만드는 데 성공했다. 물론 고객 서비스 부문 기록은 아직 아쉽기도 하지만 말이다. 스트라우스는 또 엑스피니티Xfinity 케이블 시스템 개발에 참여해 넷플릭스, 아마존프라임비디오, 유튜브 및 기타 여러 스트리밍 앱을 X1 인터페이스에 통합하는 작업을 총괄했다. 이렇게 컴캐스트가 서비스 간의 마찰을 줄여준 덕분에 시청자들은 그동안 TV와 스트리밍을 오가는 데 필요했던 온갖 번거로운 단계를 건너뛰고 리모컨에 추가된 버튼 하나로 스트리밍 서비스를 즐길 수 있게 되었다. 말 그대로 역발상이었다. 고객이 종래의 TV를 시청하고 싶지 않을 때도 계속해서 엑스피니티의 X1 셋톱을 사용하게 함으로써 결과적으로 컴캐스트도 순이익을 누리게 된 것이다. 이 이론에 따르면 동영상 서비스를 쉽게 사용할 수 있는 고객은 만족도가 높아 컴캐스트 구독을 취소할 확률이 낮았다.

스트라우스가 주도한 또 다른 유사 사업으로 광대역 인터넷 고객에게 무료로 제공되는 엑스피니티 플렉스 비디오 서비스가 있었다. 이는 플루토TVPlutoTV, 로쿠 채널, 아마존 파이어 TV 등의 무료 스트리밍 패키지처럼 수십 개 채널과 스트리밍 서비스를 동시에 제공했는데 덕분에 유선 TV를 끊을 계획이었던 고객들까지 만족시킬 수 있어 케이블 사업자들의 시름을 덜어주었다. 광대역 인터넷 시장이 빠르게 성장하면서 컴캐스트는 종래의 유료 TV를 원하지 않는 고객까지 자연스레 유치하게 되었고 그 결과 출시 2년 만에 300만 대 이상의 셋톱박스를 설치하는 성과를 올렸다.

2013년 제너럴일렉트릭General Electric의 잔여 지분을 인수하면서 컴캐스트는 NBC유니버설을 완전히 소유하게 되었다(컴캐스트는 2009년부터 지분을 인수하기 시작했다-옮긴이). 스트리밍 서비스가 부상하고 유료 TV 패키지의 하락세가 계속되면서 소비자 직접 판매 스트리밍은 내부적으로 조금의 관심도 끌지 못했다. 디즈니, 타임워너 등의 경쟁 미디어 업체와 달리 NBC유니버설은 스스로를 교란하는 성향이 아니었다. 유료 TV 가입자들만 스트리밍 서비스를 이용할 수 있는 TV에브리웨어 앱을 운영하고, 자사 프로그램의 저작권 사용을 허가해 전 세계에서 엄청난 돈을 벌고 있는 것만으로 충분히 만족했다. 심지어 2019년 초반 무렵 컴캐스트가 디즈니와 워너미디어의 뒤를 이어 스트리밍 사업에 진출하겠다고 발표한 이후에도 CEO인 로버츠는 월스트리트 컨퍼런스에서 애매한 입장을 취했다. 구체적인 이름을 언급하지는 않았지만 콘텐츠 저작권의 사용을 허용하고 또 그것을 회수하는 데 있어 컴캐스트와 디즈니의 접근 방식이 어떻게 다른지 지적한 것이다. "우리는 다른 사람들의 표현을 빌리자면, 마치 마약을 끊듯 그 모든 플랫폼에서 저희 작품을 순식간에 회수하는 방식은 취하지 않으려고 고심하고 있습니다. 현재로서 그런 방식은 우리와 맞지 않다고 생각해요. 우리는 그들과의 관계를 소중하게 여깁니다." 스트라우스가 더욱 미묘한 어조로 덧붙였다. "컴캐스트는 보통 결정된 내용을 아주 체계적인 방식으로 실행에 옮기죠."

컴캐스트의 "체계적인 접근 방식"은 보존해야 하는 수많은 유산에서 비롯되었다. 그중에서도 록펠러 플라자 30번지에 본사를 둔 NBC유니버설은 미디어 역사에서 기념비적 의미를 갖는 곳이다. 일례로 1935년, 건물 3층에 위치한 1,000평방피트(28평) 면적의 사무실 공간이 전 세계 어디서도 볼 수 없었던 상업용 텔레비전 스튜디오로 탈바꿈했다. '스튜디오 3H'는 천장도 낮고 잘 움직이지도 않는 카메라들만 가득했지만 NBC는 개국과 동시에 최첨단 시설을 자랑하고 싶어 안달이 났다. 급기야 건물 62층에 모니터를 설치해 언론을 대상으로 시연회를 열었고 진행자 베티 굿윈Betty Goodwin, 코미디언 에드 윈Ed Wynn과 댄스팀 '더 로켓츠the Rockettes'의 멤버들이 등장했다. 전자 회사 RCA의 거물 데이비드 사노프David Sarnoff 등 경영진도 참석해 1939년 세계 박람회를 겨냥해 더 야심차게 준비하고 있는 이벤트까지 살짝 공개했다. 시연회는 뉴스 영화와 영화 클립, 심지어 라이브 공연까지 뒤섞여 정신없는 분위기를 자아냈다. 엉성하고 뜨거운 무대 조명이 연예인들에게 과도하게 쏟아져 힐데가르드Hildegarde라는 카바레 가수는 심지어 마스카라가 볼을 타고 줄줄 흘러내리는 우스꽝스러운 광경까지 연출했다. E. B. 화이트E. B. White는 해당 이벤트를 비평한 〈뉴요커〉 기사를 통해 사람들의 얼굴을 "마치 실크에 물을 뿌린 것처럼" 보이게 만든 미학에 도무지 갈피를 잡을 수 없었다고 밝혔다. 20분간 진행된 이벤트만 봐서는 "TV를 누군가의 거실에서 만날 수 있다는 생각이 들지 않을 만큼 현실감이 없었다"고 그가 결론지었다. "물론 집은 변화하고 있지만 말이다."

2004년 비방디유니버설엔터테인먼트Vivendi Universal Entertainment와 합병한 후로는 NBC유니버설로 불리고 있는 NBC는 거의 한 세기 동안 미디어와 엔터테인먼트 업계의 선두주자로 군림하며 거실에 수많은 변화를 일으켰다. 하지만 혁신을 주도하고 애플 제품에 론칭되는 시초로 군림하던 때와 달리 이제 기를 쓰고 앞선 주자들을 따라잡아야 하는 처지에 놓였다. 넷플릭스는 닷컴 시대가 전성기를 구가하던 시절 설립돼 스트리밍 비즈니스를 규정하고 지배하고 있었다. 수천 명의 엔지니어를 고용해 자사의 유일한 제품이자 190개국에서 2억 명이 넘는 가입자가 사용할 수 있는 앱을 최첨단으로 관리했다. 종래의 미디어 기업들은 엄청난 자금력을 갖춘 새로운 경쟁업체들에 비하면 유리한 점이 거의 없었다. 최강자라 할 넷플릭스는 막강한 포트폴리오를 자랑해 〈오피스〉만 해도 넷플릭스에서 최다 스트리밍 횟수를 자랑하는 프로그램이 되었다. NBC유니버설은 이 프로그램을 회수해 자사 서비스의 핵심작으로 사용할 수 있지만 그러려면 5억 달러(6,500억 원)가 넘는 비용이 필요했다.

스티브 버크는 NBC유니버설의 CEO로서 스트리밍 사업을 진두지휘했다. 훌륭한 수트 패션을 자랑하는 60대의 이 임원은 준수한 용모와 전통적 관점에서 날카로운 분석력을 겸비했다. 추진력이 강해 이따금 지나친 요구를 할 때도 있는 리더였지만 회사 내부는 물론 업계 전반에 믿고 따르는 사람이 많았다. 재충전이 필요할 때면 여느 미디어 CEO들처럼 햄프턴이나 말리부에서 휴가를 즐기기보단 몬태나로 가서 낚시를 했다. 그는 1986년 ABC를 인수하고 10년 후 다시 디즈니로 인수된 캐피털시티즈의 공동 대표였던 아버지 댄 버크와 함께 디즈니에서 일찌감치 일을 시작했다. 당시 ABC 의장이던 밥 아이거는 스티브 버크에게 자신의 뒤를 이어 ABC를 이끌어 줄 것을 제안했지만 버뱅크로 갈 생각이 없었던 버크는 대신 경쟁사 컴캐스트케이블 수장직을 수락했다. 아이거는 자서전 《디즈니만이 하는 것》에서 "내 등에 칼을 꽂은 거나 다름없었다"라며 스티브 버크는 아버지와 달리 "타고난 인간미"가 부족하다고 덧붙였는데 '나이스 가이'를 자처하는 CEO에 대한 드문 공격이었다.

스티브 버크는 2017년을 NBC유니버설이 자체 스트리밍 서비스를 본격적으로 준비하기 시작한 시기로 기억했다. 아이거가 디즈니 콘텐츠를 넷플릭스에서 모두 회수해 자체 서비스를 시작하겠다고 발표해 미디어 업계가 충격에 빠진 해이기도 했다. "회의를 시작했어요. 2주에 한 번씩 두세 시간 정도 회의했죠." 버크가 말했다. "우리 최고 재무책임자, 전략 담당자들과 제 직속 보고 체계인 경영진도 만나 모든 걸 검토하고 뭘 해야 할지 고민했습니다." 한 가지 방안은 NBC유니버설의 자산과 디스커버리 채널의 인기 리얼리티 프로그램, 그리고 타임워너의 방대한 TV 시트콤 및 드라마 라이브러리를 결합해 몸집을 키우는 것이었다. 정통한 소식통에 따르면 버크와 컴캐스트 CEO 브라이언 로버츠는 디스커버리 CEO 데이비드 자슬라브David Zaslav에게 전화해 이 같은 계획을 제시하며 참여하는 모두가 균등하게 수익을 가져갈 것이라 말했다. 하지만 컴캐스트가 좀 더 작은 규모의 미디어 기업 두 곳을 인수하기로 하면서 거래는 무산되었다.

버크와 그의 팀은 재정적으로 실현될 가능성이 있는 스트리밍 서비스를 구축하기 위해 디즈니의 비즈니스 모델을 탐구하기 시작했다. "우리는 '디즈니는 똑똑하니까 뭔가 장기적으로 실행 가능한 계획을 세웠을 거야. 대체 우리가 놓치고 있는 게 뭘까?' 자문했어요. 그래서 디즈니에서 일했던 사람들, 디즈니와 협력한 컨설팅 기업들에 전화 걸어 물어봤지만 그럴 듯한 계획을 알아내지는 못했죠." 버크가 회상했다. "그런데 어느 날… 누군가 들어와서 이렇게 말하는 거예요. 구독료

없이 광고를 보게 하면 어떠냐고요"

　현상 유지를 위해 막대한 투자를 하고 있는 NBC로서는 지극히 논리적인 결론이었다. NBC유니버설의 대규모 광고 사업이 유선 TV, 디지털, 스트리밍 부문을 통해 연간 120~130억 달러(15조 6,000억~16조 9,000억 원)씩 벌어들인다는 사실을 고려하면 수십 년이나 지속돼 온 스폰서 기업들의 광고를 스트리밍에서 이어가는 걸 마다할 이유가 없었다. 1941년 7월 1일 브루클린 다저스와 필라델피아 필리스의 야구 경기 도중 시계 기업 부로바의 광고가 최초로 선보인 이후 지금까지 시청자들은 광고를 봐주는 형식으로 무료로 TV를 시청해 오지 않았던가. 일찍이 광고를 건너뛸 수 있는 디지털 비디오 레코더가 등장하면서 TV 광고가 설 자리가 없어졌다는 통념에도 불구하고 'CBS 올액세스', 그리고 훌루의 '베이직' 서비스는 광고가 포함된 대규모 스트리밍 서비스도 얼마든지 성공할 수 있다는 사실을 입증했다. 광고료로 운영되는 플루토TV나 투비Tubi 등도 유료 TV 탈퇴를 고민하는 소비자들을 새 스마트 TV로 유혹함으로써 고객 기반을 확장해 가고 있었다. 하지만 버크가 보기에 순수 구독 서비스만으로 넷플릭스처럼 튼튼한 기업들에 타격을 가하기는 무리가 있었다. "숫자 계산만 해 봐도 보통 일이 아니죠. 처음 0명으로 시작하는 구독 사업은 1년이 지나야 300만 명, 또 1년 지나야 600만 명 정도로 늘까 말까예요. 엄청 서서히 성장하는 거죠… 게다가 고객 기반이 구축되지도 않은 서비스 첫날부터 제품과 비용을 확정해 선보여야 해요. 경제적으로 고통스러울 수밖에 없어요."

　광고 기반 운영 전략이 세워졌지만 버크는 처음엔 스트라우스에게 총괄을 맡기지 않았다. 대신 신임하는 간부 보니 해머Bonnie Hammer에게 업무 지휘를 일임했다. 해머는 다큐멘터리와 공공 TV 분야에서 일을 시작한 사람이다. 커리어 초기 집을 리모델링 해주는 프로그램 〈이 오래된 집This Old House〉 제작에 참여하기도 했다. 이후 유니버설텔레비전과 NBC유니버설의 고위직까지 올라갔다. E!, USA와 사이파이Syfy 등 이미 잘 알려진 케이블 TV 채널을 강화하고 브랜드 이미지를 재구축하는 데 특기를 발휘했다. 퀸즈에서 나고 자란 그녀는 작은 체구에 말이 빠르고 에너지가 넘쳤는데 방송국들을 현금 제조기로 탈바꿈시키면서 최고의 미디어 거물로 거듭났다. 전성기였던 2010년 대 초, 그녀가 개편한 네트워크는 연간 20억 달러(2조 6,000억 원)에 가까운 수익을 올렸다.

해머는 히트작을 알아보고 재능 있는 인재를 발굴해 끌어오는 재주가 좋았지만 기술과 관련해서는 기본적인 사항조차 모르는 문외한이었다. 하지만 스트리밍 서비스를 구축하기 위해서는 네트워크 지연, 사용자 인터페이스, 그리고 수백 가지 자산에 엮여 있는 배포권 등의 복잡한 문제를 15개월이라는 짧은 시간 안에 해결해야 했다. 미디어 업계에서 잔뼈가 굵은 거물이 70세의 나이에 스타트업이 맞닥뜨릴 만한 난폭한 파도에 휩싸인 것이다. 해머는 수많은 도전 과제 중 자신이 가장 잘하는 일에 집중하기로 했다. NBC유니버설의 자산과 유산을 활용해 하나의 브랜드를 차곡차곡 쌓아올리는 것이다.

"포트폴리오를 살펴보고 NBC 콘텐츠가 라이브러리 및 콘텐츠 분야에서 어떤 강점을 지니는지 파악하라"는 게 버크의 지시였다. 해머는 "우리는 흥미로우면서도 출시 사실만으로 큰 화제를 일으킬만한 콘텐츠를 찾아야 했어요." 목표는 NBC유니버설이라는 브랜드를 활용하면서도 고유한 뭔가를 창조하는 것, 다시 말해 "독창적이면서도 NBC유니버설과 그 역사가 묻어나는 무언가"를 만드는 것이었다.

NBC에게 스트리밍은 다른 네트워크 업체들에 비해서도 훨씬 복잡한 문제였다. 2007년 뉴스코퍼레이션의 폭스와 손잡고 훌루를 출시해 처음으로 TV 프로그램을 인터넷으로 전송하기 시작했지만 불과 몇 년 후인 2011년, 미국 최대의 케이블 업체 컴캐스트가 유서 깊은 네트워크, 그들의 지역 방송국 및 케이블 채널, 그리고 유니버설 영화 스튜디오를 인수했다. 비디오뿐 아니라 고속 인터넷 서비스까지 포함된 컴캐스트의 케이블 사업은 엔터테인먼트 사업보다 매출은 4배, 수익은 두 배가 더 많을 만큼 규모가 월등했다. 따라서 케이블 사업이 얼마나 중요한지는 말할 것도 없었다.

2018년, 21세기폭스 인수 경쟁에서 디즈니에 패한 컴캐스트는 자사 스트리밍 사업의 핵심을 차지할 자산에 엄청난 액수를 베팅했다. 이번에도 디즈니와 결투를 벌인 끝에 영국의 위성 방송사 스카이를 400억 달러(52조 원)에 인수했다. 위성방송은 미국처럼 유럽에서도 쇠퇴하고 있었지만 컴캐스트는 이 같은 위기를 어떻게든 뛰어넘으려는 스카이의 노력을 믿었다. 스카이는 또 엄청난 양의 스포츠 판권을 보유하고 있었을 뿐더러 HBO 프로그램을 영국과 독일에 독점 배급하는 권한까지 땄냈다. 스카이의 나우TV 스트리밍 서비스 설계자들은 유럽 미디어 업계에서 최고로 평가받는 자신들의 기술을 이제 분야를 막론하고 펼쳐 보일 것이었다.

컴캐스트가 기존 사업을 폐기하지 않은 이유 중 하나는 올림픽과 같은 대규모 이벤트의 TV 및 디지털 판권을 손에 쥐고 있었기 때문이다. 전통적인 집계 방식에 따르면 올림픽은 시청자 수는 감소하고 있지만 소셜 미디어 덕분에 전 세계인들에게 공동의 대화거리를 제공하는 몇 안 되는 글로벌 행사였다. NBC유니버설은 1988년부터 미국 내 독점 중계권을 보유해 왔으며 2011년 120억 달러(15조 6,000억 원)가 넘는 금액을 지불하고 권한을 2032년까지 연장했다. 또한 중계방송을 케이블 네트워크와 디지털 플랫폼에서도 이미 선보이고 있기는 하지만 수십 년 역사를 자랑하는 심야 중계방송 명가의 지위를 이어가길 고집했다. 하지만 타임존에 따라 중계가 지연되고 또 소셜 미디어로 인해 그 사실이 더욱 부각되다 보니 실시간 중계가 시대착오적이라는 인식이 더욱 확산되었다. 결국 NBC유니버설은 디지털 및 유선 플랫폼 편성표에서 수천 시간에 이르는 실시간 중계를 삭제했다. 중계방송 시청률은 계속해서 하락곡선을 그렸지만 지난 경기도 찾아보는 고객, 그리고 인기 경기에 기꺼이 프리미엄을 지불하는 광고주들 덕분에 NBC유니버설은 짭짤한 수익을 올릴 수 있었다.

스트리밍 구독 서비스들의 실적이 상당히 엇갈렸던 것도 NBC유니버설의 고민이었다. 'NBC 스포츠 골드'가 틈새시장에서 꾸준히 선방하고 있는 가운데 '시소Seeso'라는 코미디 위주의 스트리밍 서비스를 새롭게 선보였는데 2016년 초, NBC유니버설은 시소가 구상하고 있는 포트폴리오에서 첫 번째로 선보이는 서비스가 될 것이라고 밝히면서 한 달에 4달러(5,200원)라는 저렴한 요금으로 〈새터데이 나이트 라이브〉와 목요일 밤 시트콤 등 NBC의 유산을 누릴 수 있다고 홍보했다. 가격은 합리적이었지만 고객들이 새로운 미끼를 덥석 물 정도는 아니었다. 2017년 가을, 시소는 결국 가입자 25만 명을 끝으로 서비스를 종료했다. 실패의 대가는 가혹했다. 회계장부에 정통한 한 관계자는 투자금은 총 3억 달러(3,900억 원) 정도였는데 80%는 고객 확보에, 나머지는 오리지널 프로그램 제작 및 프로그램 인수에 들어갔다고 말했다. 당시 NBC 의장이었던 밥 그린블랫은 2016년 텔레비전 비평가협회Television Critics Association여름 언론 투어에서 기자들에게 시소가 훨씬 큰 규모의 사업을 앞두고 "물에 잠깐 발만 담가본 데" 불과하다고 말했다. "이 OTT 디지털 전략이 곧 실현될 겁니다." 그린블랫이 전통 케이블 사업을 도태시킬 "기존 범위를 넘어선Over The Top" 미디어 서비스에 관해 말했다. "이는 이미 여러 곳에서 일어나고 있어요. 시청자가 어디로 향해 가는지, 또 우리가 어디로 향해가길 원하는지 알려주는 지표라고 할 수 있죠. 우리는 그 공간에서 무엇을 할 것인지 많은 이야기를 하고 있습니다."

스트리밍 서비스가 이렇게 가다 서다를 반복하는 와중에도 NBC 유니버설은 2016년 리우 올림픽으로 2억 5,000만 달러(3,250억 원)의 순수익을 올려 기업 역사상 최고의 매출을 달성했다. 프리미엄 광고 요율 덕분에 종래의 TV 방송 수익이 전체의 약 75%를 차지하면서 여전한 파워를 자랑했다. 리우 올림픽 폐막 한 달 후, NBC는 세대를 뛰어넘는 가족 간의 소통을 타임스킵 방식으로 다룬 감성 드라마를 선보였다. 〈디스 이즈 어스This is Us〉는 비평가들의 찬사 속에 블록버스터급 시청률을 기록해 평균 1,500만 명의 시청자를 끌어모았다. 프라임 타임 프로그램의 시청률도 이 기록의 몇 분의 1에 불과한 시대에 말이다. 이외에 최고 인기를 누리는 두 프로그램 NFL의 〈선데이 나이트

풋볼Sunday Night Football〉과 노래 경연 프로그램 〈더 보이스The Voice〉가 하늘 무서운 줄 모를만큼 높은 시청률을 기록하면서 NBC는 종래의 유선 TV에 대한 신념을 유지할 만한 이유가 생겼다. 스트리밍은 기껏해야 **골칫거리**에 불과했다.

"우리는 우리의 강점을 살리고 있어요." 버크가 피콕에 대한 자사의 철학에 대해 말했다. "우리는 5,500만 명의 비디오 고객을 보유한 기업이자 미국 최대의 TV 광고 제공업체로 우뚝 섰죠." 리우 올림픽 개막 무렵, 버크는 일련의 스캔들에 대처하며 깊은 상처를 입었다. NBC 뉴스 앵커 브라이언 윌리엄스Brian Williams의 이라크 전쟁 보도가 과장되고 왜곡됐다는 비난에 어떻게 대응할지 직접 관리하면서도 전면에 나서지는 않으려 애썼다. "그는 부끄러운 것도, 과묵한 것도 아니다. 다만 나처럼 달변이 아닐 뿐이다." 버크가 취임한 직후 그의 오랜 친구 워런 버핏Warren Buffett이 〈뉴욕타임스〉와의 인터뷰에서 말했다.

그렇다고 해서 버크가 스트리밍 혁명을 무시한 건 아니다. 다른 대형 미디어 기업들이 넷플릭스 같은 구독 서비스를 출시할 것이라고 충분히 예상하고 있었다. 하지만 안정적 현금 유동성과 보수적 경영으로 이름난 기업으로서 연간 수십억 달러의 손실을 감수한다는 건 말 그대로 불가능했다. 하버드대 MBA 출신으로 아버지의 사업 궤적을 봐왔던 버크는 노련한 협상 전문가로서 오랫동안 명성을 누려왔다. 2017년이 막바지에 접어들면서 인수합병에 유리한 경제 환경이 조성되자 종래의 미디어 기업들은 유선 TV 가입자가 줄고 TV 시청률이 떨어질까 봐 노심초사했다. 굳건하게 버텨온 빙산이 공식적으로 녹아내리고 있었고 비즈니스 역사를 꿰고 있는 학생들에게 익숙할 현상이 여기저기서 터져나왔다. 바로 통합이다. AT&T는 타임워너 매입을 발표했고, 곧이어 라이온스게이트가 스타즈를 인수하는가 하면 디스커버리도 146억 달러(18조 9,800억 원) 규모의 합병을 통해 스크립스네트웍스인터액티브Scripps Networks Interactive를 인수하겠다고 발표했다. 하지만 최고의 하이라이트는 2017년 11월에 공개되었으니 디즈니가 21세기폭스에 대한 지분 대부분을 매입하는 협상을 진행 중이었던 것이다. 이 거래가 성사되면 영화와 TV 시장의 지형이 달라질 뿐더러 훌루는 2007년 출범 이후 최초로 단일 기업에 다수 지분이 넘어가게 되는 만큼 NBC유니버설에 악재가 아닐 수 없었다. 이렇게 인수 물결이 들이닥친 데에는 변덕스러운 고객들을 끌어올 만큼 강력한 프로그램을 확보해 스트리밍 서비스를 궤도에 올리려는 기업들의 속내가 크게 작용했다.

21세기폭스를 놓고 2004년 디즈니와 입찰 경쟁을 벌였던 컴캐스트가 2018년에 또 한 번 도전장을 내밀었지만 결국 실패했다. 그래서 컴캐스트는 루퍼트 머독이 이끄는 미디어 제국의 또 다른 자산을 노렸고 유럽의 위성 TV 대기업 스카이에 400억 달러(52조 원)를 제시해 드디어 디즈니를 제치는 데 성공했다. 스카이는 중요한 스포츠 판권을 상당수 소유했을 뿐더러 스카이뉴스라는 탄탄한 브랜드도 구축하고 있었다. 하지만 〈심슨 가족〉, 〈아바타〉, 〈엑스맨X-Men〉 등 다수의 안정적인 자산을 보유한 폭스와 비교했을 때 진짜 가치는 스트리밍 서비스 전문성에 있었다. 스카이의 영국 스트리밍 서비스 '나우'는 업계를 선도하고 있었다. 이 서비스를 구축한 팀이 NBC유니버설의 스트리밍 시장 진입을 위해 서비스의 복제를 맡게 되었다.

스카이와의 계약이 성사된 후, 버크는 오랫동안 기다려온 미국 내 스트리밍 서비스를 공개하고 2020년 초 출시를 선언했다. 버크는 "다른 사람들이 다 이쪽으로 갈 때 저쪽으로 가기로 결심하고" 광고료로 운영되는 무료 서비스를 선보였다. 컴캐스트와 스카이를 보유해 수백만 명의 고객에게 새로운 스트리밍 서비스를 무료로 제공할 수 있는 덕분에 이 계획안이 유리한 고지를 점령할 수 있었다고 버크는 주장한다(피콕은 2023년 1분기 가입자 수 2,200만 명을 돌파했는데 전년도 대비 900만 명이 증가한 수치다. 다만 순손실 규모 역시 커졌고 피콕은 기존 이용자 외에 완전 무료 버전 가입을 중단하고 광고 포함 유료 버전과 광고 제외 유료 버전을 제공 중이다-옮긴이).

그는 워너브러더스나 디즈니가 했던 방식대로 신규 가입자를 쫓아다니며 모으지 않을 거란 걸 분명히 밝혔다. "시청자의 약 80%가 유료 TV 생태계에 속해 있죠." 그가 말했다. "그곳이 바로 우리가 이미 살고 있는 곳입니다."

9장

▶

장기전

애플의 임원인 에디 큐는 새로운 제품이나 서비스를 구상하는 시간 외에는 골프에 빠져 지낸다. "완전히 중독됐어요." 골프 장비 업체가 운영하는 유튜브 채널 '캘러웨이 라이브Callaway Live'의 에피소드에 출연한 큐가 수줍게 미소 지으며 말했다. 그는 "짬날 땐 골프 치는 걸 좋아해요"라고 말하며 "가장 가까운 친구들" 몇몇은 골프를 치며 만난 이들이라고 덧붙였다.

특히 큐는 타이거 우즈Tiger Woods와 필 미켈슨Phil Mickelson과 골프를 매개로 연결되기를 열렬히 바랐었다. 명예의 전당을 수놓은 이 프로 선수들은 추수감사절 라스베이거스에서 라이브 스트리밍 이벤트로 열리는 18홀 경기 '더 매치'에 참여하기로 돼 있었다. 이 대회에서 선수들은 마이크를 착용했고 경기 중에 서로에게 독설을 퍼부어 상대방이 집중하지 못하도록 방해하는 게 허용됐다. 물론 우즈와 미켈슨은 가까운 사이가 아니어서 둘에게선 이런 재미를 볼 수 없었지만 말이다. 우승 상금은 900만 달러(117억 원)였는데 관계자에 따르면 에디 큐도 이 경기의 중계권을 따내려고 애쓴 여러 인사들 중 한 명이었다. 당시 애플이 스트리밍 서비스인 애플TV플러스를 출시하기 전이었기 때문에 어떻게 중계해야 할지 확실치 않았지만 큐에게 이 경기는 놓치기엔 너무나 아까운 기회였다. "에디는 이 경기에 너무 꽂혀서 실제 제안까지 할 뻔했어요." 주최 측의 한 에이전트가 당시를 회상하며 웃으며 덧붙였다. "주말에 타이거 우즈를 만나고 싶어 했죠."

중계권은 입찰 경쟁이 치열했지만 한 시즌 중계권을 통째로 사는 데 보통 수십억 달러가 필요한 업계 관행과 비교했을 때 저렴한 편이어서 순식간에 팔려나갔다. ESPN은 계약 직전까지 갔다 막판에 무산되었고 결국 AT&T가 승리하면서 터너스포츠Turner Sports와 다이렉트TV가 중계권을 갖게 되었다. 이들은 시청자들에게 회당 20달러(2만 6,000원)의 비용을 청구했다. 에이전트에 따르면 입찰에 뛰어든 AT&T의 경영진 역시 큐처럼 사적인 감정이 있었다고 한다. 터너스포츠 수장 데이비드 레비David Levy와 당시 AT&T CEO였던 랜달 스티븐슨 모두 이벤트에 참석해 선수들과 함께 사진을 찍고 그들과 어울리느라 시간 가는 줄 모르는 듯했다. 물론 이 두 거물이 거기까지 행차한 공식 명분은 젊은 시청자들을 끌어오기 위함이었지만 말이다. 에이전트가 당시의 소회를 회상했다. "이거 재밌네, 싶었죠. 그들도 셀럽들과 어울릴 기회를 돈으로 사다니, 전 그들이 우주의 주인인 줄 알았는데 말이에요!"

이런 상황에서 정작 '더 매치' 중계는 기술적으로 심각한 오류가 발생하며 스트리밍 역사에 수치스런 족적을 남기게 되었다. 레비는 "메모리 부족"을 원인으로 들며 블랙 프라이데이 쇼핑객과 이벤트 경기를 보려는 고객이 동시에 몰려 시청에 문제가 생겼다고 항변했다. AT&T는 결국 실시간 시청을 위한 유료 결제 시스템을 폐기하고 무료로 제공하는 한편, 이미 20달러(2만 6,000원)를 지불한 75만 명의 시청자들에는 환불을 해줬다. 송출이 열악하기는 다른 배급사들도 마찬가지였다. 엑스트라홀에서 미켈슨이 우즈를 앞섰을 무렵에는 심지어 열성 팬들도 더 이상 경기를 보고 있지 않았다.

'더 매치'의 처참한 결과는 골프라면 사족을 못 쓰는 임원진, 그리고 거금을 노리는 스타 선수들이 자초했다고 해도 과언이 아니다. 임원진은 여전히 유료 TV 패키지로 팔아먹을 수 있는 스포츠 분야를 스트리밍에 '주입'하는 것에만 급급해 정작 중계의 기술적 측면은 완전히 놓쳤다. 스트리밍 경쟁에서 넷플릭스를 따라잡으려고 안달이 난 기업들은 하나같이 스포츠 '생중계'에 사활을 걸었지만 결국 핵심은 응원하는 팀을 볼 수 있다면 얼마든 돈 쓸 준비가 돼 있는 스포츠 팬들을 어떻게 '디지털 형태의 매체'로 유입시키느냐였다.

아마존, 트위터, 페이스북과 유튜브는 모두 밤테크(월트디즈니컴퍼니가 인수한 스트리밍 기술 자회사-옮긴이)의 일부 전략을 본떠 2010년대부터 스포츠 중계방송을 스트리밍하기 시작했다. 현재 아마존은 'NFL 목요일 밤 풋볼NFL Thursday Night Football' 중계권을 독점하고 있으며 예스네트워크YES Network 주주로서 뉴욕 양키스의 21개 경기를 매년 스트리밍하고 있다. 프리미어 리그 축구와 주요 테니스 토너먼트를 전 세계에 스트리밍하기도 하다. 애플은 주요 대학 컨퍼런스 및 지역 스포츠 네트워크와 협상을 진행했지만 이 책을 쓰고 있는 시점까지는 아직 경주에 가담하지 않았다(결국 애플은 2022년과 2023년 각각 MLB와 MLS 중계를 시작했다-옮긴이). NBC유니버설의 피콕과 디즈니의 ESPN플러스ESPN+는 스포츠 생중계를 주력 사업으로 내세우고 있으며 워너미디어의 HBO맥스는 2021년, NHL 하키 경기 중계권을 추가했다. 비아콤CBS가 차세대 스트리밍 강자로 내세운 파라마운트플러스Paramount+는 축구, 대학 스포츠, NFL을 핵심 서비스로 밀고 있다.

스트리밍 시대 '스포츠 중계권 게임'에 참전한 벼랑 끝에 몰린 업체들의 전술을 이해하는 데 존 스키퍼라는 인물을 살피는 것보다 좋은 방법을 찾기는 힘들다. 65세의 나이로 호리호리한 체형을 지닌 이 미디어 업계의 베테랑은 27년간 디즈니와 ESPN을 이끌다 '다존DAZN'이라는 스포츠 스트리밍 업체의 회장까지 맡았다. 억만장자 렌 블라바트닉Len Blavatinik이 후원하는 이 스포츠 서비스는 미국에 본사를 두고 있지만 800만 명에 이르는 구독자 중 대부분은 해외에 있다. 다존은 설립된 지 몇 년 안 돼 축구 메이저리그, 앤서니 조슈아Anthony Joshua와 카넬로 앨버레즈Canelo Alvarez 등 뛰어난 복서들의 경기, 그리고 NFL의 일부 지역 중계권을 따내는 데 성공했다.

2021년 다존을 떠나 미도우라르크미디어Meadowlark Media라는 부티크 프로덕션을 설립한 존 스키퍼의 ESPN에서의 말년은 말도 많고 탈도 많았다. ESPN에서 6년간 사장으로 재임했던 그는 코카인 중독으로 자진 사퇴해 미디어 업계를 충격에 빠트렸다. 스키퍼는 최근 맨해튼 웨스트빌리지에서 가진 점심식사 자리에서 시작부터 불길하긴 했다며 태평하게 얘기했다. 사장이 되었던 2012년 유료 TV 패키지 가입자 수가 최고치를 찍었는데 이듬해 수십 년 만에 처음으로 하향 곡선을 그리더니 이후 하락세가 더욱 가속화되었다는 것이다. "제가 2012년 1월 1일에 부임했는데 그날이 처음으로 평행선을 그린 날이었다고 몇 년 후 사람들한테 농담 삼아 말했어요." 스키퍼가 노스캐롤라이나주 중부 출신 특유의 장모음 억양으로 말하며 웃었다. 20세기의 장비가 21세기의 현실과 충돌해 추락하면서 유료 TV 탈퇴 바람이 거세지자 스키퍼는 구독자가 갈수록 줄어드는 와중에도 어떻게든 더 큰 수익을 짜내야 한다는 과제와 맞닥뜨렸다.

ESPN은 오늘날에도 여전히 높은 수익률을 자랑하고 있긴 하지만 유선 TV 구독자가 꾸준히 감소하면서 존폐 위협에 시달리는 건 물론, 스트리밍을 바라보는 디즈니의 견해에도 묘한 영향을 끼쳤다. CEO 바통을 넘겨받기 직전, 밥 아이거는 수년이 걸릴지언정 ESPN이 "소비자 직접 판매 성격이 훨씬 강한 제품"으로 거듭날 것임을 시인했다. 2018년 출시된 ESPN플러스는 3년 후 가입자 1,500만 명 달성을 눈앞에 두고 있었지만 결국 부가서비스로 남았다. 중요한 게임과 프로그램은 유료 TV 구독을 통해 정규 ESPN 채널에서만 시청할 수 있게 된 것이다.

디즈니를 비롯한 미디어 기업들이 2000년대 인터넷의 영향권에 들어선 이후 중심축을 스트리밍 사업으로 옮기기까지는 상당한 장애물들을 넘어서야 했다. 내부에서도 뜨거운 논쟁이 계속됐지만 ESPN은 아직 OTT로 넘어가기보다 종래 사업 모델에 충실해야 할 이유가 어느 누구보다 차고 넘쳤다. ESPN의 입김이 워낙 세다 보니 마음만 먹으면 전송료를 올릴 수 있을뿐더러 광고도 프리미엄 요율을 붙여 판매하는 게 가능했던 것이다. 심지어 1983년부터는 케이블 사업자들을 설득해 광고를 판매함과 동시에 채널 제공료까지 받아 이중 수익을 창출했는데 MTV, 니켈로디언, CNN 등 선구적인 케이블 케이블 기업 어디서도 달성하지 못한 업적이었다. 이 같은 혁신의 시작은 무척이나 소박했다. 제임스 앤드류 밀러James Andrew Miller와 톰 셰일스Tom Shales가 구전 역사를 기록한 《즐거움을 독차지한 녀석들Those Guys Have All the Fun》에서 ESPN의 전 임원 조지 보덴하이머George Bodenheimer는 소규모 케이블 업체들이 자사에 구독자당 월 4센트(52원)를 지급하도록 설득했다고 회상한다. 결국 수십억 달러 규모까지 불어난 이 수수료는 의도치 않았지만 훗날 스트리밍 사업으로 방향을 트는 데 장애물이 되고 만다. 미디어 업체의 경영진은 자기 개인의 성과뿐 아니라 소속 부서, 그리고 기업 전체의 성과에 따라 보너스를 받는데 채널 제공료를 폐지한다는 건 고위 간부 수십 명으로부터 연간 수백만에서 수천만 달러를 강탈한다는 의미였다.

스키퍼는 디즈니가 디지털 전환의 필요성에 대해 "아주 훌륭하고 영리한 토론을 했다"라고 회상했다. "ESPN이 아마 스트리밍 전환에 제동을 거는 브레이크였을 거예요. 저도 그중 하나였고요. 그럴 수밖에 없는 게 OTT에 올라타면 배급업자한테 가서 '7~8% 수익을 더 달라'고 더 이상 말할 수 없거든요." 스키퍼는 사장으로서 배급 책임자들의 편을 가장 많이 들었다. "배급 책임자들은 '잠깐만요, 무슨 **헛소리**예요? 유료 TV 채널 제공료로 연간 80억 달러(10조 4,000억 원)를 벌어들이는데 그걸 없애버리겠다고요?'라고 따지고 들 수밖에 없죠. 이런 토론을 할 때마다 우리는 '그래, 스트리밍이 미래지. 그런데 대체 **언제** 바꿔야 되는 거야?'라고 물었어요. 타이밍이 너무 빠르면 우리 발등을 찍을 수밖에 없으니까요. 그래서 밥 아이거는 항상 어떻게 해야 주가를 올리고 또 그 성과가 주주들한테 돌아갈 것인지를 고민하며 결정을 내렸어요." 복잡했던 그 시절을 회상하며 스키퍼는 자신이 주도해 광대역 전용 스포츠 네트워크 ESPN3를 출시했다고 말했다. 유료 TV 업체들의 광대역 진출이 늘자 그 수요를 충족하기 위해 대학 배구부터 크리켓까지 다양한 스포츠 경기를 생중계하는 스핀오프 네트워크를 탄생시킨 것이다. 이후 ESPN은 광대역 업체들로부터 구독자당 50센트(650원)의 수수료를 받아내는 데 성공했다고 스키퍼는 말했다. 그리고 광대역 업체들은 고속 인터넷 가입자들에게 ESPN의 콘텐츠를 부가서비스로 제공했다. ESPN3가 스포츠 스트리밍을 개척하려는 시도이기는 했지만 배급 모델은 또 다른 시사점을 지닌다. 이 역시 ESPN플러스처럼 ESPN이라는 행성의 그늘을 벗어나지 못하는 '위성'이었던 것이다.

채널 제공료가 처음 부과된 이후 거의 40년이 지난 오늘날까지 ESPN이라는 거대 행성을 대체 언제 유료 TV 패키지 밖에서 만날 수 있을지 궁금증은 계속 커지고 있다(2023년 8월 기준, ESPN은 여전히 NBA와 NFL 등 인기 경기는 EPSN플러스 같은 스트리밍 서비스가 아닌 ESPN을 통해서만 송출한다-옮긴이). 스키퍼의 후임인 지미 피타로Jimmy Pitaro가 이를 고려할 가능성이 높다고 그의 측근이 말하면서 "경영진이 그런 대화를 얼마 전부터 계속 해오고 있다"고 덧붙였다. 하지만 변화가 임박한 것처럼 보이지는 않는다. 측근은 "왜 그런 질문을 하고 또 왜 그렇게 생각하는지 충분히 이해합니다. '그들도 이제 소비자 직접 판매를 더 중요시하고 있으니 하루빨리 주력 직접 판매 상품을 확보하고 싶을 것'이라고 생각할 수 있지만 틀렸어요. 우리는 아직 '직접 판매 상품이 과연 필요한지, 필요하다면 대체 언제 내놔야 하는지' 신중하게 논의하고 있습니다."

소비자들이 TV에서 스트리밍으로 옮겨가는 건 이제 피할 수 없는 흐름으로 여겨진다. 〈어벤저스〉 시리즈의 '인피니티 워'와 '엔드 게임'을 비롯해 마블과 디즈니의 주요 작품들을 감독한 조 루소Joe Russo와 앤소니 루소Anthony Russo 형제는 영화계에서 두각을 나타내기 전 TV 업계에 몸담았다. 둘은 수년간 〈커뮤니티Community〉와 〈못말리는 패밀리Arrested Development〉 같은 TV 시리즈의 감독 및 프로듀서로 일하면서 시장이 유료 TV 패키지 형태에서 스트리밍으로 넘어가는 광범위한 변혁을 거치며 유선 TV 네트워크가 혼란에 빠지고 창작 집단 역시 크게 영향 받는 걸 목격했다. "앤소니 루소와 제가 그런 얘기를 한 지는 벌써 10년이 넘었어요." 조 루소가 말했다. "TV 네트워크는 브랜드와 광고를 중심으로 운영되는 만큼 광고주와 광고주의 돈에 따라 콘텐츠도 움직일 수밖에 없어요. 결국 어떤 콘텐츠가 방송될지는 광고주가 정하는 거죠." 앤소니 루소는 "물론 이 같은 사업 모델에는 문제가 있어요. 작품의 내러티브를 망가뜨리니까요. 그래서 네트워크에서는 내러티브를 망가뜨리지 않을 배급 수단을 물색해 왔어요. 결국 이런 상황은 광고주들이 자처한 거죠. 말하자면 이 시스템은 타이어가 구멍 난 자동차 같은 겁니다. 4개의 타이어가 모두 구멍이 난 채

6~7년을 달려왔어요. 언젠가는 이 차가 불량품인 걸 인정하고 차를 갓길에 세운 뒤 번호판만 뜯어 들고 도망쳐야죠"라며 이 과장된 비유를 웃음으로 마무리했다.

미국 TV 산업에서 광고는 다른 나라들과는 다른 방식으로 작동해 왔다. 〈하우디 두디Howdy Doody〉(1947~1960년)와 〈텍사코 스타 극장 Texaco Star Theater〉(1938~1949년)이 방영되던 시절부터 광고주들은 모든 결정권을 손에 쥔 채 프로그램 곳곳에 브랜드명을 노출시키고 광고를 내보내며 출연진이 홍보 메시지를 줄줄이 읊도록 만들었다. 이 말인 즉슨 넷플릭스를 필두로 한 광고 없는 구독 서비스가 오늘날 스트리밍 서비스 호황을 주도한다는 사실이 미국 소비자들에게 중요한 의미라는 것이다. 2000년대, 초창기의 디지털 동영상 서비스는 광고를 중심으로 돌아갔다. 특히 훌루와 유튜브의 경우가 그랬다. 그러나 이내 인터넷 전송 동영상이 확산되며 이내 주도권은 시청자가 쥐고 있다는 사실이 확인됐다.

미디어학 교수 아만다 D. 로츠Amanda D. Lotz는 저서 《우리는 이제 이 방송을 파괴한다We Now Disrupt This Broadcast》에서 "우리가 TV 시청 경험의 일부라고 믿었던 '즉시성immediacy'과 '생생함liveliness'은 TV라는 유통 기술이 만든 부산물로 여겨져 왔다"라고 적었다. "인터넷과 기타 디지털 기술 덕분에 시청자들은 TV 역시 인쇄 및 오디오 매체처럼 자신의 의지대로(원하는 때에 원하는 걸 이용-옮긴이) 다룰 수 있게 되었다. 시청자들은 환호했지만 TV의 비즈니스 모델은 이제 변화를 따라잡아야 하는 처지에 놓였다." 반면 넷플릭스는 자사 "회원들을 기쁘게" 하기 위해 노력하고 있다고 경건한 태도로 말했다. 변화에 만족한 유료 회원들이 또다시 광고에 시달리는 걸 용납할 리 없다. 스트리밍 시장이 HBO 시대 이전 CBS 시절의 유선 TV 패러다임으로 돌아간 것도 아마 케이블 업계가 TV 에브리웨어 앱에 어설프게 광고를 집어넣었다 도리어 시청자들을 떨어져 나가게 한 케이블 업계의 경험과 관련될 확률이 높다.

하지만 주요 프로그램과 다수의 시청자들이 기존의 유료 TV를 벗어나 인터넷으로 대규모 이동을 단행하기 위해서는 광고비는 꼭 필요하다. 아마존이 스포츠 미디어에 진출하고 트위치Twitch, 파이어 TVFire TV, IMDb TV(2022년 아마존프리비로 브랜드명을 변경-옮긴이) 등 다른 스트리밍 플랫폼에 투자한 것도 모두 광고 덕분이었다. 아마존은 향후 연간 200억 달러(26조 원)가 넘는 광고 수익을 벌어들일 것으로 예상되며 일부 월스트리트 애널리스트들은 2026년 무렵엔 심지어 3배로 증가할 것이라 예측한다. 페이스북, 구글에 비하면 한때 까마득히 뒤처져 있던 아마존이 이제 다른 부문에서와 마찬가지로 동영상 광고의 골리앗으로 거듭난 것이다.

광고주들은 디지털이 가진 우수한 타깃팅 기능을 활용해 젊은 소비자들을 찾아 나설 계획이다. 넷플릭스로 인해 스트리밍이 광고 없는 구독제 서비스로 알려지게 됐지만 2020년을 기점으로 사람들 사이에서 '**구독 피로**Subscription Fatigue'의 징후가 나타났기 때문이다. 한편 코로나19에 따른 재정적 부담은 소비자들이 스트리밍 서비스를 한 번에 3개 이상 구독하지는 않을 거라는 조사 결과도 불러왔다. 일각에서는 '**광고가 있는**' 스트리밍 방송의 시대가 마침내 도래했다고 믿고 있다. 미국의 시청자들은 지난 수십 년간 광고를 감내하는 대가로 온갖 프로그램을 무료와 다름없이 즐겨 왔는데 스트리밍 시대라고 해서 똑같은 방식이 작동하지 않을 이유가 있을까?

광고 없는 주문형 동영상svod 구독 서비스와 보다 정교한 광고 지원 주문형 동영상avod 서비스는 스트리밍 시장을 갈수록 사이좋게 나눠가질 것이다(실제 2023년 미국 기준, AVOD 시청자는 계속해서 증가해 미국 인구의 50%를 넘어섰다-옮긴이). "진정한 프리미엄 콘텐츠라면 이제 SVOD 혹은 SVOD 및 AVOD 두 가지 방식으로 최초 공개돼야 합니다." 수천 가지의 다양한 스트리밍 앱을 면밀히 관찰하고 있는 '로쿠'의 플랫폼 비즈니스 총괄 매니저 스콧 로젠버그Scott Rosenberg가 말했다. "구글과 페이스북이 순수한 형태의 AVOD에 살짝 발을 들였었는데 규모를 확대하기에 적합한 플랫폼은 아니었죠. 저는 오리지널 고급 콘텐츠를 순수 AVOD 플랫폼에서 최초 공개하는 게 가능하다고 생각해요. 적어도 음식, 라이프스타일, 리얼리티 등 특정 카테고리에서는요. 지금으로선 깊이 있고 비용도 많이 드는 드라마 같은 걸 선보이기는 힘들겠지만 언젠가는 대형 프로그램도 가능하겠죠. 아마도요." 현재 피콕과 HBO맥스가 고급 AVOD 서비스의 실현 가능성을 실험 중에 있으며 뒤이어 훌루, 좀 더 최근엔 CBS 올액세스가 운용하는 파라마운트플러스가 뛰어들었다. 워너미디어는 오늘날 영화 채널인 AMC나 NBC 소속의 미술, 영화 채널 브라보 같은 케이블 업체 이외엔 아무도 꿈꾸지 않는 방식을 시도 중이다. 광고 없이 시작한 서비스에 광고를 붙이는 것이다. 워너는 2019년, 약속대로 광고 없이 15달러(1만 9,500원)에 제공되는 현재 서비스에 광고가 있는 대신 10달러(1만 3,000원)에 볼 수 있는 서비스를 추가했다.

넷플릭스의 공동 CEO 리드 헤이스팅스와 테드 서랜도스는 강력히 부인하고 있지만 업계 관계자들은 넷플릭스가 언젠가 광고를 도입할 거란 걸 기정사실처럼 받아들이고 있다(2022년 11월, 결국 넷플릭스는 광고형 요금제를 도입했다-옮긴이). 월 구독료가 저렴하거나 아예 무료인 라이벌 기업들에 비하면 넷플릭스는 취약할 수밖에 없다는 게 회의론자들의 시각이다. 플루토TV, 투비, 크래클Crackle, 아마존의 IMDb TV, 수모Xumo 등 다양한 무료 서비스가 꽃피워 월 수천만 명에 이르는 '사용자'들을 끌어모으고 있다. 이 서비스들은 인터넷 접속이 가능한 스마트TV가 대중화되고 시청자들이 유료 TV를 끊은 덕분에 성장할 수 있었다. 이들은 오리지널 프로그램 제작도 제한적이고 예산도 적다는 점에서 넷플릭스의 경제 모델과는 확연히 구분된다. 초기에는 콘텐츠도 엉성하고 만족스럽지 못해 소비자들은 넷플릭스 같은 몰아보기 시대 강자들의 손을 들어줬다. 하지만 꾸준히 품질이 개선되고 제공하는 콘텐츠도 훨씬 다양해졌다. 가령 IMDb TV는 〈매드 맨〉과 1970년대 아이콘인 제작자 노먼 리어의 시리즈 등 명품 프로그램들을 무료로 제공하고 있다. 무료로 콘텐츠를 제공하는 기업들은 넷플릭스 같은 고급 소매업자들 다음으로 높은 수익을 올릴 거라고 자신한다. 실제로 팬데믹으로 경제가 표류하는 동안 이 업체들은 호기심 충만한 소비자들을 대거 끌어들이는 데 성공했다.

한편 스포츠 전문 스트리밍 서비스는 무료로 제공되거나 광고 없이 운영되기 어렵다. 경기 도중 타임아웃에 돌입하거나 야구 경기 도중 투수가 바뀌는 시간을 어떻게 때울 것인가? "스포츠랑 묶인 광고는 효과가 좋다고 생각해요." 스키퍼가 말했다. "괜찮은 두 번째 수익원이죠… 우리에겐 다양한 수익원이 필요하고요." 다존은 구글과 함께 동적 광고 삽입 앱dynamic insertion application을 개발함으로써 스트리밍 광고주들이 데이터를 활용해 특정 고객층을 찾을 수 있도록 공식적으로 허가했다. 인터넷을 통한 광고 송출은 유선 TV와 달리 데이터에 기반해 개인 맞춤형으로 배포된다. 때문에 동적 광고는 동일한 맥주 광고를 수천만 가구의 거실에 송출하는 것과 같은 효과를 가질 수 있다. 스키퍼가 스트리밍 사업에서 광고의 역할을 강화하려는 이유 중 하나는 저작권료다. 적어도 미국에서는 저작권료가 계속 오를 것으로 예상되고 스포츠 중계권을 따내는 것만으로 수익을 낼 가능성이 적기 때문이다. 이대로 가면 스트리밍 서비스에 그렇지 않아도 엄청난 투자를 하고 있는데 중계권을 따기 위해 수십억 달러를 또 투자해야 한다. 반면 유럽과 다른 지역에서는 축구나 기타 스포츠의 국내 중계권 패키지 비용이 지난 몇 년간 크게 떨어졌다. 규제 강화와 입찰 업체 감소, 그리고 오랫동안 중계권을 갖고 있던 업체들이 놀랍게도 기간 갱신에 더 낮은 금액을 제시하는 등 여러 요소가 작용한 결과다.

지미 피타로는 중계권을 둘러싼 판도에 더 많은 변화가 일어날 것으로 전망한다. "몇몇 스포츠의 경우 이제 '리셋'할 시점이죠. 모든 스포츠가 성장할 수는 없어요. 10년 뒤 스포츠 OTT 서비스가 자신의 가치를 입증하면 다시 성장세로 돌아설 수도 있죠. 하지만… 유선 TV 탈퇴 바람이 거세지고 있는 지금과 같은 환경에서는 운영하기 너무 어려워요. 그리고 언젠가는 업계도 그 사실을 받아들여야죠. 시청률도 떨어지고 구독자도 줄어들고 결과적으로 광고 수익도 줄고요. 미디어 업체가 케이블 사업자들을 상대로 챙기는 수수료도 줄었어요. 이렇게 모든 게 줄어드는 상황에서는 '현상 유지'가 불가능하죠."

그나마 '희망 편'이라 할 수 있는 NFL은 2021년 3월 발표된 주요 중계권 패키지를 갱신하며 1,100억 달러(14조 3,000억 원)에 가까운 금액을 거둬들였다고 발표해 놀라운 파워를 입증했다. 비아콤CBS, 디즈니/ESPN, 폭스, NBC유니버설, 아마존은 모두 중계권을 11년 연장해 2030년대 중반까지 확보했다. 놀라운 건 이뿐만이 아니다. 2020년 최고 시청률을 기록한 10개 프로그램 중 7개가 NFL 경기였는데 수치만 보면 솔직히 끔찍했다. NFL은 지난 10년간 종래의 유선방송 중계 역시 지속했다. 이렇게 익숙한 수익원에서 언제 어떻게 벗어날 것인가에 대한 고민은 계속될 것이다(결국 2022년 12월 NFL은 유튜브에 일요일 경기 중계권을 140억 달러에 팔았다-옮긴이).

세계레슬링엔터테인먼트WWE, World Wrestling Entertainment 회장이자 ICM 및 스포츠 에이전시 CAA의 전 에이전트 닉 칸Nick Khan은 스포츠 중계권 사업을 면밀히 주시하고 있다. 그는 NFL 중계권 갱신을 지켜보면서 "더 기본적인 케이블 채널"이 스트리밍에 밀려 사장되는 결과가 나타날 것이라고 예측했다. 실제로 NBC유니버설은 수십 년 역사를 지닌 NBC스포츠네트워크NBC Sports Network가 2022년 문을 닫고 그곳의 프로그램은 대부분 피콕으로 옮겨갈 것이라고 발표했다. NHL 하키 중계권 대부분을 디즈니가 따내자 하키 전문 채널인 NHL네트워크NHL Network 역시 단계적으로 채널을 폐지하기로 결정했다. 누구도 알 수 없는 건 스포츠 시청자들을 어떻게 이 같은 전환에 동참하게 할 것인가 하는 문제다. 아무리 아마존이 거대하고 강력해도 모르는 건 매한가지다. 종래의 유선 TV 세상과 다르게 스트리밍에서는 "뜻밖의 만남이 없다"고 닉 칸은 지적했다. "옛날 같으면 시청자들이 한밤중에 편성표를 훑어보다 '아, 다음 경기가 하고 있었네'라며 채널을 돌리는 일이 벌어졌을 테지만 스트리밍에서는 일일이 챙기지 않는 한 경기를 볼 수 없죠."

10장

클라운컴퍼니의
탄생

유튜브는 초창기까지만 해도 할리우드가 신경 쓰고 견제해야 할 미디어는 아니었다. 최고 인기 동영상이라고 해 봐야 별난 콘텐츠로 사람들 시선을 사로잡아 친구들 사이에 공유되는 정도였다. 다이어트 콜라와 멘토스를 이용한 엉터리 과학 실험, 스타워즈 키즈가 어색하게 광선검을 휘두르는 모습, 동기부여 강사 저드슨 레이플리Judson Laipply가 12곡의 히트곡 메들리에 맞춰 다양한 춤을 물 흐르듯 자연스럽게 이어 추는 모습 등의 동영상이 수백만 조회 수를 기록하는 데지나지 않았다.

대중이 가볍게 만든 동영상들이 〈아메리칸 아이돌American Idol〉, 〈CSI: 과학 수사대CSI: Crime Scene Investigation〉, 〈그레이 아나토미〉 등 TV

간판 프로그램들을 심각하게 위협할 줄 2005년에는 상상도 하지 못했다. 하지만 빠르게 진화하는 신기술 특성상 유튜브 사용자들은 새로운 용도를 찾아냈다. 좋아하는 TV 프로그램의 동영상 클립을 업로드하는 것이다. 실제로 유튜브 초기 가장 높은 조회 수를 기록한 동영상은 말 그대로 TV의 한 장면을 떼어온 것이었다. 〈새터데이 나이트 라이브〉의 콩트 '게으른 일요일Lazy Sunday'에서 크리스 파넬Chris Parnell과 앤디 샘버그Andy Samberg가 두 명의 건달로 등장해 뉴욕 매그놀리아 빵집 컵케이크를 찬양하는 랩을 쏟아낸 뒤 업타운으로 가 〈나니아 연대기The Chronicles of Narnia〉를 관람한다. 2분 30초 길이의 이 쇼츠는 불과 며칠 만에 500만 조회 수를 기록했지만 최초 방송사인 NBC는 정작 한 푼도 못 벌었고 동영상을 삭제하라는 요구도 못 했다.

이렇게 통제 안 되는 유튜브를 쇼 비즈니스 업계로 끌어오기 위해 비아콤, 야후와 뉴스코퍼레이션, 그리고 은밀하게 접근한 타임워너까지 여러 기업이 인수를 추진했다. 특히 타임워너에서는 일부 경영진이 계약을 적극 밀어붙였지만 CEO 제프 뷰커스가 찬물을 끼얹었다(본 책 제4장 참고-옮긴이). 어쨌든 결국 할리우드의 미움을 한 몸에 받지만 주머니는 두둑한 실리콘밸리의 한 기업이 다들 엄두도 못 내는 입찰가로 유튜브 인수에 성공했다. 2006년 10월, 구글이 유튜브를 16억 5,000만 달러(2조 1,450억 원)에 인수했을 때 업계에 경고등이 울렸다. 구글의 영업 책임자들이 이제 방송과 케이블 네트워크에 유튜브를 광고할 수 있게 되면서 그렇지 않아도 성장세를 달리는 이 플랫폼이 유료 TV 이외 매체에서 동영상을 소비하도록 기존 미디어의 이중 수익 구조를 갉아먹게 됐기 때문이다. 기술과 엔터테인먼트 회사가 결합한 최초의 사례였던 AOL타임워너가 추락해 불탔던 적도 있고, 유튜브 인수는 단기적으로는 구글에게 손해였지만 업계는 불안에 빠졌다.

"다들 우리 운명을 스스로 통제해야 한다는 고민에 빠졌어요." 당시 폭스네트웍스그룹Fox Networks Group 배급 책임자였던 마이크 홉킨스Mike Hopkins가 말했다. "제3자가 우리의 콘텐츠를 사용할 수 있도록 허가하면서 동시에 콘텐츠가 너무 노출되는 일 없는 시장이 형성되도록 해야 했죠."

NBC 경영진 역시 비슷하게 '모순'되는 결론에 도달했다. 공동 창립자 채드 헐리와 스티브 첸Steve Chen은 이미 무섭게 성장해 1년도 안 돼 세계적으로 5,000만 명의 사용자를 확보한 유튜브를 새로운 엔터테인먼트 플랫폼으로 도약시킬 자원을 갖고 있었다. "우리는 NBC에 앉아서 '세상에, 얘들은 문 연 지 2분 만에 10억 6,000만 달러(1조 3,780억 원)를 벌어들였어. 그것도 우리 콘텐츠로 말이야!' 그러고 있었어요." NBC유니버설의 디지털 부문 간부였던 진 브리악 페레트Jean-Briac Perrette가 회상했다. "대체 우리는 뭐 하고 있는 거지?"

페레트와 당시 NBC유니버설 뉴미디어 책임자였던 데이비드 자슬라브는 유튜브라는 디지털 반란군에 맞설 요새를 구축하기로 하고 동맹군을 찾기 시작했다. 코미디센트럴Comedy Central의 〈더 데일리 쇼The Daily Show with Jon Stewart〉와 〈사우스 파크South Park〉, 니켈로디언의 〈네모바지 스폰지밥Sponge-Bob SquarePants〉까지 젊은 취향의 케이블 프로그램이 엄청나게 도용되고 있는 비아콤에 가장 먼저 전화를 걸었다. 그런데 자사와 비슷한 야망을 품은 뉴스코퍼레이션과 비아콤이 소통

중이란 사실이 이내 밝혀졌다.

결국 NBC와 뉴스코프는 공식 협상에 나섰다. 일단 루퍼트 머독의 뉴스코퍼레이션 경영진이 유리한 입장이었다. 당시 뉴스코퍼레이션이 소유했던 폭스가 〈아메리칸 아이돌〉로 그야말로 센세이션을 일으키면서 스파이 스릴러 〈24〉와 의학 드라마 〈하우스House〉 같은 다른 프로그램까지 덩달아 인기를 누리는 등 황금 시간대 시청률 1위를 달리고 있었던 것이다. 심지어 비아콤을 제치고 당시 세계 최대 소셜 미디어 네트워크 마이스페이스까지 인수한 상태였다. 만약 협상을 거쳐 할리우드 콘텐츠를 한데 뭉친 온라인 동영상 플랫폼이 등장한다면 소유주는 마땅히 뉴스코프가 돼야 했다.

폭스는 통 크게 판을 벌릴 준비가 돼 있었다. 하지만 미디어 라이벌에서 파트너로 거듭난 비아콤과 뉴스코퍼레이션은 다른 디지털 개종자들을 자기편으로 만드는 데 실패했다. CBS의 의장인 레스 문베스Les Moonves는 자칫 티파니 네트워크(CBS의 별칭-옮긴이)의 브랜드 이미지가 훼손될 수 있다는 사내 고문의 조언에 따라 정중히 거부 의사를 밝혔다. 디즈니의 ABC는 자사의 디지털 시장 진출 계획에 위협이 될 수 있다고 판단하고 공동 투자에는 흥미 없다며 거부했다. 공황에 빠진 비아콤은 대신 유튜브를 상대로 소송을 제기했지만 결국 패소했다. NBC는 내부적으로 "망할 튜브Screw Tube"로 통하는 사업에 합류할 세 번째 미디어 파트너를 영입하기 위해 고군분투하다 당시 NBC 유니버설의 CEO였던 제프 주커Jeff Zucker의 지원으로 일단 사업을 추진하기로 결정했다.

"다 같이 '젠장, 대안이 없잖아?' 그랬어요." 페레트가 말했다. "일단 한번 해 보지, 뭐."

　미래를 위해 현재의 안정을 포기해야 하는 모든 프로젝트가 그렇듯 훌루의 탄생 역시 엄청난 내부 반대에 직면했다.

　"흥미로운 건 거의 모든 회사 사람들이 반대했다는 거예요." 뉴스코프의 전직 임원이 말했다. "방송, 케이블, 광고영업, 콘텐츠 판매 및 홈비디오 사업부까지 모두가 제 사무실로 찾아와 '당신이 내 사업을 망칠 거요!'라고 말했죠."

　뉴스코프 폭스와 NBC의 방송 경영진은 프로그램 제작비와 네트워크 수익을 보조하는 686억 달러(89조 1,80억 원) 규모의 유료 TV 생태계가 무너지지 않을까 노심초사했다. 〈하우스〉, 〈로 앤 오더: 성범죄 수사대 SVULaw&Order: Special Victims Unit〉와 〈24〉 등 황금 시간대의 인기 프로그램을 무료로 스트리밍할 수 있는데 케이블 또는 위성 TV에 월 구독료를 지불할 이유가 어디 있는가? 온라인상에 콘텐츠가 이렇게 널리 확산된 마당에 미국의 2차 케이블 네트워크에 재방송권을 판매할 수 있을지, 다른 나라에 배급할 수 있을지도 걱정이었다.

　네트워크 광고 책임자들은 디지털 영업팀이 프로그램의 온라인 배급을 위해 광고를 별도 판매하는 만큼 광고 매출을 달성할 수 있을지 우려했다. 홈엔터테인먼트 사업부 역시 콘텐츠의 온라인 확산으로 디지털 다운로드 및 DVD 출시 시장이 타격을 입지 않을지 걱정이었다.

　당시 뉴스코퍼레이션 의장이던 피터 체닌Peter Chernin은 "새로운 영감과 전략에 대해 '어차피 일어날 일이잖아? 이 열차를 멈출 순 없어. 우리도 뛰어들어서 적극적으로 배우고 소비자들 곁에 있어야 해'라는 입장이었어요." 훗날 훌루 CEO로 임명되고 현재는 아마존 프라임 비디오Prime Video 및 아마존스튜디오를 이끌고 있는 마이크 홉킨스가 말했다. "체닌은 조직 전체에 이런 기조를 밀어붙였어요. '좋아, 다들 군소리 마. 우리도 여기 무조건 동참하는 거야'라고 했죠."

뉴스코퍼레이션과 NBC는 이 같은 대혼돈의 모험을 이끌 인물로 제이슨 킬라Jason Kilar를 고용했다. 그는 온라인 소매업자들의 비디오 와 DVD 사업 진출 방안을 최초로 세운 아마존 임원이었다. 첫 번째 후보자 명단에는 온통 미디어 업계 출신들뿐이었지만 체닌이 다른 후보군으로 눈을 돌려보라고 지시했다. 스튜디오 경영진은 도매업자 들이다. 이들이 영화를 극장에 판매하면 극장에서 다시 케이블 네트 워크에 팔고, TV 프로그램의 경우 광고주와 유료 TV 배급 업체에 팔 면 거기서 또 TV로 판매되니 말이다. 훌루에는 소비자 경험을 세심하 게 배려하는 이커머스 전문가가 필요했다.

제이슨 킬라는 아마존 CEO 제프 베이조스의 열렬한 지지를 받 아 수장으로 임명된 이였다. 킬라가 처음으로 베이조스를 만난 건 학 생들이 아마존의 실패를 공언했던 하버드비즈니스스쿨의 "시장 운영 managing the marketplace" 수업이었다. 베이조스는 월마트와 반스앤드노블 Barnes&Noble의 기량을 인정하면서도 이커머스 시장이 종전과는 다른 태도를 지녀야 한다고 주장했다. "그때 저는 아마존이 우리 시대에 더 중요한 리더 중 하나로 거듭날 거라고 확신했어요. 베이조스는 워낙 집요하고 신중한 인물이니까요." 이렇게 말한 킬라는 몇 주 후 시애틀 로 날아가 당시 창립 2년차 스타트업이던 아마존에서 정식 면접을 본 뒤 곧장 일자리 제안을 수락했다. 그리고 이후 9년간 베이조스와 함께 일하며 아마존을 지켰다. 이 하버드 MBA 출신은 합작 사업은 그간 3분의 1이 5년 이내에 망했을 정도로 전적이 형편없다는 걸 잘 알고 있었다. 당연히 훌루로 영입하는 데 엄청난 설득이 필요했다. 어린 시절 월트 디즈니를 동경하고 언젠가는 직접 미디어 기업을 운영하겠다는 야심을 품고 있었던 킬라는 한 가지 조건을 전제로 제안을 받아들였다. 바로 뉴스코퍼레이션의 체닌과 NBC유니버설의 제프 주커가 이사회에 참여해야 한다는 것이다.

"그는 영리했어요. 주주 회사들 사이에서 맞닥뜨릴 수밖에 없는 온갖 헛소리와 거부 반응을 뚫고 나가려면 그들이 직접 개입해야 한다는 걸 알고 있었죠." 페레트가 킬라의 친구를 자처하며 말했다.

킬라는 마치 보이스카우트 같은 아우라를 발산했다. 월간지 〈패스트컴퍼니Fast Company〉의 한 기사에 따르면 그는 새벽 5시에 일어나 조깅을 하고 매일 밤 집에 돌아오면 직접 네 아이를 재우며 기분 전환을 위한 커피 마시기도 일절 삼간다고 소개했다. 그는 피츠버그에서 태어났고 아버지는 웨스팅하우스의 전기공, 어머니는 지역 신문의 유머 칼럼 "과유불급Enough Is Too Much"을 쓰는 작가였다. 제이슨 킬라는 어머니 모린 킬라Maureen Kilar가 "우리 삶을 소재 삼아 바닥에 나뒹굴며 웃게 만들었다"고 회상했다. 그녀의 칼럼 중 한 편은 스쿨버스 정류장을 "미국에서 가장 빠르게 성장하고 있는 트라우마 센터"라고 소개하며 7세였던 제이슨 킬라가 버스를 놓쳤던 날에 대해 묘사한다. "그때 제프는 11세였는데 버스 정류장에서 한 여자 아이의 이름을 큰 소리로 부르며 제이슨의 여자 친구라고 했다. 제이슨은 크게 당황하고 충격 받았다. 제이슨은 여자 친구가 없다고 주장했는데 아무튼 그래서 제이슨이 눈물을 흘리며 집으로 돌아 왔다." 그녀는 당시 가해자 제프가 제이슨의 형이었다고 밝혔다.

유년기의 상처가 원치 않게 언론에 노출되고 수십 년이 지난 후, 킬라는 훌루에 독특한 비전을 투영했지만 언론과 인터넷 비평가들은 이를 조롱하듯 클라운컴퍼니, 즉 "광대 회사ClownCo"라고 불렀다(합작 회사의 실패는 자명하다는 의미의 조롱-옮긴이). 자신의 비전이 좌절되는 것을 막아야 했던 킬라는 가장 먼저 캘리포니아주 산타모니카 사무실의 자물쇠부터 바꿨다. 이 때문에 훌루 프로젝트를 위해 NBC와 뉴스코퍼레이션에서 급하게 모아놓은 기존의 미디어 업계 인사 100여 명이 출입할 수 없게 되었다.

그는 기술에 능숙한 팀을 짜기 시작했다. 첫 번째 주자는 친구이자 마이크로소프트 엔지니어였던 에릭 펭Eric Feng으로 그는 중국 베이징에 이미 비디오 스타트업을 꾸린 상황이었다. 두 사람은 캘리포니아와 베이징에 각각 기술팀을 꾸려 개발에 박차를 가했다. 미국의 기술팀이 사양을 보내면 중국 팀이 다음날 아침 캘리포니아로 다시 타임코드를 보내는 식이었다. 테이블 축구, 생맥주, 그리고 케이크와 파티용품으로 직원들을 축하하는 '경력팀'에 이르기까지 스타트업 특유의 문화가 가득했다.

중국어로 조롱박, 중국 속담에서는 보물함이라는 뜻도 지닌 '훌루'로 이름 지어진 이 사이트는 2008년 3월 세상에 선보였다. 이후 성공가도를 달리면서 회의론자들도 입을 다물게 되었다.

훌루는 불과 두 달 만에 비디오 스트리밍 횟수 8,800만 회를 기록해 마케팅 연구 회사 컴스코어Comscore 선정 상위 10개 사이트를 제압했다. 온라인 시청자들은 NBC의 고전 시트콤 〈맥헤일의 해군 McHale's Navy〉부터 폭스의 〈심슨 가족〉 최신 에피소드에 이르는 풍성한 콘텐츠가 무료로 제공된다는 데 이끌렸다. 하이라이트는 〈새터데이 나이트 라이브〉였다. 이전 크루들이 게스트로 등장하고 2008년 미국 대선 부통령 후보 세라 페일린Sarah Palin을 티나 페이Tina Fey가 패러디한 에피소드는 신생 사이트인 훌루를 알리는데 결정적인 역할을 했다. 방송이 끝나기 무섭게 훌루가 이를 동영상으로 업로드 해 불법 사이트에 보기 좋게 한방을 날렸다. 수백만 명의 시청자가 몰려들면서 훌루는 2009년 3월 무렵에는 비디오 스트리밍 사이트 '톱3'에 진입했고 같은 해 4월에는 월트디즈니컴퍼니의 ABC까지 투자자로 영입했다.

〈30록30 Rock〉의 스타 앨릭 볼드윈Alec Baldwin은 다소 엽기적인 느낌의 슈퍼볼 광고에서 대중에게 훌루를 이렇게 설명했다. "언제 어디서나 무료로 TV를 즐기세요." 일부 시청자들은 정신사납다는 반응을 보이긴 했지만, 영화 〈프라이데이 나이트 라이츠Friday Night Lights〉 등의 히트작을 보유한 피터 버그Peter Berg 감독은 특수효과가 돋보이는 이 광고로 수많은 매체의 찬사를 받았다. 물론 일부 TV 업계 경영자들에게는 조롱하는 뉘앙스의 "훌루, 세상을 파괴하려는 사악한 음모 Hulu, an evil plot to destroy the world"라는 카피가 곱게 들리진 않았다. 그들은 훌루의 성공이 산불처럼 삽시간에 퍼져 나가 유료 TV의 생태계까지 위협하고 있다고 생각했다.

하지만 역설적이게도 훌루의 성공은 훌루를 희생양으로 만들었다.

훌루의 사이트에서 콘텐츠가 빠져나가기 시작한 것이다. FX는 대니 드비토Danny DeVito가 출연하는 블랙 코미디 〈필라델피아는 언제나 맑음It's Always Sunny in Philadelphia〉 중 최신 에피소드 5개를 제외하고 모두 삭제해 줄 것을 요구했다. 이 프로그램은 네트워크 시장에서 인기가 시들해졌다 훌루 이용자들이 재발견한 뒤 사이트에서 가장 인기 있는 프로그램으로 등극한 참이었다. 하지만 케이블 TV 업체들은 그와 같은 프로그램을 온라인에서 무료로 즐길 수 있다는 개념을 특히 받아들이지 못했다.

훌루의 든든한 지원군이었던 뉴스코퍼레이션의 피터 체닌이 2009년 2월 20년 만의 사임을 발표하고 그의 뒤를 이은 부의장 체이스 캐리Chase Carey는 숨고르기에 들어가 훌루에 유료 서비스가 필요하다고 공개적으로 언급하기 시작했다. "무료 서비스로는 우리가 제공하는 콘텐츠의 가치를 유지하기 상당히 어렵습니다." 2009년 업계 수장이 모인 한 회의에서 그는 이렇게 말하며 2010년 "프리미엄" 서비스의 출시를 예고했다. 공동 투자한 다른 파트너들은 광고량을 늘리도록 압박하기 시작했다. 기존의 방송 및 케이블은 보통 한 시간짜리 프로그램에 광고를 16~18분가량 배정했다. 그런데 인터넷 이용자들이, 심지어 노트북으로 시청하는 경우도 많은데, 그 광고를 얌전히 보고만 있을까?

이사회의 한 구성원이 묘책을 내놨다. 훌루와 넷플릭스를 합병하자는 것이다. 그렇게 하면 콘텐츠에 광고를 넣지 않아도 되고 넷플릭스의 '프리미엄' 서비스 역시 제공할 수 있게 된다. 하지만 전체 이사회의 승인이 떨어지지 않아 이 같은 제안은 넷플릭스 CEO 리드 헤이스팅스와의 초기 탐색전 단계에서부터 좌초되고 만다.

훌루에 긴장감이 감돌았다. 누가 더 높은 박스오피스 순위와 닐슨 시청률 순위를 차지하느냐로 경쟁하는 기업들이 손잡고 모인 곳이니 그리 놀랄 일도 아니었다. 스튜디오 경영진은 자사의 황금 시간대 프로그램들을 손실을 감수하고 연말 보너스까지 깎아 먹으며 훌루에 넘겨야 한다는 데 불만을 늘어났다. "스튜디오의 한 간부는 '난 이 업계에서 가장 멍청한 놈이야, 영업손실을 보는 것도 모자라 경쟁업체에 돈까지 쥐어주고 있으니 말이야'라고 하더라고요." 훌루의 전 임원이 회상했다.

광고영업 책임자들은 마케터들이 자신은 건너뛰고 곧장 훌루로 가서 황금 시간대 인기 프로그램들의 광고 시간대를 협상한다고 불평했다. 웹사이트를 운영하는 임원진은 "우리는 여전히 가내수공업 방식으로 소비자 정보를 모은다고요"라며 훌루가 보유한 소비자 데이터를 공개하라고 강력하게 요구했다. SNL 크리에이터 론 마이클스Lorne Michaels와 〈더 투나잇 쇼The Tonight Show〉 진행자 코난 오브라이언을 비롯한 인재들 역시 새롭게 떠오르는 엔터테인먼트 브랜드 훌루와 직접 협업할 방식을 모색하면서 급기야 NBC유니버설의 디지털 엔터테인먼트 의장 비비 지글러Vivi Zigler가 그와 같은 미팅을 금지하기에 이르렀다.

킬라가 "TV의 미래The Future of TV"라는 에세이를 공개하자 훌루의 미래를 둘러싼 논란이 공개적으로 새어나왔다. 영민한 이들은 이 에세이를 킬라의 **"제리 맥과이어 선언문"**이라고 불렀는데 한 스포츠 에이전트가 진심에서 우러난 공약을 쓴 뒤 해고당하는 내용을 다룬 1996년 개봉한 동명의 영화에 빗댄 것이다. 킬라는 여기서 기술 간부가 전형적으로 사용하는 슬로건을 내세워 "고집은 신중하게 부려야" 하며

"끊임없이 더 나은 방법을 탐색"해야 한다고 요청했다. 실명을 언급하지는 않았지만 소비자들이 광고는 줄이고 콘텐츠는 자기 뜻대로 즐기길 원하는 상황에서 공동 투자 기업의 소유주들이 얼마나 근시안적인지 효과적으로 보여주었다.

"역사적으로 볼 때 기업은 기존 방식에 도전하는 트렌드와 싸우다 그 과정에서 정작 가장 중요한 것을 놓치는 경향이 있다. 바로 고객이다." 지금은 훌루 사이트에서 자취를 감춘 블로그에 킬라가 적은 말이다. "훌루는 이 같은 유산에 부담을 느끼지 않는다." 그는 팀과 함께 "TV를 재창조하는" 어려운 도전을 계속해 나갈 것이라고 맹세했다.

이 글은 파란을 일으켰다. 폭스의 체이스 캐리는 불쾌함을 드러냈고 디지털 기술에 해박하다고 자부해 온 밥 아이거 디즈니 CEO 역시 모욕감을 느꼈으며 훌루 이사회는 킬라의 해고를 논의했다. 〈패스트컴퍼니〉가 한때 TV의 "구세주"로 추앙했던 이 도발적 혁신론자는 2013년 스스로 회사를 나올 때 훌루의 소유주 중 하나인 사모펀드 투자 회사 프로비던스에쿼티파트너스Providence Equity Partners가 합작 투자 지분 10%를 매각한 덕분에 4,000만 달러(520억 원)를 챙긴 것으로 알려졌다.

다른 임원들 역시 이 카리스마 넘치는 리더를 따라 사직하면서 훌루의 앞날이 불투명해졌다. 디즈니와 뉴스코퍼레이션이 이 골치 아픈 스트리밍 서비스를 매각하는 방향으로 가닥을 잡자 일각에서는 10억 달러(1조 3,000억 원)를 제시하기도 했다. 하지만 체닝을 비롯한 매입 후보군이 훌루의 혁신안을 설계하자 소유주들도 생각을 달리하기 시작했다.

"폭스와 디즈니에서 다들 '흠, 매각하는 대신 진짜 제대로 해 보면 어떨까'라고 생각하기 시작했어요." 홉킨스가 회상했다. 그는 디즈니의 수석 전략가 케빈 메이어와 함께 넷플릭스와 좀 더 진지하게 겨루는 방안을 논의했다. 뉴스코퍼레이션의 체이스 캐리와 디즈니의 밥 아이거는 이에 동의한 뒤 컴캐스트 CEO 브라이언 로버츠에게 의견을 구했다. 로버츠는 NBC유니버설을 인수하는 과정의 일환으로 2011년 규제 당국의 승인을 받기 위해 훌루의 소수 지분에 대한 경영권을 포기한 바 있었다. "결국 모두가 서로 다른 사건들을 겪은 뒤 한 장소로 흘러들어온 거예요. 캐리와 아이거는 로버츠한테 가서 '우리는 계속 할 거야. 엄청난 돈을 투자해야 하는데 너도 들어올래?'라고 물었죠. 로버츠는 '물론이지'라고 했고요."

2013년 7월, 훌루에 지분을 가진 회사들은 훌루의 소유권을 유지할 뿐 아니라 7억 5,000만 달러(9,750억 원)를 투자해 훌루를 혁신하겠다는 계획을 발표했다. "더 이상은 얼렁뚱땅 넘어갈 수 없어. 가서 뭐든 해"라는 게 이사회의 분명한 메시지였다고 전 관계자가 말했다. 이 중대한 결정은 수년간 사실상 제자리걸음이었던 훌루의 실적을 다시 상승세로 돌려놓을 것이었다.

2020년 1월, 훌루 구독자 수는 1년 전보다 20%가 뛴 3,000만 명을 기록했다. 에미상 수상에 빛나는 디스토피아 시리즈로 홉킨스가 MGM텔레비전MGM Television에서 넘겨받은 〈핸드메이즈 테일The Handmaid's Tale〉 등 오리지널 프로그램의 인기 덕분이었다. 물론 제작사들의 분노 섞인 비난과 무조건적인 거부감도 감내해야 했다. 훌루의 전 CEO인 랜디 프리어Randy Freer는 모기업의 스튜디오들이 훌루에 콘텐츠 판매를 거부해 다른 공급처를 찾아봐야 했다고 털어놓았다.

훌루는 결국 오리지널 시리즈를 확보하기 위해 넷플릭스와 아마존 등 막강한 자금력을 갖춘 경쟁자들과 입찰 경쟁에 뛰어들어야 했다. 그 결과 엘르 패닝Elle Fanning이 러시아 황후 예카테리나 2세 역을 맡아 호평을 받은 스룰라인엔터테인먼트Thruline Entertainment의 사극 〈더 그레이트The Great〉를 따내는가 하면 셀레스트 응Celeste Ng의 베스트셀러 소설 《작은 불씨는 어디에나Little Fires Everywhere》를 미니 시리즈로 각색하고 리스 위더스푼과 케리 워싱턴Kerry Washington이 출연해 이목을 끈 또 다른 프로젝트 역시 확보하는 데 성공했다. 하지만 스트리밍 서비스 사이의 경쟁이 치열해지면서 인기 프로그램의 가격은 훌루로서는 감당할 수 없는 속도로 계속해서 치솟았다.

"지금 같은 시대에 우리가 늘 이런 식으로 살아갈 순 없어요. 적어도 당신이 훌루 직원이면 모든 입찰 경쟁에서 승리할 순 없거든요." 2019년 닐 게이먼Neil Gaiman의 코믹북 《샌드맨The Sandman》 시리즈를 워너브라더스가 에피소드당 1,500만 달러(195억 원)를 들여 드라마화한 작품의 배급권을 두고 벌어진 입찰 경쟁에서 넷플릭스에 패한 프리어가 인터뷰를 통해 밝혔다.

2019년 3월 디즈니는 20세기폭스의 엔터테인먼트 자산을 713억 달러(92조 6,900억 원)에 인수하면서 훌루의 통제권 역시 갖게 되었다. 뿐만 아니라 파트너 컴캐스트와 AT&T 워너미디어가 보유한 지분까지 인수하는 계약을 체결하며 지배력을 발 빠르게 강화했다.

훌루는 디즈니의 출시 전략에서 핵심 역할을 차지하게 되었다. 이미 탄탄한 기반을 갖춘 만큼 새로운 스트리밍 서비스 디즈니플러스와 ESPN플러스를 출시하는 데 발판을 제공해 준 것이다. 훌루는 디즈니-ABC텔레비전그룹의 자회사로 TV 드라마 제작사인 ABC시그니처ABC Signature와 자체 제작에도 뛰어들어 〈로스트〉, 〈톰 클랜시의 잭 라이언Tom Clancy's Jack Ryan〉로 유명한 제작자 칼턴 큐스Carlton Cuse와 손잡고 공상과학계의 고전 〈은하수를 여행하는 히치하이커를 위한 안내서The Hitchhiker's Guide to the Galaxy〉를 각색해 선보였다. 2020년 3월에는 또 〈아메리칸 크라임 스토리American Crime Story〉, 〈포즈Pose〉, 〈파고Fargo〉, 〈더 아메리칸즈The Americans〉 등 FX의 유명 작품들을 공식 방영하기 시작했다.

하지만 디즈니플러스가 성공적으로 신고식을 치른 뒤 전 세계적으로 승승장구하고 있는 가운데 훌루가 과연 언제까지 단독 서비스로 버틸 수 있을지 관계자들은 의문을 제기한다. 훌루의 수많은 사업이 이미 모기업 디즈니로 흡수된 만큼 훌루는 디즈니플러스의 수많은 '타일 조각' 중 하나로 전락할 운명처럼 보인다(2022년 9월, 당시 디즈니 CEO였던 밥 체이펙은 디즈니플러스와 훌루의 단일화를 고려 중이라 밝혔다-옮긴이).

11장

플라이휠 효과

2018년 추수감사절로부터 일주일 후, 콜롬버스 서클 로터리 인근 뉴욕콜로세움 컨벤션 센터가 있었던 부지에 세워진 24년 된 초고층 빌딩 타임워너 센터에 AT&T의 최고 경영진이 모였다. 월스트리트 애널리스트들이 그들 앞에 자리 잡고 앉아 있었다. 사무실 유리창 밖으로 보이는 늦가을의 센트럴파크에는 황갈색 나뭇잎들이 마치 환영식 날의 카펫처럼 드넓게 펼쳐져 있었다. 실제로 불과 며칠 전 메이시스 백화점의 추수감사절 퍼레이드 행사의 일환으로 수레와 대형 풍선들이 이 건물 곁을 지나간 바 있었다. 이번 기업 프레젠테이션 역시 퍼레이드만큼은 아니더라도 경쾌한 분위기였다.

몇 달 전, AT&T는 미국 법무부 반독점 규제 당국과 2년 가까이 벌인 싸움에서 승리해 850억 달러(110조 500억 원) 규모의 타임워너 인수를 마무리한 참이었다. 당시 정부는 패소 결정을 내린 판사의 조언을 노골적으로 무시하고 연방 법원에 항소하기로 결정했었다. 이로 인해 AT&T의 앞날에 그림자가 드리우고 투자자들도 잠시 상황을 지켜봤지만 이번 애널리스트 초청의 날 행사는 합병이 불러올 시너지가 조명받을 터였다. 요약하면 타임워너 HBO, 워너브라더스 및 터너브로드캐스팅이 보유한 최고 수준의 콘텐츠와 AT&T의 배급 역량이 뭉치게 된 것이다. 거대 통신사인 AT&T는 케이블 및 위성 TV, 무선 및 광대역 서비스를 통해 전 세계 1억 7,000만 명의 고객을 확보하고 있다. AT&T CEO 랜달 스티븐슨과 타임워너 CEO 제프 뷰커스가 합병 계획을 처음 공개한 건 2016년 10월이었다. 하지만 이후 정부가 소송을 제기하며 "여러 가지 계획을 보류하게 되었다"고 스티븐슨은 설명했다. 그는 지난 2년여간 샛길을 돌아온 끝에 드디어 "AT&T에 대해, 지금 우리가 어디 서 있고 또 우리의 계획이 무엇인지 이야기할 기회를 갖게 됐다"고 말했다.

스티븐슨은 자신의 고위 경영진을 중간 중간 "존 가족"으로 일컬었지만 중부 지역 특유의 억양으로 내뱉는 이 애칭이 실제 일가족을 의미하는 것은 아니었다. 워너미디어 CEO 존 스탠키, 최고재무책임자 존 스티븐스John Stephens와 무선 및 유료 TV 책임자인 존 도노반John Donovan을 단순히 뭉뚱그려 부르는 말이었다. 새롭게 확장된 기업을 이끄는 이 중년의 백인 남성들이 공유하는 건 이름뿐만이 아니었다. 성실함이 묻어나는 풍모, 파란 와이셔츠를 선호하는 취향, 그리고 매 분기 더 높은 수익을 달성하고자 하는 강인한 의지도 공통점이었다.

이 광경은 약 한 세기 전 워싱턴D.C.의 뉴 윌라드 호텔에서 열린 AT&T의 전설적 회동과는 사뭇 달랐다. 팀 우Tim Wu가 필독서《마스터 스위치The Master Switch》에서 자세히 설명했듯 역사적인 그 날에는 약 800명의 경영진과 정치인이 참석해 세상을 바꾼 '벨 전화 시스템'의 탄생을 축하했다. 통신의 저력이 구현된 듯한 풍모로 미국 26대 대통령 테디 루스벨트Teddy Roosevelt를 연상시키는 AT&T의 시어도어 베일Theodore Vail 사장이 장거리 전화의 최초 대중 시연을 주재했다. 탄성을 자아낸 이날 밤의 행사는 엄청난 피날레로 장내를 열광시켰다. 라디오, 축음기와 전화 기술에 심지어 최신 발명품인 영사기까지 통합해 그야말로 오늘날 휴대폰의 전신이라 할 만한 장치를 선보인 것이다. 수마일이나 떨어진 버지니아주 알링턴의 라디오 방송국에서 미국의 국가인 별이 빛나는 깃발The Star-Spangled Banner'을 플레이하면 수백 개의 무선 수신기가 사운드를 이어받아 연회장까지 전달하고 이에 맞춰 영사기가 펄럭이는 성조기의 이미지를 대형 스크린에 펼쳐 보였다. 이후 〈내셔널지오그래픽National Geographic〉은 이 광경을 이렇게 묘사했다. "심장은 빠르게 뛰고 영혼은 애국심으로 차올라 마음속부터 압도당한 관객들은 자리에서 일어날 수밖에 없었다."

2018년의 AT&T는 사람들을 압도하거나 영혼에 불을 지를 계획을 세우진 않았다. 대신 월스트리트에 끈질기게 어필할 콘셉트, 다시 말해 효율성과 시너지, 그리고 장기 성장의 가능성을 보여주는 데 모든 걸 집중했다. 일반적으로 기술 기업의 주가는 거칠게 요동치기 마련인데 AT&T는 수십 년간 전형적인 경기방어주의 흐름을 보여왔다. 배당금 역시 해가 뜨고 지는 것만큼이나 일정하게 지급되었다. 대형 상장 기업은 대부분 기관의 지배를 받기 마련이지만 AT&T 주식의 48%가량은 여전히 개인 투자자들이 쥐고 있었다. 이처럼 자사 주식을 수익원으로 의지하는 사람들이 워낙 많다 보니 7%의 건전한 수익률을 정기 배당금 형태로 일관성 있게 제공하는 것이 중요했다. 물론 전체 사업에서 스트리밍이라는 새로운 요소가 주요하게 떠올랐지만 댈러스에 본사를 둔 AT&T는 넷플릭스 및 다른 디지털 사업 지망생들이 선호하는 화려함을 추구하지는 않았다. 타임워너 합병 이후 1,810억 달러(235조 3,000억 원)의 부채를 떠안게 된 만큼 돈을 무분별하게 쏟아부을 수는 없는 노릇이었다. AT&T의 스트리밍 시장 진입은 무선 네트워크에 전력을 공급하는 기지국만큼이나 정밀하게 설계돼 세상을 즐겁게 해 온 기업의 100년 역사를 뒷받침해 줄 것이다.

스탠키는 스트리밍 사업을 '플라이휠'이라고 이름 붙였다. 기계 공학 용어인 플라이휠은 가속도를 지속적으로 증가시키는 무거운 회전 바퀴를 의미한다. 가속도가 증가할수록 힘과 안정성도 더 커진다. 플라이휠이란 이름에는 스트리밍으로 콘텐츠가 공급되고, 더 많은 사람들이 콘텐츠로 몰려들어 네트워크도 확장되는 선순환 사이클을 지탱하는 중심축이 되는 서비스를 만들겠다는 의미가 담겨 있었다. 일부 경영 컨설턴트와 MBA 출신들이 비즈니스 역동성을 설명하는 용어로 플라이휠을 즐겨 쓰지만 잭 워너, 테드 터너와 헨리 루스Henry Luce 등 타임워너 창립자들의 입을 통해 듣게 되리라 예상한 이는 거의 없었다. 스탠키는 15분간 진행된 프레젠테이션에서 파워포인트 같은 자료를 활용해 플라이휠의 개념을 무려 세 차례나 강조했다. "우리는 무엇을 해야 할까요? 더 나은 제품을 만들고 더 나은 경험을 제공해야 합니다. 경험을 바탕으로 발전한 제품은 결국 더 많이 사용됩니다. 더 많이 사용되면 더 많은 데이터가 쌓이고요. 이 같은 원리의 플라이휠이 작동하면서 수익을 더 많이 창출하게 됩니다."

　AT&T 경영진은 본래 자사의 스트리밍 사업 진출에 대해 2019년 4분기 신규 서비스 출시 예정이라는 사실만 밝히는 등 대체로 원론적인 수준의 정보만 공개해 왔다. 하지만 이날 스탠키가 좀 더 구체적 정보를 공개할 태세를 취하자 투자자들은 일제히 몸을 앞으로 기울였다. 서비스는 가격대와 프로그램 편성 단계에 따라 "3등급 구조"로 나뉠 것이다. 가장 저렴한 등급에서는 영화가 중심이 되고 중간 등급에서는 더 많은 영화와 오리지널 프로그램이 제공되며 최고 등급에서는 고전 영화, 코미디와 어린이 프로그램 등 라이브러리 셀렉션이 포함된다. 한편, AT&T가 지난 수십 년간 다뤄 온 뉴스와 스포츠는 언급조차 되지 않았다. 게다가 가격 정보나 서비스 이름도 공개되지 않아 새로운 서비스는 그때까진 여전히 베일에 싸여 있었다.

　AT&T는 타임워너를 통해 스트리밍 경쟁에 뛰어들 새로운 무기를 갖게 되었다. 타임워너는 2015년부터 독립형 스트리밍 서비스 HBO나우를 비롯해 시네필을 위한 필름스트럭FilmStruck, 그리고 애니메이션 팬을 위한 크런치롤Crunchyroll 등 다양한 맞춤형 서비스를 제공해 왔다. 애널리스트 초청 이벤트가 열린 이날을 기준으로 불과 두 달 전에도 배트맨, 슈퍼맨 등 슈퍼히어로 콘텐츠를 월 8달러(1만 400원)에 제공하는 DC유니버스DC Universe를 출시했었다.

　하지만 애널리스트 초청 이벤트가 열리던 주를 기점으로 필름스트럭 서비스가 종료돼 고전 시네필들의 원성이 높아졌다. 터너클래식

무비Turner Classic Movies 라이브러리는 물론, 크라이테리언컬렉션Criterion Collection이 소장한 아트하우스 필름 수백 편의 저작권을 보유하고 있던 이 서비스는 난자리가 유난히 컸다(크라이테리언컬렉션은 고전 및 예술 영화 DVD를 출시하는 유명 제작사로 필름스트럭 종료 이후 자체 스트리밍 서비스를 론칭했고 2020년부터 HBO맥스에도 VOD를 제공한다-옮긴이). 더욱이 필름스트럭의 재정 상황을 훤히 꿰고 있던 워너미디어의 여러 관계자에 따르면 종료 사유는 구독자가 미달됐거나 필름 라이브러리 확대 방안을 재고하기로 해서가 아니었다. 이것만 버리면 3,000만 달러(390억 원)의 빚을 대손처리할 수 있게 돼 기업의 재정 건전성을 끌어올릴 수 있기 때문이었다. "당신은 업계 최고의 영향력을 자랑하는 창작자들을 등 돌리게 만들 거예요. 콘텐츠를 만들려면 그들이 필요할 텐데 말이죠." 한 전 임원이 스탠키에게 경고했다. 당연히 스티븐 스필버그, 마틴 스코세이지, 프랜시스 포드 코폴라Francis Ford Coppola 와 웨스 앤더슨Wes Anderson 등 유력 인사들이 스탠키에게 직접 편지를 썼다. 크리스토퍼 놀란Christopher Nolan, 폴 토머스 앤더슨Paul Thomas Anderson, 기예르모 델 토로, 알폰소 쿠아론, 리어나도 디캐프리오를 포함한 영화계 셀럽들도 워너브라더스에 서한을 보내 유예를 요청했다. 트위터에는 여러 영화 제작자와 할리우드 인사들의 분노가 흘러넘쳤다. 반발이 대체 왜 이리 거센지 묻는 스탠키에게 필름스트럭의 한 경영진은 이렇게 답했다. "저는 '이건 영화 큐레이션 문제예요. 전체 스트리밍 횟수의 3분의 1을 차지하는 크라이테리언컬렉션만의 문제가 아니고요. 나머지는 23개 스튜디오의 고전 영화죠. 사람들은 이 서비스의 큐레이션, 그리고 이 서비스가 갖는 의미가 사라지는 걸 애석해

하고 있어요. 이건 타임머신이에요. 영화는 타임머신이죠. 인기 프로그램과는 차원이 달라요. 콘텐츠를 다른 관점에서 생각해야 해요'라고 설명했지만 속으로 '스탠키는 전혀 이해하지 못하고 있어'라고 생각했죠."

스스로도 인정했듯 스탠키는 대중 예술과 거리가 멀었다. 〈뉴욕타임스〉 칼럼니스트 앤드류 로스 소킨Andrew Ross Sorkin과의 인터뷰에서 그는 TV를 볼 때면 '가톨릭 죄책감Catholic guilt'에 시달린다고 털어놨다. 어린 시절 부모님이 TV 시청을 금지했기 때문에 토요일 아침마다 남몰래 아래층으로 내려가 소리를 가장 작게 해둔 채 만화를 봤고 부모님 침실 문이 열리는 소리라도 들리면 후다닥 TV를 끄기에 바빴다는 것이다. "이 같은 트라우마를 극복하기가 깨나 힘들었죠." 스탠키가 2018년 로스앤젤레스에서 열린 잡지 〈베니티페어〉의 '2018 뉴이스태블리시먼트 서밋' 행사에서 소킨에게 말했다. 워너미디어 수장으로서 밤마다 했던 새로운 벼락치기 공부에 대해서도 설명했다. "퇴근 후 무조건 먹을 걸 사서 집에 돌아간 뒤 쌓여 있는 **DVD 더미에서** 하나를 집어 들어 재생시켰어요. 한 시간 정도 사 온 걸 먹으며 화면을 들여다봤죠." 스탠키의 발언에서 열정이라고는 찾아볼 수 없었던 소킨이 물었다. "그래서 재밌으셨어요?" 즐거웠다는 그의 고백이 공허하게 울려퍼졌다.

"스탠키는 콘텐츠에 팬심은커녕 관심이 전혀 없었어요." 워너미디어의 한 전직 임원이 말했다. "콘텐츠가 왕이라면 콘텐츠를 가장 중요하게 삼아야 하죠. 하지만 스탠키에게 중요한 건 플랫폼, 패러다임과 재무 실적뿐이었어요."

스탠키는 〈카사블랑카〉, 〈밀회Brief Encounter〉 및 다른 고전 영화들이 워너미디어가 제공하는 폭넓은 서비스의 플라이휠 안에서 번영할 것이라고 애널리스트들에게 단언했다. 필름스트럭에 대한 언급은 없었다. "이 서비스로 완벽한 창작품들을 품은 소프트웨어를 경험할 수 있습니다. 이를 통해 우리는 소비자들이 원하는 콘텐츠를 탐색하고 취향에 맞는 작품을 정확하게 발굴할 수 있도록 돕는 세부 브랜드들을 선보일 겁니다." 지금까지 타임워너의 콘텐츠를 보려면 케이블 TV에 가입하거나 영화 티켓을 구매해야만 했다. 스탠키가 비록 영화 및 TV 마니아들과 크리에이터들의 마음에 대해선 하나도 모르는 문외한이었지만 온라인 세상에서 고객을 상대로 장벽을 세워서는 안 된다는 사실은 인지하고 있었다. 인터넷과 스트리밍이 지니를 램프 밖으로 내보낸 이후 종래의 엔터테인먼트 기업들은 이를 다시 램프 안으로 돌려보낼 방법을 고심하며 수년을 보냈다. 하지만 이 같은 태도가 오히려 화를 일으켜 유료 TV 가입자들은 해마다 수백만 명씩 구독을 취소했고 기업들은 수십 년간 거둬 온 수수료를 잃게 되었다. 영화 티켓 매출 역시 감소하기 시작했다. "당신이 신기술로 무장한 소비자들의 권리를 박탈했는데 새로운 세대의 크리에이터와 기업들이 이들을 포용해 준다면 당연히 당신은 실패하죠." 워너미디어의 한 고위 간부가 말했다.

하지만 스탠키는 패배를 인정하려는 게 아니었다. "쉽게 접근할 수 있어야 합니다." 그가 워너미디어의 스트리밍 서비스에 대해 말했다. "언제 어디서나 사용할 수 있어야 하고요. 고객이 원하는 어떤 기기에서 작동하든 가치 우위를 접해야 해요. 이는 고유하고 특별해 서비스에 개성을 부여하는 오리지널 콘텐츠, 라이브러리 콘텐츠, 그리고 시간이 지날수록 콘텐츠가 늘어나 파트너 브랜드의 가치를 높여주는 파트너십 콘텐츠의 조합으로 구성될 겁니다."

질의응답 시간, 금융사 UBS의 애널리스트 존 호두릭John Hodulik이 과연 워너미디어가 스트리밍 사업으로 전환하려는 계획을 실행할 만한 규모를 갖추고 있는지 물었다. 또한 제한 시간 동안 최대한 많은 질문을 하기 위해 곧장 후속 질문까지 덧붙였다. "우리는 백악관의 표준 질문 가이드를 채택했기 때문에 후속 질문은 받지 않습니다." 스탠키가 냉정한 어조로 덧붙인 이 말이 과연 농담이었는지도 파악할 수 없었다. 이 대사는 애널리스트의 날이 열리기 몇 주 전, 백악관 이스트 룸에서 열린 기자회견에서 도널드 트럼프가 CNN 기자 짐 아코스타 Jim Acosta를 짓밟기 위해 던진 말이었다. "그에게서 마이크를 가져오세요." 스티븐슨이 농담을 하듯이 말했다. "이러다 또 소송에 들어가겠어요."

가볍게 대응해 보려던 스탠키는 점점 진지해지더니 그 어느 때보다 깊이 있는 바리톤의 음성으로 대답했다. "짧게 말씀드리면 그렇다고 할 수 있습니다. 우리는 정말 잘 해낼 수 있다고 생각합니다." 그가 덧붙였다. "향후 18~24개월 동안 무슨 일이 일어날지 한 번 생각해 보세요." 그는 미디어 업계에 "상당한 구조적 변화"가 있을 것이라는 자신의 예상을 간략히 소개했다. 스트리밍이 중요해지면서 기존 기업들이 자사의 전략을 재고하고 있었다. 지난 수년간 그랬던 것처럼 넷플릭스, 아마존과 훌루 등 제3자에 콘텐츠를 제공해 수억 달러를 벌어들이는 대신 모조리 회수해 자체 플랫폼에서 선보이기 시작할 것이다. 그는 경쟁이 치열해질수록 워너미디어는 유리할 수밖에 없다고 주장했는데 HBO를 필두로 이미 유명한 브랜드를 여럿 보유하고 있었기 때문이다.

"창고 전략warehouse strategy을 취하겠다는 게 아닙니다." 그가 말했다. "위대한 가치와 깊이를 지닌 전략, 사람들이 원하는 콘텐츠를 어떻게 탐색할지 정확히 알 수 있는 위대한 브랜드를 창출할 것입니다." 이미 수십 년간 투자자들을 상대해 온 그는 이 말을 덧붙였다. "아무것도 없는 상태에서 시작하는 것보다 훨씬 적은 비용이 들 겁니다."

스탠키는 경쟁사 서비스의 총 시청 시간과 관련해 "총 시청 시간의 75~80%가 라이선스 콘텐츠에 할애됩니다. 그래서 경쟁사에서는 고객들이 우리나 디즈니 라이브러리에 속한 콘텐츠에서 벗어나 그들의 오리지널 콘텐츠를 보도록 만들어야 한다는 압박감을 느끼죠."

다시 말해 스탠키는 기존 미디어의 다른 관계자들과 마찬가지로 워너브라더스가 제작한 〈프렌즈〉, 디즈니의 마블 및 〈스타워즈〉 시리즈, 혹은 NBC유니버설의 〈오피스〉 같은 콘텐츠가 넷플릭스를 규정했다고 주장하는 것이다. 벌써 수십 년 된, 재방송용으로 임대하는 프로그램들이 인기 순위에서 상위권을 차지하고 있다. 따라서 이 프로그램들을 회수하면 돈은 기존 미디어 기업으로 다시 흘러들 것이란 주장이었다. 물론 이는 넷플릭스, 아마존과 훌루가 10년 앞서 시작해 고성능 스트리밍 서비스를 구축함으로써 방대한 데이터를 축적한 공로를 무시하는 관점이다. 게다가 이들의 오리지널 프로그램 역시 업계에서 남부럽지 않은 명성을 쌓았다. 아마존 프라임비디오의 〈트랜스페어런트Transparent〉, 훌루의 〈핸드메이즈 테일〉, 넷플릭스의 〈더 크라운〉 같은 프로그램들은 비평가들의 호평은 물론 다양한 상까지 휩쓸었다. 라이선스 프로그램도 얼마든지 좋지만 오리지널 프로그램과 영화를 만드는 건 사명과도 같았다.

넷플릭스는 디즈니, 폭스 및 여타 스튜디오에서 유명한 프로그램을 회수해 갔을 때에도 계속해서 성장했고 구독료를 올리는 데 성공했다. 공동 CEO 서랜도스는 위협 따위 대수롭지 않다는 듯 "넷플릭에서 인기를 누리는 영화들 중 상당수를 케이블 방송이나 다른 구독 플랫폼에서도 볼 수 있죠"라고 말했다. 넷플릭스는 다른 스튜디오가 보유한 프로그램을 제공하는 서비스로 시작했지만 오리지널 프로그램의 규모를 늘려야 한다는 사실은 몇 년 전부터 알고 있었다. 그리고 스탠키와 그의 동료들이 월스트리트에서 한창 연설 중일 때 넷플릭스는 오리지널 프로그램이 전체 시청 횟수의 과반 이상을 차지하도록 하겠다는 오랜 목표를 마침내 달성했다. 미국 전역을 사로잡은 국민 시트콤은 얼마든지 대체될 수 있었다. 넷플릭스가 매년 150억 달러(19조 5,000억 원) 이상의 예산을 들여 오리지널 시리즈와 영화 수백 편을 만들겠다는 전략을 지속해 나가는 한 구독자들은 항상 새로운 볼거리를 찾을 것이다. 넷플릭스와 다른 스트리밍 업체들의 라이브러리가 변화하고 있는 건 분명하지만 줄어들고 있는 것은 결코 아니다.

워너미디어는 기술적, 전략적 과제에 직면한 것은 물론 조직 내부적으로도 해결해야 할 문제가 있었다. 스트리밍이라는 목표를 향해 한뜻으로 나아가려면 다른 여러 미디어 기업을 성공으로 이끈 시너지를 오히려 해치기로 유명한 다양한 연합과 파벌을 폐지해야 했다. 아직 이름도 정해지지 않은 이 스트리밍 서비스가 모든 부서를 하나로 통합할 기회를 제공할 것이었다. AT&T는 HBO의 〈왕좌의 게임〉이 문화적으로 어떤 경제 효과를 내는지 간파하고 투자자들에게 전하는 메시지를 극대화하는 데 활용했다. 애널리스트 초청의 날에 상영된 티저에서는 용 한 마리가 교외 마을 상공을 날아다니는 가운데 가족들이 AT&T 휴대폰으로 통화하고 집에 돌아와서는 AT&T 통신망으로 연결된 TV를 시청했다. 그 착한 용은 불을 내뿜어 침실 3개짜리 집에 불을 지르지는 않았지만 몇 블록을 덮을 만큼 거대한 용의 그림자는 기업의 쉽지 않은 미래에 대한 전조였다.

스탠키와 동료들은 AT&T의 기존 고객 기반이 워낙 탄탄한 만큼 자신들의 신규 스트리밍 서비스는 출발선부터가 다르다고 주장했다. 심지어 애플과 디즈니처럼 강력한 경쟁사들도 제로 베이스에서 시작해야 하는 것과 비교하면 HBO는 AT&T TV와 광대역 네트워크의 프리미엄 서비스 덕분에 가입자가 이미 1,000만 명에 달했다.

신규 서비스의 프로그램 라인업 역시 HBO를 필두로 한 개별 네트워크가 오랫동안 갈고닦은 맞춤형 콘텐츠를 뛰어넘어 훨씬 광범위해야 했다. 윤곽이 드러난 전략은 각 구성원의 입장에 따라 매력적일 수도, 불쾌할 수도 있었다. 워너미디어의 사업부간 벽이 허물어진다면 HBO 중심의 스트리밍 서비스에 〈릭 앤드 모티Rick and Morty〉, 〈프렌즈〉와 〈빅뱅이론The Big Bang Theory〉까지 충분히 제공될 수 있었다. HBO를 굳이 연령대가 높고 도심에 사는 세련된 이들을 위한 네트워크로 한정할 이유가 어디 있는가? 마찬가지로 워너미디어의 스트리밍 서비스가 자사의 코믹북 원작 영화나 미국대학스포츠협회NCAA 농구 중계처럼 대중적으로 어필할 수 있는 콘텐츠를 제공하면 어떻겠는가?

스탠키와 "존 가족"이 월스트리트 애널리스트들과 회동할 때 마케팅팀은 지구상 최고의 광고 무대라 할 수 있는 슈퍼볼에서 어떻게 홍보해야 HBO 오리지널 프로그램에 시청자들을 끌어들일 수 있을지 고심 중이었다. 광고 대행사 드로가5Droga5는 HBO 오리지널 프로그램 중 최고의 성공을 거둔 〈왕좌의 게임〉의 마케팅 캠페인을 오랫동안 담당해 왔다. 30초짜리 광고에 530만 달러(68억 9,000만 원)가 소요되는 슈퍼볼을 위해 이들은 〈소프라노스〉 속 마피아들의 집 안에 〈스쿠비 두Scooby-Doo〉처럼 웃긴 만화와 시트콤을 틀어 놓는 것만큼 이질적인 아이디어를 내놨다. 에미상 수상의 영예에 빛나는 HBO의 초대형 시리즈에 스퍼즈 맥켄지(버드라이트 맥주의 마스코트로 쓰인 불테리어 강아지의 이름-옮긴이)를 탄생시킨 것으로 유명한 맥주 브랜드 '버드라이트'를 결합시킨 것이다.

"〈왕좌의 게임〉 마지막 시즌이 특별한 이유는 스트리밍 시장에서 대세가 된 주문형 몰아보기 방식을 TV에서도 실현했기 때문이죠." HBO의 전 마케팅 책임자 크리스 스파다치니Chris Spadaccini가 회상했다. "우리 모두 다가올 변화를 느꼈어요. TV의 시대가 막을 내리는 셈이었죠. 〈왕좌의 게임〉은 일요일 밤 전 세계인들이 같은 프로그램을 시청하는 경험을 공유할 수 있는 마지막 남은 이벤트였어요."

아직 슈퍼볼 시즌까지 한참 남은 2018년 11월 초, 〈왕좌의 게임〉 마지막 시즌을 위한 시장 공략은 스파다치니가 HBO의 한 소셜 미디어 전문가로부터 전화 한 통을 받으면서 시작되었다. "진짜 깜짝 놀랄 소식이 있어요. 대통령이 방금 트위터에 〈왕좌의 게임〉 밈을 올렸어요." 트럼프가 단호한 표정을 한 자신의 얼굴 사진에 "제재 임박

Sanctions are coming"이란 메시지를 첨부해 이란에 경고를 날린 것이다(명대사 'Winter is comming'의 패러디-옮긴이). 스타크 가문의 가훈을 프로그램 타이틀 글꼴까지 활용해 패러디한 것이 분명했다. HBO 경영진은 이에 반응할 거면 신속하게 움직여야 한다는 사실을 알고 있었다. 스파다치니와 동료들은 어떻게 화답하는 게 좋을지 리처드 플레플러 CEO와 논의한 뒤 이렇게 답을 남겼다. "도트라키(드라마에 등장하는 특정 종족-옮긴이) 상표권을 오용하신 건 어떻게 하실 건가요?" 이는 12만 6,000회의 '좋아요'를 받고 프로그램의 공식 메시지 중 손에 꼽힐 만큼 많이 리트윗된 트윗 중 하나로 등극하는 한편, 두 개 트윗이 언론에 보도되면서 공신력 있는 매체를 통한 홍보 효과까지 얻게 되었다.

4월의 첫 방영을 홍보할 2월의 슈퍼볼 광고를 막판 조율하는 과정에서 크리에이티브팀은 트위터에서 벌어진 생각지 못한 해프닝에 초점을 맞춰 소셜 미디어로 〈왕좌의 게임〉의 "문화가 납치돼" 밈으로 재탄생했다는 아이디어를 활용했다. 납치라는 개념을 세련되게 해석해 〈왕좌의 게임〉이 마침내 소비자 브랜드에 복수할 방법을 찾았다는 내용으로 만들어 보면 어떨까? 코카콜라의 북극곰을 포함해 여러 옵션을 검토한 크리에이티브팀은 1985년 이래 슈퍼볼 중간 광고에 항상 모습을 드러낸 미국의 맥주 제조 기업 앤하이저-부시Anheuser-Busch와 계약을 체결했다. "딜리 딜리Dilly Dilly"라는 유행어를 탄생시킬 만큼 성공을 거둔 이 기업의 중세풍의 광고가 〈왕좌의 게임〉의 급작스런 성공에서 영감을 받아 제작된 것으로 알려지면서 협업이 성사된 것이다. 그리하여 2019년에 나온 컬래버레이션 광고는 TV 용으로 60초,

유튜브 용으로는 90초짜리로 만들어졌다. 첫 장면에선 친근한 캐릭터들이 작은 경기장에 모여 파란 갑옷을 입은 '버드라이트' 기사가 출전한 마상 시합을 구경한다. 왕과 왕비, 그리고 신하들은 한껏 들뜬 채 '버드라이트' 맥주를 건배하지만 상대방의 공격을 받은 기사가 갑자기 말에서 떨어지면서 분위기는 반전된다. 적의 정체는 쓰러진 기사에게 다가가는 시점에야 공개되는데 다름 아닌 〈왕좌의 게임〉 등장인물이었다. 7피트(2미터 10센티미터)나 되는 키에 근육질의 몸으로 피비린내 나는 약탈을 자행하기로 악명 높은 그레고르 "더 마운틴" 클레게인이었다. 그는 몸을 숙임과 동시에, 카메라가 재빨리 돌아간 틈을 타, 기사의 눈을 도려내고 두개골을 박살내 기사를 살해한다. 왕족들이 넋을 놓고 있는 사이 용 한 마리가 날아와 복수의 불길을 내뿜는다. 스크린의 오른쪽 하단에는 HBO 로고와 시리즈의 제목이 등장한다. 〈왕좌의 게임〉 시리즈의 팬들이라면 이 광고를 본 즉시 시즌4에서 클레게인이 등장했던 장면을 떠올렸을 것이다.

자사를 상징하는 버드라이트 기사를 죽인 게 진작부터 불안했던 앤하이저-부시는 기사가 살아남는 엔딩의 광고를 고려해 달라고 HBO에 요청했다. 하지만 HBO는 끝까지 고집을 꺾지 않았고 오히려 〈왕좌의 게임〉을 탄생시킨 여러 감독 및 제작자를 섭외해 광고에 정통성을 불어넣었다. 크리에이티브팀은 또 마지막 시즌의 핵심 서사를 유출할 만한 대본은 일부러 폐기했다. 수개월에 걸친 제작과 테스트 절차를 마친 후 앤하이저-부시 측은 폭력성 수위를 낮춰줄 것을 요구했다. 결국 살해 장면은 화면에 잡히지 않았지만 버드라이트 기사의 두개골이 박살나는 소리는 포테이토칩 광고 사운드만큼이나 적나라했다. 본래 45초였던 방송 시간이 60초로 길어지면서 HBO는 심지어 더 많은 비용을 부담하기로 결정했다. 이 광고는 프로그램의 마지막 시즌을 위한 2,000만 달러(260억 원) 규모 마케팅 캠페인의 일부였기 때문에 추가 지출도 그만한 가치가 있다는 판단이었다.

경기 다음 날 광고에 대한 애기가 나오자 뉴욕 HBO의 고위 임원이 환하게 웃었다. "정말 대단하지 않았어요?" 그가 감탄했다. "비밀이 유출되지 않았다는 게 정말 놀라워요. 진짜 영리했던 것 같아요." 이에 비해 관객들의 의견은 분분했다. 일부는 버드라이트 기사가 그처럼 잔혹한 결말을 맞이한다는 데 불만을 표했고 다른 이들은 파격적인 광고에 반해 첫 방송에 대한 기대감으로 부풀었으며 몇몇 사람들은 혼란스러워했다. 이 광고는 〈USA투데이USA Today〉의 슈퍼볼 광고 지수 조사에서 총 58편 중 16위를 차지했다.

한눈에도 돈을 쏟아부은 티가 난 이 대담한 광고는 HBO가 최고의 광고 수익을 가져다주는 프로그램의 마지막 시즌을 판매하기 위해 전례 없이 과감한 변화를 시도하고 있단 걸 알렸다. 하지만 워너미디어와 AT&T 직원들은 HBO가 풋볼 경기 도중 판매되는 자동차, 가전 및 또띠아칩 등의 상품과 다를 바 없다는 듯 묶여 노출됐다는 '불길한' 메시지를 읽어냈다. 지난 수년간 우아한 칵테일 파티에 어울릴 법한 콘텐츠를 생산하는, 차원이 다른 네트워크라고 자부해 온 HBO가 이제 자신과 맥주를 동급으로 대우해 달라고 성화인 것이다. HBO에서 오랫동안 근무했던 퇴직자는 "HBO는 콘텐츠를 한때 기업의 생명줄처럼 여겼는데 지금은 일개 상품으로 대하고 있어요. HBO와 TNT, 워너브라더스텔레비전의 CBS가 히트작을 선보이던 때 이들에게서 빛나던 자신들만의 색깔은 대체 어디로 사라진 거죠?"

　중요한 것은 워너미디어가 넷플릭스보다 우위를 점할 수밖에 없다고 생각했던 스트리밍 환경에서, 정작 스탠키의 '플라이휠'은 온라인으로 별반 다르지 않은 프로그램을 제공하며 굴러갔다는 점이다. 퇴직자는 이어 말했다. "소비자 직접 판매 상품이라는 지점에만 집중하면 소속된 업체의 브랜드 가치를 충실히 지켰는지 여부는 중요하지 않게 됩니다. 핵심은 전체의 이익이니까요. 그리고 특정한 하나의 브랜드를 구축하는 데 커리어를 바친 이들에게 이는 따르기 힘든 지침일 수 있죠."

12장

팅커벨의
지팡이

디즈니의 마케팅 거장들은 기대감을 조성하는 방법에 대해선 누구보다 잘 안다. 디즈니는 2018년 〈한 솔로: 스타워즈 스토리Solo: A Star Wars Story〉 시사회를 위해 한 솔로의 밀레니엄 팔콘 우주선 모형을 초대형으로 제작해 할리우드 대로 한가운데 설치해 이목을 끌었고, 2019년 실사 영화 〈라이온 킹〉 시사회에선 아기 사자 심바가 왕위를 이어 받던 프라이드록을 재현해 레드 카펫 행사에 총출동한 스타들을 더욱 돋보이게 했다. 심지어 홍보 예산을 더 통 크게 투입하던 시절에는 노스캐롤라이나주 샬럿의 모터 스피드웨이에서 열린 〈카Cars〉 시사회에 3만 명을 초대해, 대럴 월트립Darrell Waltrip 같은 실제 전미스톡자동차경주협회NASCAR 드라이버를 출전시켜 12바퀴 트랙 레이스를 펼쳐 보이는가 하면 컨트리 가수 브래드 페이즐리Brad Paisley와 로큰롤의 전설 척 베리Chuck Berry의 라이브 공연까지 선보였다.

2019년 4월 11일, 디즈니가 곧 출시할 스트리밍 서비스와 관련한 구체적인 계획을 발표할 것으로 예상된 투자자의 날 역시 눈을 뗄 수 없는 이벤트로 가득했다. 디즈니 수장 밥 아이거는 그동안 분기 영업 실적을 발표하는 고루한 행사에서 떡밥을 하나씩 투척하는 전략을 사용하면서 벌써 1년 넘도록 서서히 기대감을 높여왔다. 실제로 2018년 11월에는 디즈니플러스라는 서비스명과 새로운 독점 콘텐츠를 공개했는데 그중에는 디에고 루나Diego Luna가 반란군 스파이 카시안 안도르 역을 맡은 새로운 〈스타워즈〉 시리즈, 그리고 배우 톰 히들스턴 Tom Hiddleston이 장난의 신 로키 역을 다시 맡은 마블 스튜디오 작품도 있었다. 디즈니는 신규 서비스에 대한 팬들의 호기심에 불붙일 만한 세부 정보들을 조금씩 흘려 왔다. 〈아이언맨Iron Man〉과 〈라이온 킹〉의 감독 존 파브로Jon Favreau가 〈스타워즈〉 시리즈의 지휘를 맡아 디즈니플러스의 첫 번째 히트작이 될 〈만달로리안The Mandalorian〉을 탄생시킬 예정이라는 화제의 뉴스도 그중 하나였다.

디즈니는 투자자의 날을 기획하면서 다른 청중도 염두에 두고 있었다. 바로 월스트리트였다. CEO였던 밥 아이거, 그리고 스트리밍 전략을 이끌고 있는 뾰족한 턱을 지닌 케빈 메이어는 당장 수십억 달러 비용이 들더라도 자사의 야심찬 전략으로 결국 미래 디지털 시대를 디즈니가 성공적으로 맞이할 것이란 확신을 심어줘야 했다.

애널리스트 집단은 엄청난 질문 공세를 퍼부었다. 디즈니가 목표로 하는 구독자 규모는 어느 정도인가? 재정 지침을 제공하거나 미래

전망을 위해 단기손실을 얼마나 감수할 계획인지 알려줄 수 있는가? 같은 질문들이었다. 참고로 일부 집계에 따르면 이 미디어 거물이 영화와 TV 프로그램을 제3자에게 임대해 올리는 수익만 해도 연간 50억~80억 달러(6조 5,000억~10조 400억 원)에 달한다.

713억 달러(92조 6,900억 원)에 달하는 21세기폭스의 엔터테인먼트 자산 중 가장 값진 보석으로 평가받는 훌루를 어떻게 할 계획인지도 궁금증의 대상이었다(2019년 3월 디즈니는 폭스를 인수하고 이후 AT&T가 보유한 훌루 지분도 사들였다. 2023년 기준 컴캐스트가 보유한 나머지 지분까지 2024년부터 사들여 경영권을 100% 확보하겠단 계획이지만 미지수다-옮긴이). 마거릿 애트우드Margaret Atwood의 디스토피아 소설을 미래 전체주의 국가 배경으로 각색한 시리즈 〈핸드메이즈 테일〉의 성공으로 동력을 얻은 스트리밍 서비스가 "세상에서 가장 행복한 곳" 디즈니에 어떤 모습으로 뿌리내릴 것인가?

메이어는 새로운 서비스를 준비하는 과정이 대작 영화와 비슷하지만 걸려 있는 건 더 많다고 설명했다. 그와 팀원들은 투자은행 책임 연구자 출신으로 디즈니의 투자 부문을 이끌었던 로웰 싱어Lowell Singer 와 함께 몇 시간씩 회의하며 투자자의 날 행사의 시놉시스를 개발했다. 팀원들은 메시지를 작성하고 메이어는 재정적인 측면의 전망에 대해 자료를 준비했다. 대본은 디즈니가 지난 12년간 실시한 인수합병, 엔터테인먼트 브랜드가 갖는 힘을 전략적으로 사고하고 폭스 합병으로 정점을 찍은 이 여정의 총체적 결과물이 바로 디즈니플러스라는 점을 강조하는 방향으로 작성 및 수정되었다. 가장 향기로운 꽃들이 가득한 '담장 정원walled garden(폐쇄적 생태계를 가리키는 기술산업 용어)'이 바로 디즈니플러스라는 것이다.

"우리는 폭스와 함께 방대한 콘텐츠를 구축했죠. 우리는 자체적으로 구축한 생태계만으로 완전하고 강력한 소비자 직접 판매 서비스를 운영할 수 있고 원하지 않는다면 어느 누구의 콘텐츠도 라이선스할 필요 없습니다." 메이어는 미디어 기업들이 스트리밍 사업에 뛰어들어 자신만의 정원을 가꾸게 되면 "콘텐츠 라이선스를 남에게서 빌리는 일이 갈수록 어려워질 것이며 모두가 담장 정원을 가꾼다면 정원에 최고의 꽃들이 채워져 있지 않는 한 곤경에 처할 것"이라고 말했다.

디즈니는 투자자의 날 프레젠테이션 장소로 버뱅크 스튜디오 부지의 사운드스테이지2를 택했는데 이곳은 잭 웹Jack Webb이 TV의 새 지평을 연 경찰 수사극 〈드라그넷Dragnet〉을 촬영한 유서 깊은 장소였다. 이 거대한 스테이지는 이따금 테마파크 건설 프로젝트를 위해 사용되기도 했는데 지금도 애너하임 디즈니랜드의 아메리카강을 유유히 달리고 있는 2층짜리 마크 트웨인 유람선도 상당 부분 이곳에서 제작되었다. 또한 〈메리 포핀스Mary Poppins〉에서 줄리 앤드류스Julie Andrews가 분한 메리 포핀스가 뱅크스 가족의 마음을 사로잡은 장면을 위해 에드워드 7세 시대의 런던으로 조성되기도 했다.

무대가 완성되자마자 리허설이 시작되었다. 행사 직전 3일간 아침 8~9시부터 밤 10시까지 예행 연습을 했다. 행사 당일 아침의 최종 드레스 리허설까지 사실상 쉬지 않고 진행된 연습이었다. 미디어 애널리스트 및 저널리스트들이 버뱅크 스튜디오 부지에 도착해 사운드스테이지 밖에서 스톰트루퍼(스타워즈 시리즈에 등장하는 가상의 군인-옮긴이)들의 환영을 받는 순간까지도 프레젠테이션은 완벽을 위해 계속해서 다듬어졌다. "디즈니가 이 작품에 쏟은 집중력은 놀라웠습니다." 훌루의 전 CEO인 랜디 프리어가 수정을 거듭한 프레젠테이션 내용을 반추하며 말했다. "밥 아이거는 케빈 메이어를 비롯한 동료들과 함께 이를 이끌었죠. 그들은 엄청나게 신중을 기하고 상당한 능력을 발휘해서 자신들이 하고 싶은 이야기를 끝내주게 구현했습니다."

폭스 인수 절차를 모두 마무리한 후 처음 갖는 애널리스트 미팅이었던 만큼 디즈니는 두 스튜디오가 결합해 완성한 폭 넓은 엔터테인먼트 포트폴리오가 어떻게 디즈니를 차세대 엔터테인먼트, 즉 스트리밍으로 도약시켜 줄 수 있을지 강조하는 데 중점을 뒀다. 〈스타워즈〉, 마블 시네마틱 유니버스, 〈토이 스토리〉와 〈라이온 킹〉, 그리고 〈타이타닉〉 같은 폭스 블록버스터 클립에 창립자 월트의 영상을 뒤섞어 만든 홍보용 비디오에 배우 앤서니 홉킨스Anthony Hopkins와 이안 맥켈런Ian Mckellen이 내레이션을 맡았다.

"이 두 기업은 전 세계에 최고의 기쁨을 선사해 왔습니다. 오래도록 변함없는 가치의 콘텐츠 보물 상자를 창조해 수십억 명의 세계인들과 결코 끊을 수 없는 관계를 맺어 왔죠." 하얀 와이셔츠에 짙은 색 정장을 차려입은 아이거가 무대에 등장하며 말했다. "디즈니플러스 플랫폼은 다른 어떤 콘텐츠 혹은 기술도 대적할 수 없는 바로 이 기반 위에 세워지고 있습니다."

메이어는 스트리밍이 대세가 될 수밖에 없는 근거를 제시했다. 광대역 인터넷의 보급이 폭발적으로 늘어 초고속 5G 무선 인터넷이 확대된 가운데 주문형 콘텐츠를 향한 욕구가 끝도 없이 커지면서 결국 전 세계 시청자들이 하루에 동영상을 시청하는 시간만 12억 시간에 달한다는 비현실적 상황이 펼쳐진 것이다.

"우리가 이 분야에 이렇게 공격적으로 뛰어들고 있는 사실 자체가 시장의 근본적 변화, 그리고 계속해서 커지는 스트리밍에 대한 수요를 반영합니다. 이는 우리 브랜드의 독보적 강점, 그리고 지적 자산의 수준을 고려할 때 엄청난 기회일 수밖에 없죠." 메이어가 투자자들에게 말했다. "또한 우리는 모든 자산을 활용해 장기적 성장을 도모할 수 있는 고유한 능력 또한 갖추고 있습니다."

디즈니플러스는 에너지 넘치는 메이어가 디즈니 임원으로 올라선 이후 달성한 최고의 업적이었다. 메릴랜드주 베데스다 출신인 그는 엔터테인먼트 업계에서 가장 밑바닥이라 할 수 있는 영화관 수표원부터 일을 시작했다. 58세가 된 지금까지 매사추세츠공과대에서 클럽 풋볼 선수로 활동하던 시절의 건장한 체격을 유지하는 그는 기계 공학 학위를 취득한 뒤 휴즈항공에서 인턴으로 일하며 LA에서 여름을 보냈다. 샌디에이고로 이주해 고주파 마이크로일렉트로닉스 스타트업에 입사했고 이후 샌디에이고주립대에서 전기 공학 전공으로 야간 대학원에 다니며 석사 학위를 취득했다. 20대에는 자신을 "하드코어 기계 엔지니어"로 여겼지만 재정 분야에도 관심이 많아 결국 하버드비즈니스스쿨에 진학했다. 1993년에는 디즈니에서 예리하기로 유명한 전략기획 부서에 입사해 다른 하버드대 및 스탠퍼드대 MBA 출신들과 함께 일했다.

디즈니 출신의 또 다른 전략기획 전문가 메그 휘트먼은 저서 《다수의 힘》에 "나는 **디즈니 문화**를 종종 쉬는 시간 없는 럭비 경기에 비유한다"라고 적었다. "아무리 난동을 피우는 디즈니랜드 고객도 디즈니 간부들이 서로를 대하는 것만큼 거칠게 다뤄지지는 않을 것이다. 디즈니에서 일할 때 나는 그곳 물에 테스토스테론이 들어있는 게 분명하다고 확신했다."

메이어는 초고속으로 승진해 1998년 전략기획 담당 부사장SVP이 되었다. 2000년에 사임한 뒤 디즈니에 비해 건전성이 떨어지는 미디어 기업 플레이보이엔터프라이즈Playboy Enterprises의 CEO가 되었다. 7개월 만에 박차고 나와 클리어채널커뮤니케이션즈Clear Channel Communications와 LEK컨설팅LEK Consulting에서 근무했고 이후 밥 아이거가 디즈니 CEO로 취임한 2005년, 친구이자 당시 최고재무책임자였던 톰 스태그스의 설득으로 디즈니로 돌아왔다.

디즈니 전략기획팀을 이끄는 수장으로서 메이어는 명석한 두뇌, 그리고 향후 5년간 어떻게 대처해야 할지 알아차리는 뛰어난 질적·전략적 감각으로 명성을 얻었다. 또한 직원들에게 장시간 근무를 강요하는 것으로도 유명했다. 〈월스트리트저널〉은 전략기획팀 직원들이 신입사원들에게 가장 먼저 알려주는 사실 중 하나가 에너지 음료인 레드불을 판매하는 가까운 편의점의 위치라고 보도했다.

"케빈 메이어는 엄청나게 까다로운 사람이에요. 아마 자기도 인정할 겁니다." 메이어와 10년간 전략기획팀에서 함께 일했던, 액티비전Activision 사장을 역임했던 닉 반 다이크Nick van Dyk가 말했다. "그는 그렇지 않아도 기준이 높은데 완벽하길 요구해요. 그가 관리해 온 사람들만 봐도 알 수 있죠… 전략 부서는 보통 투자은행 출신들로 구성되고 이들은 장시간 근무와 탁월한 실적에 익숙해요. 메이어도 골드만삭스의 관리 책임자들과 전혀 다를 바가 없죠. 전문성과 탁월함을 요구하는 수준이 똑같아요."

클리어채널커뮤니케이션즈와 플레이보이의 인터랙티브 비즈니스를 이끈 바 있는 엔지니어로서 메이어는 디즈니에 들이닥칠 운명을 예견하고 심지어 유선 TV의 추락이란 리스크를 디즈니가 받아들이기 전부터 경고를 시작했다. "저는 수년간 탄광의 카나리아 역할을 했어요." 그가 말했다. "사람들은 저를 '종말론자'니 '비관론자'라느니 라며 조롱했지만 저는 시간문제일 뿐이라고 확신했죠."

디즈니가 미국 가정에서 유료 TV의 영향력이 쇠퇴하고 있다는 사실을 깨달은 건 최대 수익원인 ESPN의 TV 가입자 수가 감소하고 시청률과 광고 수익까지 줄면서부터였다. 닐슨 집계에 따르면 이 핵심 스포츠 채널의 가입자 수는 2011년 1억 명으로 정점을 찍었으나 이후 사상 유례가 없이 1,200만 명이 탈퇴해 불과 7년 만에 8,800만 명으로 줄었다. 이 같은 손실이 나타난 이후 투자자들은 시청 습관 변화 및 종래의 유료 TV 패키지 수요 감소에 대한 두려움에 휩싸였고 디즈니 주가마저 하락했다.

디즈니는 소비자 직접 판매 스트리밍 서비스에 대응하기 위해 밤테크에 투자했고 아이거는 메이어에게 디즈니의 라이선스 전략을 재검토하라고 지시했다. 다른 기업에 콘텐츠를 빌려주는 대신 저작권을 회수해 스트리밍 서비스를 출시하면 어떨까? 디즈니는 콘텐츠 도매업체에서 소매업체로 전환을 단행해 그간 디즈니랜드에서 소비자들과 직접 맺었던 관계를 엔터테인먼트 업계에서도 구축해야 했다.

메이어와 다른 사업부 수장들은 워킹 그룹을 구성해 기존 비즈니스 모델을 파괴하고 미래를 향해 나아갈 때 생길 수 있는 결과를 탐구했다. 아이거는 2017년 6월 올랜도의 월트디즈니월드에서 열린 연례 이사회를 비즈니스 지형의 교란, 그리고 이에 디즈니가 내놓은 해결책인 넷플릭스 경쟁 서비스 출시에 몽땅 할애했다.

"이사회에서 이 문제를 다루자고 했더니 동의했을 뿐 아니라 '더 속도를 내자'고 하더라고요." 메이어가 회상했다.

2017년 8월, 디즈니는 엔터테인먼트 기반 스트리밍 서비스와 ESPN이 중심이 되는 또 다른 서비스까지 선보이겠다는 계획을 발표하며 상장했다. 치열한 경쟁의 참가자로 신호탄을 쏘아 올린 것이다. 게다가 투자자들에게 이 결정을 발표함으로써 디즈니 군대의 퇴각로를 아예 불태워버렸다.

메이어와 팀원들은 서비스의 이름부터 시작해 지극히 사소한 부분들까지 세심하게 고민하며 몇 달을 보냈다. "가장 먼저 결정해야 했던 건 이름에 '디즈니'를 넣을지 말지였어요." 그가 말했다. "물론 디즈니를 넣겠다고 꽤 빨리, 꽤 간단하게 결론지었지만요." 전 세계를 통틀어 가장 널리 알려진 브랜드명인데 이런 장점을 마다할 이유가 있겠는가?

메이어의 팀은 12개도 더 되는 이름을 생각하고 내다버린 끝에 다른 모든 미디어 업체가 따라했다고 해도 과언이 아닌 네이밍에 안착했다. 바로 디즈니 '플러스'이다. 플러스를 문자로 풀어서 쓸지 아니면 기호인 '+'를 사용할지를 두고 더 많은 고민이 이어졌다. 만장일치로 기호를 사용하자는 결론에 이른 뒤에는 또 이를 어떻게 표현할지가 문제였다.

메이어는 회상했다. "처음 붙였던 플러스 기호는 적십자 표시 같았어요. 의료적 도움을 구하는 것처럼 보였죠. 그래서 별로였어요."

밥 아이거는 3가지 옵션 중 하나를 직접 골랐다. 플러스 기호의 선이 디즈니 이름 위를 가로지르는 별의 꼬리에 미묘하게 닿을 듯 말 듯 구부러진 로고였다. 로고 영상이 나오는 곳이면 어디서나 재생되는 사운드인 니모닉mnemonic(어떤 것의 연상을 돕는 장치-옮긴이)은 애플 제품의 플러그를 벽면 콘센트에 꽂을 때 나는 '딸깍' 소리에서 영감을 얻었다. 디즈니플러스의 마케팅 책임자 리키 스트라우스Ricky Strauss는 아이거가 애플에 방문했을 때 창립자 스티브 잡스가 이 소리를 시연했던 걸 기억했다고 말했다. 아이거는 이 사운드가 별의 움직임을 적절히 강조해 줄 것으로 여겼다.

뉴욕에 본사를 둔 밤테크는 인터페이스에 구독자들이 친근함을 느끼고 쉽게 콘텐츠를 탐색할 수 있는 포맷을 도입했다. 장편영화와 시리즈에 등장하는 다양한 "영웅"들의 모습이 컨베이어벨트처럼 돌아가는 가운데 그 아래로는 디즈니, 픽사, 마블, 스타워즈와 내셔널지오그래픽 등 5개 브랜드를 나열했다. 그리고 그 밑으로 추천작, 신작 하이라이트 및 시청 트렌드를 각각 클릭해 볼 수 있는 아이콘이 배치되는 식이었다.

"우리는 과연 얼마나 새롭고 색달라야 할지 오랫동안 치열하게 고민했어요. 엄청난 돈을 들여 새로운 걸 시작하는데 라이선스 수익을 얻지 못하면 상당히 위험하다고 판단했고요. 누가 봐도 낯선 인터페이스 형태를 시도해 위험을 감수하고 싶으세요?" 메이어가 말했다. "우리는 아니라고 결론지었어요. 전혀요. 말하자면 이런 식이죠. '아무리 최신식이라도 사람들이 으레 기대한 바가 있기 마련입니다… 우리는 패러다임을 바꾸지 않을 겁니다.'"

3시간 가까이 진행된 프레젠테이션에서는 다른 미디어 기업들이 모방할 만한 템플릿이 제시되었다. 경영진이 한 명씩 차례로 무대에 등장해 디즈니의 차별화된 온라인 서비스에 대해 설명했다.

기존 ESPN플러스 서비스는 축구, 크리켓, 럭비 등 글로벌 인기 스포츠, 유료 UFC 경기, 라크로스와 배구처럼 전국 시청자를 끌어들이는 건 아니지만 열성 팬이 있는 대학 스포츠 등의 경기를 생중계하는 데 계속 초점을 맞출 것이다. 훌루는 FX의 인기 시리즈 〈아메리칸 호러 스토리〉, 〈썬즈 오브 아나키Sons of Anarchy〉와 〈저스티파이드Justified〉를 포함해 좀 더 세련된 성인 콘텐츠 플랫폼으로 거듭날 예정이었다. 폭스를 인수하던 당시 포함되었던 인도의 플랫폼 핫스타Hotstar는 심지어 세계 2대 시장의 주도권을 디즈니에 선사했는데 프리미어 리그 크리켓 경기를 온라인으로 독점 제공하는 덕분에 3억 명이 넘는 구독자가 절로 확보된 것이다.

스트리밍 부문 사장 마이클 파울Michael Paull은 밤테크의 뛰어난 기량, 오랜 전투 경험으로 다져진 기반 기술이 디즈니플러스의 동력이라고 홍보했다. 그에 따르면 ESPN플러스에서 생중계하는 〈UFC 파이트 나이트: 세주도 대 딜라쇼UFC Fight Night: Cejudo vs. Dillashaw〉 종합격투기 시합을 보기 위해 수백만 명이 동시에 접속하더라도 얼마든지 대응이 가능했다. 〈왕좌의 게임〉 시즌7 마지막 회를 보기 위해 몰려든 판타지 팬들의 뜨거운 팬심 정도는 능숙하게 대처할 수 있도록 설계했기 때문이다.

다른 스트리밍 서비스에 대한 소개는 메인 요리를 위한 애피타이저에 불과했다. 맞춤 정장을 차려입은 메이어가 무대로 돌아와 디즈니의 주요 엔터테인먼트 브랜드를 중심으로 콘텐츠를 구성한 앱을 시연해 보였다. 페이지 상단에는 픽사의 〈코코Coco〉, 〈캡틴 마블Captain Marvel〉 같은 극장 영화, 혹은 〈만달로리언〉 같은 디즈니플러스 오리지널 등 새롭고 주목할 만한 콘텐츠가 표시됐다. 또한 디즈니플러스는 다른 스트리밍 서비스와 마찬가지로 과거 시청 내역을 기반으로 이용자에게 추천작을 제공할 예정이었다.

디즈니가 제공하는 엔터테인먼트 콘텐츠를 굳이 복습해야 할만한 이는 그 자리에 거의 없었다. 그럼에도 각 스튜디오 수장은 1937년 12월 21일 개봉한 최초의 애니메이션 장편영화 〈백설공주와 일곱 난쟁이〉부터 시작되는 방대한 영화 라이브러리에 디즈니플러스가 덧붙일 오리지널 영화 및 시리즈를 매우 오랜 시간, 매우 공을 들여 설명했다. 디즈니플러스는 출시 첫해에 7,500편 이상의 TV 프로그램 에피소드, 400편의 라이브러리 타이틀, 그리고 〈캡틴 마블〉, 〈라이온 킹〉 등 최신 극장 개봉작들을 공개할 것이며 매년 50편 이상의 시리즈와 더불어 10편의 오리지널 영화, 다큐멘터리 및 스페셜을 제작할 계획이라 밝혔다.

디즈니가 보유한 콘텐츠의 높은 수준은 그 규모만큼 애널리스트들을 감동시켰다. 하지만 가장 놀라운 건 다름 아닌 가격이었다. 디즈니가 월 구독료를 업계 최고 넷플릭스보다 낮은 6.99달러(9,000원)로 책정했다고 발표하자 그 자리에 있던 애널리스트들은 감탄을 금치 못했다(2023년 기준 7.99달러-옮긴이). 이는 넷플릭스에서 가장 많이 이용되는 요금제의 거의 절반 가격이었다.

"이제 모두 더해 봅시다. 우리에게는 중요한 브랜드 파워가 있고 여러 세대에 걸쳐 사랑받아온 라이브러리 콘텐츠, 그리고 크리에이터들이 제작한 신규 오리지널 콘텐츠도 있습니다. 이 모든 게 아름다운 패키지에 담겨 아주 합리적인 가격에 제공되죠." 메이어가 마치 배심원 앞에서 확신에 가득 차 최후 변론을 하는 변호사처럼 말했다. "따라서 우리는 디즈니플러스의 성공을 강하게 확신하는 바입니다."

디즈니플러스의 밝은 앞날을 확신한 디즈니는 처음 몇 년간은 적자더라도 2024 회계연도 무렵에는 수익이 날 거라고 내다봤다.

크리스틴 매카시Christine McCarthy 최고재무책임자가 수치를 제시했다. 그녀는 디즈니가 2024 회계연도 말까지는 6,000만~9,000만 명의 구독자를 확보할 것이며 그중 3분의 1가량이 미국 거주자일 것이라고 예측했다. 예측이 맞아떨어진다면 디즈니는 1위 업체 넷플릭스만큼은 아니더라도 미국 최대 케이블 TV 업체인 컴캐스트보다 많은 구독자를 누리게 되는 것이다. 나중에 알게 되겠지만 디즈니는 자사 서비스의 가치를 과소평가해도 한참 과소평가했다.

디즈니는 2020 회계연도에 현금 10억 달러(1조 3,000억 원)를 오리지널 콘텐츠에 투자하고 2024년 무렵에는 이 금액을 두 배로 늘릴 계획이었다. 하지만 스트리밍 사업부는 이밖에도 영화 및 시리즈의 임대 비용으로 다른 사업부에 15억 달러(1조 9,500억 원)를 지급해야 했다. 이렇게 막대한 비용이 발생하는 와중에 심지어 넷플릭스 같은 제3자에게 자사의 영화 및 TV프로그램을 임대할 경우 받을 수 있는 수억 달러까지 포기해야 하는 상황이었다.

"우리가 제시하는 건 목적성이 상당히 뚜렷하면서도 공격적인 전략입니다. 이 전략이 우리에게 분명 극도로 중요하다고 생각하기 때문이죠." 아이거가 말했다. "이 전략을 실행하려면 무척이나 진지한 태도로 모든 걸 걸어야 합니다. 그것이 성공할 수 있는 최선의 방법이니까요."

디즈니플러스가 기존 유료 TV 패키지의 쇠퇴를 가속화할 것으로 보느냐는 한 애널리스트의 질문에 아이거는 대답을 거부했다. "우리는 이 서비스가 미칠 영향에 대해서는 이야기하지 않을 겁니다… 그건 우리가 공유해야 할 문제가 아니니까요."

디즈니플러스의 여러 사안들이 아직 논의 중에 있었지만 한 가지는 확실했다. 바로 서비스 출시가 비밀리에 이루어지진 않을 것이라는 점이었다.

선셋 스트립에 위치한 자가의 인테리어 디자인이 잡지 〈하우스 뷰티풀House Beautiful〉에 소개될 만큼 감각 있고, 〈블랙 팬서Black Panther〉, 〈스타워즈: 깨어난 포스Star Wars: The Force Awakens〉와 〈미녀와 야수Beauty and the Beast〉 등 블록버스터 영화의 마케팅을 총괄한 리키 스트라우스가 대적 홍보 캠페인에 대해 소개했다. 디즈니는 시카고의 〈스타워즈〉 축제, 샌디에이고 코믹콘 및 디즈니랜드 자체의 D23 엑스포 등 팬 이벤트를 통해 서비스를 홍보할 예정이었다. 디즈니랜드와 월트디즈니월드 테마파크, 그곳의 디즈니 크루즈 라인 및 디즈니 소매점을 찾는 디즈니 마니아들을 통해 입소문을 내는 한편, ABC의 〈굿모닝 아메리카〉 같은 TV 프로그램을 메가폰으로 활용해 서비스 세부 정보를 미국 내 1억 가구에 전달할 것이다.

"디즈니플러스 마케팅에서 우리가 갖는 분명한 강점 중 하나는 월트디즈니 기업의 자산을 얼마든지 활용할 수 있다는 거죠." 리키 스트라우스가 말했다. "그리고 예상하시겠지만 우리는 이렇게 독보적인 고객 기반, 즉 수백만 명에 이르는 팬들과 인플루언서 역시 동원할 계획입니다."

투자자들은 디즈니의 메시지를 확실하게 인지했다. 디즈니 주가는 시장가치 25억 달러(32조 5,000억 원)를 추가해 총 2,350억 달러(305조 5,000억 원)로 사상 최고치를 기록했다. 반면, 디즈니가 더 저렴한 서비스를 내놓는다는 소식에 넷플릭스는 순식간에 시가총액 80억 달러(10조 4,000억 원)가 증발하고 말았다.

저명한 미디어 애널리스트 중 한 명인 마이클 네이선슨이 적었다. "예상이 빗나갔다! 투자자의 날 행사에 참석하는 투자자들은 우리를 포함해 대개 기껏해야 기업의 소비자 직접 판매 서비스 및 국제 부문의 잠재 손실을 가늠해 볼 만한 정보를 기대하기 마련이다. 사실 투자자의 날은 대부분 기대에 부응하지 못하며 이번 행사 역시 실망스러울 소지가 다분했다. 디즈니는 세상의 기대치를 높게 설정하고 도전에 나섰다."

13장

여러분도 마음에
드실 거예요

애플의 제품 프레젠테이션은 브로드웨이 연극의 구조와 달리 익숙하고 예측 가능한 리듬으로 흘러간다. 오프닝은 언제나 애플 제품과 이 제품들이 우리 삶에서 갖는 의미를 환기하는 따뜻한 감성의 짧은 동영상이 장식한다. 텅 빈 무대로 등장하는 CEO를 향한 박수가 잦아들면 덜 중요한 제품들부터 차례로 소개되면서 최후의 하이라이트에 대한 기대감을 고조시키고 마침내 고 스티브 잡스의 시그니처 멘트로 유명한 "한 가지 더"가 공개된다. 2019년 9월 10일에 열린 행사도 다르지 않았다.

애플TV플러스 스트리밍 서비스의 세부 정보는 쿠퍼티노의 스티브 잡스 극장에서 두 시간 가까이 진행된 프레젠테이션 중 새로운 게임 구독 서비스인 애플 아케이드에 대한 소개와 유서 깊은 아이패드 태블릿 업데이트 발표 사이에 끼어 첫 15분 내에 모두 공개되었다. 가장 중요한 뉴스로 행사 피날레를 장식한 건 애플의 효자 상품이자 이 회사 수익의 절반 이상을 창출하는 단일 제품인 신형 아이폰 출시 소식이었다.

검은색 카디건과 검은색 청바지로 심플하게 차려입은 팀 쿡은 무대에 올라 스트리밍 서비스를 향한 애플의 원대한 포부를 밝혔다. "감정에 충실해 결국 영감을 발견할 수 있는 스토리"를 제공하겠다고 마치 설교자처럼 두 손을 깍지 낀 채 말했다. "진심으로 신념을 가질 수 있는 이야기, 목적성이 있는 이야기 말입니다."

6개월 전 스타들이 총출동했을 때와 달리 쿡은 홀로 애플TV플러스를 대변했다. 〈배틀스타 갈락티카〉의 론 무어Ron Moore 감독이 선보이는 또 하나의 1960년대 우주 경쟁 이야기 〈포 올 맨카인드〉, 헤일리 스타인펠드Hailee Steinfeld가 연기한 10대의 에밀리 디킨슨이 자신의 시를 아버지가 출판해 주지 않자 반란을 일으키는 시대극 〈디킨슨〉, 그리고 쿡에 따르면 〈엔터테인먼트위클리〉가 "가을에 선보이는 가장 기대되는 시리즈"라고 선언한 〈더 모닝쇼〉까지 첫 선을 보이는 오리지널 작품들을 소개했다.

쿡은 쿠퍼티노의 무대에서 〈어둠의 나날〉 트레일러를 선보였다. 치명적 바이러스 발생 후 인류가 멸망하고 겨우 살아남은 사람들도 눈이 멀어 버린 포스트 아포칼립스 판타지 시리즈로 제이슨 모모아와 알프레 우다드Alfre Woodard가 주연을 맡았다. "제가 이 작품을 좋아하는 이유를 알게 되길 바랍니다. **여러분도 마음에 드실 거예요**." 광활하게 펼쳐진 산악 지형과 가죽옷 차림의 원시인들이 전투에 대비하는 장면이 교차 편집된 2분짜리 트레일러가 공개된 뒤 쿡이 말했다.

애플은 확실하게 저렴한 가격을 통해 자신들의 야망이 얼마나 진지한지 보여주었다. 애플TV플러스는 2019년 11월 1일, 100개가 넘는 국가에서 현존하는 다른 어느 서비스보다 저렴한 월 4.99달러(6,400원)에 출시될 예정이었다(2023년 기준 6.99달러-옮긴이). 아이폰, 아이패드, 맥이나 애플TV처럼 새로운 애플 제품을 구입하는 이는 누구나 서비스 가입 후 1년간 무료로 이용할 수 있다고 쿡은 말했다.

"11월 1일, 여러분이 모든 스크린에서 애플TV 앱을 통해 애플TV플러스를 시청하게 되길 고대합니다. 그것이 애플TV플러스입니다." 쿡이 할리우드를 노련하게 배제하며 설명한 뒤 말을 이어갔다. "이제 아이패드를 살펴보죠…."

애플이 3월에 개최했던 행사가 대실패로 돌아간 뒤 할리우드의 일부 협상가들도 애플의 견제를 쿨하게 넘기며 좀 지켜보자는 태도를 취했었다. 서비스가 어떤 모습일지, 또 어떻게 제공될지 회의적으로 바라보는 이들도 많았다.

인터넷 소프트웨어 및 서비스 부문 책임자로서 애플TV플러스, 애플페이, 애플뮤직과 아이클라우드에 이르는 광범위한 포트폴리오를 오랫동안 총괄해 온 에디 큐는 애플TV플러스 출시를 앞둔 여름, 이례적으로 〈GQ〉와 인터뷰를 갖고 TV 업계의 지형을 바꿀 구조적 전환을 최대한 활용할 준비가 돼 있다고 설명했다.

"우리가 파악하는 기술의 변화를 고려할 때 우리도 이 시장에 참전할 기회가 있다고 생각해요." 큐가 다가오는 TV 혁명과 유료 TV의 종말에 대해 말했다. "그리고 늘 얘기하지만 우리는 최선이 아닌 최고가 되기 위해 노력합니다. 그래서 지금 정말 흥분돼요. 우리가 창조하는 프로그램들은 정말이지 진짜 훌륭하거든요."

　애플은 20여 년 전 음악 산업에서 거둔 성공을 재현하길 고대했다. 음악은 비디오 스트리밍과 다르게 직접 제작할 필요 없이 전송 시스템만 개선하면 됐기 때문에 상대적으로 훨씬 수월한 일이었다. 애플은 매사추세츠주의 한 10대 소년이 개발한 냅스터라는 소프트웨어를 통해 사람들이 서로의 하드 드라이브를 탐색하고 음악 파일을 공유할 수 있게 되면서 발칵 뒤집힌 레코드 업계를 더욱 사지로 내몰았다. 파일 공유 서비스로 생겨난 디지털 혁신의 기회를 십분 활용하고자 3가지 제품을 출시한 것이다. 첫 번째는 애플이 "세계에서 가장 우수하고 사용하기 쉬운, 그리고 CD에서 추출하거나 다운받은 모든 음악을 저장할 수 있는 주크박스"로 극찬한 아이튠즈 소프트웨어다. 두 번째는 CD 버너가 장착된 신형 아이맥으로 이를 사용하면 누구나 자신이 직접 만든 플레이리스트를 추출, 믹싱하고 CD에 굽는 게 가능했다. 마지막으로 혁신적 휴대용 뮤직 플레이어 아이팟이 출시되면서 "1,000곡을 주머니에 넣고 다닐 수 있게 되었다(2001년 아이팟 발표에서의 슬로건-옮긴이)."

　2003년 무렵, 오랫동안 안정적으로 유지되던 CD 매출의 급락으로 충격에 빠진 대형 음반사들은 자사의 음악을 온라인 시장에서 아이튠즈 뮤직 스토어를 통해 곡당 99센트(1,200원)에 판매하는 데 스티브 잡스와 합의했다. 이 같은 거래 뒤에는 냉정한 협상가 큐가 있었다. 잡스가 임명한 대리인이란 권위를 등에 업은 그가 음악 업계의 절실함을 이용해 온라인에서 합법적으로 음악을 구매할 수 있는 시장을 만든 것이다.

"녹음 스튜디오에 비유하자면 그때는 잡스가 프로듀서, 큐가 엔지니어였어요. 둘이 힘을 합쳐 아름다운 결과를 도출한 거죠. 다소 음악에 치우친 비유이긴 한데 큐가 중대 사안까지 몽땅 처리한 건 아니지만 모든 준비를 다 했어요." 유니버설뮤직그룹Universal Music Group 의장 루시안 그레인지Lucian Grainge가 유니버설 영국 지사를 담당하던 당시 잡스 및 큐와 협상했던 걸 회상하며 말했다. "잡스가 회의에 참석했을 때 모두가 고요한 태도를 유지하며 그에게 경의를 표했어요. 하지만 이건 분명히 해 두죠. 에디 큐는 제 친구라는 사실을 떠나서 믿을 수 있는 사람이에요. 신뢰할 수 있는, 비즈니스를 함께 할 수 있는 사람이죠."

음악 업계의 다른 사람들은 큐가 "조용하지만 냉정하게" 애플의 영향력을 활용한다고 평가했다. 현재는 유니버설에 속한 EMI뮤직EMI Music의 디지털 배급 사업부 사장이었던 테드 코헨Ted Cohen은 가령 익명화된 구매 데이터 공유처럼 애플이 그간 동의하지 않았던 조건에 큐가 동의했다고 말했다. 문제가 될 경우 EMI뮤직에서 언제든 계약 위반 소송을 제기할 수 있으며 그에 따라 법정에서 분쟁이 지속되는 동안 애플은 곧바로 판매를 중단할 것임을 큐는 분명히 했다.

"그는 함께 일하기에 나쁜 놈이 아니었어요. 오히려 유쾌한 면이 있었죠." 코헨이 말했다. "약속은 깨졌지만 신뢰는 전혀 깨지지 않았습니다."

한편, 영화와 TV라는 세계를 사로잡기 위해서는 또 다른 수완이 필요했다.

큐는 애플의 세심한 제작 방식이 비디오 프로그래밍 영역에도 그대로 적용되었다고 말했다. 우주 경쟁을 다룬 시리즈 〈포 올 맨카인드〉를 위해 미션 컨트롤이란 이름으로 더 잘 알려진 나사의 유인 우주선 센터를 얼마나 공들여 재건했는지 강조했다. "디테일에 엄청난 관심이 쏠릴 수밖에 없는 작품인 만큼 업계 최고의 사람들과 작업했습니다." 큐가 〈GQ〉와의 인터뷰에서 제어판도 복제품이 아닌 실제 제품을 사용했다고 덧붙였다. "실제 사용되는 물품을 많이 구할 수 있었어요. 가짜를 제작하지 않고 진짜를 썼죠."

하지만 애플TV플러스의 콘텐츠는 과연 충분할까?

서비스가 제공하는 작품이 그다지 많지 않다는 점을 들며 일각에서는 과연 구독자를 어떻게 유치할 수 있을지 의문을 제기했다. 몇 편의 오리지널 시리즈가 함께 공개되기는 하겠지만 밥 친구 삼아 맛있는 걸 먹으며 편안하게 볼 수 있는 친숙한 영화나 TV 프로그램은 전혀 갖추지 못했기 때문이다. 스튜디오 경영진은 큐가 2,000억 달러(260조 원)에 육박하는 애플의 막대한 자금으로 몇 년째 매물로 나왔다 들어갔다를 반복하는 소니픽처스엔터테인먼트Sony Pictures Entertainment를 인수하지 않은 이유가 무엇인지 궁금해했다. 소니가 〈스파이더맨Spider-Man〉, 〈맨 인 블랙〉, 〈고스트버스터즈〉, 〈쥬만지Jumanji〉 등의 영화 시리즈와 〈베터 콜 사울Better Call Saul〉, 〈브레이킹 배드〉, 〈더 크라운〉, 〈블랙리스트The Blaklist〉, 〈아웃랜더Outlander〉 등 인기 TV 시리즈의 제작사인 만큼 애플의 빈곤한 라이브러리를 즉각 채워줬을 텐데 말이다.

초기에는 이렇게 제한적 진출에 그치는 듯했지만 사실 거대 기술 기업인 애플에는 불태울 자원이 넘쳐났다. 그래서 사람들은 애플과 협업하는 데 다양한 제약이 따른다는 사실을 알면서도 애플TV플러스의 홍보 행사에 빠지지 않고 참석했다.

잭 반 앰버그와 제이미 일리크트는 애플이 어둡고 다소 부담스러운 소재는 회피한다는 업계 인식을 깨부수고자 노력했다. 물론 우디 해럴슨Woody Harrelson과 줄리엣 루이스Juliette Lewis가 젊고 매력적인 두 연쇄 살인범으로 분해 결국 타블로이드 TV(선정적인 뉴스와 가십을 다루는 프로그램-옮긴이)의 안티 히어로로 거듭나는 〈올리버 스톤의 킬러Natural Born Killer〉 같은 영화는 허용하지 않겠지만 말하고자 하는 메시지가 있다면 폭력적인 콘텐츠도 수용할 수 있다고 두 사람이 에이전트들에 말했다.

두 사람과 함께 일했던 소니의 한 전직 임원에 따르면 〈브레이킹 배드〉 같은 히트작이 포함된 라인업을 확보해 오기는 했지만 사실 그들은 제작 총괄로 고용된 게 아니었다. "그들은 말하자면 판매상이었어요. 시청층을 나누고 톤을 결정하며 프로그램을 활용해 고객을 확보하는 등 모든 측면을 조율하거나 해결할 필요가 없었죠." 그가 말했다. "애플이 되는 순간 당신은 네트워크인 거예요. 당신 자체가 어떤 메시지가 돼야 하죠. 적응이 필요해요."

반 앰버그와 일리크트는 다양한 성공을 일구고 동시에 아마존의 〈더 보이즈The Boys〉와 어딘가 유사한 슈퍼 히어로물 〈파워즈Powers〉 같은 프로그램의 길을 터주기도 했다. FX가 파일럿 단계에서 이 프로그램을 거부해 결국 소니가 미처 예상치 못한 플랫폼을 찾아주었으니 바로 플레이스테이션 비디오 게임기였다. 당시 게임 사업부는 유료 TV 패키지 '뷰Vue'를 통해 TV 사업에 진출하고 오리지널 프로그램으로 실험에 한창이었다. 〈파워즈〉는 무려 8,000만(1,040억 원) 달러가 투입됐지만 제작비가 빠르게 소진돼 시즌2를 끝으로 흐지부지 막을 내렸다.

애플TV플러스의 새로운 수장들이 간판 타이틀 〈더 모닝쇼〉를 필두로 브랜드를 구축해 나가자 에이전트들은 자신이 구매한 프로젝트에 내재된 일종의 부력을 감지했다. "'미국적'인 메시지가 가득하고 사람들이 사랑하는 두 여배우가 등장하죠… 존재만으로 특정한 감정을 일으키는 두 배우가요." 애플과 비즈니스 관계를 지속하기 위해 익명을 요구한 한 에이전트가 말했다. "혹시 프로그램이 어둡더라도 두 배우는 어둡지 않거든요. 그게 바로 애플의 **선택**이죠."

반면 넷플릭스는 정치 스릴러 〈하우스 오브 카드〉로 한 획을 긋고 있었다. 시리즈는 케빈 스페이시가 연기하는 사우스캐롤라이나주의 주 하원의원 프랭크 언더우드가 차에 치인 이웃집 개를 목 졸라 죽이는 오프닝 장면을 통해 인물의 캐릭터를 단적으로 보여준다. 그리고 언더우드는 아무렇지 않게 카메라를 들여다보며 말한다. "이런 순간엔 행동할 사람이 필요하죠. 불쾌하지만 필요한 일을 처리할 사람이요."

에이전트들은 애플이 제작 과정에서 종교를 부정적으로 묘사하는 것에 예민하게 반응하는 등 특정한 '선택' 경향을 보인다면 브랜드 이미지가 흐려지고 고객들과도 멀어질 수 있다고 설명했다.

배우 커뮤니티에는 애플이 프로젝트에 과도하게 관여하며 피드백을 제공한다는 명목으로 대본 지적도 남발한다는 소문이 파다했다. 일각에서는 이렇게 지나친 간섭이 일부 출연자들을 내모는 한이 있어도 세련되고 고도로 선별된 제품을 생산해야 한다는 강박에서 비롯된 것으로 해석했다. 넷플릭스 〈하우스 오브 카드〉의 자문 및 총괄 프로듀서로 활동했던 전직 정치 전략가 제이 카슨은 "창작 문화 차이"로 인해 〈더 모닝쇼〉에서 하차했다. 작가 겸 프로듀서 브라이언 풀러Bryan Fuller는 스티븐 스필버그의 〈어메이징 스토리Amazing Stories〉를 준비하던 중 견해차로 충돌하면서 그만뒀다. 그는 해당 시리즈를 넷플릭스의 〈블랙 미러Black Mirror〉와 비슷한 부류로 해석한 반면 앰블린 텔레비전Amblin Television과 애플은 가족 친화적 프로그램을 원했다고 〈버라이어티〉가 보도했다. "TV 프로그램 하나에 이렇게 많은 지적이 쏟아진 적이 없어요." 한 프로그램 관계자의 말이다.

애플에서 제작 중인 한 프로그램의 작가 겸 프로듀서는 완벽해야 한다는 압박도 압박이지만 참조할 만한 애플TV플러스 프로그램이 없는 상황이 너무 어려운 지점이라고 말한다. 애플 경영진은 작품의 콘셉트가 겹칠 가능성을 우려하기도 하는데 강력한 비밀 유지 문화로 인해 특정 주인공 캐릭터가 제작 중인 다른 프로젝트와 겹치는지 여부도 분간하기 힘든 게 현실이다. 애플의 비밀 유지 수준은 진행 중인 작품에 대해 함구하는 업계의 관행적인 수준을 뛰어넘는다.

"애플의 한 프로그램을 위해 특정 작가와 일하더라도 그 작가는 우리가 어떤 프로그램을 작업 중인지 발설해선 안 돼요. 참 이상한 문화죠. 이런 식으로 하는 데는 어디에도 없는데 말이에요." 애플의 독특한 문화에 맞춘 대화법을 발견한 작가 겸 프로듀서가 말했다. "이젠 이런 농담도 해요. '네가 나한테 말할 수 있는 그 프로그램과 관련해

2시에 만나서 정보 좀 줄 수 있니? 아니면 너는 우리한테 말할 수 없는 그 작품에 참여하고 있는 게 맞아?'"

그러던 2020년 1월, 애플은 반란을 일으켰다. HBO의 오랜 수장으로서 이 프리미엄 네트워크를 오리지널 프로그램 최강국으로 만들고 27년의 재임 기간 동안 무려 160개의 에미상을 획득한 리처드 플레플러와 손잡은 것이다. 그의 제작사 에덴프로덕션Eden Productions은 애플TV플러스를 위한 영화 및 TV 프로그램을 제작한다는 내용의 5년 계약을 체결했다. 플레플러는 처음엔 반 앰버그와 일리크트를 만나 HBO를 애플에 넘길 방안을 모색했다. 그들의 작품, 특히 그가 보기에 HBO에 더할 나위 없이 잘 어울리는 〈더 크라운〉과 〈브레이킹 배드〉를 동경해 온 만큼 프로그램의 품질과 완벽성에 있어 엄격한 기준을 공유한다고 여긴 것이다. 두 사람의 지원에 힘입어 플레플러는 앨런앤드컴퍼니가 선밸리에서 주최하는 기술 및 미디어 업계 대표 모임에서 큐를 만나 애플을 위한 다큐멘터리 영화 및 시리즈 제작 가능성에 대해 논의했다.

2주 후, 큐는 장 조루주 봉게리힌텐 셰프가 운영하는 뉴욕 어퍼이스트사이드의 마크 레스토랑에서 점심식사를 하며 HBO와의 관계를 공식화하고 싶다는 의사를 표명했다. 그해 가을, 큐, 반 앰버그와 일리크트는 애플의 맨해튼 타운하우스에서 만나 계약 체결을 위한 구체적 논의를 시작했다. "아직 지극히 초기 단계지만 애플이 큰 성공을 거둘 게 분명한 만큼 제가 존경하고 신뢰하는 분들과 함께 일하면 작은 기여라도 할 수 있을 거라고 생각했습니다." 플레플러가 말했다.

2015년 HBO가 독립형 스트리밍 서비스인 HBO나우를 아이튠즈 스토어에 출시하면서 큐와 플레플러의 관계는 돈독해진 상태였다. 당시 플레플러는 한 가지 문제에 직면했는데 HBO에서 최고 인기를 누리는 〈왕좌의 게임〉이 세계에서 불법 복제가 가장 많이 된 TV 프로그램으로 꼽힌 것이다. 시청자들은 이 프로그램을 '합법적으로' 시청하기 위해 비싼 케이블 TV '패키지 비용까지' 감수하는 건 원하지 않았기 때문에 그냥 다운로드한 것이다. 합법적이든 아니든 시청자들은 수백만 명씩 인터넷 스트리밍으로 몰려들고 있었다.

플레플러는 중개인을 통해 애플 미디어의 수장 큐에게 한 가지 제안을 했다. 애플의 앱스토어를 통해 HBO 서비스를 판매하면 어떻겠냐는 것이었다. 이후 그가 위임한 경영진이 애플과 수차례 비밀 협상을 진행했고 그 결과 플레플러는 실리콘밸리에서 열린 애플 신제품 출시 행사에 등장해 두 기업의 컬래버레이션 사실을 발표할 수 있었다. 이 행사가 워낙 기념비적 의미를 지녔던 만큼 플레플러는 자신의 연설문을 액자에 넣어 HBO 사무실 벽에 걸어 두었다.

2020년 1월 2일 플레플러가 이렇게 파트너십을 발표한 덕분에 애플은 고급 콘텐츠 공급업체로서의 명성을 더욱 갈고 닦을 수 있었다.

그달 말 앤솔로지 시리즈(라디오, TV, 비디오게임이나 영화 등 다양한 장르에 걸쳐 있고 에피소드나 시즌별로도 서로 다른 이야기와 캐릭터가 등장하는 형태의 시리즈-옮긴이) 〈리틀 아메리카〉가 공개돼 비평가들의 극찬을 받았다. 〈오피스〉의 베테랑 프로듀서 리 아이젠버그Lee Eisenberg, 그리고 〈빅 식The Big Sick〉의 부부 작가 쿠마일 난지아니와 에밀리 V. 고든Emily V. Gordon이 참여한 이 시리즈는 이민자들이 겪는 유쾌한 에피소드를 중심으로 전개된다. 한 에피소드에서는 나이지리아 출신의 한 학생이 오클라호마의 카우보이 문화를 받아들임과 동시에 자신의 정체성을 찾아가게 되면서 증오를 조장하는 트럼프 행정부의 행태에 일침을 날린다.

아이젠버그는 이 프로그램이 글로벌리즘을 바탕으로 미래에 대한 긍정적인 관점과 열망을 일으키는 애플의 브랜드 정체성과 자연스럽게 어울린다고 말했다. 그에게 애플TV플러스 경영진과의 상호작용은 숨 막히기는커녕 건설적인 과정이었다. 그가 애플의 일리크트와 끝도 없이 통화하면서 각 에피소드 마지막에 사용되는 자막 및 이미지에 대해 논쟁을 벌인 게 누군가에는 강박적 행위로 비칠 수도 있지만 말이다.

"'4페이지는 그냥 건너뛴 거야?'라고 느껴지는 메모를 수도 없이 받았죠." 아이젠버그가 다른 프로그램과 관련해 말했다. 하지만 애플의 피드백은 달랐다. "세세한 부분까지 신경 쓰면서 한밤중에 이메일을 주고받는 게 전혀 괴롭지 않았어요. 오히려 '아, 우리만큼이나 열정적인 파트너가 있구나' 싶었죠."

이 컬래버레이션이 혁혁한 성과를 거둠으로서 아이젠버그와 애플은 '피스 오브 워크 엔터테인먼트Piece of Work Entertainment'라는 새로운 기치 아래 텔레비전 및 디지털 미디어 프로젝트를 제작하기 위한 다년 계약을 맺었다. 2월, 애플은 아이젠버그와의 다음 프로젝트를 발표했는데 팟캐스트 원더리Wondery 〈우린 폭망했다: 위워크의 흥망성쇠 WeCrashed: The Rise and Fall of WeWork〉를 바탕으로 한 미니시리즈였다.

애플TV플러스는 사무엘 L. 잭슨Samuel L. Jackson과 앤서니 매키

Anthony Mackie가 주연을 맡은 민권 드라마로 할리우드에 진출 준비를 마친 듯 보였다. 〈더 뱅커The Banker〉는 미국영화연구소American Film Institute 의 주최로 로스앤젤레스에서 열리는 영화제를 통해 최초 공개될 예정이었지만 애플 측에서 갑자기 취소해 주최 측에 충격을 안겼다. 영화의 주요 관계자 중 한 명의 아들이 성추행을 일으켜 애플이 조치를 취할 수밖에 없었다는 소문이 돌았다. 버나드 개릿 주니어Bernard Garrett Jr.는 혐의를 부인했지만 영화의 공동 제작자 명단에서는 제외되었다. 이후 검토를 마친 애플은 작품을 일부 극장과 스트리밍 서비스를 통해 공개하는 걸로 결론지었지만 상영은 그리 오래 지속되지 못했다.

아카데미상 후보에 올랐던 영화감독 에이미 지어링Amy Ziering과 커비 딕Kirby Dick의 다큐멘터리 영화가 선댄스영화제에서 최초 공개되기 2주 전, 오프라 윈프리가 이 작품에서 하차하면서 또 다른 논란이 일었다. 힙합 거물 러셀 시몬스Russell Simmons의 성추행 사실을 고발하기 위해 나선 한 음악 산업 임원의 목소리를 담은 〈온 더 레코드On the Record〉는 이후 지어링과 딕의 또 다른 시리즈인 〈앨런 대 패로우Allen v. Farrow〉가 2021년에 스트리밍된 HBO맥스에서 공개되었다. 당시 윈프리가 여러 관련 업계에 서한을 보냈다. "저는 총괄 프로듀서에서 물러나기로 결정했습니다. 그리고 이 작품은 애플TV플러스에서 방영되지 않을 것입니다."

14장

퀴비여,
어디로 가시는 겁니까?

퀴비의 장기 생존 가능성을 두고 심심치 않게 제기되던 회의적 시각은 2020년 2월, 미식축구팀인 샌프란시스코 포티나이너스와 캔자스시티 치프스의 경기 중 스트리밍 서비스 광고가 방송된 이후 더욱 확산되었다.

슈퍼볼에 광고를 내보내려는 기업은 대부분 몇 달 전에 미리 광고 자리를 구입한다. 하지만 퀴비가 광고를 내보낸다는 사실은 개막을 불과 몇 주 앞둔 시점에 확정되었다. 2020년 1월 말 선댄스영화제 당시 창립자 제프리 캐천버그와 CEO 메그 휘트먼이 주최한 VIP 칵테일 파티에서 누군가 한 가지 제안을 하게 된다. 그 자리에 참석한 이들은 휴대폰과 헤드폰을 나눠받고 숏폼 모바일 콘텐츠의 장점에 대해 들었는데 〈왕좌의 게임〉에 출연했던 소피 터너Sophie Turner와 〈블랙클랜스맨BlacKkKlansman〉 출연자 코리 호킨스Corey Hawkins가 항공기 추락으로 눈 덮인 산속에 고립된 채 생존자를 연기한 TV 시리즈 〈서바이브Survive〉의 영상이었다. 다들 흩어진 이후 임원진 몇몇이 남아 담소를 나누다 슈퍼볼에서 퀴비를 선보이자는 아이디어가 나왔다. 캐천버그는 즉시 화답했다.

"그날 밤 집에 가기 위해 공항으로 향하는 길에 슈퍼볼 광고를 구입했어요." 퀴비의 전직 임원은 "진짜 할려고? 뭐 그런 느낌이었죠"라고 회상했다.

20세기 들어 시작된 할리우드의 홍보와 전혀 달라지지 않은 방식이었다. 개봉을 앞둔 영화에 대한 기대감을 높이기 위해 당시 가장 시청률이 높은 TV 프로그램 중간에 영화 트레일러를 내보내는 방식말이다.

하지만 이 광고는 퀴비 마케팅팀의 조언을 무시하고 진행된 일이었다. 그들은 Z세대를 비롯한 젊은 사람들이 TV 스포츠 중계에 무관심하다는 사실을 너무 잘 알았다. 4명의 복면 쓴 은행 강도가 도주용 차량을 절박하게 기다리지만 운전자는 퀴비의 숏폼 동영상에 푹 빠져 꿈쩍을 안 한다는 내용으로 성급하고 부자연스럽게 제작된 광고는 결국 '값비싼 오발탄'이 되고 말았다.

"500만 달러(65억 원)를 그냥 쓰레기통에 처박은 거나 다름없죠. 출시까지는 아직 석 달이나 남아 있었는데 우리는 모두 바보 같은 짓이라며 이건 하면 안 된다고 했어요." 당시 젊은 디지털 네이티브들에게 어필할 방법에 대해 프레젠테이션까지 했지만 가볍게 무시당했던 한 마케팅 간부가 말했다. "그리고 오스카상 때 그걸 또 했어요! 이번엔 1,000만 달러(130억 원)를 쓰레기통에 처박았죠. 우리는 메그 휘트먼과 함께 수치들을 들여다보며 '이건 효과가 전혀 없네'라고 이야기했어요."

코로나19가 얼마나 영향을 미쳤는지는 논란의 여지가 있지만 이런 사실은 퀴비가 출시된 2020년 4월 6일 더욱 명확하게 드러났다. 전 국민이 자택에 격리된 상황에서 이동하며 볼 수 있는 모바일 동영상 서비스를 출시한다는 사실 자체가 모순이기는 했다. 하지만 캐천버그는 18~34세 사이의 사람들은 치명적인 바이러스가 거세게 확산되고 있다는 암울한 뉴스에서 '잠시'라도 벗어나게 해줄 뭔가를 애타게 찾을 것이라는 본인만의 이론을 고수했다.

"지금 우리는 모두 집단적 스트레스, 불안과 우울에 시달리며 위협받고 있어요. 우리가 알던 삶은 완전히 뒤집어졌죠." 그리고 캐천버그는 스티브 잡스만큼이나 강력하게 현실왜곡장Reality distortion field(스티브 잡스에게 붙은 별명으로 강한 자기 확신으로 동료들을 설득해 불가능을 실현해 가는 리더십-옮긴이)을 소환했다.

"그런데 여기 새롭고 다르고 고유한 무엇인가가 등장했어요. 아시다시피 우리 기업의 목표는 정보와 재미, 그리고 영감을 사람들에게 제공하는 것입니다."

휘트먼은 "천둥이 몰려드는 듯한" 임팩트로 세상의 이목을 집중시킬 4억 달러(5,200억 원) 예산의 마케팅 캠페인 계획을 세웠다. 우선 퀴비 출시 행사에 100여 명의 셀럽들을 초대해 전 세계 언론이 지켜보는 가운데 화려한 할리우드 레드 카펫 행사를 진행하기로 했다.

이렇게 눈길을 사로잡으면 넷플릭스, 아마존, 디즈니 등 세계적으로 유명한 브랜드로 이미 포화 상태인 스트리밍 업계에서 차별화된 포지션을 차지할 수 있다는 계산이었다. 하지만 코로나19가 빠르게 확산되면서 출시 행사가 취소돼 1년간의 수고가 물거품으로 돌아갔고 휘트먼은 셀럽의 열기를 온라인에서 어떻게 구현할 수 있을지 고심에 빠졌다.

로스앤젤레스에 마련된 퀴비의 업무 공간은 현대적인 디자인과 더불어 시계까지 전략적으로 배치돼 있었다. 이 시계가 출시일까지 남은 시간을 일, 시간, 분, 초 단위로 카운트다운을 하는 사이 휘트먼은 '플랜 B'를 준비하기 시작했다.

"전략을 수정해야 하는 상황이 닥쳤을 때 다행스러운 건 우리가 디지털 기업이라는 사실이었죠." 휘트먼이 2020년 3월 인터뷰에서 말했다. "그래서 레드 카펫 행사를 어떻게 대체할지 아이디어가 넘쳤어요. 온라인으로만 하면 되니까요."

결국 퀴비는 소리 소문 없이 출시되었다. 가입자를 유치하기 위해 90일 무료 체험을 제공했지만 센서타워Sensor Tower의 조사 결과 앱 다운로드 횟수는 출시 첫 주에 150만 건으로 최고치를 찍고 그 다음 주 곧장 57%나 떨어졌다.

소셜 미디어에는 비난이 넘쳐났다. 일부 이용자들은 스크린샷을 캡처해 소셜 미디어로 공유할 수 없다는 사실에 불만을 터뜨렸다. 게임 및 인터넷 인플루언서들과 협력하는 클릭매니지먼트Click Management 창립자이자 CEO인 그레이스 왓킨스Grace Watkins가 말했다. "밈 문화에서 자진해서 탈주하는 거죠." 퀴비의 영화와 프로그램들을 집에서 가장 작은 화면인 휴대폰으로밖에 못 보는 게 말이 되냐고 불평하는 이들도 있었다. 기술이 이토록 발전한 시대의 소비자들은 콘텐츠를 언제 어디서나 어떤 기기로든 보고 싶어 한다는 사실을 전혀 파악하지 못한 게 분명했다.

퀴비는 프로그래밍의 바이럴 마케팅 효과를 위해 부랴부랴 스크린샷 기능을 추가했다. 하지만 소셜 미디어의 입소문이 도리어 독화살로 돌아오는 일만 생겼다. 실제로 영화감독 샘 레이미는 한때 도시 전설처럼 구전되던 한 남성의 이야기를 각색해 선보였다 역풍을 맞았다. 한 남성이 아내의 황금 팔을 탐내다 결국 그녀가 죽은 뒤 팔을 훔치고, 끝내 죽어서까지 복수를 당한다는 내용인데 퀴비 앤솔로지 시리즈 〈공포의 50개 주50 States of Fright〉에서는 에미상 수상자 레이철 브로즈너핸Rachel Brosnahan이 인공 팔에 강박적으로 집착하는 인물로 등장했다. 그녀는 '폐금병' 진단을 받았지만 팔 절단을 끝까지 거부했고 결국 임종을 앞둔 순간 이렇게 말한다. "내가 죽으면 나의 황금 팔과 함께 묻어줘." 이 대사는 트위터에서 일파만파 퍼져나가며 조롱거리가 되었다.

가장 가혹하게 비판받는 건 프로그램의 수준이었다. 퀴비는 출시 당시 50개라는 적지 않은 작품을 선보였고 〈베니티페어〉 할리우드 호를 가득 채울 만큼 많은 셀럽들을 포진시켰지만 소위 대박을 터뜨린 작품은 단 한 편도 나오지 않았다.

스펜서 콘하버Spencer Kornhaber는 〈애틀랜틱Atlantic〉에 기고한 리뷰를 통해 "집중해서 볼 만한 콘텐츠는 하나도 없다"라고 악평했다.

설상가상 예고된 출시 기한에 맞춰 선보이기 무섭게 퀴비는 인터랙티브 비디오 기업 에코Eko로부터 특허 침해 소송을 당해 법정에 서게 되었다. 뉴욕에 본사를 둔 에코는 퀴비 직원들이 '턴스타일 기능'을 개발하는 과정에서 자사의 기술을 남용했다고 주장했다. 이 소송은 퀴비 서비스가 중단된 이후까지 계속 진행되었고, 2021년 9월 캐천버그는 퀴비의 턴스타일 동영상 회전 기술을 에코에게 넘기기로 합의했다.

퀴비의 실패 원인에 대한 분석은 서비스가 종료되기 전부터 수없이 쏟아져 나왔다. 업계의 전설적 거물 휘트먼과 캐천버그가 17억 5,000만 달러(22조 7,500억 원)짜리 쓴맛을 본 것에 대한 도발적인 기사가 쏟아졌다. 〈와이어드〉는 이렇게 조롱했다.

"퀴비가 삽질하는 걸 지켜보는 게 퀴비 콘텐츠를 시청하는 것보다 훨씬 재밌다."

퀴비는 90일의 무료체험 기간이 끝난 사용자들을 붙잡아 두기 위해 고군분투했다. 센서타워는 구독을 유지한 사용자가 고작 8%라고 집계했지만 퀴비는 다른 리서치 기업인 안테나Antenna의 수치를 들어 27%라고 주장했다. 하지만 그래봤자 첫해에 유료 가입자 700만 명을 확보할 것이라는 내부 예측에 훨씬 못 미치는 수준이었다.

한 내부 관계자에 따르면 퀴비의 모든 비즈니스 전망은 첫해에 구독자 수가 매주 스포티파이, 넷플릭스 혹은 디즈니플러스와 동일한 속도로 늘어난다는 전제하에 작성된 것이었다. "우리 모두… 그런 수치를 달성하는 게 극도로 어렵다는 사실을 알게 됐어요." 관계자가 말했다.

나름 퀴비도 틈새시장에서 소정의 성공을 거두긴 했다. 모리스

해리스Maurice Harris가 흑인 크리에이터를 인터뷰하고 그들의 개성을 꽃 설치 작품으로 표현하는 토크쇼 〈센터피스Centerpiece〉가 리나 웨이스Lena Waithe처럼 문화적 취향을 선도하는 이들의 관심을 끌었지만 캐천버그는 성에 차지 않았다.

"광고주를 비롯해 여러 군데에서 투자를 받은 만큼 최대한 많은 수익을 창출해야 했어요." 퀴비에서 크리에이티브 임원을 역임했던 이가 말했다. "반대로… 틈새시장에서 부를 창출할 수도 있죠. 프로그램 10개만 생각해 보세요. 이제 멋진 플랫폼이 생긴 거예요."

"퀵바이트quick bites" 콘텐츠를 표방한 퀴비는 이제 동네북이나 마찬가지의 신세가 되었다. 2020년 6월, 광고주를 대상으로 한 디즈니-ABC의 온라인 정기 프레젠테이션에서 심야 토크쇼 진행자 지미 키멀Jimmy Kimmel이 이렇게 말했다.

"제가 지금 여기 이렇게 서 있는데 아무도 봐주지 않네요. 퀴비의 프로그램이 된 기분이에요."

퀴비는 모바일 동영상 서비스를 출시한 지 3개월 만에, 마치 스타들이 총출동한 뮤지컬 〈캣츠Cats〉 영화판처럼, 할리우드 관계자들로부터 사망 선고를 받았다.

돌아보면 어디서부터 잘못된 건지 분명하게 알 수 있다. 퀴비는 본래 사람들이 "짬짬이 나는 시간"을 숏폼 동영상으로 채우길 바라며 모바일 서비스를 출시했지만 코로나19 바이러스로 그런 시간 자체가 사라지고 말았다. 어쩌면 소셜 미디어 앱, 게임 등 휴대폰으로 그 시간을 즐길 수 있는 다른 방법들에 비해 덜 매력적이었을 수도 있다. 미니애폴리스 리서치 기업 루프벤처스Loup Ventures의 더그 클린턴Doug Clinton

이 말했다.

"문제는 그런 순간들이 사라져 버린 게 아니라 이미 다른 방식으로 채워졌다는 겁니다."

치명적 결점은 퀴비가 비즈니스 모델이 아닌, 스마트폰으로 동영상을 시청하고자 하는 소비자들의 욕구에 기반해 설계됐다는 점이었다. 하지만 2015년 퓨리서치의 설문 조사에 따르면 소비자의 3분의 1은 이미 기존의 넷플릭스, 훌루 또는 아마존 프라임을 구독함으로써 동영상 시청 욕구를 채우고 있었다. 퀴비의 최대 경쟁자는 결국 '일시정지 버튼'이었던 것이다.

"퀴비는 영화판에서 흔히 말하는 이도 저도 아닌 '깃털 달린 물고기'예요." 캐천버그와의 오랜 비즈니스 관계를 유지했던 할리우드의 고위 관계자가 익명을 요구하며 말했다. "넷플릭스처럼 몰아보기에 특화돼 있는 것도 아니고 틱톡처럼 타깃 고객과 콘텐츠 생산자가 동일해 힙한 느낌을 주는 것도 아니고 말이에요."

막대한 자금을 지원받아 모바일 시대에 걸맞은 엔터테인먼트 지형을 재구축하겠다고 큰소리치던 이 스타트업은 이제 뉴코크New Coke 콜라와 같은 운명을 맞이했다. 떠들썩하게 마케팅 캠페인을 벌였지만 정작 원하는 소비자는 아무도 없는 것이다. 퀴비는 코로나19 팬데믹 초기, 사람들의 두려움이 극에 달해 있던 시점에 출시돼 불과 7개월 후 폐지가 예고됐다. 출시 첫날에는 애플 앱스토어 다운로드 3위까지 올랐지만 순식간에 10위권 밖으로 밀려나 6월 중순에는 284위까지 떨어졌다.

처음에 캐천버그는 기대에 한참 못 미치는 결과의 원인을 외부에서만 찾으려 했다. 〈뉴욕타임스〉와의 인터뷰에서 "이 모든 게 순전히 코로나19 바이러스 때문입니다"라고 말해 이미지가 더 실추되었다. 몇 주 후, 그는 퀴비가 느리게 확산되는 상황이 일종의 베타 기간 역할을 해서 코로나19라는 "단단한 벽"에 부딪힌 후 재정비하는 기회가 됐다고 말했다.

하지만 전국에 봉쇄령이 내려지고 끝이 안 보이는 팬데믹 상황에서 시청자들은 간식처럼 "가볍게 즐길 수 있는" 영화와 TV 프로그램 대신 거실에서 몇 시간이고 정주행할 수 있는 프로그램에 몰두했다.

사실 퀴비의 실패 요인을 근본적으로 파악하기 위해선 훨씬 뿌리 깊게, 창립 이념으로까지 거슬러 올라가야 한다. 캐천버그는 짧은 챕터 105개로 구성된 댄 브라운Dan Brown의 초대형 베스트셀러 《다빈치 코드The Da Vinci Code》가 자투리 시간을 짧은 호흡의 프리미엄 엔터테인먼트로 채울 수 있다는 사실을 입증했다고 반박했다. "제가 그 이유를 물었을 때 그는 '저의 독자들이 모든 단계에서 만족스럽고 편안한 환상적 독서 경험을 하길 원합니다. 사람들은 이제 더 분절되고 세분화된 시간표 속에서 살아가니까요'라고 했지요." 2019년 4월, 캐천버그의 말이다. "시간이 10분밖에 없다면 한두 챕터 정도 읽을 테고 1시간이 있다면? 계속 읽으시고요."

"도그페이스"라는 별명을 가진 인플루언서 네이선 아포다카는 아마추어였지만 아이다호 폭포의 20번 고속도로에서 가수 플리트우드 맥Fleetwood Mac의 '드림즈Dreams'를 듣고 크랜베리 주스를 마시며 스케이트보드를 타는 틱톡 동영상으로 엄청난 관중을 끌어모았다. 반면 퀴비의 라인업은 스타들로 가득했지만 즉흥적이고 친밀하고 엉뚱하고 놀라운 틱톡 동영상처럼 관심을 끄는 데에는 실패했다.

캐천버그에게 위기의식이 없었던 건 아니다. 그를 둘러싼 젊은 개발 임원들은 퀴비가 사람들은 관심도 없는 연예인에 돈을 낭비하고 있다고 경고했다. 실제로 리스 위더스푼이 자연 다큐멘터리 〈피어스 퀸즈Fierce Queens〉의 내레이션을 맡아 600만 달러(78억 원)를 받기로 했다는 소식에 사람들은 분통을 터뜨렸다. 퀴비의 내부 관계자는 "분란이 끊이질 않았다. 캐천버그는 우리의 타깃 관객층을 진심으로 이해하려는 태도가 없었다"라고 한숨을 쉬었다.

"캐천버그는 오만했어요."

한 베테랑 TV 관계자가 캐천버그가 타깃 관객층을 대상으로 콘셉트를 테스트하는 데 실패했다고 덧붙였다. 그 결과 프로그래밍에 오류가 생겼다. 젊은 세대는 자신의 휴대폰으로 게임하거나 채팅하거나 유튜브 동영상을 보거나 소셜 플랫폼에 참여했지 긴 콘텐츠를 '챕터별'로 시청하지 않았다.

"초기 콘셉트부터 문제가 있었는데 그들은 이용자들의 의견에 귀 기울이지도 않았어요." 관계자가 말했다. "그리고 혹시 이를 만회할 기회가 있었다고 해도 팬데믹 때문에 다 물거품이 됐죠."

기회는 잠깐만 주어졌을 뿐이다. 이내 시장은 〈아메리칸 뷰티 American Beauty〉, 〈글래디에이터Gladiator〉와 〈슈렉Shrek〉 등 오스카상 수상작을 배출한 드림웍스 수장 출신인 캐천버그에게 충격적인 흑역사를 선사했다. 캐천버그는 50개에 달하는 퀴비의 출시작 중 단 한 편도 흥행시키지 못했다.

"6개월 내에 퀴비는 사라질 겁니다." 프로듀서 제이슨 블룸이

2020년 10월 초 진행된 인터뷰에서 예견했다. 그리고 불과 며칠 후 퀴비는 서비스 중지를 공식 발표했다. "그야말로 가장 놀라운 퇴각 중 하나예요. 엔터테인먼트 업계의 위워크라고 할 수 있죠."

셔터를 내리기 전, 여름 동안 휘트먼은 진로 수정을 위해 애썼다. 데이터를 검토하고 다양한 전략을 제안했다. 호주와 뉴질랜드에서 무료 버전 서비스를 출시하고 사용자들이 거실 TV로도 프로그램을 볼 수 있도록 휴대폰 전용이었던 이용 방식을 바꾸는 것이었다. 그동안 사용자들의 무수한 요청이 있긴 했는데 이렇게 되면 다른 스트리밍 서비스와 직접적으로 경쟁해야 했다. 그녀는 퀴비의 지출을 줄이면서 퀴비에 사람들이 더 많이 시간을 쏟을 방법을 찾았다.

"캐천버그는 말 그대로 사업을 더 키울 게 아니면 접으라는 식이었어요. 마케팅에 두 배 더 많은 돈을 쏟아붓길 원했죠." 전 마케팅 임원이 말했다. "우리는 휘트먼과 함께 퀴비의 활로를 확장하고자 했지만 캐천버그는 마케팅에 1억 달러(1,300억 원)를 쏟아붓는 등 여름 동안 더 강력하게 밀어붙이는 걸로 결정했죠."

2020년 9월, 캐천버그와 휘트먼은 매수자를 찾기 시작했다. 〈월스트리트저널〉은 퀴비가 투자를 더 유치하고 특수 목적 인수 기업과의 합병을 통해 상장하는 등 다양한 옵션을 고려했다고 보도했다. 하지만 주인은 나타나지 않았다. 2020년 10월 22일, 캐천버그와 휘트먼은 2020년 12월 1일부로 서비스를 종료하고 남은 현금을 최대한 투자자들에게 돌려주겠다고 발표했다.

캐천버그와 휘트먼이 직원 및 투자자들을 대상으로 공개서한을 내보냈다. "퀴비는 대단한 아이디어였고 우리는 어느 누구보다 퀴비를 성공시키고 싶었습니다. 우리가 실패한 건 노력이 부족해서가 아닙니다. 우리는 할 수 있는 모든 방안을 생각해 냈고 또 모든 걸 쏟아부었습니다.”

캐천버그와 휘트먼은 평소 성향과 다르게 실패를 설명하기 위해 노력했다. 흥행에 실패하고 작품 공개가 지연되는 등 악재가 끊이지 않았지만 그렇다고 말도 안 되는 실수를 한 적은 없었다.

“퀴비가 실패한 이유는 둘 중 하나입니다. 아이디어가 스트리밍 서비스를 온전히 끌고 나갈 만큼 강력하지 못했거나 타이밍이 안 맞았거나.” 한 간부가 말했다. “안타깝게도 정확히 진단할 순 없겠지만 이 두 가지 이유가 복합적으로 작용했다고 추측합니다.”

다분히 감상적으로 진행된 화상회의에서 캐천버그는 직원들에게 드림웍스애니메이션 〈트롤Trolls〉의 주제곡 ‘다시 일어나Get Back Up Again’를 들려주며 마지막으로 힘차게 일어서도록 격려했다.

퀴비의 내리막길 서사는 팝닷컴Pop.com의 실패 사례와 비슷했다. 드림웍스와 론 하워드의 이매진엔터테인먼트Imagine Entertainment가 2000년에 설립한 이 스타트업은 유튜브가 생기기 전 퀴비와 마찬가지로 할리우드 셀럽들의 유명세를 이용해 오리지널 숏폼 콘텐츠를 제작하는 게 목표였다. 심지어 윌 스미스Will Smith, 줄리아 로버츠Julia Roberts, 에디 머피Eddie Murphy 및 스티브 마틴Steve Martin 같은 톱스타들과 계약까지 체결했지만 2억 달러(2,600억 원)에 회사를 매입할 사람이 나서지 않아 결국 파산했다.

캐천버그가 퀴비 출시 전 진행한 인터뷰에서 팟닷컴에 대해 말한 걸 들어보자.

"말 그대로 사업 계획이 없었어요. '일단 만들면 누군가 등장할 테고 그러면 그때 어떻게 돈을 벌지 생각해 보지 뭐' 이런 식이었죠."

15장

사람들을 사로잡고 싶다면
애달프게 만들어야죠

2019년 가을, NBC유니버설이 자사 스트리밍 서비스 이름을 '피콕(공작을 의미-옮긴이)'으로 결정하자 좋게 말해 다소 엇갈린 반응이 터져 나왔다. 〈링거Ringer〉의 마일즈 서레이Miles Surrey는 "다채로운 색의 NBC 로고에 착안해 나온 이름이지만 한편으로는 〈30록〉(NBC에서 방영한 TV시트콤으로 방송 프로그램을 만드는 출연진, 스태프, 간부 간에 생기는 다양한 에피소드를 코믹하게 다룬다-옮긴이) 편집실 바닥에 굴러다니는 아이디어처럼 들리기도 한다"고 적었다. "스트리밍 전쟁에 관해서는 전혀 문외한인 한 친구와 이런 대화를 나눈다고 상상해 보자. '지난달에 피콕을 맛봤는데 대박이야!' 한껏 상기된 당신을 친구가 이상하게 쳐다보며 이렇게 말할 것이다, '피콕이 요새 유행하는 최고급 비건 우유 같은 거야?"

　브랜드명에 호의적인 사람들조차 잠재 고객이 피콕을 NBC의 약칭이라기보다 팝스타 케이티 페리Katy Perry의 선정적인 곡 제목으로 생각할 여지가 다분하다고 귀띔했다. 그래도 반대론자들 역시 인정한 장점이 한 가지 있었다. 디즈니와 애플, 그리고 BET, ESPN, 삼성이 줄줄이 그랬던 것처럼 이름에 '+'를 붙이지는 않았다는 사실이다. 피콕에 안착하기 전 NBC는 수백 가지 옵션을 검토했다. 업계에 정통한 한 관계자에 따르면 역시 조류와 관련된 단어인 '루스트roost(새들이 올라앉아 휴식을 취하는 홰-옮긴이)'도 후보였지만 상표 문제 때문에 폐기됐다고 한다. "일부 언론에서 이름 갖고 심술궂게 공격해 올 게 분명했어요." 애꿎게도 피콕은 웹 주소를 확보하기 위해 에버렛 피콕Everett Peacock이라는 동명의 하와이 작가와 막판 협상에도 나서야 했다. "운이 상당히 좋았어요." 출시 몇 달 전까지 피콕을 이끌었던 보니 해머가 말했다. "11시간 만에 결정이 났죠."

　NBC 임원진은 조사 결과, NBC의 향기를 살짝만 풍기는 게 노골적으로 드러내는 것보다 효과가 좋겠다는 직감을 따른 게 주효했던 것으로 나타나자 안도의 한숨을 쉬었다. 덕분에 피콕이 'TV 에브리웨어'의 아류 정도로 취급되는 걸 막았을 뿐더러 완전히 새로운 브랜드가 추가된 만큼 광고주들에게도 더욱 효과적으로 다가갈 수 있었다. 피콕의 많은 프로그램이 〈디스 이즈 어스〉나 〈굿 플레이스The Good Place〉 등 NBC의 가족 중심적 색깔을 일부러 멀리한 걸 감안하면 프로그래밍에 있어서도 훨씬 자유분방함을 추구했다. 넷플릭스, 아마존 프라임비디오와 훌루에서 입증됐듯이 뛰어난 오리지널 프로그램은 새로운 고객을 확보하도록 만드는 훌륭한 도구였다. 피콕이 계획한 프로그램 중 하나는 LA에서 유명한 '엔젤린Angelyne'이란 실존 인물의 이야기를 각색한 동명의 작품이었다. 풍만한 몸매와 비현실적 분위기의 이 팝아이콘은 바비 인형 같은 모습으로 LA 전역의 광고판에 등장하고 분홍색 쉐보레 콜벳을 끌고 다니면서 1980년대에 일약 센세이션을 일으켰다. 이후 리얼리티 방송이 등장하면서 자기 자신을 드러내는 걸 직업으로 삼았다. 이 프로그램의 트레일러에서 에미 로섬Emmy Rosum이 분한 엔젤린은 분홍색 비키니톱을 착용해 깊은 가슴골을 드러내고 백금발의 머리칼을 한껏 부풀린 채 이렇게 말한다. **"사람들의 시선을 사로잡고 싶다면 애가 닳게 만들어야죠."**

〈엔젤린Angelyne〉 시리즈는 2019년 초 피콕의 수장으로 임명된 보니 해머의 열렬한 지지를 받았다. 이 베테랑 케이블 TV 임원은 NBC유니버설의 케이블 네트워크에서 다양한 브랜딩과 프로그래밍을 성공적으로 이끌었던 경험을 살려 피콕의 오리지널 콘텐츠 전략을 확립하는 데 몰두했다. 여러 고품격 시리즈와 함께 〈내 이름은 펑키Punky Brewster〉, 〈베이사이드 얄개들Saved by the Bell〉처럼 시청자들의 뇌리에 확실히 각인돼 있는 프로그램을 리메이크해 선보임으로써 향수를 자극하고 NBC유니버설 라이브러리에 대한 관심을 환기시켰다. 그녀는 피콕이라는 브랜드의 색채를 "시기적절하면서도 시류를 타지 않는다Timely and Timeless"로 표현해 네트워크의 생방송 뉴스 및 스포츠 방송, 유니버설픽처스 영화와 케이블 채널을 전부 아우를 만큼 방대한 캔버스의 의미를 전달했다. 〈엔젤린〉 프로젝트와 더불어 야심차게 시도한 또 다른 작품은 올더스 헉슬리Aldous Huxley의 소설《멋진 신세계Brave

New World》를 각색한 작품으로 올든 에런라이크Alden Ehrenreich와 데미 무어Demi Moore가 출연한다. "리메이크든 오리지널이든 중요한 건 시청자들을 유인할 만한 위대한 콘텐츠를 만드는 거예요. 사람들은 NBC유니버설의 기존 TV 시리즈는 물론 익숙하면서도 새롭고 신선한 리메이크 작품 역시 즐길 수 있어요. 한편으로 우리는 오리지널 프로그램과 신규 시리즈를 떠들썩하게 론칭해… 새로운 구독자들을 끌어들이고요." 해머의 말이다.

정확히 2020년 몇 월, 몇 일에 피콕을 출시할지는 정해지지 않았지만 도쿄 올림픽을 활용해 대대적으로 홍보하겠다는 계획만큼은 분명했다. 디즈니와 애플의 스트리밍 서비스 출시가 가까워지면서 NBC유니버설 내부에서도 압박감이 커졌고 10월 무렵 해머는 매트 스트라우스에게 자리를 넘기고 물러났다. NBC유니버설 콘텐츠 스튜디오의 수장으로 복귀하며 그녀는 더욱 익숙한 역할로 돌아가게 돼서 안도한다고 말했다. "기본 틀이 잡히고 취지, 브랜딩과 명칭이 정해진 비즈니스를 이끄는 데는 스트라우스만 한 적임자가 없습니다." 해머가 말했다. "디지털 서비스를 출시하는 방법을 기술적으로, 본능적으로 이해하고 있는 사람이죠." 스티브 버크는 해머를 존중했지만 피콕의 리더라면 디지털과 TV에 모두 해박해야 했다. 해머의 전공이라 할 수 있는 프로그래밍도 중요하지만 피콕에는 사용자 인터페이스, 광고 처리 방식, 배급 전략, 전통과 하이테크의 결합을 탁월하게 다루는 능력이 필요했다. 스트라우스는 컴캐스트 CEO 브라이언 로버츠의 마서스비니어드 여름 별장에서 열린 임원 수련회에 참석했다. 바인야드 사운드의 군도를 내려다보고 있는 맨션에서 케이블 업계의 이 거물은 버락 오바마 부부 등 특정 계절에만 만나는 이웃들을 초대하곤 했다. 스트라우스는 컴캐스트의 엑스피니티 케이블 및 인터넷 서비스를 활용한 피콕 지원 전략을 설명했다.

"몇 주 후 가족들과 저녁 식사할 때였어요. 목요일이었는데 스티브 버크가 전화하더니 NBC로 와서 피콕을 운영해 보면 어떻겠냐고 묻더라고요." 스트라우스가 회상했다. "제가 상상할 수 있는 가장 멋진 도전 중 하나였죠."

망설일 필요가 없었다. 3일 후 그는 짐을 싸서 뉴저지주 체리힐의 집에서 뉴욕으로 잠시 거처를 옮겼다. 아내가 뉴저지주 턴파이크 turnpike를 따라 데려다주었고 그는 이후 3개월간 호텔에 머물며 서비스 출시를 총괄했다. 더 나은 TV 경험을 선사하겠다는 평생의 목표에 진심이었던 스트라우스는 스트리밍 역시 발전할 수 있다고 믿었다. 컴캐스트와 NBC유니버설이 비밀리에 피콕 개발을 진행한 18개월 동안 스트라우스는 경영진으로서 컴캐스트의 엑스피니티 X1시스템 내에서 피콕을 어떻게 운영하면 좋을지 조언했다. 그는 이미 오래전, 포화 상태인 스트리밍 시장에 NBC유니버설이 언제 진입하면 좋을지 기회를 포착한 바 있었다. "저만의 고유한 관점을 갖고 **컴캐스트**가 이렇게 움직일 것을 진작 꿰뚫고 있었던 것 같아요." 시간이 지난 후 그가 돌아봤다. "많은 데이터에 접근할 수 있었던 만큼 사람들이 다양한 제품 및 서비스와 어떻게 상호 작용하는지 이해할 수 있었거든요."

덕분에 버크의 표현에 따르면 "다른 이들은 오른쪽으로 갈 때 피콕은 왼쪽으로 갈 수 있었다." 스트라우스는 "TV는 상당히 역동적인 경향이 있다. 시류를 반영하고 사회적이다. 그에 비해 스트리밍 서비스는 좀 더 도박 같은 면이 있다. 시간과 장소는 중요하게 작용하지 않는다"라고 말했다.

다른 서비스들과 달리 피콕은 앱을 실행하자마자 동영상이 플레이된다. TV를 켰을 때의 경험을 재현하기 위함이다. "바로 그 '맥박'을 의도한 거예요." 스트라우스가 말했다. "계속 업데이트되고 변화할 뿐 아니라 놀랍도록 시의적절하다는 사실을 알고 매일같이 돌아오게 되는 목적지의 맥박 말이에요. 요즘 세상이 어떻게 돌아가는지도 적절히 반영하죠." 소셜 미디어는 이 같은 분위기를 반영하는 데 최적화돼 있지만 "스트리밍에서는 보기 힘든 부분"이라고 그가 덧붙였다.

스트라우스의 지시에 따라 대규모 팀은 언론 및 월스트리트에 피콕을 알리기 위한 투자자의 날 행사를 2020년 1월 개최하기로 하고 본격적인 준비에 들어갔다. 〈새터데이 나이트 라이브〉의 본거지인 NBC 스튜디오 8H에 앉아 관객을 모으는 건 쉬운 일이 아니었다. 이미 애플, 디즈니와 워너미디어에서 쏟아낸 메시지만으로 시장이 포화 상태인 건 물론이요, 광고주들이 보아야 할 정보도 급격히 증가했고 넷플릭스에서도 지속적으로 뉴스가 생산되고 있었다. 피로감이 가장 큰 위험 요소였던 만큼 피콕의 프레젠테이션을 산뜻하게 구성하고 엔터테인먼트 부문을 강조하는 데 초점이 맞춰졌다. 발표자들도 티나 페이, 지미 팰런Jimmy Fallon, 세스 마이어스Seth Meyers 같은 스타들부터 NBC유니버설의 유명 방송인 사반나 거스리Savannah Guthrie, 레스터 홀트Lester Holt와 마이크 티리코Mike Tirico 등의 유명 인사에 이르기까지 자유분방한 라인업을 자랑했다. 대부분 5분 이내로 발표를 마치고 내려갔지만 재정 및 구독 전망과 관련해서는 당연히 실질적 논의가 이루어졌다.

스티브 버크는 지나간 시대에 연연하지 않았지만 처음부터 라디오 스튜디오를 가리키면서 이곳이 1930~1940년대 NBC 심포니 오케스트라와 지휘자 아르투로 토스카니니Arturo Toscanini의 본거지로 출발했다는 걸 되새기며 말했다. "미디어 역사상 가장 중요한 사건들이 바로 이 건물, 바로 이 스튜디오에서 일어났습니다. 라디오의 황금기부터 최초의 TV 광고, 최초의 컬러 방송에 이르기까지 모두가 이 건물, 이 스튜디오에서 탄생했습니다. 바로 NBC 덕분에요."

NBC유니버설은 이미 다양한 디지털 브랜드 포트폴리오를 갖고 있고 스냅챗Snapchat까지 도입했지만(NBC는 스냅챗에 지분이 있었고 2020년, 전년도에 스냅챗 지분을 매각했다는 사실이 알려지지만 이후 오디오 클립 제휴 등 협업을 이어간다-옮긴이) 행사의 구성과 분위기만큼은 최첨단과 거리가 있었다. 참석자들은 나무 패널로 된 엘리베이터에서 내려 〈새터데이 나이트 라이브〉와 〈크래프트 텔레비전 극장Kraft Television Theatre〉의 흑백 액자가 늘어선 복도를 따라 입장한 뒤 가히 쇼비즈니스가 태동하는 곳이라 할 만한 공간에 자리 잡았다. 프레젠테이션에서는 피콕이 21세기의 스트리밍 벤처라며 새로움을 강조했지만, NBC가 지난 수십 년간 어필해 온 특유의 안락함이 느껴졌다.

마치 캣워크처럼 반질반질한 바닥의 무대로 과연 누가 나타날지 궁금증에 가득 찬 관객들을 위해 〈더 투나잇 쇼〉의 하우스 밴드 '루츠Roots'가 멋진 연주로 분위기를 고조시켰다. 단도직입적인 본인의 스타일에 맞게 버크는 관객들이 반가워 할 이야기부터 전했다. 밝은 노란색과 파란색의 막대 차트 옆에 서서 넷플릭스에 대한 회의론, 고급 구독 서비스가 시장을 지나치게 포화 상태로 몰아간다는 의견에 동의를 표했다. 물론 넷플릭스에도 강점은 있었지만 돈을 흥청망청 쓰는 만큼 가입자 증가세가 정체기에 들어서는 순간 무너질 수밖에 없다는 게 대다수 투자자와 언론인들의 생각이었다. 적어도 2020년대에 들어선 시점에서 볼 때 넷플릭스는 좋을 때나 나쁠 때나 제품이 한 가지(앱)뿐이며 소비재나 비디오 게임 등 추가적인 수익원을 구축할 수 있는 메이저 프랜차이즈가 전무했다.

반면 NBC유니버설은 대규모 광대역 사업과 미국 최대의 케이블 TV 사업자를 보유한 기업을 모회사로 둔 미디어 업계의 거물이었다. '공작'이라는 남다른 이름과 달리 피콕은 화려한 것을 추구하지 않았다. "광고의 지원을 받는 비즈니스야말로 수십 년 동안 입증된 비즈니스 모델입니다." 버크가 말했다. 광고를 판매하는 250개의 유선 TV 네트워크에 전체 시청자의 92%가 가입돼 있고 나머지 8%는 HBO나 쇼타임 등 광고 없는 네트워크를 본다고 그는 지적했다. NBC, CBS와 ABC는 지난 수십 년간 순전히 광고 수익에 기반해 비즈니스를 운영해 왔는데 갑자기 이를 포기해야 할 이유가 무엇인가? "네트워크가 프로그램을 방송하는 건 말하자면 2,000만 명의 시청자에 보여주기 위해서지만 실제로 그렇게 됐을 때 돈을 벌어다 주는 건 광고죠." 버크가 설명을 이어나갔다. "피콕이 목표로 삼을 게 바로 이것입니다. 그리고 어떤 면에서 우리는 인터넷상에 21세기형 방송 사업을 창조하고 있다고도 볼 수 있죠." 이 전략은 결국 훌루 및 다른 여러 업체들에 효과를 발휘하는 듯했다. 넷플릭스를 따라하지 않으면 망한다는 법칙은 없었다.

해머는 21세기가 시작될 무렵 TV의 황금기를 열었던 HBO, FX, AMC 등의 네트워크와는 다른 방식을 택했지만 뛰어난 프로그래밍을 통해 엄청난 성공을 거두었던 사람이다. 한때 〈실크 스토킹Silk Stalkings〉 같은 저속한 탐정 시리즈나 테니스 중계, 재방송을 방영하기로 유명했던 채널인 USA네트워크USA Network는 해머가 이끈 이후 오리지널 프로그램으로 도약에 성공했다. 혁신의 한 가지 핵심 요소는 〈번 노티스Burn Notice〉, 〈화이트 칼라White Collar〉, 〈몽크Monk〉와 〈수트Suits〉 등 너무나 매력적인 프로그램을 탄생시킨 이른바 '블루 스카이' 전략이었다. 다소 어두운 분위기의 히트작 〈미스터 로봇Mr. Robot〉을 제외하면 USA네트워크의 시리즈는 대부분 전통적인 장르적 문법에 맞춰 만족스러운 종결형 에피소드 형태로 구성했던 만큼 HBO, FX 및 초기 스트리밍에서 선호했던 연재형 스토리텔링과는 대조적이었다. 또한 햇볕이 내리쬐는 매혹적 장소에서 촬영해 '편안하게 섭취할 수 있는' 콘텐츠로 어필했다. 〈뉴욕타임스〉와의 인터뷰에서 설명했듯 해머는 "우울한 기분으로 어두운 곳에 고립되기보다 기분을 좋게 만드는" 프로그램을 선보였다. 해머의 지휘 아래서 각본 없는 리얼리티 프로그램도 큰 인기를 끌었다. E! 채널이 〈4차원 가족 카다시안 따라잡기 Keeping Up with the Kardashians〉 및 수많은 파생 프로그램으로 하나의 문화 현상을 일으킨 건 물론 엄청난 수익도 거둬들인 것이다.

다른 발표자들은 NBC의 전설적 코미디 및 드라마 라인업, 컴캐스트 산하 스페인어 방송 네트워크인 텔레문도Telemundo의 프로그램과 최고 수준을 자랑하는 스포츠 프로그램 등에 찬사를 보냈다. 미국

히스패닉 시청자들이 스트리밍 서비스를 많이 이용한다는 사실을 감안하면 잠재적 무기였다. 피콕은 모두 합쳐 7,500시간 분량의 영화 및 TV 프로그램이 기본 서비스에 포함돼 무료로 제공될 터였다. 피콕 프리미엄의 경우에는 제공량이 1만 5,000시간으로 두 배나 되는 데다 NBC 및 다른 네트워크의 새로운 프라임타임 시리즈, 지미 팰런과 세스 마이어스의 저녁 8시 심야 토크쇼로 참신한 매력까지 더했다. NBC유니버설의 광고 영업 책임자 린다 야카리노Linda Yaccarino는 시청자들이 수년간 피할 방법을 모색하다 좌절했던 광고의 영향을 줄이기 위해 여러 가지 서비스를 고안했다고 강조했다. 총 광고 시간은 유선 패키지의 3분의 1에 불과한 시간당 5분 이내로 제한되고 '빈도 제한'을 통해 같은 광고가 반복되는 걸 방지하겠다고 약속한 것이다.

롱아일랜드의 오이스터베이에서 태어난 매트 스트라우스는 피콕이 선사할 경험을 구체적으로 묘사했다. 유선 채널 패키지 역시 함께 제공될 예정이었는데 시청자들은 원하는 대로 채널을 선택할 수 있을 뿐 아니라 케이블 TV처럼 화면상의 프로그램 가이드와 함께 몇십 개의 유선 채널을 실시간으로 탐색할 수 있게 된다. 〈투데이〉, 올림픽과 〈새터데이 나이트 라이브〉 등 NBC유니버설의 핵심 자산을 제공하는 채널들과 밥 로스Bob Ross 채널 같은 외부 공급업체 채널도 제공될 예정이다. '트렌드' 탭은 NBC 뉴스의 2~4분짜리 클립, E! 또는 NBC스포츠의 하이라이트를 제공하게 된다.

행사가 끝난 뒤 스트라우스는 로쿠, 아마존 파이어TV, 플루토 TV와 다른 업체들이 성공적으로 시작한 것처럼 무료 스트리밍 네트워크를 제공하는 것이 전략의 핵심 요소였다고 밝혔다. "우리는 서비스를 NBC+로 이름 짓지 않았고 덕분에 '애그리게이터(여러 회사의 상품이나 서비스에 대한 정보를 모아 하나의 웹사이트에서 제공하는 인터넷 기업-옮긴이)'가 될 입지를 다졌다고 생각합니다." 다시 말해 자신들이 케이블 기업이라는 뜻이었다.

광고에 중점을 둔 덕분에 피콕의 가격 정책은 투자자의 날 행사에서 가장 큰 관심사였다. 일단 기본 서비스는 어디서 접속하든 무료로 이용할 수 있었다. 한 단계 높은 피콕 프리미엄은 컴캐스트의 기존 고객에게는 무료로, 그 외 고객에게는 월 5달러 수준(6,500원, 2023년 기준 5.99달러-옮긴이)에 제공될 예정이었다. 광고가 전혀 없는 버전을 원하는 소비자들은 여기에 추가로 5달러를 더 내면 된다. 피콕은 4월 15일, 컴캐스트 가입자들에 우선 제공되었고 7월 15일에 미국 전역에 출시되었다. 이는 버크가 "애프터버너(제트 엔진 재연소 장치-옮긴이)"라고 부르곤 했던 2020 도쿄 올림픽에 힘입어 홍보 효과를 극대화하기 위해 정해진 날짜였다. NBC유니버설이 2024년까지 3,000만~3,500만 명의 실제 사용자를 확보함으로써 수익을 내기 시작할 것으로 예상한 이유 중 하나가 바로 가격이었다. 가입자가 아닌 사용자 수를 예측한 데는 교묘한 논리가 숨어 있었다. 컴캐스트 가입자들은 자동으로 피콕으로 사용할 수 있게 되는 만큼 일단 앱에 접속하면 피콕의 사용자로도 산출되는 것이다. 이는 무료 체험 후 유료 사용으로 넘어가는 구독 서비스와 별개로 정리할 필요가 있는 또 다른 기준이었다.

90분 동안 진행된 프레젠테이션은 애널리스트들과의 Q&A 세션을 끝으로 마무리되었다. 투자자의 날이라는 본분에 맞게 행사는 짧고 굵은 환영 이벤트, 알찬 통계, 새로운 프로그램의 화려한 볼거리와 한눈에 파악되는 기업 전략에 이르기까지 모든 게 적절하게 제공되었다. 많은 유료 TV 사업자들이 NBC 및 다른 네트워크에 이미 비용을 지급하고 있는 상황에서 피콕의 배급은 어떻게 이뤄질 예정인지 묻는 한 애널리스트의 질문에 버크는 자신감을 드러냈다. 컴캐스트 그리고 출시 파트너로 발표된 소규모 업체 콕스케이블Cox Cable을 제외한 대부분의 사업자는 서비스가 무료라는 점에 끌릴 수밖에 없다는 얘기였다. "케이블이나 위성 TV 사업자의 입장에서 보면 5~6달러(6,500~7,800원) 가치의 제품을 모든 고객에게 무료로 제공하는 셈이에요." 그가 말했다. "따라서 대다수 사람들이 받아들일 것으로 예상합니다." 출시를 앞둔 피콕과 계약을 체결하지 않은 두 업체는 주요 게이트키퍼 로쿠와 아마존 파이어TV로 이 두 업체의 미국 내 가입자 수만 합쳐도 1억 가구가 넘었다.

투자자의 날 이후 스트라우스는 피콕 출시 전 달성해야 할 최고 목표가 전송 역량 확대가 될 것이라고 말했다. 더불어 그는 자사 서비스가 배급 업체의 기능을 해야 한다고 생각했는데 이는 2019년이나 2020년에 새로 선보인 서비스는 하나같이 거론하지 않는 얘기였다.

"제가 피콕을 통해 실현하고 싶은 건 케이블 패키지의 여러 부분을 재창조하는 것입니다." 스트라우스가 말했다. 라이브 유선 채널, 유행을 선도하는 콘텐츠, 다양한 주문형 영화 및 TV 프로그램에 이르기까지 "모든 게 TV와 상당히 흡사하죠. 그리고 그게 바로 핵심입니다."

스트라우스는 "넷플릭스나 디즈니플러스와 경쟁할 생각이 전혀 없다"고 말했다. 대부분의 사람들이 머릿속에서 이분법적으로 생각하는 것도 명백히 잘못됐다고도 덧붙였다. "이거 아니면 저거라고 생각해선 안 됩니다. '유선형 아니면 주문형'이 아니라 둘 다죠. 올바른 사용자에게 올바른 시기에 올바른 콘텐츠를 제공해 선택권을 주는 것이 중요합니다. 다시 한 번 말씀드리지만 저는 이것이 바로 우리의 비밀 병기이며 제가 제대로 실현해 통합 플랫폼을 만들 수만 있다면 몇 년 후 케이블 패키지의 진화를 이룰 수 있을 것이라고 장담합니다."

스튜디오 8H의 내부 조명이 다시 켜지고 루츠가 출구로 안내를 시작하자 관객들은 록펠러 플라자 65층의 또 다른 보석 '레인보우 룸'으로 향했다. NBC유니버설 경영진은 화려하고 역사적인 이 공간에서 스트리밍 산업에 대한 이야기는 내려놓고 출연자들과 편안한 시간을 즐겼다. 〈로 앤 오더Law&Order〉의 프로듀서 딕 울프Dick Wolf는 〈미스터 로봇〉의 배우 크리스천 슬레이터Christian Slater와 포옹을 나눴다. 〈그레이의 50가지 그림자Fifty Shades of Grey〉로 스타덤에 오르고 피콕의 〈닥터 데스Dr. Death〉에 출연 중인 제이미 도넌Jamie Dornan은 USA네트워크 시리즈 〈사이크Psych〉 속 자신의 역할을 장편영화에서도 다시 맡은 둘레 힐Dule Hill과 인사를 나눴다. 말쑥하게 차려입은 수행원들이 서로를 가리키며 미소 지었다. 카바레, 토니상 시상식 장소, 세계적 바텐더 데일 디그로프Dale DeGroff의 홈베이스로 사용된 이 공간으로 게스트들이 쏟아져 들어오자 직전까지 아래층에서 스트리밍 산업 기술에 관한 사건이 일어났다는 게 거짓말 같았다. 그저 할리우드의 오랜 장기인 시사회 후 고급 애프터파티가 열린 듯했다. 마음껏 마실 수 있는 음료가 가득하고 창밖으로는 사방으로 퍼진 도시의 불빛이 보였다.

레드 카펫에선 볼 수 없었던 게스트들은 뷔페를 즐기며 좀 전의 행사에 후한 평가를 내렸다. 초밥을 공략하던 애널리스트 두 명은 피콕의 계획에 찬사를 아끼지 않았다. 그중 한 명은 "현명하다"고 평가했다. "이미 갖고 있는 걸 십분 활용해야 하지 않겠어요? 그들에겐 매출을 내는 놀라운 광고 기계가 있어요. 이건 그 기계를 새롭게 활용할 방법이죠." 월스트리트의 견해 역시 대체로 이와 비슷했다. 행사 이후 디즈니처럼 주가가 급등한 건 아니었지만 "아하, 그들이 **매달린 일**이 이거였구나" 하는 분위기와 함께 신중한 낙관론이 떠올랐다. 한편으로 〈코웬Cowen〉의 그레고리 윌리엄스Gregory Williams는 몇 가지 의구심을 드러냈다. 우선 "프레젠테이션 앞부분에 공개된 클립들이 디즈니 혹은 워너·HBO가 각기 투자자의 날 이벤트에서 공개한 영상들에 비해 어쨌든 우리에게는, 매력적이지 않았다"고 고객들에게 안내했다. 그는 또 더 실질적인 문제가 "수익 전망"이라고 덧붙였다. "피콕이 광고 시장을 혁신할 것이라는 주장에 우리는 완전히 공감할 순 없었다"라고 적었다. 웨드부시증권Wedbush Securities의 애널리스트 댄 아이브스Dan Ives는 윌리엄스보다는 만족한 듯했다. 피콕 출시가 "세스 마이어스, 레스터 홀트, 지미 팰런과 티나 페이 같은 스타들이 참여한 인상적 행사"였다고 자신의 고객들에게 전했다. "피콕은 넷플릭스, 애플 및 디즈니와 어깨를 나란히 할 준비를 마쳤으며 향후 펼쳐질 스트리밍 전쟁에서 업계 선두인 넷플릭스 및 그들의 가입자 증가율을 분명 교란시킬 것"이라고 말했다.

파티에서 스트라우스는 만족스러운 듯 당당한 포즈로 사진을 찍고 한참을 갈구했던 물을 드디어 마셨다. 일이 끝나려면 아직 멀었지만 오늘의 행사로 스트리밍 경쟁에서 새롭고 고유한 종족을 대변할 피콕의 계획을 모두에게 알리는 데 거대한 진전을 이뤘다. 자신이 넷플릭스를 무너뜨리기 위해 나왔다는 생각은 완전히 잘못된 것이라고 그는 말했다. 이 스트리밍 거물 덕분에 시청자들이 더욱 수준 높은 프로그램을 요구할 수 있게 되었지만, 그는 자신이 달성하고 싶은 목표는 그것이 아니라고 말했다. 스트리밍 업계는 과잉 공급 시장이 되기에는 멀었고 따를 만한 선두주자도 없다는 게 그의 생각이었다. 그는 자신이 제공하는 하이브리드 모델, 즉, 광고로 유지되지만 공중파에는 여전히 없는 것을 제시하는 제품으로 채워야 할 '커다란 구멍'이 시장에 있다고 여겼다. 피콕은 그 어떤 '깃털'도 흐트러뜨리지 않을 것이다. 스트리밍은 컴캐스트의 수익성 높은 유료 TV 사업을 위협하는 것이 아니라 단순히 강화할 뿐이다. 스트라우스는 말했다. "사람들은 넷플릭스가 TV를 대체한다고 혼동하고 있어요. 넷플릭스는 TV를 대체하지 않습니다. 추가할 뿐이죠. 사람들은 넷플릭스를 좋아하지만 선택할 수 있는 다른 어떤 미디어보다 좋아하는 이들이 많은 이유는 그들이 좋아하는 동영상을 항상 갖고 있기 때문이에요. 사람들은 콘텐츠를 먹고 사는 동물입니다. 만족을 모르죠."

16장

▶

IQ 테스트

방문객들이 스튜디오 출입구를 통과하기 무섭게 영업이 시작되었다. 골프 카트를 타고 1분 30초 동안 버뱅크의 워너브라더스스튜디오 스테이지21로 이동해 출시를 앞둔 최신 스트리밍 서비스에 대한 소개를 직접 보고 들었다. 워너미디어가 보도 자료나 TV 광고 대신 마련한 체험형 마케팅의 일환이었다. 월스트리트 애널리스트와 언론인들에게 워너미디어가 그동안 써온 서사와 디지털 시대의 미래를 향한 비전을 몰입감 있게 전달하고자 마련한 것이었다.

카트의 스피커에선 감미로운 영화 음악이 메들리로 흘러나왔다. 운전자이자 투어 가이드가 헤드셋을 통해 공식적으로 준비된 내용을 곡의 진행에 맞춰 활기차게 전달했다. 가이드는 베르두고산맥 기숲에 모여 있는 이 베이지색 건물들은 그저 평범한 빌딩숲이 아니며 쇼 비즈니스의 전설 그 자체라고 소개했다. "워렌 비티Warren Beatty와 페이 더너웨이Faye Dunaway가 주연한 〈보니 앤 클라이드Bonnie and Clyde〉 같은 놀라운 고전 영화는 물론, 왼편으로 보이는 사운드스테이지10에서 촬영한 스파이 코미디물 〈척Chuck〉, 밀레니엄 시대 인기 TV 프로그램이었던 〈프리티 리틀 라이어스Pretty Little Liars〉까지 최고 프로그램들이 이곳에서 제작되었지요"라고 가이드가 말했다.

가이드는 능숙한 해설자가 등장하는 광고처럼 매끄럽고 정돈된 어조로 수많은 타이틀과 스타의 이름을 쉽없이 나열했다. "다음으로 보실 곳은 사운드스테이지14입니다. 험프리 보가트Humphrey Bogart와 잉그리드 버그먼Ingrid Bergman이 주연한 영화 〈카사블랑카〉에 나왔던 '당신의 눈동자에 건배'라는 명대사가 탄생한 곳이죠. 이 영화는 1942년 아카데미 최우수 작품상을 수상했습니다." 이어서 그녀가 말했다. "이어서 〈빅뱅이론〉, 〈웨스트 윙The West Wing〉, 그리고 올해로 25주년을 맞이하는 우리들의 영원한 시트콤 〈프렌즈〉 등 위대한 TV 프로그램이 제작된 사운드스테이지를 보시겠습니다."

가이드가 〈크리스마스 대소동National Lampoon's Christmas Vation〉이 촬영된 곳이라고 말한 최종 목적지에 도착하기 직전 오늘의 하이라이트가 공개되었다. "이 모든 TV 프로그램과 영화가… 워너미디어의 새로운 스트리밍 서비스가 제공하는 1만 시간 분량의 라인업에 포함될 것입니다!" 그녀가 말했다. "내리실 때 머리 조심하시고요. 즐거운 시간 보내세요!"

가을의 태양이 산 뒤편으로 자취를 감출 무렵이었다. 골프 카트에서 내린 관람객들이 사운드스테이지의 절반을 차지하는 반원 형태의 계단형 객석을 채우기 시작했다. 취재진이 도착하자 커뮤니케이션 담당 직원 및 홍보를 담당한 외부 업체 직원들이 곳곳에 배치되었다. 공연 시작 전, 홍보 담당자들은 관객의 반응을 살피는 한편 북적이는 인상을 주기 위해 빈 좌석에 앉았다. 대형 스크린으로 선보일 메이킹 동영상, 예고편 및 다른 영상에 이목이 집중될 수 있도록 벽, 바닥과 의자는 모두 검은색으로 통일했다. 이벤트 기획자들은 이미 디즈니가 주최한 투자자의 날에 참석해 노하우를 배운 상태였다. 당시 디즈니가 업계 사람은 물론 온라인으로 시청하던 소비자들까지 단박에 사로잡았을 뿐 아니라 디즈니 주가가 단 하루 만에 10% 이상 급등했기 때문이다. 워너미디어는 디즈니와 같은 업체에서 행사 장비를 대여했고 트레일러도 비슷한 길이로 편집했다. 2019년 10월의 마지막 화요일인 이 날은 '워너미디어의 날'로 선포되었다. 이날 공개 행사는 축제의 일환이었지만 내부적으로 불안감도 잠재돼 있었다.

조명이 어두워지고 스크린이 트레일러로 환해지자 모건 프리먼Morgan Freeman의 친근하면서도 낮은 바리톤 음성이 공기를 가득 채웠다. 웅장한 음악이 배경 음악으로 흘러 나와 겨우 목소리를 식별할 수 있었지만 말이다. 〈펭귄 위대한 모험La Marche de l'empereu〉과 비자카드 광고, CBS 〈이브닝 뉴스Evening News〉 때와 마찬가지로 모건 프리먼은 투박한 대본을 중요하게, 심지어 숭고함마저 느껴지도록 탈바꿈시키는 재주를 발휘했다. 그의 목소리가 지닌 무게감은 결코 가볍지 않았다. 목소리 출연에 수백만 달러를 호가하는 돈을 지불할 가치가 있었다.

스크린에는 19세기 AT&T의 전화 및 전신 기술이 현대의 무선,

광대역 인터넷 기술까지 발전하는 과정이 속도감 있는 영상으로 소개되었다. 프리먼이 읊조렸다. AT&T에서 수십 년간 불타오른 "혁신의 불꽃은 계속 퍼져나가 우리를 하늘의 별들과 실시간으로 연결함으로써 우리의 삶을 영원히 바꿔놓았습니다. 그 불꽃은 오늘날에도 계속 확산돼 우리의 소통방식뿐 아니라 지식, 엔터테인먼트와 감정까지 바꿔놓고 있습니다." 트레일러는 워너브라더스가 한 세기 동안 쌓아온 영화 및 TV 유산, 1970년대 새로운 활로를 개척한 테드 터너의 CNN과 터너브로드캐스팅, TV라는 매체를 변화시킨 HBO 등 모든 업적을 빠짐없이 짚었다. 관객들이 '내가 아직 골프 카트 투어 중이던가?'라고 생각하더라도 이상할 게 전혀 없었다. 화려한 색감의 영상이 눈앞에 펼쳐지고 영화관 수준의 사운드가 좌석을 뒤흔든다는 점만 다를 뿐이었으니까.

프리먼이 말을 이었다. "다음 혁명이 바로 우리 거실 안에서 시작됐을 때 가장 성공한 혁신가들은 규칙이 어떻게 바뀌었고 또 얼마나 많은 기회가 생겨났는지 이해했습니다." TV가 대중적으로 보급된 1950년대를 떠올리게 하는 말일 수도 있지만 현재 시점에 시사하는 바도 명확했다. 스트리밍은 차세대 산업의 교차로였다. 워너미디어는 자사가 특유의 강인함을 갖추고 있기 때문에 의지만 있다면 얼마든지 변화를 이끌어내 이전의 혁신에 비견할 만한 문화유산을 창조할 수 있다고 믿었다.

5분짜리 트레일러의 상영이 끝난 후 본 프레젠테이션이 시작되었다. 수천 명의 직원을 포함해 많은 사람들이 인터넷 중계로 프레젠테이션을 시청했다. 워너미디어 CEO 존 스탠키가 자신과 회사가 구축하고 있는 경영관을 새로운 은유법으로 전달하기 위해 무대에 올랐다. "플라이휠"이 돌아가자 선순환이 시작되었다는 내용이었다. "우리는 개발과 성장의 선순환을 통해 다 같이 성장할 수 있는 수직 통합 기업을 창조했습니다." 엔터테인먼트 업계 비즈니스 행사의 시그니처 패션인 네이비 정장과 하늘색 와이셔츠를 입은 그가 본사를 벗어났다는 의미를 담은 듯 윗단추를 푼 채 말했다. 그는 선순환의 개념을 확장시켰다. "우리가 사랑하는 고품질 프리미엄 콘텐츠에 혁신적 기능을 추가해 탁월한 사용자 경험을 제공하면 구독자들은 더 많이 늘어날 것입니다. 덕분에 우리는 고객에 대해 더 많은 통찰을 얻게 되고 이를 반영해 콘텐츠와 제품을 제작하면 다양화가 이루어져 더 나은 경험을 제공하고 심지어 더 많은 참여를 유도할 수 있게 되죠. 우리는 브랜드 명성뿐 아니라 모두를 위한 주문형 콘텐츠까지 갖춘 HBO맥스를 전면에 내세워 대부분의 미국 가정을 고객으로 확보해 나갈 것입니다."

2018년에 창립자 알렉산더 그레이엄 벨에 경의를 표하는 의미로 그의 이름을 본따 리브랜딩된 AT&T의 자회사 잰더Xandr를 통한 광고가 접착제 역할을 하게 될 것이다(광고 및 분석 회사인 잰더는 2022년 마이크로소프트에 매각된다-옮긴이). 잰더의 기술은 HBO맥스의 알고리즘을 더욱 정교하게 만들고 광고의 타깃 고객을 위한 최종 메시지는 더욱 정확하게 나눌 것이다. 직설적인 성격으로 유명한 스탠키는 회의장에 모인 투자자 및 미디어 관계자들과 눈높이를 맞추기 위해 노력했다. "아마존, 애플, 구글과 넷플릭스의 시대에는 미국 소비자의 4분의 1에 도달하는 정도로는 더 이상 '규모'라고 말할 수 없습니다." 그가 시청층이 단순히 제한적이었던 걸 넘어 마니아층에 한정돼 있었다고 할 수 있는 HBO를 언급하며 말했다. "이건 글로벌 게임입니다." 온라인으로 프레젠테이션을 시청하던 일부 HBO 직원들은 스탠키가 HBO의 수장 리처드 플레플러도 참석한 인수합병 후 타운홀 미팅에서, 지금처럼 냉정한 어조로 연설했던 사건을 떠올렸다.

스탠키는 핵심적인 차별화 지점 한 가지를 강조했다. 워너미디어가 제로베이스에서 시작하는 게 아니라는 점이다. HBO는 위성, 케이블, 무선 및 기존의 스트리밍 서비스인 HBO나우에 이르는 AT&T의 서비스 영역을 통해 이미 1,000만 명의 가입자를 확보하고 있었다. 새로운 서비스는 굳이 추가 비용을 들여 표본 조사를 할 필요도 없고 무료 업그레이드도 제공할 수 있다. "HBO 가입자들은 출시 첫날 서명만 하는 즉각 HBO맥스를 볼 수 있는 거예요. 이것만으로도 바이럴 마케팅 효과는 물론 상승 모멘텀을 창출할 것으로 기대합니다. 이논리대로면 2025년까지 미국 내 가입자 5,000만 명을 확보한다는 목표도 충분히 달성 가능할 것으로 보였다. 여기에 라틴아메리카와 유럽까지 포함하면 목표치는 7,500만~9,000만 명으로 늘어나는데 이는 5년 안에 6,000만~9,000만 명의 고객을 확보하겠다는 디즈니의 전망보다 좀 더 공격적인 수치였다. 그런데 프레젠테이션이 끝나고 나서야 한 가지 커다란 장애물은 드러났으니, 영국, 이탈리아와 독일 등 주요 지역 내 HBO의 장기 배급 계약이었다. 이들 지역에서는 최소 2025년까지 HBO맥스를 출시할 수 없었던 것이다.

존 스탠키에 이어 12명의 경영진이 HBO맥스의 외관과 느낌, 프로그래밍, 경제성, 기능 등을 잇달아 소개하는 사이 신중하게 준비된 행사가 모두 쏜살같이 지나갔다. 기술적으로 문제가 일어나거나 발표자가 텔레프롬프터를 보며 더듬거리는 일 따위는 일어나지 않았다. 다만 최근 배우 마이클 케인Michael Caine이 자신의 어머니가 하신 말씀이라며 언급해 유명세를 타고 있는 옛 속담이 떠올랐다. "오리처럼 굴어라. 오리는 물 위로는 편안해 보이지만 물 밑으로는 죽을 힘을 다해 발을 굴린다."

워너미디어는 물밑에서 물갈퀴 달린 수많은 발을 미친 듯 굴리고 있었다. 이 행사를 앞두고 회사 내부적으로 얼마나 날이 서 있었는지 직원들은 모두 생생히 기억했다. 행사 직전까지 몇 번이고 수정되었는데 심지어 연사가 직접 개입했다. 트레일러 역시 수정과 재편집을 반복했다. 수정이 본래 일상이기는 했지만 많은 관계자들이 이번엔 긴장감이나 예민함의 정도가 차원이 달랐다고 입을 모았다. 850억 달러(127조 5,000억 원) 규모의 타임워너 인수를 정당화하고 스트리밍 서비스뿐 아니라 전체 미디어와 디지털 생태계에 끼칠 영향까지 명확하게 보여줘야 한다는 압박감이 엄청났던 것이다. 오래도록 지연됐던 AT&T와의 합병을 마침내 이룬 워너미디어는 디즈니가 잔뜩 높여 놓은 기준을 어떻게든 따라잡아야 했다. 하지만 안정된 경영진에 브랜드 아이덴티티까지 확실한 디즈니 투자자의 날과 달리 워너미디어의 행사는 두 개의 정체성이 결합된 이후 처음 치르는 행사였다. 새롭게 구성된 기업인만큼 경영진에 새 얼굴이 많았고 심지어 소비자 직접 판매 기술이라는 분야도 생소하기만 했다.

업계의 오랜 동료 케빈 라일리Kevin Reilly와 밥 그린블랫은 같은 참호에서 전투를 치르는 입장이었다. 롱아일랜드 출신에 날카로운 위트를 갖춘 라일리는 TV 업계 최정상까지 차근차근 올라온 사람이었다. 코넬대 졸업 후 로스앤젤레스로 이주한 그는 프리랜서 프로듀서와 유니버설픽처스 홍보 담당자로 일하다 업계 전설로 불리는 브랜든 타르티코프Brandon Tartikoff의 눈에 띄어 크리에이티브 총괄로 채용되었다. 타르티코프는 불과 32세에 NBC의 사장이 되면서 TV 역사상 업계 최연소로 네트워크 수장이 되었으며 그 역사적 10년을 라일리가 최전선에서 이끌었다. 라일리는 1980년대 내내 〈코스비 가족 만세The Cosby Show〉, 〈치어스Cheers〉, 〈패밀리 타이즈Family Ties〉, 〈마이애미 바이스Miami Vice〉와 〈사인펠드Seinfeld〉 등의 프로그램을 제작해 프라임 시간대에는 당연히 NBC를 보아야 한다는 문화를 만들었다. 그러면서 라일리는 타르티코프가 출연진을 다루는 법이나 언론을 매료시키는 법, 회사 내 반대 세력을 어떻게 쥐락펴락하는지 곁에서 직접 보고 배웠다. 이후 브릴스타인-그레이Brillstein-Grey, FX, NBC 및 폭스의 고위 간부로 자리를 옮겨 〈소프라노스〉, 〈오피스〉, 〈30록〉, 〈글리Glee〉 등의 프로그램을 탄생시킨 후 2014년 터너엔터테인먼트Turner Entertainment에 합류해 배급망은 탄탄하지만 작품 기근에 허덕이던 두 네트워크 TBS와 TNT를 극적으로 회생시키는 데 성공했다. 참고로 그 시점까지 수년간 TBS에서 시청률이 가장 높은 프로그램은 〈빅뱅이론〉 재방송이었다. 안목도 좋고 출연진 인맥도 두터웠던 라일리는 사만다 비Samantha Bee를 심야 토크쇼 진행자로 영입하고 드라마 〈동물의 왕국 Animal Kingdom〉과 〈서치 파티Search Party〉 등 화제의 프로그램을 선보이며 두 방송사에 새로운 활력을 불어넣었다. 2018년 말, 그는 케이블 네트워크 총괄직을 유지함과 동시에 HBO맥스의 최고콘텐츠책임자로 승진했다.

2019년 3월이 돼, 라일리는 버뱅크에 위치한 갈색 벽돌의 저층 건물에 있는 사무실을 방문했다. 워너미디어 스튜디오들로 들어가는 출입구 밖에 있어 지나다니는 사람들은 보통 이 건물이 1층에 위치한 음식점 체인인 '클레임 점퍼'의 것이겠거니, 라고 생각하는 곳이었는데 그곳에서 존 스탠키와 HBO맥스를 어떻게 이끌어갈지에 대한 사전 논의를 하던 라일리는 한 홍보 담당자가 스탠키에게 보고하는 내용을 듣고 깜짝 놀랐다. NBC에 있던 밥 그린블랫이 워너미디어 엔터테인먼트 수장으로 새로 임명됐다는 소식이었다. 안 그래도 물리적으로나 상징적으로나 스튜디오와 동떨어진 이곳에서 라일라는 자신도 외부인이 된 듯한 기분을 느꼈다. 뜬금없는 소식이었지만 이제 그린블랫이 그의 상사가 된 것이다. 이 깜짝 발표는 워너미디어를 이끄는 스탠키의 리더십 형태를 상징적으로 보여준다. 스탠키는 이해할 수 없는 경영학 전문 용어를 즐겨 구사하는데 한 간부는 "그는 아침식사 주문도 수학 방정식처럼 들리게 하는 재주가 있다"라고 혀를 내두르기도 했다. 스탠키는 조언을 구하고 싶어 하는 고위 간부들과도 거리를 두는 편이었다. 한 간부는 "스탠키에게 이런 이메일까지 보내면서 적극 어필해 봤어요. '한동안 연락이 뜸했기에 제 계획을 공유해 드리고자 합니다.' 이렇게 하면 그와 좀 소통할 수 있을까 싶었죠. 그런데 어떤 답장도 안 왔어요. '메일 감사합니다. 다시 연락드리죠' 정도의 반응조차도 없었죠. 메시지가 그냥 공중 분해돼 버린 거죠. 이런 상황을 겪은 건 저뿐만이 아니에요. 다들 '어쩌라는 건지 모르겠어. 넌 알아? 이 사람한테서는 어떤 피드백도 받을 수 없어'라고 말해요."

불과 7개월 만에 그린블랫과 라일리는 함께 무대에 올라 자사의 스트리밍 서비스에 관해 발표했다. 30년간 서로 알고 지낸 두 사람은 방송 네트워크가 발전해 오는 동안 평행선을 달려왔다. 일리노이주 록포드에서 유년기를 보낸 그린블랫은 의장으로 재직하며 NBC를 흑자로 전환시킨 뒤 워너미디어에 합류했다. 쇼타임과 폭스의 경영진을 역임했으며 프로듀서 시절엔 〈식스 핏 언더〉 같은 TV 시리즈, 〈디어 에반 한센Dear Evan Hansen〉, 〈나인투파이브9 to 5〉 등 토니상의 영예에 빛나는 브로드웨이쇼를 제작했다. 그린블랫은 짧게 자른 적갈색 머리칼에 늘 소매를 접어올린 모습으로 열정을 과시했다. NBC 근무 초기 애정을 갖고 추진한 뮤지컬 드라마 〈스매시Smash〉는 스티븐 스필버그까지 제작자로 참여하기로 했지만 이내 망작으로 전락했다. 브로드웨이 뮤지컬 제작기를 내부자의 시선으로 바라본 이 시리즈는 언론사 〈버즈피드BuzzFeed〉로부터 "TV 최대의 난파선"이라는 조롱을 받으며 두 시즌 만에 막을 내렸다. 네트워크 수장들 중에는 운영이나 재정 부문의 전문가가 많았지만 그린블랫은 프로그래밍을 가장 중시했고 그중에서도 화려한 볼거리를 좋아했다. NBC에서 그는 매번 공연 중인 뮤지컬 작품을 프로그램으로 편성하는 경향이 있었는데 덕분에 〈피터팬Peter Pan〉과 〈사운드 오브 뮤직The Sound of Music〉이 전 세계에 새로운 버전으로 선보일 수 있었다. 후크 선장 역을 맡은 레전드 배우 크리스토퍼 워컨Christopher Walken과 마리아 폰 트랩 역의 캐리 언더우드Carrie Underwood(아메리칸아이돌 우승자 출신으로 그래미상 수상자-옮긴이)는 무심한 시청자들을 유인하기 위한 신의 한 수였다. 그 효과가 적어도 몇 년은 지속됐으니 말이다.

광고주와 폭넓은 시청자 층의 입맛을 일일이 맞춰야 하는 건 예전과 다름없는데 시청률은 계속 하락하고 케이블과 스트리밍이 시대적 대세로 부상하고 있는 상황에서 그린블랫은 고급 채널을 지향하는 HBO의 지붕 아래로 들어가야 한다고 생각했다. NBC 퇴사 후 워너미디어에 들어가기 전 몇 달 동안 그는 훨씬 큰 문제가 닥치기 전에 HBO를 인수하겠다는 계획을 세웠다. 그는 내륙 사람들이 열광하는 〈NBC 일요일 밤 미식축구Sunday Night Football〉와 〈더 보이스〉 같은 프로그램들 대신 해안 지역 세력가들이 좋아할 프로그램들을 만들 준비가 돼 있었다. NBC에서 그는 회사가 스트리밍 비즈니스에 뛰어들도록 안간힘을 썼지만 헛수고였다. 그래서 워너미디어에서 만큼은 스트리밍을 띄워야 한다는 사명감이 무엇보다도 강했다.

라일리는 지난 수십 년간 그린블랫과 알고 지내며 비즈니스 석상에서 어울리며 연례 만찬 자리에서도 만나왔기에 둘 사이에 노골적인 마찰은 결코 없었다고 말했다. 하지만 "그랜블랫을 20년간 알고 지냈고 존경하지만 솔직히 그를 상사로 받아들일 만큼 내 정신력이 강하지는 않다"고 인정했다. 본래 그린블랫의 자리는 라일리가 맡기로 한 자리였다. 투자자의 날 준비로 분주하던 당시, 그린블랫이 자신의 대본을 여러 차례 직접 수정하자 라일리는 나중에 수정하라고 말했다. "지금 당장 고치세요." 한 관계자는 그린블랫이 라일리에게 호통을 쳤다고 말했다. "여기 있기 싫으면 나가면 됩니다." 라일리가 보기에 투자자의 날 준비는 합병을 마친 기업에 활력을 불어넣는 과정이었다. 스트리밍 서비스에 관한 프레젠테이션은 "그린블랫 안에 내재돼 있는 제작사로서의 성향을 긍정적인 방식으로 끌어냈다." 물론 HBO맥스가 아직 구축 단계였기 때문에 라일리는 "그린블랫이 우리의 목표와 전략, 그리고 필요한 결정을 이해하는 데 더 많은 시간을 할애하는 게 어땠을까"라고 회상했다. 하지만 그린블랫은 전체적인 '숲'을 이해하는 대신 색상과 음악 선택에 일일이 관여하며 '나무'에 집착했다.

HBO맥스라는 이름에 안착하는 과정도 결코 수월하지 않았다. AT&T는 타임워너 인수를 제안한 그 순간부터 HBO야말로 타임워너가 가진 최고의 보석이라고 생각했다. 미국 내 3,400만 명을 비롯해 세계적으로 수백만 명의 가입자를 확보하고 있으며 HBO라는 고급 콘텐츠를 보증하는 세 글자는 가장 안정적인 미끼였다. 물론 워너브라더스도 그 자체로 브랜드 서사가 뚜렷하고 터너 역시 미디어 선구자 중 한 명인 테드 터너의 이름을 따온 만큼 탄탄한 근본을 자랑했다. 그럼에도 한 포커스 그룹이 소비자들이 인식하는 브랜드 가치에 대해 조사한 결과, HBO의 우위가 뚜렷했다. HBO 직원들을 비롯해 여러 관계자들은 브랜드 가치가 희석될 것을 우려해 AT&T에 경멸을 드러냈지만 이 같은 조사 결과가 나온 직후부터 AT&T는 기를 쓰고 HBO에 매달렸다.

하지만 실제로 HBO라는 브랜드를 전면에 내세우자니 한 가지 걸림돌이 있었다. 이름에 'HBO'가 포함된 스트리밍 서비스가 이미 두 개나 출시된 상황이었던 것이다. HBO 가입자들은 'HBO고'를 통해 콘텐츠를 스트리밍으로도 볼 수 있었다. 또한 'HBO나우'는 유료 TV 패키지에 가입하지 않고도 HBO를 이용하고 싶은 사람들을 위한 독립형 버전이었다. 따라서 새로운 스트리밍 서비스를 'HBO맥스'라고 부르면 소비자들이 혼란스러워 할 위험이 있었다. 이 걱정에 답하기 위해 수많은 회의가 진행되었고 워너미디어의 수많은 직원들은 이렇게 가다간 HBO라는 브랜드가 결국 추락하고 말 거라고 주장했다.

브랜딩은 이름을 정하는 것보다 훨씬 어려웠다. 스튜디오를 상징하는 하얀색 급수탑(버뱅크 워너브라더스스튜디오 지역에 서 있는 41미터 높이의 급수탑으로 워너브라더스를 상징하는 건축물들 중 하나-옮긴이)에 수십 년간 그려져 있었던 감청색 로고 "WB"가 워너미디어의 날을 맞아 새롭게 태어났다. 보라색 바탕의 HBO맥스 로고로 뒤덮인 것이다. 이후 얼마 지나지 않아서는 스튜디오 부지 전체가 HBO맥스 로고로 도배되었다. 사실 행사를 3개월 앞둔 2019년 7월 첫 번째 버전 로고가 공식적으로 선보였을 때만 해도 온통 비웃음을 사 서비스 출시에 비상이 걸렸었다. ESPN과 CNN의 로고를 만든 디자인 회사 베미스볼카인드Bemis Balkind가 1975년 제작한 고전적 아방가르드 고딕 양식의 HBO 로고를 으스러뜨리고 그 밑으로 둥근 모서리의 소문자 'max'를 크게 배치한 모양새가 첫눈에도 당혹스러웠다. 심지어 산만하고 과장된 방식으로 늘어진 소문자의 끝부분은 점입가경이었다. 이 때문에 야후나 딜리셔스Del.icio.us. 등 스타트업 이름에 붙일 법한 경쾌한 느낌표 내지 엉뚱한 문장 부호와 다를 바 없다는 반응이 터져 나왔다. 워너미디어는 결국 로고를 신속하게 변경하기로 하고 HBO맥스 출시를 위해 고용한 수십 개 업체 중 하나인 디자인 기업 트롤백컴퍼니Trollbäck+Company를 소환했다. 소비자 마케팅 부문에선 이례적인 결정이었지만 로고의 첫인상이 오래도록 기억에 남는 만큼 그냥 넘어갈 수 없었다. 수정된 버전에서는 H, B, O 세 글자까지 동일한 크기로 하고 파란색과 보라색을 그라데이션으로 구현했다. 트롤백컴퍼니는 HBO가 제공하는 "역동적 스펙트럼의 콘텐츠"를 상징하는 색상을 통해 새로운 스트리밍 서비스에 "친근함"을 부여하는 것이 목표였다고 말했다. 〈할리우드리포터〉의 TV 평론가 팀 굿맨Tim Goodman은 7월에 공개된 HBO맥스 로고의 외형과 디테일을 두고 "서체가 못생겼다. 알파벳 'x'가 대체 워너미디어에 무슨 죄를 지은 것인지, 아니면 디자이너한테 밉보였나"라며 이죽거렸다.

로고를 두고 이렇게 계속 헛다리를 짚은 건 '오리'가 얼마나 죽기 살기로 발장구를 쳐왔는지 엿볼 수 있는 대목이다. 게다가 오리가 짊어져야 할 압박감은 갈수록 커졌다. '워너미디어의 날' 이후 3일 후에는 애플 기기 이용자라면 누구나 1년간 무료로 이용할 수 있는 애플TV플러스가 출시될 예정이었다. 뿐만 아니라 2주가 채 지나지 않은 시점에는 디즈니플러스도 출시돼 버라이즌 고객들에게 6개월 무료체험 기간을 제공할 터였다. HBO맥스가 시장에 뛰어드는 마지막 주자가 될 확률이 갈수록 높아졌다.

기술적인 부분도 또 다른 걱정거리였다. 오랫동안 자율적으로 운영돼 온 사업부의 콘텐츠에 광고와 생방송까지 내보낼 수 있는 소비자 직접 판매 스트리밍 서비스를 그렇게 짧은 기간 안에 설계한다는 것은 결코 쉽지 않은 일이었다. 게다가 시청자들은 절대로 오류를 용납하지 않는다. 워너미디어의 최고기술책임자 제러미 레그Jeremy Legg는 이를 잘 알고 있었다. 2014년 〈왕좌의 게임〉 시즌4의 첫 회가 공개되던 날 HBO고의 스트리밍 서버가 다운된 적이 있는데 소셜 미디어가 거센 항의로 난리가 났었다. 2020년에는 그때보다 훨씬 많은 게 걸려 있었다. 그런 와중에 HBO고와 HBO나우를 탄생시킨 엔지니어링 업체 밤테크는 스트리밍 사업을 구축하려는 디즈니에 인수되었기에 HBO맥스를 도와줄 순 없었다. 이 새로운 서비스는 보완을 가정해선 안 됐고 완성된 형태로 출시돼야 했다. 랜달 스티븐슨 CEO 역시 HBO맥스를 이미 AT&T의 "경주마"로 선포한 바 있었다.

제러미 레그는 "지금까지의 TV 서비스는 소비자 경험 측면에서 악평이 많았지만 기술적으로는 흠 잡을 데가 없었습니다. TV를 켜서 방송을 볼 때 TV가 다운되는 경우는 거의 없었죠. 그리고 이건 해당 기업이 인프라를 소유했기 때문이고요"라고 설명했다. 반면 스트리밍은 어떤 특정 기업에 의해 소유될 수 없었다. 수많은 기업이 참여하는 관리형 네트워크로 운영된다. 스트리밍을 위해서는 광대역 망과 클라우드 인프라를 구매해야 하는데 수요가 늘어나면 가격도 올라간다. 게다가 "전송 체인의 모든 지점이 서로 다른 이들에게 귀속되며 기술역시 서로 다른 경우가 많다"고 레그가 말했다. 단일 서비스가 거대한 규모로 원활하게 제공되기 위해서는 수십 개의 네트워크와 전송 지점을 부드럽게 오가야 한다. 그리고 하나의 앱을 관리하는 데 수천 명의 엔지니어가 투입돼 있는 넷플릭스와 달리 워너미디어에서는 더 작은 규모의 기술 인력이 생방송은 물론이요 유선 네트워크와 관련된 다른 프로젝트까지 처리해야 했다.

도저히 마감일을 지킬 수 없을 때 유일한 해결 방법은 무엇일까? 출시를 늦추는 것뿐이다. HBO맥스는 2019년도 4분기에 초기 버전을 출시하고 2020년 초에 공식적으로 서비스를 선보인다는 계획을 바꿔 대신 2020년 봄 출시를 약속했다.

2019년 워너미디어는 스트리밍 기술 정비, 스트리밍 서비스 이름 및 로고 제작, 콘텐츠 전략 수립 등 여러 가지 어려움에 직면했지만 몇 달 앞서 단행한 대규모 구조 조정에 비하면 귀여운 수준이었다. 스테이지21의 내부를 지키고 있는 직원들의 면면은 그해 초와는 크게 달랐다. HBO, 워너브라더스, 그리고 제프 뷰커스가 최후 매각 시더 많은 선택권을 누리기 위해 의도적으로 분리한 터너의 각 사업부 간의 장벽이 허물어지면서 워너미디어의 많은 곳에서 조직 개편이 일어났다. 수백 명의 직원이 퇴사했고 그중에는 모두 합쳐 수백 년의 경력을 자랑하는 고위 간부들도 포함돼 있었다. HBO에서 27년간 근무한 베테랑으로서 홍보 담당자에서 CEO로 등극해 HBO의 크리에이티브 르네상스를 이끈 설계자요 뉴욕 미디어, 엔터테인먼트 및 정계의 거물로도 손꼽히는 리처드 플레플러가 AT&T의 타임워너 인수가 마무리된 지 8개월 만에 사임했다. 타임워너에 몸담은 32년간 말단 영업사원에서 의장 자리까지 오르고 높은 수익률의 스포츠 중계권 포트폴리오를 구축한 데이비드 레비 역시 같은 날 떠났다. 그밖에도 명품 미디어 브랜드가 어떻게 탄생했는지 낱낱이 알고 있는 간부 수십 명이 해고되었다.

AT&T는 월스트리트에 20억 달러(2조 6,000억 원)의 비용을 절감하겠다고 약속했다. 화살은 후선 업무 및 행정 기능이 아닌 대부분 수년간 워너미디어를 대표하는 얼굴로 자리잡아 온 크리에이티브 관계자들을 겨누고 있었다. 타임워너의 베테랑들은 스트리밍 사업이 성과를 거두려면 몇 가지 조건이 전제돼야 한다고 생각했다. "우리가 원하는 것만 받아들일 수 있도록 부탁했죠." 한 관계자가 말했다. "시청 관련 데이터를 개선하고 중요한 프로그램을 추가해 달라고도 했고요." 하지만 돌아온 건 그게 아니었다. "그들이 모든 것을 엉망으로 해 놨어요."

해고 통지서가 끊임없이 날아다니고 근속 기간이 10년 이상인 이들이 명예 퇴직을 선택하는 가운데 최고재무책임자 존 스티븐스가 월스트리트 투자자의 날 행사 무대에 올랐다. 그는 회사가 악역을 자처하는 건 아니며 부동산, 토지, 소액 투자, 디지털 자산 등 5,000억 달러(650조 원)에 달하는 자산 중 부채 상환에 활용할 만한 걸 샅샅이 조사했을 뿐이라 주장했다. "우리는 문화를 보호하고 싶었습니다." 스티븐스가 어떻게든 담담한 표정을 유지하며 워너미디어와 관련해 말했다. "제가 아무리 전화 회사의 재무 담당자라도 엄청나게 훌륭한 자산을 망치는 건 원하지 않아요."

하지만 워너미디어의 문화는 보호받기는커녕 기업용 착즙기에 들어가 형태를 알 수 없는 뭔가로 착즙되고 있었다. 오래 근무한 직원들이 모두 현상 유지를 원한 건 아니었다. CNN의 한 임원은 AT&T에 합병되기 전 타임워너는 수많은 직원들이 편안함에 매몰돼 정체돼 있는 "정부의 관료 조직과 다를 바 없었다"고 설명했다. "우리의 시스템은 실패했어요.. 회사는 시스템 대신 관계나 인맥에 좌우돼 왔죠." 이런 상황에서 AT&T는 대대적 변화를 잇따라 단행해 타임워너가 운영돼 왔던 방식을 흔적도 없이 지워 버리려 하고 있었다. 행동주의 투자 기업인 엘리엇매니지먼트Elliott Management는 AT&T 지분 30억 달러 (3조 9,000억 원)를 인수한 뒤 AT&T를 공격하기 시작했다. 다이렉TV

를 해체하고 스탠키를 포함한 최고 경영진을 해임하겠다고 공언했지만 워너미디어의 날을 하루 앞두고 양측은 휴전을 선언했다. AT&T 지도부에 최소한 HBO맥스를 출시하고 모든 걸 되돌릴 기회는 줘야 한다는 데 엘리엇매니지먼트가 동의한 것이다.

워너미디어에 자사의 색깔을 입히려 애쓴 새로운 책임자는 브래드 벤틀리Brad Bentley라는 다이렉TV의 고위 임원이었다. 15년의 근무 기간 동안 대부분 영업 및 마케팅을 담당했던 그는 2016년 스탠키와 함께 이후 AT&T TV나우 알려진, 인터넷으로 전송되는 TV 패키지 다이렉TV나우DirecTV Now를 출시했다. AT&T가 타임워너 인수안을 발표하고 불과 몇 주 후 직접 총괄해 개최한 다이렉TV나우 이벤트에서 그는 사람들의 귀가 솔깃해질 만한 소식을 발표했다. 월 구독료 5달러(6,500원)를 내고 다이렉TV나우에 가입하면 HBO까지 덤으로 볼 수 있다는 것이다. 원래 월 15달러(1만 9,500원)인 요금을 그렇게 파격적으로 할인한다는 건 가입자가 늘어날 때마다 그만큼 AT&T의 손실도 커진다는 의미였지만 소유주로서 타임워너의 가치를 소비자들에게 전달하기 위해 기획된 방안이었다. 연방 반독점 규제 당국은 2017년 AT&T와 타임워너의 합병을 막기 위해 제기한 소송에서 다이렉TV 고객에게 HBO까지 패키지로 제공하는 이 같은 계획안을 언급하며 AT&T와 타임워너의 합병을 막으려 들었을 것이다.

2015년, AT&T는 490억 달러(63조 7,000억 원)를 들여 다이렉TV를 인수함으로써 위성 및 기존 유-버스U-verse(TV와 인터넷 전화, 인터넷을 묶은 AT&T의 결합 상품-옮긴이) 케이블 가입자 2,600만 명을 보유한 미국 최고의 유료 TV 업체로 거듭났다. 하지만 계약서의 잉크가 마르기 무섭게 유료 TV 탈퇴 바람이 불어 다이렉TV가 휘청이기 시작했고 2015~2019년 사이에는 고객의 약 20%가 증발했다. 스탠키와 AT&T CEO 랜달 스티븐슨 역시 기존 비즈니스가 무너지고 있다는 사실을 부인하지 않았지만 TV가 온라인으로 옮겨가는 과정에서 다이렉TV가 가진 고객 기반이 상당히 중요해질 것이라고도 밝혔다. 그래서 시장에 넘쳐나는 수많은 '슬림 패키지' 중 하나인 다이렉TV나우에 가입하도록 부추겼다. 본래 슬림 패키지는 약정 기간 없이 소수의 채널을 저렴하게 이용할 수 있다는 점에서 전통 유료 TV 업체의 후계자로 여겨졌다. 하지만 이내 채널이 추가되고 요금이 오르면서 고객들은 부담스러워했다. 이런 상황 덕분에 다이렉TV나우는 출시 후 몇 분기 연속으로 가입자가 증가했지만 벤틀리와 스탠키가 세상에 내놓은 이 상품은 불과 2년 후, HBO맥스가 출시를 준비할 때부터 이미 시장에서 존재감을 잃었다. 오늘날 대부분의 투자자와 월스트리트 애널리스트들은 AT&T와 다이렉TV의 합병을 강하게 비판한다. 모펫네이선슨MoffettNathanson의 베테랑 애널리스트 크레이그 모펫Craig Moffett 은 AT&T에서 다이렉TV를 인수한 부서를 "암 덩어리"라고 불렀다.

워너브라더스, 터너브로드캐스팅과 HBO는 지난 수십 년간 독립적으로 운영돼 왔다. 그런데 여러 분야의 직원들이 잘린 데다 난데없이 스트리밍 코드까지 해독해야 하는 상황에서 이곳 모든 사람들의 마음 속은 동지애와 불안감이 공존한 형태로 서로 뒤섞이게 되었다. 이 같은 만남이 어땠는지 설명해 달라는 요청에 직원들은 한 마디로 답했다. "이상했어요." 한 답변에 따르면 사람들이 "이상한 바디랭귀지"를 사용했는데 그중 가장 잃을 게 많은 HBO 직원들이 특히 심했다. HBO 직원들과 대화하다 보면 그들이 오랜 세월 투자한 것이 사실 아무것도 아니었다는 의구심이 그들의 뼛속 깊이 박힌 걸 느낄 수 있었다. 뉴욕대의 마케팅 교수 스콧 갤러웨이Scott Galloway는 AT&T 와 타임워너의 합병과 관련해 브랜드 인식 리스크가 상당히 높다고 지적했다. "AT&T가 타임워너를 매입한 건 전화 서비스와 콘텐츠의 결합이 땅콩버터와 초콜릿의 조합처럼 되기를 바라는 마음에서였어요. 정작 AT&T는 타임워너가 지닌 명품인 HBO를 망가뜨려서 HBO 맥스로 변화시키려 하고 있어요. 이건 마치 에르메스가 버킨백을 얀스포츠 가방과 함께 판매하는 격이죠."

2018년 타임워너 인수가 마무리된 직후 브래드 벤틀리는 워너미디어 소비자 직접 판매 사업부의 부사장 겸 총책임자로 임명돼 엔터테인먼트 부문에서 더욱 광범위한 권한을 갖게 된다. 여러 전직, 현직 직원들의 증언에 따르면 벤틀리는 대부분 수십 년 경력자들로 구성된 엔터테인먼트팀과 소통할 때 돈키호테 같은 면모를 보였다고 한다. 그의 스타일은 결국 예상 밖의 결과를 초래했는데 HBO맥스의 성공을 가로막는 가장 큰 걸림돌이 벤틀리라는 데 라일리와 그린블랫의 의견이 완벽히 일치하게 된 것이다.

벤틀리는 AT&T의 다른 경영진과 마찬가지로 스트리밍의 방식, 특히 소비자 직접 판매 서비스로 전환한다는 개념을 받아들였다. 한 전직 고위 임원은 "앞으로 4년 이내에 도매 사업에서 벗어나면 소비자 직접 판매 서비스 가입자를 유치할 수 있을 것"이라던 자신의 말을 되짚으며 "하지만 일대일로 가입할 수 있는 건 아니에요. 우리는 패키지거든요"라고 답했다. TBS가 중계하는 NCAA 농구 토너먼트 4강전 경기 중 〈왕좌의 게임〉 마지막 시즌을 어떻게 광고할지 방법을 찾기 위해 수차례 회의가 진행되었다. 슈퍼볼 버드라이트 광고에 비하면 한 단계 진화한 상황이었다. 그리고 다이렉TV에서 소비자 직접 판매 사업을 최초로 시작한 벤틀리가 또 다른 난감한 프로젝트를 들고 나왔으니 바로 HBO에 광고를 넣자는 것이었다. 그는 이 명품 네트워크가 미개발 천연자원, 개발을 기다리는 북극의 국립 야생 보호구역이나 다를 바 없다고 여겼다. 하지만 다들 HBO는 창립할 때부터 모든 프로그램을 광고 없이 송출하는 프리미엄 네트워크라는 걸 내세웠다는 점을 상기시켜 주었다. 광고 없는 환경이라는 전제하에 수많은 출연자 계약을 체결한 만큼 광고를 삽입하고 싶어도 법적으로 불가능했다. 그럼에도 벤틀리는 자신이 HBO맥스의 광고 지원 버전 출시를 위한 광고 영업 계획 수립을 총괄했다는 점을 들어 고집을 꺾지 않았다. 스트리밍 서비스에 광고만 넣을 수 있다면 자사의 손실도 메우기 시작할 수 있다고 믿었다.

벤틀리는 결국 넷플릭스에 맞설 수 있는 워너미디어의 무기를 고안하는 데 실패했고 워너미디어의 날을 몇 달 앞둔 채 사임했다. 현재는 캘리포니아 남부의 재생 에너지 기업 인스파이어Inspire의 회장직을 역임하고 있다(2022년 10월부터 엑스피디아그룹 최고운영책임자로 재직 중-옮긴이). 벤틀리가 물러나면서 조직 내 마찰은 어느 정도 완화됐지만 HBO맥스의 투톱 체제는 여전히 안정기에 접어들지 못하고 있었다.

라일리와 그린블랫이 워너미디어의 날 행사에서 HBO맥스 출시에 대한 기대를 고조시키는 클립 및 프로그램 영상을 상영할 수 있었던 건 평소 탄탄하게 다져온 근육이 밑받침되었기에 가능한 일이었다. TV 업계에서 성공한 임원으로 살아남기 위해서는 광고주를 대상으로 한 연간 행사는 물론 1년에 두 번 열리는 텔레비전비평가협회 모임에서 끊임없이 홍보 활동을 펼쳐야 했다. 핵심은 스타와 크리에이터, 콘셉트 같은 요소들이 매력적으로 어우러진 짧은 영상으로 사람들이 더 보고 싶어 하도록 안달 나게 만드는 것이었다. 특히 요즘 같은 소셜 미디어 시대는 온라인에서 화제를 일으키는 것이 최고였다. 워너미디어의 날 행사는 수십 개의 오리지널 프로그램과 영화를 발표함으로써 화제의 중심에 서는 데 성공했다. 그리고 스탠키가 제시한 선순환 이론의 성공 여부는 HBO보다 훨씬 깊이 있는 작품을 선보이는 데 달려 있었다.

이렇게 야심찬 계획의 시작을 알린 건 가장 중요한 론칭 작품으로 기획된 〈프렌즈〉 멤버들의 재결합 프로젝트였다. 워너브라더스가 제작한 이 시트콤은 4억 2,500만 달러(5,525억 원)에 달하는 5년간의 임대 계약을 통해 넷플릭스에서 서비스되었는데, 계약이 종료될 때까지 넷플릭스 인기작 자리를 놓치지 않았다. 〈이웃집 토토로〉와 〈센과 치히로의 행방불명〉 같은 애니메이션을 제작한 디즈니의 오랜 협력사인 스튜디오지브리Studio Ghibli의 라이브러리도 주요 라인업을 형성했다(2023년 기준 스튜디오지브리 작품은 한국을 비롯한 일부 국가의 경우 넷플릭스에서 서비스되지만 미국에선 HBO맥스 독점 공급이다-옮긴이). 비아콤CBS의 채널인 코미디센트럴이 보유한 인기 애니메이션 〈사우스파크〉도 5억 달러(6,500억 원) 넘는 저작권료를 주고 제공받았다. 워너미디어의 12개가 넘는 자회사에서 가져온 워너브라더스 및 터너클래

식무비의 영화, TNT, TBS, 어덜트 스윔과 카툰네트워크Cartoon Network
의 시리즈, 그리고 크런치롤의 애니메이션도 서비스되었다.

라일리와 그린블랫은 스트리밍의 잠재력을 인정하면서도 자신
들의 뿌리는 TV가 대세였던 시대에 있다는 것을 내비쳤다. 예를 들
어 라일리는 에피소드를 넷플릭스처럼 한꺼번에 공개하는 대신 한
번에 한 편씩 공개해야 한다고 온 마음을 다해 주장했다. "우리는 문
화적 영향력을 창출하고 우리 IP의 가치를 극대화하길 원합니다." 라
일리가 말했다. "우리 크리에이터들도 프로그램을 점진적으로 공개
하는 것과 한꺼번에 공개하는 것의 차이를 잘 알고 있어요. 〈석세션
Succession〉과 〈체르노빌Chernobyl〉 같은 HBO 히트작은 한 번에 공개하
고 빠르게 잊히는 대신 매주 새로운 편을 공개하는 방식으로 시대정
신이 됐습니다. 사람들이 몰아보기를 좋아한다는 건 우리도 잘 알아
요. 그래서 HBO맥스에서는 라이브러리에 있는 예전 시즌들을 마음
껏 정주행할 수 있습니다."

TNT와 TBS에서 라일리를 보좌했던 HBO맥스 오리지널의 수장
세라 오브리Sarah Aubrey는 유선 TV의 제약에 전혀 얽매이지 않고 스트
리밍에 완전히 집중할 수 있었다. 2015년 타임워너에 입사하기 전 오
브리는 프로듀서로 처음엔 〈내겐 너무 사랑스러운 그녀Lars and the Real
Girl〉, 〈나쁜 산타Bad Santa〉 등의 독립영화에 참여했고 이후 피터 버그와
함께 〈프라이데이 나이트 라이츠〉와 HBO 시리즈 〈레프트오버〉를 제
작했다.

프로듀서 출신인 그녀는 알고리즘의 역할을 인정하기로 했다고
말했다. "우리는 이를 '직감-데이터-직감'이라고 불러요." 그녀가 워너

미디어의 날을 하루 앞두고 진행한 인터뷰에서 말했다. "진짜 너무 마음에 드는 작품이 있으면 데이터를 통해 나의 직감이 맞는지, 또 어떤 시청자를 공략해야 하는지 탐구해야 해요." 그녀는 자신의 프로듀서 시절에 대해 이렇게 말했다. "예전에는 데이터를 싫어했어요. 마케팅 예산만 축낸다고 생각했죠. 데이터를 돌려보면 '축하합니다, 100점이에요! 이건 별로네요, 분발하셔야겠어요'라고 나오는 게 전부였으니까요."

투자자의 날 전날, 워너미디어는 영화 및 TV의 제작자이자 감독인 J. J. 에이브럼스와 독점 계약을 체결하는 최고의 성과를 거뒀다. 이 계약은 TV 업계 거물 그렉 베를란티Greg Berlanti(그는 워너미디어의 날 행사에서도 동영상을 통해 짧게 등장했다)와 재계약에 성공한 것 못지않게 이 노장 업체가 아직 건재함을 입증해 주었다. 〈스타워즈〉와 〈스타트렉Star Trek〉 시리즈를 부활시킨 것으로 유명한 에이브럼스는 〈로스트〉와 〈앨리어스Alias〉 같은 TV 히트작도 제작했다. 그는 자신과 계약하길 원하는 수많은 업체들과 1년간 미팅을 진행했지만 워너미디어보다 2배 많은 액수를 제안했다고 알려진 애플마저 거절했다. 업계 최고로 일컬어지는 동료들은 대부분 넷플릭스행을 선택했고 다른 기술 기업들은 기존 풀에서 영입할 만한 인재를 끊임없이 찾고 있었다. 애플은 그가 아내 케이티 맥그라스Katie McGrath와 함께 운영하는 '배드로봇Bad Robot'이라는 기업을 소비자 브랜드로 발전시킬 계획이라는 사실을 알고 큰 관심을 보였다. 하지만 애플은 에이브럼스가 가장 중요하게 생각하는 극장 배급망이 부족했다. 워너미디어는 배드로봇을 파라마운트에서 워너브라더스픽처스Warner Bros. Pictures로 옮기고 이를 워너브라더스텔레비전Warner Bros. Television과 통합한 뒤 2006년 그를 수장으로 임명했다.

워너미디어는 배드로봇을 선보이는 데 있어 6개월 전 디즈니가 투자자의 날에 했던 방식과 전혀 다르게 접근했다. 디즈니는 할리우드의 주요 인재를 스트리밍 서비스에도 활용하기 위해 감독 겸 프로듀서인 존 파브로를 영입했다. 그는 청바지에 운동화를 신고 셔츠를 무심하게 걸친 채 등장했는데 캐주얼한 복장과 달리 메시지는 건조했다. 그는 〈만달로리안〉의 트레일러 영상, 그리고 결국 디즈니플러스로 가게 되는 〈라이온 킹〉 장편 리메이크작을 공개했다.

파브로와 어깨를 나란히 하는 크리에이티브 거장 에이브럼스는 비슷한 옷차림이었지만 기업 행사에서 요구되는 역할을 성공적으로 수행하는 데 익숙했다. 캘리포니아주 쿠퍼티노에서 애플TV플러스에서 공개 예정인 로맨틱 코미디 작품 〈리틀 보이스〉에 대해 사라 바렐리스와 정감어린 농담을 주고받았을 때처럼 말이다. 하지만 파브로와 달리 그는 논의할 프로젝트가 없었다. 그나마 에이브럼스가 HBO를 위해 제작한 공상과학 드라마 〈데미몽드Demimonde〉가 공개적으로 논의할 만한 유일한 작품이었는데 방영 계획이 틀어져 이후 앞날이 불확실한 상태에 놓여 있었다. 에이브럼스는 특유의 말재간으로 매력을 발산하기는 했지만 정작 이야기에 알맹이는 없었다. "저는 오늘 이렇게 누추한 옷차림으로 여러분 앞에 서 있습니다." 그가 실없이 농담하고는 경영진을 향한 찬사를 늘어놓기 시작했다. 존 스탠키가 "워너미디어라는 위대한 스튜디오의 모회사로서 AT&T가 할 수 있는 일에 대한 비전과 야망을 제시해 **배드로봇**이 깜짝 놀라게 만들었습니다"

고 말하면서도 "그는 내가 '스탠키 씨'라고 부르도록 만들죠"라고 덧붙였다. (반전이다!) 에이브럼스는 워너미디어에 "불가능은 없다"고 결론지으면서 배드로봇이 "하루빨리 세상에 선보이고 싶은 몇몇 프로젝트와 관련해 HBO맥스와 논의 중"이라며 "아직 구체적으로 언급하기에는 이르다"라는 말을 덧붙였다.

그의 발표는 HBO맥스의 등장으로 스트리밍 전쟁이 어느 때보다 치열해질 것이라는 기대는커녕 모두에게 의구심만 남겼다. 사실 그 정도 어필을 했는지도 의문이지만 말이다.

"다들 그가 뭘 한다는 건지 모르겠다는 반응이었어요." 당시 행사를 준비한 한 임원이 말했다. 업계 최고의 영향력을 자랑하는 에이브럼스였지만 그날은 휘트니스 센터 가는 길에 잠시 스튜디오21을 들른 것처럼 보였다.

마지막 메이킹 필름이 상영된 후 HBO맥스의 여러 작품 및 배급과 관련해 세부적인 사항을 총괄한 토니 곤칼베스Tony Goncalves가 행사의 하이라이트를 위해 무대에 등장했다. 곤칼베스는 가장 중요한 정보인 HBO맥스의 가격과 출시일을 공개했다. 가격은 어느 정도 예상됐지만 일부 관계자들의 기대에는 못미친 월 14.99달러(1만 9,000원)로 책정되었고 출시일은 2020년 5월이었다. HBO맥스는 시장에 마지막으로 출시되는 스트리밍 서비스이자 넷플릭스에서 가장 인기 있는 요금제보다 2달러(2,600원) 더 비싼 만큼 현재로서는 가장 비싼 서비스 중 하나가 될 것이라는 사실이 공식화된 것이다. 곧이어 AT&T의 최고재무책임자 존 스티븐스가 향후 5년간의 전망을 제시하면서 40억 달러(5조 2,000억 원) 투자금을 고려했을 때 손익분기점은 2024년에 달성할 것으로 보인다고 말했다. "오늘 이 자리에서 선보인 모든 것이 다른 어떤 것과도 비교하실 수 없을 겁니다." AT&T CEO 랜달 스티븐슨이 공식 프로그램을 마무리하며 말했다. "넷플릭스도, 디즈니도 아닙니다. 독보적인 HBO맥스입니다."

스튜디오의 조명이 켜지고 애널리스트들과의 질의응답 시간이 시작되었다. 대체로 우호적인 반응이었다. 다음날 AT&T 주가는 꿈쩍도 하지 않았지만 대부분 긍정적 반응을 보인 만큼 애널리스트들이 고객들에게 전하는 보고서에도 이 같은 낙관론이 반영되었다. 디즈니 주가를 7달러(9,000원)나 끌어올린 것처럼 모두를 감탄에 빠트린 순간은 없었지만 워너미디어가 상당히 경쟁력 있는 스트리밍 주자라는 사실만큼은 입증된 듯했다. 라일리의 평가에 따르면 "성공적인 날이었지만 디즈니만큼은 아니었다."

브랜드가 비슷비슷해 헷갈린다는 우려는 피할 수 없었다. 브랜드명에 HBO가 들어가는 서비스가 이미 둘이나 있는 상황에서 세 번째 서비스까지 출시될 참이었다. "이 문제는 소비자에게 어떻게 설명할 수 있을까요?" 투자자의 날을 앞두고 한 고위 임원이 질문했다. "서비스 준비가 상당 부분 진척된 후에야 이런 문제가 생긴다는 사실을 깨달은 것 같아요." 두 시간의 프레젠테이션 후 〈코웬〉의 애널리스트 콜비 시네사엘Colby Synesael도 비슷한 의문을 가졌다. 그는 두 가지 질문을 던졌는데 첫 번째는 HBO맥스에 대한 유료 TV 사업자들의 반응이었고 두 번째는 실존적 딜레마에 초점을 맞춘 것이었다. "기존의 HBO와 HBO나우는 어떻게 되는 건가요?" 그가 물었다. "HBO맥스를 통해 다른 자회사 서비스까지 이용할 수 있게 되면 기본 서비스들은 갈수록 가치가 떨어질 것 같은데요?"

두 번째 질문에 답하기 전, 스탠키는 브랜드 사이에서 혼란이 일어날 수 있는 사항과 관련해 협상이 어떻게 진행되고 있는지 알려 달라고 곤칼베스에게 요청했다. 그는 답변에 대해 충분히 숙고한 뒤 무대로 나가 충격적일 만큼 직설적이어서 그의 별명이 된 답변을 내놨다. "저는 이게 일종의 'IQ 테스트'라고 생각합니다." 그가 진지한 표정으로 단호하게 말했다. "같은 가격에 두 배의 콘텐츠를 원하지 않을 이유가 없잖아요?" 계속할수록 그의 말은 점점 더 터무니없어졌다. "HBO의 제품이 단독으로 제공될 수도 있고 HBO맥스에서 동시에 제공될 수도 있어요. 어찌 됐든 고객은 선택을 하겠죠." 그가 말했다. "우리는 궁극적으로 '고'와 '나우'를 동일한 기술 플랫폼으로 재배치하는 데 있어 내부적으로 올바른 결정들을 내릴 겁니다. 그들의 껍질을 벗기고 HBO 콘텐츠를 철저히 단일 기술 플랫폼으로 통일해서 굳이 두세 가지 기술의 플랫폼을 유지할 필요 없도록 할 거예요. 우리는 그렇게 접근할 겁니다."

관객들 사이에 작은 파문이 일었다. 참가자들은 들릴듯 말듯한 소리로 웅성대며 스탠키가 한 말의 의미를 파악하려 애썼다. 공개 석상에서 종종 냉소적인 모습을 보이지만 실제로는 훨씬 재미있는 사람이란 평을 듣는 그였지만 방금 내놓은 답변은 마치 고객들을 조롱하는 것처럼 들렸다. 그가 말한 대로라면 이미 HBO에 가입한 기존 고객들이 잔뜩 있는 상황에서, 고객들이 새로운 서비스로 인한 혼란스러운 와중에 HBO맥스에 가입할 이유를 밝혀내는 건 워너미디어의 몫이 아니었다. 이 상황은 단지 고객들이 똑똑해야 통과할 수 있는 테스트란 것이다. 물론 여기서 또 다른 의문이 제기된다. 만약 고객들이 테스트에 통과하지 못하면 어떻게 되는 걸까?

스탠키와 함께 무대에 오른 경영진은 차분한 척 했지만 속으로는 경악을 금치 못했다. 그 당혹스러운 순간을 영화로 제작한다면 스탠키 역할은 조지 C. 스콧George C. Scott이 맡아야 한다고 한 사람이 말했다. "그는 자신이 옳다는 확신에 가득 차 있어요. 군인 스타일이어서 수수께끼 같은 언어와 소통방식을 사용하죠." 웹캐스트를 시청하던 워너미디어 직원들은 기업의 리더라는 사람이 고객을 그런 식으로 바라보는 걸로 모자라 만천하에 공표했다는 사실을 믿을 수가 없었다. 이 같은 스탠키의 발언은 넷플릭스를 알바니아 군대에 빗댄 제프 뷰커스의 실언에 이어 스트리밍 비즈니스 업계에서 가장 많이 인용되는 일화가 될 것이다.

워너미디어의 한 전직 고위 임원이 말했다. "외과의, 군 지도부, 그리고 비즈니스 세계에서 쓰이는 말 중 이런 게 있어요. '아무리 자주 틀려도 본인은 절대 의심하지 않는다.' 이 말이 스탠키한테도 해당되는 것 같네요."

4부

리더의
반격

17장

자신에게 도박을 건
넷플릭스

자신의 아들이 어린 시절 지냈던 침실에 고독하게 자리한 리드 헤이스팅스의 모습이 줌 화면에 등장했다. 이른 아침의 햇살이 거의 닿지 않는 맨 벽이 드러난 이 공간은 코로나19 팬데믹 이후, 넷플릭스의 실적 발표가 있을 때마다 등장하는 친근한 배경이었다. 수많은 트로피가 진열돼 있고 벽면의 스크린에서 끊임없이 영상이 흘러나오며 많은 이들이 오가는 로스앤젤레스 선셋 대로에 위치한 넷플릭스 본사의 역동적 모습과는 상반되는 장면이었다. 감청색 침구, 원목 소재로 이루어진 인테리어와 한쪽 벽에 걸린 황량한 풍경 사진은 〈리코드 Recode〉의 선임 데이터 기자 라니 몰라Rani Molla가 소셜 미디어에 언급한 〈MTV 크립스MTV Cribs〉(유명인의 집을 찾아가 구경하는 TV 쇼-옮긴이)

의 '저화질' 버전과 비슷했다.

그럼에도 이곳은 스트리밍 서비스로 홈엔터테인먼트 시장에 혁명을 일으킨 넷플릭스의 공동 창립자에게 어울리는 장소이기도 했다. 한때 할리우드 출신이라고 무시당했던 이 실리콘밸리 기업가는 홈 비디오 업계의 골리앗이던 '블록버스터'를 제압했고 '원하는 때 원하는 콘텐츠를 시청하는 방식'을 대중화했으며, 그리고 그 과정에서 유선 TV가 고수하던 '프라임타임 편성표'를 무의미하게 만들었으며, **스트리밍 전쟁**을 촉발했다.

그날은 7월의 어느 아침이었다. 헤이스팅스는 넷플릭스를 스트리밍 왕좌에서 끌어내리려고 하는 할리우드 연합 세력의 공격에 흔들리지 않는 듯했다.

헤이스팅스가 태연하게 말했다. "사람들이 잊고 있는 건 이곳이 항상 치열한 전쟁터였다는 사실이에요. 아마존도 우리와 같은 2007년에 스트리밍에 뛰어들었고 그래서 우리는 13년째 아마존과 경쟁하고 있죠."

하지만 수많은 관계자들의 증언에 따르면 넷플릭스도 경쟁이 이전보다 훨씬 치열해졌다는 걸 느끼고 있었다고 한다. 넷플릭스의 인기 타이틀을 제작한 한 크리에이터는 특히 디즈니가 등장하면서 불안감이 고조되었고 톱스타를 확보하기 위한 개런티 경쟁에도 불이 붙었다고 전했다.

분위기가 달라지기는 했지만 헤이스팅스가 여전히 자신감에 차 있을 이유는 충분했다. 전 세계적인 팬데믹의 영향으로 영화관과 공연장이 문을 닫고 각종 축제와 프로 스포츠 경기까지 중단되면서 집에서 지루한 시간만 보내고 있는 세계인들이 엔터테인먼트 매체로 넷플릭스를 선택해 오히려 탄력을 받고 있었기 때문이다. 게다가 넷플릭스는 인간의 끔찍한 집착이 잘 드러난 범죄 다큐멘터리〈타이거 킹: 무법지대Tiger King: Murder, Mayhem and Madness〉, 게임에서 차용한 바보 같은 리얼리티쇼〈도전! 용암 위를 건너라The Floor is Lava〉, 그리고 크리스 햄스워스Chris Hemsworth의 〈익스트랙션Extractions〉처럼 아드레날린이 솟구치는 액션 영화 등 시대정신이 반영된 프로그램을 선보였다. 또한 2020년에는 160번째로 에미상에 노미네이트되며 HBO의 기록을 넘어섰고 막대한 자금력으로 캠페인을 벌여온 덕분에 오스카상에서도 존재감을 드러냈다.

보이지 않는 바이러스가 전 세계로 확산되면서 엔터테인먼트로 피신하려는 사람들이 가입 러시를 이뤘고 덕분에 넷플릭스가 구축해 둔 거대한 참호가 위용을 떨쳤다. 넷플릭스는 2019년 한 해를 합친 것보다 더 많은 수의 가입자를 2020년 상반기의 6개월 동안 확보했다. 여름에 들어서부터 가파른 성장세가 둔화되기는 했지만 2020년 첫 9개월 동안 매출은 25% 증가했고 수익은 73%나 뛰었다. 디즈니를 제외한 대부분의 라이벌 기업들이 갑작스럽게 닥친 낯선 환경에 적응하려고 고군분투했지만 넷플릭스는 여유 있게 안착했다. 나아가 TV 업계에 단단히 뿌리 내리면서 수백만 명의 가입자들이 TV는 곧 넷플릭스라고 생각하게 만들었다.

20년 넘게 그래온 것처럼 헤이스팅스는 혁신의 문화를 계속해서 추구했다. 혁신이야말로 '블록버스터'처럼 더 크고 강인한 경쟁자를 제압할 수 있었던 비결이었기 때문이다. "저는 혁신을 통해 회원들에게 최고의 서비스를 제공할 수 있다고 확신합니다. HBO나 디즈니보다도 훌륭한 서비스를요." 헤이스팅스가 말했다. "그 기업들은 내부 절차가 너무 복잡해 신속하게 대응할 수 없기 때문이죠."

2017년 여름, 넷플릭스를 저격하려는 기업이 등장하면서 넷플릭스의 미래도 불투명해졌다. 현대 엔터테인먼트 지형을 개편한 디즈니가 스트리밍 서비스를 출시한다고 발표한 것이다.

디즈니 의장 겸 CEO인 밥 아이거는 2019년 자사의 주문형 서비스 출시에 대비해 넷플릭스에 임대한 블록버스터급 영화를 모두 회수할 계획이라고 투자자들에게 밝혔다. 이에 저명한 미디어 애널리스트 존 제네디스John Janedis는 거대한 변화가 일어날 것이라 전망했고 다른 매체들도 비슷하게 반응했다. 순항 중이던 넷플릭스의 주가는 즉시 타격을 입었다. 하지만 월스트리트 투자자들이 경기를 일으킨 이 소식에 정작 스트리밍 업계는 놀라기는커녕 오히려 이런 반응이었다. "디즈니, 왜 이리 오래 걸린 거요?"

"넷플릭스는 디즈니의 진출은 어차피 예정돼 있던 일이고 인터넷 TV가 유선 TV보다 우수한 만큼 참전하는 업체도 더 많을수록 좋다는 반응이었어요." 한 전직 임원이 말했다. "새로운 스트리밍 서비스의 등장은 넷플릭스에 타격을 입힌다기보다 케이블 업계가 묻혀 있는 관에 못을 한 번 더 박는 것처럼 느껴졌죠… 실제로 그렇기도 했고요."

그렇다고 해서 넷플릭스가 디즈니스 참전 선언에 대응하지 않았던 것은 아니다. 디즈니의 발표가 있은 지 일주일이 채 지나지 않아 이 스트리밍 거물은 ABC에서 가장 많은 작품을 배출한 프로듀서 숀다 라임스와 계약을 체결했다고 발표했다. 두 소식통에 따르면 〈그레이 아나토미〉, 〈스캔들Scandal〉 등 인기 프로그램을 제작하고 〈범죄의 재구성How to Get Away with Murder〉의 제작을 총괄한 그녀에게 1억 5,000만 달러(1,950억 원)가 넘는 금액을 지급하고 다년 계약을 맺었다는 것이다.

넷플릭스는 2016년 가을부터 라임스에게 구애해 왔다. 라임스와 ABC 사이의 계약이 아직 1년이 남은 때였는데도 말이다. 그때까지 라임스는 〈그레이 아나토미〉 매 시즌의 24개 에피소드를 제작하고 광고 전후 내러티브 구성을 총괄하는 등 커리어 내내 살인적 스케줄을 이어왔다. 그만큼 새로운 시도를 할 준비가 돼 있었다.

"자신이 하고 싶은 이야기, 세상에 선보이고 싶은 스토리가 있었는데 제약보다는 가능한 게 더 많은 플랫폼에서 효율적으로 구현할 수 있다고 판단한 거죠." 라임스의 에이전트인 크리스 실버만Chris Silbermann이 말했다.

라임스와 실버만은 높은 아치가 설치된 스페인식 2층 건물에 안뜰에는 분수가 있는 모던 프렌치 레스토랑 리퍼블릭Republique에서 테드 서랜도스와 함께 아침식사를 했다. 1920년대 후반 찰리 채플린 Charlie Chaplin이 투자 목적으로 세운 건물인 만큼 옛 할리우드의 향수가 느껴지는 곳이기도 했다. 실버만은 이 만남을 두고 서로 어떻게 지내는지 궁금해 그냥 가볍게 만난 것뿐이라고 설명했다. 디즈니가 거부했던 계약 조건을 넷플릭스가 받아들인 건 추후의 일이라고 덧붙였다.

넷플릭스와의 계약이 발표되던 순간, 라임스가 테드 서랜도스를 언급하며 말했다. "그는 제가 무얼 원하는지 정확히 알았어요. 작가로서 창작의 자유를 보장받으면서 동시에 제 이야기가 전 세계로 뻗어 나갈 수 있는 활기차고 새로운 스토리텔링의 거점이요. 바로 혁신을 독보적 문화로 구축한 넷플릭스 같은 곳이요."

서랜도스는 오랫동안 콘텐츠 작업을 함께해 온 신디 홀랜드에게 라임스와 계약하고 싶다는 의사를 전달했다. 신디 홀랜드는 이런 날이 반드시 올 거라는 사실을 알고 있었다. 방송국들이 넷플릭스 같은 경쟁 기업에 프로젝트를 판매하면서 최고의 크리에이터들을 장기 계약으로 발목 잡아 온 TV 제작사들의 반감이 커지고 있었기 때문이다.

"결국엔 정말 큰 규모의 글로벌 기업 네댓 곳, 그리고 국제적으로 성공 가능성이 입증된 인재들만 살아남을 거예요. 한정적인 자원을 차지하려는 싸움이 치열하게 벌어질 수밖에 없죠." 홀랜드가 말했다. "라임스를 영입해야 할 이유는 충분했어요. 〈그레이 아나토미〉는 넷플릭스에서 두 번째 공개됐을 때도 엄청난 성공을 거뒀거든요. '그렇게 하자'고 했어요." 홀랜드가 서랜도스에게 말했다고 회고했다. "그건 우리가 도미노의 첫 번째 조각을 넘어뜨린다는, 다시 말해 엄청난 스카우트 전쟁의 서막을 연다는 의미였죠."

곳곳의 헤드라인을 장식한 라임스와의 계약은 곧 넷플릭스의 전략이 바뀐다는 걸 의미했다. 넷플릭스는 미디어 기업들이 자사 스트리밍 서비스를 강화하기 위해 넷플릭스로부터 영화와 TV 프로그램을 모두 거둬들일 거라 예상하고 오리지널 콘텐츠에 수십억 달러를 공격적으로 쏟아부었다.

2018년 뉴욕에서 열린 UBS 투자자 컨퍼런스에서 서랜도스는 넷플릭스가 다른 공급업체에 의존해 오던 방식에서 **벗어나** 오리지널 콘텐츠 및 크리에이티브 인재를 확보하는 데 주력하겠다고 말했다. 넷플릭스는 오리지널 콘텐츠에 진출한 2012년 이래, 더 많은 지역과 더 많은 장르로 자신들의 야망을 확장시키고 있다. 2018년 넷플릭스는 수십억 달러를 들여 라이브러리를 확보했지만 경쟁사들이 라이선스 연장을 거부하는 바람에 인기 프로그램들 중 일부를 포기해야 할 처지에 놓였었다.

이에 인기 패션 메이크오버 프로그램 〈퀴어 아이Queer Eye〉의 새로운 버전을 포함해 리얼리티 프로그램 20편을 보강하는 등 다채로운 취향이 담긴 프로그램을 편성하기 시작했다. 미래 배경의 〈얼터드 카본Altered Carbon〉부터 청소년 자살을 소재로 해 논란이 된 〈루머의 루머의 루머13 Reasons Why〉, 상식을 깨는 가족 시트콤 〈못말리는 패밀리〉 시즌4에 이르기까지 다양한 분야의 오리지널 시리즈를 제작했다. 넷플릭스는 자사의 콘텐츠가 전 세계 수백만 개의 스크린을 점령하자 수단 다르푸르부터 말레이시아 쿠알라룸푸르에 이르는 지역까지 가입자를 확보하고자 현지 언어 프로그램 제작에도 집중적으로 투자했다.

넷플릭스는 오리지널 프로그램들이 현지어 더빙과 추천 엔진을 통해 인터넷을 타고 국경을 넘어 세계를 종횡무진한다는 걸 깨달았다. 독일에서 만든 시간 여행 시리즈 〈다크Dark〉, 종말 이후를 다룬 덴마크 시리즈 〈더 레인The Rain〉, 인도의 범죄 스릴러 〈신성한 게임Sacred Games〉, 프랑스의 액션 미스터리 〈루팡Lupin〉은 출신 국가를 넘어 훨씬 많은 관객들과 만날 터였다. 한편 베테랑 프로듀서 스콧 스투버는 알폰소 쿠아론 감독의 〈로마〉로 오스카상 최우수 작품상을 노리기 시작했다. 〈로마〉는 엄청나게 많은 예산이 들어간 작품으로 1970년대 멕시코시티에서 살아가는 한 가사 노동자의 삶을 다룬 흑백 영화였다. "우리는 계속해서 프로그래밍에 투자하고 있습니다. 그래도 괜찮은 것이 사용자도 계속 늘고 있고 기존 사용자들의 시청 시간도 늘고 있어요." 서랜도스가 넷플릭스의 콘텐츠 전략을 설명하면서 말했다. "훨씬 많이 성장하고 있다는 얘기죠." 넷플릭스는 각각의 프로그램들에 들어간 비용 대비 구독자 수용률을 면밀하게 검토하기 시작했다. 분석 범위는 전 세계였다. 방송이나 온라인에서 프로그램을 방영하며 누구나 부러워할 삶을 수십 년간 영위해 온 할리우드 프로듀서들은 자신의 작품이 인도나 여타 다른 나라의 관객에게도 어필할 수 있을지 고민해야 하는 상황에 처하게 됐다.

최고의 인재를 확보하기 위한 넷플릭스의 노력은 라임스와의 계약 체결 이후 더욱 도드라졌다. 할리우드가 인기 영화 및 TV 프로그램을 넷플릭스에 빌려주지 않겠다고 한다면 넷플릭스로서는 엄청난 금액을 주고 최고의 크리에이터들을 영입해 자사만을 위한 영화와 시리즈를 제작하면 그만이었다. 이렇게 록 스타를 발굴해 경쟁사보다 더 많은 돈을 주고 데려오는 방식은 넷플릭스가 프로그래머나 엔터테인먼트 임원을 채용할 때도 활용한 전략이었다. 결과적으로 입찰 전쟁에 불이 붙었고, 최고의 크리에이터들을 붙잡기 위해선 과거보다 훨씬 많은 돈이 필요해졌다. 넷플릭스를 향한 스튜디오들의 분노는 더욱 커졌다.

넷플릭스는 지체 없이 거물 영입에 나섰다. 2018년 2월에는 〈아메리칸 호러 스토리〉, 〈포즈Pose〉, 〈닙/턱Nip/Tuck〉과 〈글리〉 등 히트작을 제작한 라이언 머피와 5년에 3억 달러(3,900억 원)로 계약을 체결했고, 5개월 후에는 케냐 배리스와 약 1억 달러(1,300억 원)의 3년 계약을 맺었다. 그는 TV 방송에서는 수년 만에 처음으로 흑인 가족을 소재로 한 ABC의 히트작 〈블랙키쉬〉의 제작자인데 선수들이 경찰 폭력에 대한 항의의 의미로 무릎을 꿇은 사건을 다룬 에피소드를 방송사가 내보내지 않기로 결정하면서 갈등을 겪었다.

비벌리힐스에서 〈베니티페어〉 주최로 열린 '2018 뉴 이스태블리시먼트 서밋'에서 예산을 흥청망청 써도 괜찮냐는 질문에 서랜도스는 차세대 스튜디오 임원의 모습에서 순식간에 정량적 애널리스트로 돌변했다. 머피 및 라임스와의 계약은 다른 모든 콘텐츠 계약과 마찬가지로 수년간의 시청 데이터에 기반해 도출되었다는 것이다. 넷플릭스는 〈닙/턱〉이 FX에서 방영되기 시작했을 때부터 머피의 프로그램을 제공해 왔으며 관객들은 〈닙/턱〉의 섹시하고 어두우면서도 재치 있는 감성에 꾸준히 매료돼 왔다.

"머피와 우리 사이에 오랜 역사가 쌓인 만큼 계약금의 규모도 그에 걸맞는 수준이라 생각합니다." 덧붙여 서랜도스는 가입자 수익을 통해 그만큼의 지출을 상쇄할 수 있다고 말했다. "머피가 넷플릭스 가입률을 올리고 있는가? 머피의 작품을 볼 수 있는 게 넷플릭스에 가입할 이유가 되는가? 만약 그렇다면 그 가치는 엄청나죠."

이는 라임스에게도 똑같이 해당되는 이야기였다. 장수 의학 드라마인 〈그레이 아나토미〉는 넷플릭스에서 가장 인기가 많은 프로그램 중 하나다(2023년 기준 넷플릭스에선 볼 수 없고 디즈니플러스에서 시청 가능-옮긴이). 이후 라임스가 제작한 로맨스 시대극 〈브리저튼

Bridgerton〉이 넷플릭스 사상 최고의 시리즈로 등극하면서 서랜도스의 도박이 옳았음이 입증되었다. 2020년 크리스마스에 첫 공개된 〈브리저튼〉은 불과 한 달 만에 전 세계 8,200만 가구가 시청했고 덕분에 넷플릭스에서 가장 성공한 오리지널 시리즈라는 명성을 얻게 되었다.

넷플릭스는 디즈니가 철수한 이후 생길 어린이 프로그램의 공백도 메우고자 했다. 디즈니의 베테랑 애니메이터로서 〈인어공주〉의 아리엘, 〈미녀와 야수〉의 야수 등 인기 캐릭터를 탄생시킨 감독 글렌 킨Glen Keane과 계약을 체결했다. 그는 애니메이션 뮤지컬로 달의 여신을 만나기 위해 로켓 우주선을 만들어 날아가는 소녀의 이야기를 다룬 영화 〈오버 더 문Over the Moon〉의 감독을 맡기로 했다. 부모라면 모를 리 없겠지만 어린이 프로그램은 구독자 유지에 상당히 중요한 요소다.

"넷플릭스 같은 서비스는 이용하는 가족 구성원이 많을수록 해지할 가능성이 줄어들죠." 넷플릭스에서 어린이 및 가족 콘텐츠를 담당했던 앤디 이트먼Andy Yeatman이 설명했다. "저는 성인이나 부모를 위한 프로그램을 봐요. 시즌이 끝나고 새로운 시즌이 나오기 전까지 서비스를 이용하지 않을 수도 있지만 제 아이들이 서비스를 이용한다면 취소할 확률이 낮죠. 그래서 어린이 및 가족 프로그램이 중요한 겁니다."

넷플릭스는 라이브러리를 오리지널 프로그램으로 채우는 것 못지않게 네트워크에서 이미 방영한 인기작을 최대한 오래 보유하기 위해서도 최선을 다했다. 2018년 12월에는 〈프렌즈〉의 임대 계약을 1년 연장하기 위해 무려 1억 달러(1,300억 원)라는 엄청난 돈을 지급했다. 이전에 지불했던 금액의 3배에 달하는 액수였다. 구독자들이 로스, 레이철, 조이, 모니카와 챈들러를 거실에서 볼 수 있도록 하기 위해서였다. 그러나 이렇게 오랫동안 사랑받아온 〈프렌즈〉가 넷플릭스에서 사라지는 건 시간 문제였다.

"일부 업체들은 자신들의 라이브러리가 쪼그라들 걸 각오해야 할 겁니다." 워너미디어 최고 경영자 존 스탠키가 넷플릭스를 특정하지 않은 채 투자자들에게 말했다.

NBC유니버설 역시 〈오피스〉 9개 시즌의 저작권을 모두 회수하고 2021년 1월 '던더 미플린(오피스의 주요 배경으로 등장하는 가상의 회사-옮긴이)'의 전 직원을 모두 자사의 스트리밍 서비스인 피콕으로 이사 보냈다. 워너미디어는 2020년 5월 27일 출시되는 HBO맥스에서 〈프렌즈〉를 스트리밍하기 위해 5년 임대에 4억 2,500만 달러(5,525억 원)를 제시해 넷플릭스를 제치는 데 성공했다. 그래도 넷플릭스는 또 다른 인기 시트콤인 소니픽처스텔레비전의 〈사인필드〉를 확보할 수 있었다. 이듬해인 2021년에는 소니픽처스텔레비전 영화의 극장 상영 및 VOD 서비스가 종료되고 나면 넷플릭스가 저작권을 독점하기로 하는 계약을 5년 기간으로 체결했다.

헤이스팅스는 인기 프로그램을 놓친 데 대해 "우리는 이를 예상했고 대비했으며 엄청난 신작들을 제작할 수 있도록 갈수록 더 많은 예산을 확보하는 데 심혈을 기울이고 있습니다"라고 말했다.

베테랑 기술 기업가인 짐 랜존은 친구인 리드 헤이스팅스가 겉으로는 평정을 유지했지만 사실 실리콘밸리 모든 기업가들의 신조대로 살아내는 중이라고 말했다. 이 신조는 작고한 인텔 CEO 앤디 그로브Andy Grove의 가장 유명한 명언에 잘 드러나 있다. "편집증적인 자만이 살아남는다Only the paranoid survive." 이는 그로브의 경영 철학을 담은 베스트셀러 저서의 제목으로도 사용되었다. 랜존이 말했다.

"그는 자신의 경쟁을 결코 가볍게 여기지 않을 겁니다. 회사를 떠나는 날까지 그는 마치 내일이 마지막인 것처럼 온 직원을 밀어붙일 거예요."

넷플릭스가 가입자 수 2억 명을 돌파했을 때 헤이스팅스는 이전에 100만 명과 1억 명의 고지를 넘어섰을 때와 같은 방식으로 축하했다. 데니스에서 주문한 스테이크로 저녁 식사를 한 것이다. 하지만 넷플릭스에 안주란 없었다. 체스 드라마 〈퀸스 갬빗The Queen's Gambit〉이 공개돼 넷플릭스에서 가장 많이 시청된 미니시리즈로 등극하기 한 달 전, 신디 홀랜드가 해고되면서 할리우드는 물론 방송사들까지 놀라움을 금치 못했다.

넷플릭스 인기 프로그램 크리에이터 중 한 명은 홀랜드 해고가 "충격적"이기는 하지만 엔터테인먼트 업계에서는 낯설지 않다며 심지어 최고의 성과를 보인 파트너십도 수명이 다할 때가 있다고 덧붙였다. 게다가 어쩌면 이미 예정된 일일 수도 있었다.

저서 《규칙 없음》에서 헤이스팅스는 회사의 발전 과정에 대한 직원들의 의견을 대다수 그대로 실었고 그중에는 거침없기로 유명한 "360도 평가"의 구체적 내용도 포함돼 있었다. 특히 서랜도스에 대한 한 평가를 보면 넷플릭스의 프로그래밍 전략을 최초로 설계한 홀랜드와 갈등이 있었단 걸 짐작할 수 있다. "홀랜드와의 사이에 일어나는 '오래된 부부 싸움'은 경영진 간 교류 모델로 본받을 만하지 않습니다." 콘텐츠 담당 부사장 래리 탄츠Larry Tanz가 서랜도스에게 보고했다. "두 분 모두 더 경청하고 이해하셔야 합니다."

넷플릭스는 홀랜드를 대신할 글로벌 텔레비전 부문 수장으로 벨라 바자리아Bela Bajaria를 임명했다. 그녀는 무대본(리얼리티쇼나 다큐멘터리, 토크쇼 등을 지칭-옮긴이) 및 라이선스 프로그램 담당으로 입사한 뒤 입사 4년 만에 초고속으로 승진하고 현지어 오리지널 프로그램 관련 부서로 자리를 옮겼다. TV 사업부의 구조 조정을 단행하자 많은 베테랑 직원들이 기류 변화를 감지하고 홀랜드와 함께 퇴사했다. 바자리아는 결국 수년간 자신과 긴밀히 협력해 온 이들을 영입하거나 승진시켰다. 이미 승승장구하고 있는 기업의 경영진과 전략을 완전히 재구성한다는 걸 의미했다.

바자리아는 케이블 및 방송 네트워크에서 스카우트해 와 넷플릭스에서 히트시킨 그 많은 프로그램 중 스토커 스릴러 〈너의 모든 것You〉이나 〈퀴어 아이〉 리메이크작처럼 주류 감성에 좀 더 가까운 프로그램을 선호했다. 무대본 프로그램을 담당했던 경력을 바탕으로 넷플릭스에 카테고리를 추가한 지 불과 3년 만에 리얼리티쇼로 대박을 터뜨릴 수 있었다. 리드 헤이스팅스는 처음에 리얼리티쇼를 들이는 데 반대했던 자신의 판단이 틀렸다고 기꺼이 인정했다.

〈더 크라운〉 같은 시리즈에 비하면 예산이 비교도 안 되게 적게 드는 이 장르는 2020년까지 넷플릭스를 여러 측면에서 재정의했다. 이 스트리밍 거물은 새로운 데이트쇼 〈연애실험: 블라인드 러브Love Is Blind〉, 경쟁 리얼리티 〈도전! 용암 위를 건너라〉, 요리 프로그램 〈파티셰를 잡아라!Nailed It!〉, 부동산 〈셀링 선셋Selling Sunset〉, 인테리어 〈곤도 마리에: 설레지 않으면 버려라Tidying Up with Marie Kondo〉에 이르기까지 치열한 경쟁 속에서도 2주마다 황금을 캐냈다. 무대본 프로그램은 넷플릭스가 도입한 몰아보기 모델과 다르게 에피소드를 한 번에 하나씩만 공개하는 옛 TV 방송의 방식을 따랐다.

　넷플릭스의 냉정한 "키퍼 테스트"를 대중에게 펼쳐보였다고 할 수 있는 이 같은 개편은 보다 폭넓은 시청자들에 소구할 수 있는 프로그램을 제작하려는 선두 업체 넷플릭스의 노력이었다. 18년의 재임 기간 동안 홀랜드는 넷플릭스를 고품격 오리지널 시리즈의 산실로 자리매김시켰지만 사실 넷플릭스 문화에는 감성이 깃들 틈이 없었던 것이다. "우리는 가족이 아닌 팀이라고 항상 강조했어요." 헤이스팅스가 말했다. "저는 기업을 위해 옳다고 생각되는 일을 하기 위해 노력 중이고 직원들은 성과 중심 문화에 동의했죠. 그래서 안정성을 최우선으로 여기는 사람들은 넷플릭스에 오지 않았어요." 한편 몇 달 후, 홀랜드는 퇴사 후 처음 가진 인터뷰에서 퇴사 배경을 묻는 질문에 답변을 거부했다.

　"넷플릭스는 기본적으로 모든 프로그램을 분석했어요. 대본이 있든 없든 엄청난 수익을 내는 모든 프로그램의 비용 효율이 이전보다 훨씬 좋아졌어요." 한 할리우드 관계자가 말했다. 이는 지금으로서는 바자리아가 '넷플릭스에 남게 되는 사람'이라는 의미였다. 하지만 여전히 난관은 있었다. 2021년 봄까지 가입자 증가 속도가 둔화된 것인데 넷플릭스는 팬데믹으로 인한 제작 지연으로 대형 프로그램을 조금밖에 선보이지 못한 것을 원인으로 꼽았다. 분기별 실적표도 월스트리트를 만족시키는 데 실패해 투자자들은 주식을 통해 넷플릭스를 채찍질을 했다.

　하지만 이전에 등장한 여러 자갈길과 마찬가지로 이번 악재 역시 짧게 끝났다. 가을이 되자 넷플릭스의 주가는 600달러(78만 원)를 돌파해 또다시 사상 최고치를 기록했다.

5부

대중과의 만남

18장

▶

출격

출시 당일 새벽 2시경 침대에 든 케빈 메이어는 날아갈 듯한 기분이었다. 1년도 넘게 모든 걸 바쳐온 디즈니플러스가 2019년 11월 12일 출시되기 무섭게 수십만 명의 사람들이 가입을 위해 몰려든 것이다. 이 정도 기세면 가장 낙관적인 전망도 가볍게 뛰어넘을 수 있었다. 디즈니 CEO 밥 아이거에게 서비스 첫날 가입자 수가 200만 명에 이를 것으로 보인다고 메시지를 보내자 곧장 답장이 왔다. "굉장하군." 디즈니가 미래에 띄운 과감한 승부수가 성과를 거두고 있었다.

메이어는 몇 시간 눈을 붙인 뒤 일어나 휴대폰을 봤다. 화면을 가득 채운 부재중 전화 알림에 발신자명이 굵은 글씨체로 적혀 있었다. 밥 아이거. 밥 아이거. 밥 아이거.

"대체 무슨 일이에요?" 잠이 완전히 달아난 메이어가 말했다. 앱을 들여다보다 서비스가 다운됐다는 사실을 깨달았다. "그때는 '세상에, 어떻게 이런 일이?' 그런 심정이었어요."

디즈니 스트리밍 사장 마이클 파울과 기술 책임 조 인제릴로Zoe Inzerillo가 밤새 디즈니플러스의 탄생을 모니터링한다는 사실을 알고 있던 메이어는 뉴욕에 있는 밤테크팀에 전화를 걸었다. 그들은 메이어에게 최악의 시나리오가 현실이 됐음을 알렸다. 시스템이 다운돼 사람들이 디즈니플러스에 가입할 수 없었던 것이다. 처음에는 밤테크팀이 몇 번이고 테스트하고 혹시 모를 오류에 대비해 백업 시스템까지 구축한 이커머스 시스템을 의심했다.

메이어가 말했다. "우리는 이중 시스템은 물론 대비책도 철저하게 구축해 뒀어요. 뭔가 잘못되면 대안 시스템에서 처리할 수 있게요. 로그인 절차도 상당히 단순화시켜 병목 현상을 방지했죠. 그래서 문제될 게 없다고 생각했어요."

파울은 2016년 엄청난 기대를 모았던 HBO나우 〈왕좌의 게임〉 "서자들의 전투" 에피소드 도중 시스템이 과부하로 다운되자 시청자들의 분노가 폭발해 곤욕을 치렀던 걸 예로 들며 자신 있게 말했다.

"〈왕좌의 게임〉 때도 이런 일이 있었고 ESPN플러스에서 독점 생중계하는 UFC 경기를 유료로 공개했을 때도 같은 일이 벌어졌어요." 그가 〈더버지The Verge〉와의 인터뷰에서 말했다. "그렇게 엄청난 일들을 겪으면서 대응 가능한 역량을 구축할 수 있었습니다. 상당히 짧은 시간 안에 밀려드는 요청들을 매끄럽게 처리할 뿐 아니라 스트리밍도 감당할 수 있는 역량을요."

몇 시간 후 밤테크팀은 원인으로 추정되는 요인을 메이어에게 알렸다. 아마존 웹서비스의 실시간 고객 분석 소프트웨어 결함이었다. 메이어는 인제릴로에게 신속한 복구를 촉구하며 덧붙였다. "이건 바람직하지 않아요." 언론에는 "제3의 업체" 책임이라는 소문이 돌았다.

"자정 무렵에 시스템이 정상으로 돌아왔어요. 모두가 최대한 많은 사항들을 모니터링하고 있었죠. 사람들이 〈만달로리안〉의 첫 번째 에피소드를 아무 문제없이 스트리밍하고 있는 게 확실했습니다." 디즈니의 한 기술 간부가 말했다. "디즈니플러스 출시가 〈왕좌의 게임〉 규모의 이벤트가 될 줄은 상상하지 못했어요… 밤테크가 서비스를 출시하자마자 진짜 어마어마한 양의 트래픽이 쓰나미처럼 몰려들어 프론트엔드가 무너져 버린 거죠."

메이어는 당시 넷플릭스를 포함한 여러 스트리밍 서비스에 시스템을 제공하던 아마존 클라우드 컴퓨팅 비즈니스의 책임자 CEO 앤디 재시Andy Jassy에게 전화 걸어 뭐가 잘못된 건지 물었다. 재시는 디즈니의 일시적 오류에 책임은 지겠지만 진짜 문제는 디즈니 앱 자체라고 말했다. 밤테크는 아마존 웹서비스의 검색 기능을 해킹해 영화 및 TV 프로그램 추천 기능을 제공했는데 이것이 화근이었던 것이다. 인제릴로는 수동 백업기능을 개발해 불과 몇 시간 만에 서비스를 정상화했고 몇 주 후 밤테크팀이 업데이트 버전을 제공할 때까지 디즈니플러스 앱의 정상 작동을 유지했다. 가까스로 가입을 완료한 사람들의 3분의 1은 비밀번호를 기억하지 못했는데 테마파크 티켓 구매, 디즈니 배케이션 클럽을 통한 여행 예약이나 인터넷 쇼핑 때와 동일한 형태로 로그인하도록 만들었기 때문이라고 기술 간부가 말했다.

테마파크나 휴양지 예약은 가끔씩 이뤄지는 일이라 한 번 하고나면 응당 비밀번호를 잊어버릴 수밖에 없었다.

일주일 후 할리우드에서 열린 코드 미디어 컨퍼런스에서 메이어는 앱의 설계가 문제였다며 아마존 웹서비스에 면죄부를 주었다. "뭔가 잘못한 게 있다면, 젠장, 책임을 져야죠." 메이어가 말했다. "저는 무조건 그래야 한다고 믿습니다."

디즈니는 자사의 일거수일투족에 엄청난 관심을 보이는 언론이 출시를 앞둔 서비스에 대해 대대적으로 보도하는 걸 최대한 활용하며 지난 수개월 동안 대중의 기대에 불을 지펴왔다. 마케팅의 시작은 캘리포니아주 애너하임의 디즈니랜드 인근에서 2년 주기로 열리는 팬 이벤트 D23 엑스포(디즈니의 D와 창립연도인 1923을 조합한 행사-옮긴이)였다. 2019년 8월 두 시간 넘게 진행된 쇼케이스에서는 디즈니플러스에서 선보일 오리지널 영화와 시리즈가 하이라이트를 장식했다. 〈스타워즈〉 시리즈에서 제다이 마스터 오비완 케노비 역을 다시 맡게 된 이완 맥그리거Ewan McGregor, 크리스마스 코미디 영화 〈노엘Noelle〉에 출연한 애나 켄드릭과 빌리 아이크너Billy Eichner, 자신이 출연한 무대본 고등학교 뮤지컬 시리즈 〈앙코르!Encore!〉를 홍보하러 온 크리스틴 벨Kristen Bell, 그리고 자신의 이름을 내건 별난 내셔널지오그래픽 시리즈 〈제프 골드블럼의 호기심 세계The World According to Jeff Goldblum〉를 살짝 엿본 제프 골드블럼Jeff Goldblum에 이르기까지 팬들의 사랑을 받는 배우들이 모습을 드러냈다.

디즈니 제국 전역에 디즈니플러스의 출시를 예고하는 북소리가 울려 퍼졌다. 〈댄싱 위드 더 스타Dancing with the Stars〉의 진행자 톰 버거론Tom Bergeron은 디즈니를 주제로 한 어느 에피소드에서 디즈니플러스를 한껏 띄웠다. 플로리다주 올랜도에 위치한 월트디즈니월드의 셔틀버스는 디즈니플러스 광고로 완전히 도배되었고 매장 직원들은 아예 QR 코드를 목에 걸고 다니면서 고객들이 휴대폰으로 스캔하는 즉시 디즈니플러스 앱을 다운로드할 수 있도록 도왔다.

하늘을 찌를 듯한 기대감은 그만큼 큰 실망을 불러올 수 있다는 점에서 양날의 검이었다. 신나서 디즈니플러스를 다운받은 사용자들 중 일부는 서비스 출시 3개월도 전에 신용카드 정보를 등록했는데 출시 당일 그들이 볼 수 있었던 건 에러 메시지였다. 디즈니 애니메이션 〈주먹왕 랄프Wreck-It Ralph〉의 두 캐릭터가 등장해 다음과 같은 에러 메시지를 전했다. "디즈니플러스에 연결할 수 없습니다."

"아내와 저는 디즈니플러스를 스트리밍하려고 직장에 휴가까지 냈는데 지금 한 시간 동안 계속 이 오류 코드만 뜨고 있네요." 노스캐롤라이나주 케리에 거주하는 사서로 공상과학 및 판타지 팬인 댄 브룩스가 트위터에 올렸다. "디즈니플러스 오류난 분 또 계신가요?"

온라인 서비스의 경우 출시와 동시에 다운되는 일이 드물지는 않다. '그랜드 테프트 오토V'라는 인기 비디오게임의 온라인 버전이 출시됐을 때도 비슷한 오류 메시지가 뜨고 게임이 자꾸 멈추는 등 여러 문제가 생겼다. 그럼에도 이 사태는 디즈니플러스가 기술 관리에 미숙하다는 비난을 더욱 부추겼다.

"6시간! 빌어먹을 6시간째 저러고 있다고요!" 캘리포니아주 남부에 거주하는 자칭 야구 광팬이자 맥주 애호가 마이크 칼킨스Mike Calkins가 라이브 채팅 대기 화면 인증샷과 함께 트위터에 올렸다. "이 정도 시간이면 차를 타고 샌프란시스코까지도 갔겠어요. 진짜 최악이네요. 내 시간을 낭비하느라 수고가 많으세요.. #디즈니플러스오류.”

첫날 아침, 디즈니플러스 출시에 대한 언론 보도가 하나같이 기술 오류에 집중되자 디즈니는 분위기 전환을 시도했다. 다음날 디즈니는 서비스 첫날 가입 고객이 1,000만 명을 넘어서 심지어 가장 낙관적인 전망조차 뛰어넘었다고 발표했다.

“솔직히 우리가 상상했던 모든 걸 넘어섰어요.” 메이어가 말했다.

디즈니플러스는 첫해 내내 이렇게 무서운 성장세를 지속해 무려 7,370만 명 이상의 가입자를 확보했다. 디즈니가 5년 이내에 달성할 것으로 예상했던 가입자 수의 최대치를 진작 이룬 것이다. 이 같은 수치는 특히 코로나19가 미국 전역을 휩쓸어 2020년 3월 업계가 완전히 마비된 걸 감안하면 신생 스트리밍 업체들은 감히 꿈도 꿀 수 없는 수준이었다. 게다가 디즈니플러스는 이로부터 1년 후인 2021년 3월 전 세계 구독자 수 1억 명을 돌파했다.

애플은 디즈니플러스보다 약 2주 앞서 서비스를 출시했지만 시장에 먼저 진입했다는 사실이 성공을 보장하는 것은 아니었다. 애플플러스의 초기작들에 대한 평단의 반응은 상당히 엇갈렸다. 〈뉴욕타임스〉의 제임스 포니워직James Poniewozik은 간판 프로그램인 〈더 모닝쇼〉를 ‘클루지’, 즉 “양립할 수 없는 업체들의 우수한 부품을 무균실에서 조립한 결과물”이라고 불렀으며 시청자들은 이를 다음과 같이 해석했다. “업그레이드판을 기다리시오.”

〈어둠의 나날〉도 비슷하게 난도질당했다. 〈뉴욕타임스〉의 마이크 헤일Mike Hales이 적었다. “앞이 보이지 않는다는 걸 실감나게 표현할 수 있는 연기자와 컨설턴트를 고용하는 데 심혈을 기울였다. 하지만 영화의 세계관을 스크린에 어떻게 설득력 있게 펼쳐보일지에 대한 어려우면서도 지루한 고민은 아무도 하지 않은 듯하다."

비평가들의 눈에 띈 한 가지 작품은 〈디킨슨〉으로 〈뉴요커〉는 이를 두고 "터무니없지만 진지하고 트렌디하지만 난해한 작품"이라고 평했다. 고전 문학에 청소년 판타지를 가미함으로써 평론가 트로이 패터슨Troy Patterson이 좋아할 만한 작품이 탄생했다는 것이다. 시리즈가 '트라이베카 TV 페스티벌'에서 처음 공개됐을 때 주연배우이자 플래티넘 가수인 헤일리 스타인펠드는 프로그램의 중추인 음악을 강조하면서 애플의 스트리밍을 은근히 홍보하는 것도 잊지 않았다. 빌리 아일리시Billie Eilish, 리조Lizzo, 에이셉 라키A$AP Rocky를 비롯해 여러 뮤지션이 참여한 사운드트랙은 MZ 세대 시청자들을 끌어들이기에 충분했다. 스타인펠드가 직접 부른 OST를 아이튠즈를 통해 공개함으로써 애플이 플랫폼 간 교차 홍보를 통해 단순히 애플플러스뿐 아니라 다양한 서비스의 가입자 확대를 노린다는 걸 보여줬다.

"이 작업을 애플, 그리고 애플뮤직과 함께했다는 사실이 제게는 정말 특별해요." 스타인펠드가 말했다. 그녀는 세계적으로 영향력을 끼치는 애플이 이 시리즈에 어떤 잠재력을 부여하는지 필리핀 마닐라의 어느 쇼핑몰에서 한 여자아이가 말을 걸어온 순간 실감할 수 있었다. 스타인펠드가 이름을 묻자 그 소녀는 유명한 에밀리 디킨슨(〈디킨슨〉의 주인공이자 실존했던 여성 시인-옮긴이)의 대사를 인용해 답했다. "난 아무도 아니에요. 당신은 누구신가요?"

하지만 매력적인 콘텐츠를 확보하지 못한 데다 평단의 반응까지 전반적으로 미적지근해지면서 애플플러스는 초라한 출발을 해야만 했다. 애플은 서비스를 사용해 본 고객 수에 대해서도 함구했다. 저명한 기술 애널리스트 토니 사코나기Toni Sacconaghi는 연말연시 애플 기기를 새로 구매한 고객 중 애플TV플러스 1년 무료 프로모션의 혜택을 누린 사람은 10%에도 미치지 못하는, 즉 약 1,000만 명에 불과할 것으로 추산했다.

하지만 〈번스타인The Bernstein〉의 이 애널리스트는 애플TV플러스를 실패로 단정짓지 않았다. 결국 애플은 전 세계에 뿌려진 15억 대에 달하는 기기라는, 가장 강력한 유통 채널을 가지고 있지 않은가. 사코나기는 서비스가 지금까지 고전하고 있는 이유는 단순히 작품들이 신통치 않아서일 것이라고 주장했다.

애플에 있는 마케팅계의 마법사들은 애플플러스의 이미지를 완전히 새롭게 창조하기 위한 물밑 작업에 착수했다. 고급 홍보 캠페인, 혹은 만찬과 시사회 등에 쉽게 넘어온다고 알려진 90명의 인플루언서 집단이자 골든글로브 심사위원이기도 한 할리우드 외신기자협회를 공략한 것이다. 어찌됐든 애플의 노력이 효과는 있었다. 〈더 모닝 쇼〉는 2020년 최우수 TV 드라마상 후보에 오르는가 하면 애니스턴과 위더스푼이 나란히 여우주연상 후보에도 올라 총 3개 부문에 노미네이트되었다.

하지만 애플의 운명을 바꿔놓은 건 수상이나 만찬, 혹은 시상식 캠페인도 아닌, 글로벌 팬데믹이었다. 미국 내 극장들이 일제히 문을 닫자 초조해진 영화 제작사들은 박스오피스가 마비된 동안 수익을 보장해 줄 다른 배급 채널을 찾아 나섰다. 쌓여 있는 재고로 한푼이라도 벌어야 하는 처지에 놓인 것이다. 현금 부자 애플이 기꺼이 손을 내밀었다. 물론, 이런 기회를 놓칠 리 없이 최대한 낮은 금액을 제시했지만 말이다.

한 할리우드 관계자가 말했다. "애플은 다른 기업보다 저렴하게 영화를 확보하려고 해요. 결국 애플이란 이름에 자부심을 가지는 것이죠."

2차 세계대전을 배경으로 한 소니픽처스의 해군 대서사시 〈그레이하운드Greyhound〉를 예로 들어보자. 이 작품에서 톰 행크스Tom Hanks는 나치의 U보트로 들끓는 대서양을 통과해야 하는 해군 함장 역을 열연했다. 소니는 이 영화에 약 3,000만 달러(390억 원)의 제작비를 투자하고 독일이 항복한 지 75주년이 되는 6월 19일 극장에 선보일 계획이었다. 하지만 대체 언제 극장이 다시 문을 열지, 또 2021년 개봉 예정작이 계속 쌓여가는 상황에서 개봉일을 다시 잡을 수나 있을지 알 수 없는 만큼 7,000만 달러(910억 원)라는 파격적인 금액에 애플에 영화를 판매하고 말았다. 단, 공격적인 마케팅 캠페인을 벌이겠다는 약속과 함께 말이다.

극장에서 개봉하지 못하게 된 건 분명한 손실이었지만 영화 투자자 중 한 명인 제이슨 클로스Jason Cloth는 그래도 이번 계약이 손해는 아니라고 여겼다. 애플은 구독자가 10~15% 증가했고 클로스는 투자금 이상을 회수했다. 만약 〈그레이하운드〉가 극장에서 개봉했다면 사전에 예상했던 수준인 1억 5,000만 달러(1,950억 원)의 매출을 달성했을 수도 있다. 그러나 2차 세계대전을 다룬 이 영화가 과연 언제 극장에 걸릴지 알 수 없는 노릇이었다. 설사 극장이 일제히 영업을 재개하더라도 초대형 시리즈와 대작 영화를 걸기에 바빠 〈그레이하운드〉 같은 중저가 영화는 그대로 묻혀 버릴 가능성도 높았다.

"소니가 흔쾌히 〈그레이하운드〉를 애플에 넘겼는지는 잘 모르겠어요." 애플의 또 다른 프로젝트 〈더 모닝쇼〉에도 투자했던 토론토의 금융가 클로스가 말했다. "하지만 워낙 이례적인 시기니까요. 임시방편이었다고 생각해 보면 모두에게 잘된 일이었죠."

톰 행크스의 영화로 분위기가 달라지자 애플은 다른 대작 영화들로 라이브러리를 채웠고 2021년 1월에는 선댄스영화제에서 큰 화제를 일으킨 〈코다CODA〉를 영화제 사상 최고 액수인 2,500만 달러(325억 원)에 인수했다. 다양한 작품들로 시장에 진입한 지 몇 달 후 애플은 다큐멘터리 〈보이즈 스테이트Boys State〉, 스파이크 존즈Spike Jonze 감독의 〈비스티 보이즈 스토리Beastie Boys Story〉, 애니메이션 뮤지컬 시리즈 〈센트럴 파크Central park〉 등으로 목표를 달성하기 시작했다. 애플TV플러스와 경영진이 마침내 안정적 기반을 다지는 듯했다. 간판 프로그램 〈더 모닝쇼〉에서 방송국 사장을 연기한 빌리 크루덥이 2020년 9월 에미상 시상식에서 조연상을 수상하면서 경영진이 그토록 갈구한 업계의 인정을 받은 것이다. 2020년 여름 공개된 또 다른 시리즈 〈테드 래소Ted Lasso〉는 미국 대학 풋볼 코치가 영국 프리미어리그 축구팀 감독으로 고용된다는 황당한 설정의 코미디인데 따뜻한 감수성과 낙관주의를 담아 평단의 찬사를 받으며 애플TV플러스의 정수를 보여줬다. 이 드라마는 그해의 우수 코미디 시리즈를 포함해 에미상에서 7개 부문을 수상했다.

그다음으로 출사표를 던진 스트리밍 서비스는 NBC유니버설의 피콕이었다. 피콕은 기존 서비스와는 다른 기조를 갖고 출발했지만 퀴비 같은 스타트업에 비해 라이브러리가 훨씬 방대했다. 다른 모든 업체가 넷플릭스를 추격 중인 가운데 피콕은 TV 방송만큼 오랜 역사를 자랑하지만 훌루는 2016년 포기한, '광고 포함 무료 스트리밍 시장'을 최대한 활용하고자 했다. 모기업 컴캐스트는 2020년 7월 15일 피콕 전국 출시에 앞서 4월 15일부터 엑스피니티 X1 및 플렉스 고객에게 프리뷰 버전을 제공했다. 2020 도쿄 올림픽의 미국 독점 중계에 맞춰 일부러 여름 출시를 기획한 것이었지만 3월 들어 국제올림픽위원회가 올림픽을 2021년 7월로 연기하면서 출시 기념으로 선보일 예정이었던 핵심 프로그램이 모두 무산되고 말았다.

"4월 15일을 사전 공개일로 잡았을 때만 해도 출시 준비가 순조롭게 진행되고 있다고 생각했습니다." 매트 스트라우스와 NBC유니버설 CEO 제프 셸Jeff Shell(2023년 사내 추문으로 불명예 사임한다–옮긴이)이 직원들에게 보낸 공동 이메일에 적었다. "이렇게 글로벌 팬데믹으로 인한 난관에 직면할 줄은 상상도 못했죠."

하지만 전 국민을 대상으로 재택근무가 실시되면서 NBC유니버설은 미디어 기업에 100년에 한 번 있을까 말까 한 기회가 찾아왔음을 깨달았다. 닐슨 집계에 따르면 미국 전역의 스트리밍 사용률이 60%나 급증한 것이다. 스트라우스와 셸은 자사의 영화 및 TV 창고를 개방해 이 같은 수요를 충족시키고자 했다.

피콕은 영국 시대극 〈다운튼 애비Downton Abbey〉, 〈뉴욕 특수수사대Law&Order: Criminal Intent〉 같은 드라마, 〈팍스 앤드 레크리에이션

Parks&Recreation〉, 〈30 록〉 같은 코미디, 〈쥬라기 공원〉, 〈본 아이덴티티The Bourne Identity〉, 〈매트릭스The Matrix〉 같은 인기 영화, 그리고 CEO가 신분을 속이고 자신의 회사에서 일하는〈언더커버 보스Undercover Boss〉 같은 리얼리티쇼 등 7,500시간 분량의 영화와 TV 프로그램을 제공할 예정이었다. 여기에 월 4.99달러(6,400원)만 추가하면 〈로 앤 오더: 성범죄 수사대 SVU〉같은 프라임타임 프로그램, 시카고를 배경으로 한 3부작 드라마 〈시카고 P.D.Chicago P.D.〉와 〈시카고 파이어Chicago Fire〉, 〈시카고 메드Chicago Med〉, 〈새터데이 나이트 라이브〉 같은 코미디, 지미 팰런의 〈더 투나잇 쇼〉를 비롯한 심야 토크쇼, NBC가 보유한 텔레문도 채널의 스페인어 프로그램, 그리고 〈슈렉〉, 〈19곰 테드Ted〉, 〈사랑이 어떻게 변하니?Forgetting Sarah Marshall〉 등 두 배 이상의 콘텐츠를 시청할 수 있도록 구성했다.

NBC유니버설은 피콕의 전국 출시를 위해 오리지널 시리즈를 아껴두었지만 올더스 헉슬리의 원작을 각색해 간판 프로그램으로 내건 〈브레이브 뉴 월드Brave New World〉부터 평단의 반응은 신통치 않았다. 이 작품은 본래 NBC유니버설의 사이파이 채널용으로 기획되었다 USA네트워크로 옮겨가면서 한 리뷰어의 표현대로 "기성품처럼" 별다를 것 없는 흔한 작품으로 전락하고 말았다. 〈뉴욕타임스〉는 사람들이 쾌락의 노예가 된 쾌락주의적 미래 사회를 배경으로 하는데도 불구하고 이렇게 지루하면서 한 톨도 끌리지 않는 것도 쉬운 일이 아니라고 평가했다.

스트라우스와 셸은 사람들의 기대를 낮추기 위해 최선을 다했다. 피콕에게 2020년은 단지 단계적인 과정을 거쳐 "2021년으로 가는 활주로"일 뿐이었다. 2021년이 되면 끈질기게 사랑받고 있는 NBC 코미디 프로그램 〈오피스〉를 넷플릭스에서 가져올 수 있고 오리지널 프로그램 제작에 박차를 가할 수 있으며 연기됐던 올림픽 역시 방송할 수 있다.

피콕의 조심스러운 태도는 결과로도 나타났다. 광고가 포함된 피콕 스트리밍 서비스는 출시 후 3개월 동안 1,000만 명이 가입한 것으로 나타났다. 하지만 그 몇 개월간 가입한 사람 수와 실제 이용자인 활성 사용자 수는 상당한 차이가 있었다.

2020년 5월, 이번엔 HBO맥스가 코로나19 바이러스에 맞서 싸울 차례였다. 워너미디어는 마치 퀴비처럼 신규 서비스를 대대적으로 홍보할 계획을 세웠다. 텍사스주에서 열리는 영화, 음악 축제 사우스바이사우스웨스트와 뉴욕에서 열리는 메트갈라Met Gala(세계 최대 패션 자선행사-옮긴이)에 스타들이 총출동하기로 했고 자매 케이블 네트워크 TBS에서 중계될 '3월의 광란(미국 남자 대학 농구 토너먼트의 별칭-옮긴이)' 시즌에는 경기 시작 휘슬과 함께 3개월에 걸쳐 TV 광고가 나갈 예정이었다. 하지만 수십 년간의 파벌 싸움 이후 통합을 위해 구조조정과 긴축재정이라는 초강수를 쓰고 있는 워너미디어에 코로나19는 더 큰 골칫거리를 안겨줄 뿐이었다.

"NCAA 농구 토너먼트라는 거대한 론칭 플랫폼이 증발했어요." 워너미디어 엔터테인먼트 의장으로서 소비자 직접 판매 사업을 총괄하고 있는 밥 그린블랫이 개막 전날 인터뷰에서 말했다. "대회가 중단되거나 취소되는 순간 광고를 집중 배치했던 400~500시간에 달하는 프로그램이 증발하는 거니까요." NBA 역시 2020년 7월 '버블팀 Bubbel(토너먼트에 진출할 순 있지만 참가 여부가 확정되진 않은 팀-옮긴이)'의 복귀를 앞두고 사라져 버리고 말았다. 평소 4~6월 진행되는 NBA 플레이오프는 TV 광고 프라임타임으로서 워너미디어 네트워크인 TNT가 그중 상당 부분을 매입해 왔다.

HBO맥스 마케팅 담당자들만 코로나19 바이러스로 타격을 입은 건 아니었다. 3월부터 제작이 줄줄이 중단되고 모두가 집에서 일하는 상황이 되면서 그린블랫과 팀원들은 HBO맥스 플랫폼의 기술 작업을 완료하는 게 현실적으로 가능한지 논의했다. "100% 재택근무가 시행되면 작업이 제대로 되고 있는지 확인할 길이 없죠." 워너미디어의 최고기술책임자인 제러미 레그가 출시를 몇 주 앞두고 말했다. "일이 완료되지 않는다는 게 아니라 엔지니어 두 명이 화이트보드 앞에 서서 함께 문제를 해결할 수가 없으니까요." 여러 기기에서 제품을 테스트할 수 없는 것도 문제라고 그는 덧붙였다.

"3월 자가 격리가 시작됐을 때 '출시를 늦춰야 하는지' 논의했어요." 그린블랫이 인정했다. "하지만 아무도 그걸 바라지 않았죠. 우리는 이미 파티에 늦었으니까요."

AT&T가 한창 부상 중인 스트리밍 산업에 올라타고자 850억 달러(11조 500억 원)가 넘는 돈을 들여 타임워너를 인수한 마당에 자가 격리 기간 동안 어떻게 시간을 보낼지 고민에 빠진 시청자들을 이토록 손쉽게 포획할 기회를 놓칠 순 없었다. 스트리밍 시장에 새롭게 뛰어든 5개 업체 중 출시가 지연된 건 HBO맥스가 유일했다.

기술팀은 그린블랫의 말대로 "하루 24시간씩, 일주일 내내" 온라인 작업에 매달린 결과 프로젝트를 끝낼 수 있었다. HBO맥스 오리지널 프로그램 제작을 줌 통화로 진행하기란 쉬운 일이 아니었다. 그 결과 HBO맥스는 불과 6개의 오리지널 시리즈를 선보이는 데 그쳤는데 애나 켄드릭 주연의 로맨틱 코미디 앤솔로지 시리즈 〈러브 라이프Love Life〉, 힙합계 명사 러셀 시먼스 고발자 중 한 명의 이야기를 통해 음악 업계의 성폭력 문제를 다룬 다큐멘터리 〈온 더 레코드〉, 유명 게스트가 머펫Muppet과 농담 따먹기를 하거나 노래 부르는 〈엘모와 함께하는 심야 토크쇼Not-Too-Late Show with Elmo〉 등이다. 최고콘텐츠책임자 케빈 라일리가 디즈니플러스의 〈만달로리안〉처럼 구독자 유치의 신호탄이 될 것으로 기대했던 〈프렌즈〉 멤버들의 재결합은 연기되었다. 라일리는 안전하게 프로그램을 제작할 수 있다고 확신을 주려 했지만 출연진은 연로한 부모님도 못 만나는 이들이 수두룩한 팬데믹 상황에서 괜히 호들갑 떨며 재결합을 추진했다가는 잘못된 오해를 부를 수 있다고 생각했다.

"말 그대로 출발선에 막 들어섰는데 누군가 갑자기 찬물을 끼얹은 거나 다름없는 상황이었어요." 라일리가 말했다. "물론 우리 말고도 전 세계가 찬물을 맞았지만 신제품 출시를 앞둔 입장에서 그 타이밍이 특히 끔찍했어요."

출시와 동시에 HBO맥스의 간판 프로그램이 된 〈러브 라이프〉는 〈프렌즈〉 멤버들의 재결합 프로그램에 비하면 화제성이 한 단계 떨어지는 작품이었다. 주연인 애나 켄드릭은 2019~2020년 팬데믹과 스트리밍이 확산되는 동안 퀴비, HBO맥스와 페이스북 왓치 등 여러 프로그램에 출연해 비공식 홍보대사로 떠올랐다. 드림웍스애니메이션의

〈트롤: 월드 투어Trolls World Tour〉에서 목소리 연기를 맡기도 했는데 이 작품은 예정돼 있던 극장 개봉도 건너뛰고 VOD로 먼저 출시된 최초의 선례가 되었다. 켄드릭은 코로나19 때문에 온라인으로 진행된 〈섹스 앤 더 시티〉류의 작품인 〈러브 라이프〉 시사회에 잠깐 등장했다. 이 행사의 "참석자"들은 여러 개의 "방"을 갖춘 "애프터 파티"에 참석할 수 있었는데 그중에는 클럽 DJ와 연애 전문가가 무료로 조언해 주는 방도 포함되었다. 〈러브 라이프〉 제작자 중 한 명이자 〈내 여자친구의 결혼식Bridesmaids〉 등의 영화를 감독한 폴 페이그Paul Feig는 자신의 홈바에서 빨간색 재킷 차림으로 칵테일을 만들어 주는 방을 열었다. "제 화면이 또 멈춘 것 같아요." 페이그는 유쾌한 분위기를 유지하려 애쓰면서도 행사를 조롱하는 어조의 농담을 계속 날렸다. 이 애프터 파티가 그간 HBO의 시그니처였던 온 초호화 파티와는 거리가 먼 게 사실이었으니 말이다. "이건 완전히 새로운 기술이에요. 코로나19를 탓합시다. 이보다 더 나빠질 수는 없으니까요." 페이그의 수다는 멈추지 않았다. "맨해튼 한 잔 더할까요? 그러죠, 뭐." 이어서 그가 말했다. "빌어먹을 팬데믹이니까요!"

심지어 스트리밍 서비스의 중심으로 새롭게 떠오르던 HBO조차 휴지기에 들어갔다. 무려 1,930만 명의 시청자를 끌어 모으며 50여 년의 HBO 역사에 기록을 세운 〈왕좌의 게임〉 마지막 시즌이 방영된 지도 어느덧 1년이 지난 때였다. 미래를 배경으로 하는 〈웨스트월드Westworld〉의 시즌3이 스트리밍 출시 직전인 5월 초에 마무리되었고, 그 명맥을 잇는 대작으로 매튜 리즈Matthew Rhys가 주연한 〈페리 메이슨Perry Mason〉은 거의 한 달 후 방영될 예정이었다.

HBO맥스는 결과적으로 워너브라더스의 영화 및 TV 라이브러리, 그리고 스튜디오지브리 같은 타사에서 인수한 프로그램에 크게 의존할 수밖에 없었다. 장기 방영 중인 SF 시간 여행 시리즈 〈닥터후 Doctor Who〉의 현재 시즌을 독점 스트리밍할 권한도 획득했는데 BBC 스튜디오와는 이외에도 〈오피스〉, 리키 저베이스Ricky Gervais 주연의 오리지널 농장 코미디, 그리고 이드리스 엘바 주연의 범죄 드라마 〈루터 Luther〉 등 총 700편의 인기 영국 프로그램 공급 계약을 맺었다.

서비스 출시를 앞두고 그린블랫은 "그 밖에도 여러 작품들을 확보해 특별한 라인업을 완성했습니다. 조만간 제작이 재개될 수 있기를 바랍니다"라고 말했다. 하지만 또 다른 고위 임원은 라이브러리에 대한 지나친 자신감이 확산되는 걸 경계했다. 현재로서는 오리지널 프로그램을 통해 구독자를 늘리거나 HBO 가입자들이 HBO맥스에 추가적으로 가입하도록 만드는 게 중요했다.

"사람들은 계속 HBO맥스의 〈**만달로리안**〉은 어디서 보냐고 물었어요." 이 임원이 회상했다. "저는 우리가 **라이브러리를** 우리의 〈만달로리안〉으로 여기는 우를 범했다고 생각해요. 하지만 현실은 그게 아니었죠. 라이브러리는 사람들이 존중하고 시청하면서 구독을 유지하게는 해주지만 설렘을 선사해 팬데믹 와중에도 **새롭게 가입**하도록 만들어주지는 못해요."

넷플릭스가 신생아 시절 깨달았던 교훈을 마침내 워너미디어도 알게 되었다. 빛나는 새로운 콘텐츠만이 신규 가입을 유도한다는 사실 말이다.

HBO맥스의 소셜 미디어 캠페인은 폭넓은 프로그램 라인업을 강조하는 데 초점을 맞추고 "HBO맥스/우리에겐 lolHBO Max/We've Got the Lolz(laughing of loud 혹은 lots of laughs의 약어로 크게 웃는다는 의미-옮긴이)"라는 제목의 1분짜리 홍보 영상을 선보였다. 10년이나 된 인터넷 은어를 사용해 소위 '힙한' 이미지를 보여주려 했던 이 안타까운 시도는 〈더 프레시 프린스 오브 벨 에어〉, 〈프렌즈〉, 〈사우스 파크〉, 〈빅뱅이론〉 같은 인기 TV 시트콤과 영화 〈크레이지 리치 아시안Crazy Rich Asians〉, 〈오션스 일레븐Ocean's Eleven〉과 〈레고 무비The Lego Movie〉 등을 짧게 편집한 영상들로 구성돼 있었다.

빌보드 및 소셜 미디어에는 "HBO가 더 많은 콘텐츠를 만나는 곳"이라는 슬로건을 내세워 HBO맥스 가입자가 수천 시간에 달하는 영화 및 TV 프로그램뿐 아니라 HBO의 정규 프로그램 역시 즐길 수 있단 걸 알렸다. 특히 〈소프라노스〉, 〈프렌즈〉, 〈빅뱅이론〉이 모두 HBO맥스에서 제공된다는 의미의 말장난을 활용해 일부 업계 관계자들의 불쾌감을 자아냈다. "바다(〈소프라노스〉에 등장하는 가상 스트립 클럽 은유-옮긴이)에서 빙(〈프렌즈〉의 챈들러 빙 은유-옮긴이)으로… 그리고 또 뱅(〈빅뱅이론〉의 빅뱅 은유-옮긴이)으로…"라는 민망한 태그라인이 달린 것이다. 훌루에서 광고 영업을 총괄하다 2020년에 스냅챗의 모기업인 스냅 주식회사로 자리를 옮긴 피터 네일러Peter Naylor(2022년 8월부로 넷플릭스로 이직해 글로벌 광고 판매를 담당-옮긴이)는 워너미디어의 광고에 대한 〈패스트컴퍼니〉의 적나라한 반응을 리트윗했다. "HBO맥스의 브랜딩 능력이 재앙 수준임을 이 광고가 증명했다."

서비스가 출시되던 2020년 5월 27일, HBO맥스 경영진은 이보다 더 여유로울 수 없었다. 소비자 데이터를 둘러싼 문제로 심지어 로쿠나 아마존 플랫폼에서는 앱을 이용할 수도 없었는데 말이다.

"제품 출시를 매끄럽게 마친 것 같아요. 소비자들에게 엄청난 양의 위대한 스토리를 선보였죠." AT&T 오터 미디어 사업부의 CEO이자 HBO맥스 스트리밍 서비스를 총괄하는 토니 곤칼베스가 〈더버지〉와의 인터뷰에서 말했다. "저희가 공개한 콘텐츠에 쏟아부은 열정과 노력은 정말 놀라운 수준입니다. 한마디로 어제는 아주 즐거운 날이었죠." AT&T CEO 존 스탠키는 한술 더 떴다. 월스트리트 애널리스트들을 대상으로 한 실적 발표에서 출시 행사가 "완벽했다"고 자평한 것이다.

하지만 공식적인 수치는 이런 자화자찬을 뒷받침하지 못했다. 출시 후 몇 달이 지난 2020년 7월, AT&T는 410만여 명의 고객이 HBO맥스에 가입했다고 발표했는데 사실 워너미디어 경영진은 이 수치를 공개하는 것조차 뜯어말렸다고 업계에 정통한 한 소식통은 밝혔다. HBO의 이 위험한 도박은 디즈니플러스의 성과에 비할 바가 못 됐다. 부가 서비스로서가 아니라 순전히 HBO맥스만을 이용하기 위해 월 15달러(1만 9,500원)를 내는 가입자는 다해 봐야 약 100만 명에 불과했다. 심지어 AT&T 무선 또는 유료 TV를 통해 인증한 HBO 가입자는 310만 명으로 이는 합병 이전에 가입한 기존 구독자의 3분의 1에도 미치지 못하는 수치여서 더 큰 우려를 샀다.

"이미 만신창이가 된 워너미디어 부문의 구원투수로 여겨졌던 HBO맥스의 출발은 다소 불안했어요." 베테랑 통신 애널리스트 크레이그 모펫이 말했다.

출시를 준비한 전현직 직원 10여 명은 인터뷰를 통해 HBO맥스가 "완전히 실패했다"고 선언한 어느 직원의 비판적 견해에 동의를 표했다. 또 다른 직원은 1만 5,000여 시간에 달하는 방대한 콘텐츠로 서비스가 오히려 갈 길을 잃었다고 믿었다. "우리가 잘못한 게 한 가지 있다면 하나라도 터지겠지 하는 심정으로 너무 많은 콘텐츠를 던졌다는 거예요." 일부 고전 작품들은 오늘날의 시대와 맞지 않았다. 〈바람과 함께 사라지다Gone with the Wind〉는 흑인 조지 플로이드George Floyd가 미니애폴리스 경관에게 살해당한 사건을 계기로 촉발된 인종평등운동의 역풍을 맞았다. 제작자 존 리들리John Ridley는 〈로스앤젤레스타임스Los Angeles Times〉에 기고한 사설을 통해 남부 연합을 미화하는 영화의 상영을 중단하라고 HBO맥스에 촉구했다. "이 영화는 노예 제도의 잔혹성을 아무도 묵과하지 않는 오늘날 유색인종에 관한 가장 고통스러운 고정관념을 오히려 고착화하고 있다."

HBO맥스는 〈바람과 함께 사라지다〉를 삭제하는 대신 오히려 영화의 맥락을 파악하는 데 도움될 만한 프로그램 일정을 추가했다. 2019년 워너미디어의 터너클래식무비 네트워크가 주최한 TCM 클래식영화제에서 영화 역사학자들이 모여 〈바람과 함께 사라지다〉의 유산과 교육적 가치에 대해 논의한 것이다. 만일 워너미디어가 서로 다른 도시에서 각자의 의제를 추구하는 터너, HBO와 워너브라더스로 나뉘지 않았다면 〈바람과 함께 사라지다〉의 복잡한 유산을 오늘날 어떻게 바라볼지를 두고 좀 더 많은 고민이 이루어졌을 것이다.

HBO맥스는 여러 어려움을 겪었지만 일부는 스스로가 자초한 일이기도 했다. 우선 이름에 HBO라는 단어가 들어가는 스트리밍 서비스만 4개에 달해 브랜드 정체성에 혼란을 초래했다. "HBO나우와

HBO고라는 이름을 하루빨리 철수시켰어야 했어요." 추후 워너미디어 CEO 제이슨 킬라(2020년 5월부터 2022년 3월까지 역임-옮긴이)가 인정했다.

HBO맥스 출시 성과에 대한 자체 평가도 신속하게 이루어졌다. 워너미디어는 3개월 후 대규모 조직 개편을 단행해 HBO맥스에 가장 깊숙이 관여한 프로그래밍 책임자 두 명, 밥 그린블랫과 케빈 라일리를 해고했다. 직원들에게 보낸 메모에서 킬라는 이 같은 구조 조정이 기업을 간소화해 소비자 직접 판매 사업에 모든 역량을 집중시키기 위한 노력의 일환이라고 설명했다. "성과 관리나 HBO맥스 관련 대응을 잘 못했다는 게 아닙니다." 그가 단언했다. "향후 10년간 고객을 대신해 진정 위대한 성과를 내려면 두 콘텐츠 그룹을 하나로 통합하는 게 옳다고 생각했습니다."

킬라는 워너브라더스스튜디오 수장 자리에 이타적이고 집중력이 뛰어나며 "시스템 차원에서 생각할 줄 아는 인재" 앤 사노프Ann Sarnoff를 앉혀 영화와 TV 콘텐츠를 자사의 여러 플랫폼에 적절히 배분하도록 했다. 2007년 훌루 창립 직후 합류한 초기 임원 중 한 명으로 킬라의 신임을 받은 앤디 포셀Andy Forssell에게는 신설된 HBO맥스 운영 사업부를 맡겼다.

킬라는 AT&T 의장인 존 스탠키의 동의를 구하고 불과 1년 전 그가 직접 임명한 경영진을 해임했다. 조직 개편 며칠 후, AT&T 최고재무책임자 존 스티븐스는 투자자 컨퍼런스에 등장해 회사의 "재정비"는 뭔가를 바꿀 필요가 있어서 하는 게 아니라 "출시 시점보다 더 훌륭한 기업으로 거듭나기 위한 노력"이라고 주장했다.

AT&T가 킬라를 선택했던 건 아마 냉정한 혁신가로서의 이력 때문이었을 것이다. 스티븐슨과 스탠키는 킬라가 선구적 스트리밍 서비스 브로드캐스트닷컴을 공동 창업한 억만장자 기업가 마크 큐번, 마이크로소프트의 수석 소프트웨어 개발자 레이 오지Ray Ozzie, 그리고 넷스케이프Netscape 창업자에서 벤처 캐피털리스트로 변신한 마크 앤드리슨Marc Andreessen 등 쟁쟁한 인사들과 함께 기술 자문 위원으로 활동하던 당시 그의 조언에 크게 도움을 받으면서 2019년 워너미디어를 맡아 줄 것을 제안했다. "일생에 단 한 번뿐인 기회였던 만큼 이 기업에 들어가 향후 고객들에게 더 중요해 질 업무를 맡지 않는다면 후회할 게 분명했어요." 킬라가 말했다.

엔터테인먼트 업계 베테랑인 피터 체닌은 킬라가 할리우드에서 부활할 수 있도록 무대를 마련해 주었다. 2013년 폭스 임원이던 그는 친구이자 AT&T CEO인 랜달 스티븐슨에게 훌루 인수에 공동으로 입찰해 볼 것을 제안했고 AT&T의 미래가 동영상에 있다고 판단한 랜달 스티븐슨은 단박에 수락했다. 존 스탠키가 랜달 스티븐슨의 대리인으로 이 프로젝트의 책임자 역할을 맡았고 두 사람은 수개월에 걸쳐 함께 치열한 협상을 진행하며 끈끈한 유대관계를 구축했다. 한편 체닌은 훌루의 대표 전략가와의 사이에서 통로 역할을 했다. 킬라가 회상했다. "존은 훌루에 대한 제 생각을 듣고 싶어했어요. 그래서 저한테 직접 연락해 왔죠. 체닌이 우리를 연결해 주었고요."

킬라는 HBO맥스가 워너미디어의 지적 재산과 막강한 경제력에 힘입어 다가올 디지털 시대로 나아갈 수 있을 뿐 아니라 넷플릭스 같은 터주대감들과의 경쟁에서도 승리할 수 있다고 자신감을 내보였다.

"워너미디어와 디즈니 같은 기업은 축복받았죠. 사랑받는 시리즈들로 구성된 탄탄한 라이브러리뿐 아니라 이 장대한 모험에서 핵심 역할을 할 지적 자산도 갖추고 있으니까요." 킬라가 이메일을 통해 밝혔다. "신규 및 기존의 지적 재산에 기반한 스토리텔링, 기술과 제품의 측면에서 세계적 수준을 달성한 이들만이 장기적으로 번창하는 데 필요한 수준의 성공을 이룰 수 있어요. 다시 말해 밤낮을 가리지 않고 고객을 매일같이 기쁘게 할 수 있는 이들이 엔터테인먼트의 미래를 정의할 겁니다."

19장

우주에서는 당신이 스트리밍하는 걸 아무도 몰라요

7월의 어느 아침, 새벽같이 일어난 톰 행크스는 영화 홍보를 위해 〈투데이〉 쇼에 출연했다. 멀리 동부 지역에서도 이 소식과 함께 해가 떠올랐다.

톰 행크스는 60편 가량의 영화에 출연하고 수십 편의 영화를 제작한 만큼 홍보에 대한 이해도가 높았다. 다른 A급 영화배우와 달리 모든 면에서 친근한 이미지에 행실이 바르기로 이름난 그는 세대를 초월해 변함없이 사랑을 받는 배우였다. 그래서 코로나19가 확산되기 시작한 2020년 4월, 원격으로 방송이 재개된 〈새터데이 나이트 라이브〉의 진행자로 그가 선택된 건 자연스러운 일이었다. 한 달 앞서 그는 아내인 리타 윌슨Rita Wilson과 함께 코로나19 양성 판정을 받았다고 밝혀 팬데믹이 세계를 휩쓸기 시작한 초창기, 사람들에게 충격을 안겼다. 물론 이후 두 사람은 완전히 회복했다.

할리우드에서 승승장구하는 내내 행크스는 변함없는 전통주의자였다. 역사 애호가로서 영화의 유산을 소중히 여기기도 했다. 내레이션 작업은 모건 프리먼이 더 많이 했을지 모르나 사실 워너미디어의 날, 프리먼이 낭독했던 영화를 향한 사랑 고백에 이념적으로 더 잘 어울리는 사람은 행크스였다. 실제로 미국영화연구소로부터 평생 공로상을 수상했을 때 그는 관람객들이 다함께 영화를 감상하는 행위에 기나긴 찬사를 보냈다. 관중들에게 "영화 보러 갑시다!" 하고 외치면서 "우리가 영화라고 부르는, 이 빛과 소리와 문학의 융합"에 매료된 채 극장에 앉아 있는 기쁨에 대해 찬양했다.

그래서 행크스가 〈투데이〉 쇼에서 애플에 대한 찬사를 이상할 정도로 많이 늘어놓는 모습은 너무나도 의아했다. 애플은 그의 최신 영화 〈그레이하운드〉를 소니픽처스로부터 인수해 공개했다. 이 영화는 2020~2021년 스트리밍 경쟁에서 핵심적인 역할을 했다. 사실 대중들은 '시리즈'를 통해 스트리밍을 규정해 왔다. 〈하우스 오브 카드〉, 〈더 마블러스 미세스 메이즐The Marvelous Mrs. Maisel〉, 〈핸드메이즈 테일〉 등 영화적 감각으로 무장한 채 광고도 거의 없이 한때는 전통적인 TV에서만 볼 수 있던 에피소드들 말이다. 하지만 스트리밍 서비스라는 전장에서 '영화'는 갈수록 더 중요한 무기로 자리잡고 있다. 넷플릭스, 애플과 아마존 프라임비디오에게 영화가 엔터테인먼트 산업의 판도를 바꿀 새로운 수단이라면 디즈니와 워너미디어 등 기존 미디어 기업에게는 무너져가는 전통 시장의 한 줄기 희망이다. 시리즈의 제작 규모가 갈수록 커지면서 회차가 거듭될수록 수익성은 떨어지고 있기 때문이다. 스트리밍 플랫폼에서 시즌3을 넘기는 시리즈가 거의 없는 이유 중 하나이기도 하다. 그런 의미에서 영화는 고정된 비용으로 신규 가입자를 확보하고 새로운 장르를 개척하며 영향력 있는 출연진과 함께 작업할 수 있는 특별한 기회다.

영화가 극장에서 상영되지 못해 "실망스러운지" 묻는 호다 코트비Hoda Kotb에게 행크스는 "애플TV플러스 덕분에 모두가 영화를 볼 수 있게 돼 오히려 흥분됩니다"라고 답했다. 그는 영화가 공개된 7월 10일 다음날이 자신의 64번째 생일이었다고 밝히며 "애플 덕분에 누리게 된 엄청난 선물"이라고 덧붙였다. 코로나19 바이러스로 전 세계 대부분 지역의 극장이 문을 닫은 상황에서 "애플TV가 세상을 구했다. 모든 면에서 자비로운 스트리밍 서비스"라고 추켜세웠다. 만약 애플이 등장하지 않았다면 현실에서 이뤄지고 있는 영화 속 2차 세계대전 잠수함 스릴러 같은 일들은 "금고 안에서 시들었을 것"이라고 말했다.

행크스는 이제 전 세계에서 이 영화를 볼 수 있다고 강조하며 애플TV플러스의 월 구독료도 얼마 안 한다고 덧붙였다. 정확한 액수를 기억하지는 못해 고개를 돌리고 외쳤다. "애플TV플러스 요금이 얼마였죠? 스태프? 5달러(6,500원)?" 다시 코트비를 바라보며 "이거 봐요, 싸다니까요!" 하고 강조했고 자세를 고쳐 앉으면서도 계속 말했다. "이건 진짜 엄청난 기회예요. 단 한 방에 전 세계의 스크린과 거실, 빈백 체어까지 모두 채울 수 있으니까요."

이렇게 자신의 서재를 배경으로 TV에 등장한 행크스는 단 하루 전 〈가디언〉에 실린 기사에서 보여준 모습과는 사뭇 달랐다. 기사에서 행크스는 1955년 발표된 C. S. 포레스터C. S. Forester의 소설 《선한 목자The Good Shepherd》를 각색한 이번 영화가 극장에서 선보일 수 없다는 사실이 "가슴 아프다"고 말했다. "애플이라는 나의 군주를 화나게 할 생각은 없지만 매체가 바뀌면서 어쩔 수 없이 생긴 화질과 음질의 차이가 분명히 있다"는 게 그의 생각이었다. 그는 심지어 인터뷰 환경조차 개탄스러웠다고 말했다. "애플에서 채찍을 들고 있는 가혹한 주인"이 〈가디언〉과의 동영상 인터뷰 배경화면을 빈 벽으로 결정했다고 설명했다. 그래야 인터뷰어가 주위를 두리번거리다가 책장의 책들로 인터뷰를 마무리하는 일이 없다고 했다는 것이다. 빈 벽 앞에 선 행크스는 자신이 "증인 보호"를 받고 있는 느낌이었지만 "애플의 요구사항을 충실히 수행해야만 했다"고 말했다.

애플은 행크스의 의도가 잘못 전달되었다며 다른 언론사들을 상대로 수습에 나섰다. 행크스는 트레이드마크라 할 냉소적 위트를 날렸을 뿐인데 인터뷰어인 해들리 프리먼Hadley Freeman이 진심어린 불평으로 잘못 이해한 거라고 주장했다. 하지만 〈가디언〉은 기사 원안을 그대로 고집했고 웹사이트 상의 기사도 수정하지 않았다. 그리고 〈투데이〉에 애플 CEO 팀 쿡에 빙의된 행크스가 등장한 것이다. 애플TV 플러스 출시 전날 쿡은 5달러(6,500원)라는 가격이, 애플 기기를 구매하는 모든 이들에게 1년간 무료 서비스를 제공하는 것만큼이나 "놀랍다"고 월스트리트 애널리스트들에게 극찬했다. 그는 "사용자들께 드리는 선물"이라며 "비즈니스의 관점에서도 우리의 콘텐츠가 상당히 자랑스럽고 가능한 많은 분들이 봐주시기를 바란다"고 당부했다.

오스카상을 두 번이나 수상하고 원하는 어디서든 영화를 만들 수 있는 A급 배우가 이렇게 급격하게 태도를 바꾼 데는 단순하지만 불편한 이유가 존재한다. 바로 **돈**이다.

스튜디오들이 영화, TV 광고와 테마파크로는 더 이상 수익을 낼 수 없게 된 상황에서 애플은 가속 페달을 밟았다. 윌 스미스 주연, 앙투안 푸쿠아Antoine Fuqua 감독의 액션 드라마 〈해방Emancipation〉, 그리고 마틴 스코세이지 감독과 리어나도 디캐프리오가 재결합한 영화 〈킬러스 오브 더 플라워 문Killers of the Flower Moon〉을 인수했다. 두 작품에 들인 비용은 〈그레이하운드〉의 7,000만 달러(910억 원)를 훌쩍 넘어섰는데 전자는 약 1억 2,000만 달러(1,560억 원), 후자는 2억 달러(2,600억 원)대로 알려졌다. 2021년 행크스는 본래 유니버설픽처스에서 배급할 예정이었던 공상 과학 영화 〈핀치Finch〉를 통해 "애플 군주"의 품으로 다시 돌아오게 된다.

애플뿐 아니라 스트리밍 경주에 뛰어든 다른 주자들 역시 오리지널 영화를 내세워 구독자를 유인했다. 그중 공격적으로 뛰어든 곳은 디즈니플러스로 2020년 〈해밀턴Hamilton〉, 〈뮬란〉과 픽사의 〈소울Soul〉을 가져왔다. 〈뮬란〉은 "프리미어 액세스"라는 새로운 전략을 통해 디즈니플러스 가입자에게만 29.99달러(3만 8,900원)에 제공되었는데 다른 회사는 감히 시도하지 못한 이중과금을 시도했다는 점에서 비즈니스 스쿨의 사례 연구 대상이 될 만하다. HBO맥스는 출시 한 달 후 세스 로건Seth Rogen의 엉뚱한 코미디 〈아메리칸 피클An American Pickle〉과 테마파크 다큐멘터리 〈클래스 액션 파크Class Action Park〉를 추가했다. 피콕은 계열사인 유니버설픽처스의 신작들이 극장 개봉 및 VOD 출시를 거친 이후 입성하는 최종 보금자리로 자리매김했다.

스티븐 스필버그 같은 거장들이 "TV 영화"라며 경멸을 드러내는 스트리밍 플랫폼 공개작들은 기존의 스튜디오 영화와는 다른 방식으로 대중에게 접근했다. 박스오피스가 수익의 핵심이던 때와 달리 극장 개봉은 겉치레일 뿐 진짜 목표는 구독자 유치 및 유지였다. 극장에서 유의미한 성과를 거두지 못했더라도, 혹은 그랬기 때문에, 스트리밍을 통해 제공되는 영화는 외려 구독자의 마음을 움직일 수 있었다. 유명한 스타가 출연했을 경우는 더욱 그랬다. "소비자들은 신작 영화를 시청하는 게 TV 시리즈와 비교해 어떤 가치를 갖는지 이해합니다." 넷플릭스의 공동 CEO 테드 서랜도스가 2019년 투자자 컨퍼런스에서 말했다. "뉴욕의 경우 극장에서 영화 한 편 보려면 100달러(1만 3,000원)가 드니까요."

이처럼 뼛속까지 비즈니스 DNA를 자랑하는 넷플릭스는 오리지널 영화가 스트리밍을 통해 공개되는 관행을 표준으로 만들었다. 《밀랍, 혹은 꿀벌들 가운데 텔레비전의 발견》 당시의 아슬아슬한 시행착오들을 상업적 현실로 만들어냈다. 넷플릭스가 초기 알고리즘을 형성하고 스타트업의 정체성을 확립하도록 도와준 일등공신은 DVD 영화였다. DVD가 등장한 지 20년이 지나 몰아보기가 탄생하고 TV의 새로운 황금기가 도래했다는 평가가 자자한 가운데서도 영화는 여전히 전체 시청량의 3분의 1가량을 차지하고 있다.

2006년, 넷플릭스는 서랜도스를 필두로 독립영화 인수 및 배급을 위한 "빨간봉투Red Envelope"라는 사업부를 세웠다. 2년의 사업 기간 동안 주로 IFC, 새뮤얼 골드윈Samuel Goldwyn과 매그놀리아픽처스Magnolia Pictures 같은 배급사와의 파트너십을 통해 126편의 영화를 매입했고 이 작품들은 영화제 단골손님이 되었다. 지금은 거의 잊혀진 〈셰리베이비Sherrybaby〉, 〈끝이 안 보인다No End in Sight〉, 〈뉴욕에서 온 남자, 파리에서 온 여자2 Days in Paris〉 등을 선보이며 소소한 성과를 거뒀다. 그러나 넷플릭스는 빨간봉투가 기껏해야 일개 조연에 불과하다는 사실을 깨달았다. 그들이 원하는 건 업계의 판도를 바꿀 주연이었다. 실제로 2007년 스트리밍 서비스 출시 이후 넷플릭스는 통합 영화 플랫폼, 그리고 독립영화 제작자들의 성장 기반으로 자리매김하고 있기도 했다. 테마파크 전체를 소유할 수 있는 상황에서 소소한 놀이기구까지 운영할 이유가 어디 있겠는가? "올해 한 가지 배운 사실이 있다면 제작 영화도 많을 뿐더러 프로젝트 시행 자금도 넉넉하다는 거예요." 빨간봉투 운영을 중단한 2008년, 서랜도스가 말했다.

빨간봉투가 사라진 뒤에도 넷플릭스는 스트리밍 사업을 위해 라이브러리 구축에 몰두하며 영화에 대한 왕성한 식욕을 유지했다. 독립 배급사 버길필름Virgil Films의 대표로 서랜도스가 비디오 업계에서 일할 때부터 알고 지낸 조 아모데이는 친구에게 100개 작품의 제목이 담긴 바인더를 가져다준 날을 기억했다. "내가 다 살게." 서랜도스가 말했다. 서랜도스가 첫 번째로 고용한 직원이던 신디 홀랜드는 DVD 영화 타이틀을 대규모로 확보하는 과정이 "집 옆문에서 석탄을 캐는 것 같았다"고 농담했다. 2020년 10월 실적 발표에서 서랜도스는 처음에는 영화를 한꺼번에 800편씩 주문했지만 이내 무조건 덩치를 키우는 게 좋은 건 아니란 사실을 깨달았다고 회상했다. "아무도 그 영화들을 안 봤어요. 중요한 건 작품의 수가 아니라 안 보고는 못 배기는 작품이어야 한다는 점이에요."

2014년으로 거슬러 가보자. 넷플릭스는 퀵스터 사태에도 살아남았고 스트리밍 사업은 규모뿐 아니라 여러 측면에서 번창하고 있었다. 오리지널 프로그램 덕분에 브랜드 이미지는 물론 시장 내 입지까지 달라지면서 오리지널 영화 역시 신규 가입자들을 유혹할 이유가 될 수 있다고 판단했다. 그래서 시청자 트렌드 및 시청 패턴을 분석한 자체 카탈로그를 구축했다. 이는 18세였던 1982년, 애리조나주의 비디오 대여점에서 고객들에 영화를 추천하고 영화 사이트들을 연결하기 시작했던 서랜도스 입장에선 지극히 자연스러운 수순이었다.

넷플릭스에 합류하기 훨씬 전부터 서랜도스는 애덤 샌들러Adam Sandler의 행보에 주목했다. 넷플릭스에 몸담은 이후에는 샌들러가 가입자들에게 매력적이라는 사실을 입증하는 데이터까지 확보했다. 샌들러는 〈새터데이 나이트 라이브〉에서 하차한 이후 〈웨딩 싱어Wedding Singer〉, 〈워터보이The Waterboy〉, 〈빅 대디Big Daddy〉 등의 코미디 작품에 출연해 잇따라 흥행시켰다. 1990년대와 2000년대 초반 가뿐하게 성공 가도를 이어갔던 그는 이후 상업 영화판에서 고전을 면치 못해 얼핏 해외에서 거둬들인 누적 수익이 미국 내 수익을 앞지른 고전 배우 제리 루이스Jerry Lewis의 뒤를 따르는 듯했다. 비평가들은 샌들러를 비웃었고 대중문화판에서도 민망하고 따분한 건 무엇이든 샌들러에 빗대 조롱했다. "나는 넷플릭스 추천작에 이따금 짜증이 솟구칠 때가 있었다." 기업이 소비자의 선호도를 측정하고 조작하는 방법을 탐구한 저서 《당신도 좋아하고 있을지 모릅니다You May Also Like》에 톰 밴더빌트Tom Vanderbilt가 적었다. **"애덤 샌들러 영화라니? 장난해?"** 하지만 이내 흥분을 가라앉히고 현명하게 통찰했다. "넷플릭스는 사람들의 열망과 실제 행동 사이에 격차가 존재한다는 사실을 정확히 인지했다."
솔직히 이 문장이 그 유명한 넷플릭스 로비에 있는 소파 쿠션에 새겨져 있어도 이상하지 않다. 넷플릭스는 사람들이 볼 만한 영화를 찾을 때 항상 고급 프랑스 요리 같은 작품만 원하지 않는다는 걸 알았다. 이따금 육즙 가득한 치즈버거가 당길 때도 있는 것이다.

이 통찰 덕분에 넷플릭스는 스튜디오들이 〈잭 앤 질Jack and Jill〉, 〈댓츠 마이 보이That's My Boy〉 등 샌들러 출연작이 더 이상 돈이 되지 않는다고 여길 때 다른 면을 볼 수 있었다. 2014년, 서랜도스는 샌들러와 그의 회사인 해피매디슨Happy Madison에 넷플릭스 사상 최초로 영화 제작 계약을 제시했다. 넷플릭스가 샌들러 영화 4편의 투자 및 배급을 담당하겠다는 것으로 비용은 당시 샌들러 영화의 평균 예산이었던 4,000만~8,000만 달러(52~104억 원) 수준이었다. 극장에선 상영하지 않고 영화 저작권은 넷플릭스에 영구 귀속되는 조건이었다. 이때는 그를 욕하는 수많은 사람들을 마침내 침묵시킨 명작 〈언컷 젬스Uncut Gems〉가 나오기 몇 년 전이었고, 샌들러에 대한 대중의 선호도가 낮은 상황이었다.

그럼에도 이 계약의 경제성은 정말이지 놀라웠다. 일반적으로 스타와 영화 제작자는 수익을 어떻게 나눌지 협상한다. 대부분의 경우, 출연료로서 선급금을 먼저 받고 입장료나 온라인을 비롯한 기타 부수적인 창구를 통해 손익분기점을 넘기면 수익금의 일부를 정산 받는 형태다. 실제로 〈조커Joker〉의 호아킨 피닉스Joaquin Phoenix나 〈매트릭스〉의 키아누 리브스Keanu Reeves 같은 경우에는 이 방식으로 선급금의 몇 배에 달하는 수천만 달러를 벌었다. 수년간 샌들러처럼 스타성이 높은 출연진에 대해서도 개런티를 낮춰야 한다는 압박이 있어 왔다. 특수 효과나 유명 지적 재산에 더 많이 투자하길 원하는 투자자와 제작사가 늘면서 출연진 계약을 뒤로 미루는 경우도 많아졌다. 이에 비해 넷플릭스는 일회성으로 선급금 액수만 협상한다. 유니버설의 임원 출신으로 2017년 영화 사업 총괄을 위해 넷플릭스에 합류한 스콧 스투버는 넷플릭스의 접근 방식에 대해 이렇게 설명했다. "영화를 만들 때, 우리는 과거 영화의 성과와 새로운 작품의 예산을 분석해 성공에 돈을 겁니다." 다시 말해 분배할 총점도, 나중에 생길 수익을 나눠줄 의무도 없기 때문에 영화 제작 단계에서부터 높은 선급금을 지급하는 것이다.

넷플릭스에서 공개할 4편의 영화를 제작하는 대가로 2억 달러(2,600억 원)의 출연료를 보장받은 샌들러는 지금 들어도 유쾌한 발언으로 소감을 대신했다. "이 훌륭한 분들이 제게 영화 4편을 만들어 달라고 했을 때 제가 수락한 이유는 단 한 가지… 넷플릭스가 '웻칙스wet chicks'와 각운을 이루기 때문이죠." 샌들러가 말했다. "스트리밍을 시작합시다!"

이렇게 파격적 시작을 알린 넷플릭스는 최고재무책임자 스펜서 노이만Spencer Neumann의 표현대로 "창의적 탁월성"을 달성한 고급 영화의 엔진으로 성장했다. 물론 탁월함의 기준은 사람마다 다르다. 넷플릭스는 수많은 오리지널 영화로 평단의 찬사를 받았으며 스파이크 리, 데이비드 핀처, 제인 캠피언Jane Campion, 코엔 형제Joel Coen&Ethan Coen 등 미국 유명 감독들의 작품은 물론, 세네갈의 〈애틀랜틱스〉 같은 국제적 작품도 선보였다. 게다가 샌들러식 대중 코미디와 〈키싱 부스The

Kissing Booth〉같은 청춘 로맨스물도 꾸준히 배급했다. 주요 제작사에 맞먹는 규모의 예산을 지출하고 있으며 스튜디오들을 능가할 날도 머지않았다. 스투버가 유니버설픽처스에서 총괄했던 종류의 블록버스터를 얼마든지 제작할 수 있다는 뜻이다. 실제로 라이언 레이놀즈Ryan Reynolds 주연에 〈트랜스포머Transformers〉 및 〈나쁜 녀석들The Old Guard〉 시리즈로 유명한 마이클 베이Michael Bay 감독이 연출한 〈6 언더그라운드6 Underground〉가 공개됐고 만화책 원작으로 샤를리즈 테론Charlize Theron이 주연을 맡은 액션 영화 〈올드 가드The Old Guard〉는 속편까지 제작되었다. 2021년에는 매주 한 편씩 대형 영화를 공개하겠다고 발표했는데 심지어 출연진의 스타들만 해도 갤 가돗Gal Gadot, 드웨인 존슨Dwayne Johnson 등 수십 명에 달했다.

한편, 아마존은 영화 비즈니스에서 오랫동안 경쟁해 왔던 넷플릭스와 완전히 다른 전략을 추구했다. 출연진과 기존 비즈니스를 자사 모델에 맞추기보다 의도적으로 혼합하는 방식을 취했다.

처음에 아마존은 완성된 작품을 인수한 뒤 다른 배급사들과 협력해 공개하겠다는 계획이었다. 〈맨체스터 바이 더 씨Manchester by the Sea〉, 〈빅 식〉, 〈콜드 워Cold War〉, 〈세일즈맨The Salesman〉 등의 영화가 성공을 거두면서 오스카상 후보에 올랐고 작품상도 한 번 수상했다. 〈세일즈맨〉은 최우수 외국어 영화상을 수상했다. 이 영화들이 극장에 걸리지 않도록 제동을 거는 일은 기존 배급사들이 담당했지만 마케팅 자원과 콘텐츠 라이브러리 측면에서 봤을 때 중심축은 아마존이었다. 아마존이 영화를 매입하고 대여해 오면 결국 프라임비디오 회원이 무료로 스트리밍해서 시청했으니 말이다. 아마존의 시도는 넷플릭스가 했던 빨간봉투 실험의 최신 버전이라 볼 수 있는데, 과거와 달리 완성도 높은 영화가 입소문으로 알려지며 수익을 창출할 만큼 흥행하는 경우도 적지 않았다. 〈맨체스터 바이 더 씨〉의 경우 세계적으로 7,900만 달러(1,027억 원)를 벌어들였다. 1조 5,000억 달러(1,950조 원) 가치의 기업 입장에서 그리 엄청난 성과는 아니지만 지속 가능한 사업으로서 첫발을 뗀 셈이었다.

밥 버니Bob Berney는 2015~2019년 아마존 영화 사업부에서 마케팅 및 배급 활로를 개척한 인물로 뼛속까지 '극장파'라고 해도 과언이 아니었다. 아트하우스 극장에서 성공적으로 경력을 쌓은 뒤 배급과 마케팅 부문으로 옮겨 〈판의 미로Pan's Labyrinth〉, 〈웨일 라이더Whale Rider〉, 〈이 투 마마Y Tu Mamá También〉, 〈메멘토Memento〉 등 21세기 사상 최고의 영화들로 손꼽히는 작품들을 제작했다. 실제로 그가 마케팅한 영화 〈패션 오브 크라이스트The Passion of the Christ〉와 〈나의 그리스식 웨딩My Big Fat Greek Wedding〉은 두 편을 합쳐 8억 5,000만 달러(1조 1,050억 원) 넘게 벌어들여 역대 개봉한 독립영화 중 최고의 수익을 거뒀다.

버니는 독립영화 베테랑 테드 호프Ted Hope 등 제작사 출신 임원들과 협업하는 한편 아마존의 기술력과 자원을 동원해 예전처럼 시네마 트렌드를 선도할 경로를 확보하고자 했다. 한동안은 성과가 있었지만 이내 열기가 식어버렸다. 영화제 출품을 위해 거액의 예산을 들인 〈레이트 나이트Late Night〉와 〈브리트니 런스 어 마라톤Brittany Runs a Marathon〉은 개봉 성적은 별로였지만 스트리밍에서는 인기가 좋았다고 아마존은 밝혔다. 코로나19 팬데믹으로 인해 극장 개봉 여부가 미궁에 빠지기 전부터 아마존은 방향을 바꿔 극장 개봉 없이도 파장을 일으킬 수 있는 대작 타이틀을 선호하기 시작했다. 〈아네트Annette〉는 영화감독들이 추앙해 마지않는 레오스 카락스Leos Carax가 감독을 맡고 애덤 드라이버Adam Driver와 마리옹 코티야르Marianne Cotillard가 출연해 2021년 칸영화제 개막작으로 선정된 뮤지컬 영화로 북미 지역에서는 아마존스튜디오가 인수했다. 아마존은 이 영화를 단 2주간 서너 개 극장에 걸었다 곧장 스트리밍행을 선택했는데 밥 버니가 배급을 책임지던 시절보다 훨씬 짧은 기간이었다.

물론 아마존은 계속해서 엄청난 예산을 쏟아부었지만 그 대상은 굳이 섬세하게 육성하거나 고유한 캠페인을 벌이지 않아도 되는 대중 영화였다. 2020년에는 사샤 배런 코언Sacha Baron Cohen의 〈보랏Borat〉 속편, 그리고 파라마운트에서 기획한 에디 머피 주연의 대작 영화 〈커밍 2 아메리카Coming 2 America〉를 인수했다. 〈보랏 서브시퀀트 무비필름 Borat Subsequent Moviefilm〉의 성과와 관련해 아마존은 특유의 모호한 화법으로 "수 천만 명"의 프라임비디오 회원이 시청했다며 자축했다. 〈커밍 2 아메리카〉는 개봉 첫 주 총 14억 분의 시청 시간을 기록해 닐슨의 미국 스트리밍 차트에서 1위를 차지했다. 영화를 각 프라임 회원 가구당 한 번씩 본다고 가정했을 때 이는 미국의 1,300만 가구에 해당되는 수치. 이밖에 크리스 에반스가 출연한 미래 액션 영화 〈내일의 전쟁Tomorrow War〉과 톰 클랜시Tom Clancy가 원작자로 참여한 마이클 B. 조던Michael B. Jordan 주연의 스릴러 영화 〈톰 클랜시의 위다웃 리모스 Tom Clancy's Without Remorse〉가 닐슨 차트에서 비슷한 기록을 세웠다.

한편 스트리밍을 돈의 논리로 바라보지 않은 이들도 있었으니, 영화감독 조 루소와 앤소니 루소 형제였다. 이들은 큰 수익을 올린 영화 중 하나인 2019년 작품 〈어벤져스: 엔드게임Avengers: Endgame〉을 비롯해 디즈니에서 제작한 여러 마블 영화를 감독했다. 어떻게 해야 스펙터클한 장면을 뽑아낼 수 있는지 잘 알았던 형제의 2020년 프로젝트였던 〈그레이 맨The Grey Man〉은 2억 달러(2,600억 원) 예산으로 넷플릭스가 그때까지 제작한 영화 중 최고의 제작비를 기록했다. 형제가 엔터테인먼트 비즈니스 정상에 오르기까지의 과정은 뻔할 정도로 전형적인 아메리칸 성공 스토리라고 할 수 있다. 오하이오주 북동부의 제철소 마을에 정착한 어느 이탈리아 이민자 가정에서 태어난 두 사람은 아버지가 저명한 변호사이자 판사, 민주당 간부로 활동하던 클리블랜드로 돌아와 케이스웨스턴리저브대학원에 진학했다. 로버트 로드리게스Robert Rodriguez가 공전의 히트를 기록한 영화 〈엘 마리아치El Mariachi〉를 불과 7,000달러(910만 원)로 만들었다는 데서 영감을 받아 두 사람의 쌈짓돈으로 독립영화 〈조각들Pieces〉을 만들어 데뷔했다. 두 번째 영화인 〈웰컴 투 콜린우드Welcome to Collinwood〉가 칸영화제에 초청되면서 이들은 이후 〈못말리는 패밀리〉, 〈커뮤니티〉 같은 프로그램의 제작 및 연출을 맡는 등 TV 부문에서 일하게 된다.

디즈니와의 관계에는 아무 문제가 없었지만 루소 형제는 스트리밍이 영화감독들에 제공하는 기회를 최대한 활용하고자 2016년 독립 제작사 AGBO를 설립했다. 이제 영화는 예산의 규모나 얼마나 스펙터클한지보다 국제 시장 점유율과 젊은 관객층 수용폭이 더 중요해졌다. 루소 형제가 넷플릭스, 애플, 퀴비 등과 계약을 맺은 것도 바로 이 때문이다. 인터뷰에서 형제는 정보에 밝고 열정적이며 이상적이지만 현실적이기도 한 인물로 비춰졌다.

"저는 자녀가 넷이에요." 조 루소가 말했다. "저야 컴컴하고 낯선 이들이 가득한 극장에서 대형 스크린으로 영화와 감정적으로 치열하게 교감하며 스토리에 열중하는 걸 좋아하지만 제 아이들은 그런 교감을 잘 모르죠. 아이들은 자라면서 익숙해진 더 편리한 방식으로 서사를 받아들일 수 있어요. 휴대폰, 컴퓨터, 비행기, TV 등 어떤 수단으로 콘텐츠를 봐도 아무 상관없죠. 굳이 극장에서 볼 필요 없는 거예요." 루소는 극장에 깊이 연결돼 있는 만큼 볼거리가 차고 넘치는 시대의 현실적 과제 역시 인지하고 있었다. "너무 많은 콘텐츠가 쏟아져 나오다 보니 사람들이 정기적으로 극장을 찾기가 쉽지 않죠. 거의 3일에 한 번씩 새로운 콘텐츠가 출시되는데 굳이 그 돈과 시간, 에너지를 들여 극장까지 가는 사람이 어디 있겠어요? 다르게 영화를 전달하는 시스템이 필요합니다."

루소 형제가 새로운 전달 방식으로서 스트리밍의 가능성을 탐색해야겠다고 결심한 건 첫 번째 〈어벤져스〉 시리즈 영화를 제작할 때였다. 그들은 마블 시네마틱 유니버스에서 토르 역을 맡은 배우 크리스 햄스워스에게 애초부터 글로벌 엔터테인먼트로 기획된 영화를 함께 만들자고 제안했다. 그 결과, 햄스워스가 인도 마약왕의 아들을 방글라데시 감옥에서 탈출시키기 위해 고용된 암시장 용병 역을 맡은 액션 영화 〈익스트랙션〉이 탄생했다. 영화는 글로벌 스케일과 친숙한 액션 플롯 덕분에 넷플릭스 공개 4주 만에 시청 9,900만 회를 달성했으며 이 기록은 지금까지도 깨지지 않고 있다.

"할리우드는 상당히 근시안적이며 자국 중심의 사고방식으로 콘텐츠에 접근하는데 이는 잘못된 겁니다." 조 루소가 말했다. 2021년 기준 전 세계 100여 개 국가에 보급된 휴대폰, 노트북, 태블릿과 애플 TV플러스가 16억 5,000만 대에 이르는 애플은 루소 형제의 또 다른 프로젝트에도 지원했다. 아편 조달을 위해 은행 강도로 살아가는 퇴역 군인의 이야기를 다룬 영화 〈체리Cherry〉다. "다양한 스트리밍 서비스 업체에 영화를 제안했는데 그중 애플이 가장 열정적이었어요. 그들은 영화가 진짜 좋고 공감대를 일으킨다고 봤어요." 앤소니 루소가 말했다. "코로나가 아니었다면 아마 극장 배급 업체에 똑같은 제안을 했겠죠. 똑같이 여러 배급 업체에 영화를 보여주고 누가 가장 열정적인가를 봤을 거예요."

루소 형제가 디즈니의 실사판 〈헤라클레스〉 리메이크 제작에 몰두하고 있는 와중에도 이들의 다른 프로젝트는 모두 스트리밍 서비스에서 제공되었다. "디즈니는 전형이에요. 전통 미디어 스튜디오가 어떻게 운영되는지 보여주는 캐딜락이죠." 조 루소가 말했다. "넷플릭스는 미래형 스튜디오가 어떻게 운영되는지 보여주는 캐딜락이고요. 코로나19 팬데믹 당시 넷플릭스 자산은 디지털 형태로 클라우드에 저장돼 있는 반면 디즈니 자산은 모두 형태가 있는 물품이어서 사람들이 불편하게 들고 다녀야 했어요.. 따라서 저는 넷플릭스야말로 미래 스튜디오의 운영 방식을 제시하는 표준이며, 시장 지배력을 확보하는 데 유형의 자산이 꼭 필요하지는 않다고 생각합니다."

6부

회복을
찾아

20장

격변하는 모든 것

"지구에서 가장 행복한 곳"이라는 디즈니랜드의 별명은 적어도 2020년 한 해 만큼은 터무니없는 농담처럼 느껴졌다. 캘리포니아주 애너하임에 있는 디즈니랜드는 65년 역사를 통틀어 가장 오랜 기간 문을 닫았고 디즈니파크 직원 2만 8,000여 명이 일자리를 잃었다. 한편 플로리다주, 파리와 도쿄를 비롯한 전 세계의 디즈니파크는 수용 인원에 제한을 두긴 했지만 어떻게든 재개장하기는 했다. 이런 상황은 디즈니 재정에 극심한 영향을 끼쳤다. 디즈니라는 거대 엔터테인먼트 제국이 수십 년 만에 최악의 회계연도를 맞이한 2020년, 그동안 최고 수익률을 기록해 온 공원 사업부 역시 영업이익이 68억 달러(8조 8,400억 원)나 감소하는 타격을 입었다.

2021년 1월, 마침내 애너하임에 다시 생기가 감돌았다. 미키마우스 귀 모양의 정문을 활짝 열고 잠자는 숲속의 공주 궁전과 스페이스 마운틴으로 관람객을 다시 불러들인 건 아니다. 드넓은 주차장을 코로나19 바이러스 백신 접종 센터로 전환해 하루에 백신을 1만 개씩 제공하기로 한 것이다. 오렌지카운티 당국은 2021년 7월 4일까지 지역 기능을 정상으로 되돌리기 위한 '독립 작전'의 핵심이 바로 이 디즈니 이니셔티브라고 설명했다. 오렌지카운티 보건 책임자 클레이턴 차우Clayton Chau 박사는 "코로나19의 끝이 보이기 시작합니다"라고 선언했다.

월트디즈니컴퍼니 내부의 분위기는 좀 달랐다. 디즈니의 경영진은 공무원들과 사명감을 공유하기는커녕 오히려 배신감을 느끼고 있었다. 2020년 가을, 캘리포니아주의 주지사 개빈 뉴섬Gavin Newsom이 규제 완화를 거부해 디즈니랜드와 다른 테마파크들이 영업을 재개할 수 없게 되자 불만은 최고조에 달했다. 뉴섬은 "서두를 필요가 없다"고 말했지만 디즈니는 자사 공공 보건 책임자의 성명문을 통해 주지사의 방안을 "무조건 거부"한다는 의사를 밝혔다. 밥 아이거 의장 역시 항의의 표시로 주 경제 회복 TF팀을 그만뒀다.

100년에 한 번 생길 법한 전염병으로 월트디즈니컴퍼니의 모든 곳이 타격을 입었다. 극장이 문을 닫으면서 제작사는 마블의 〈블랙 위도우Black Widow〉, 스티븐 스필버그가 현대적으로 재해석한 〈웨스트 사이드 스토리West Side Story〉, 배우이자 감독 케네스 브래너Kenneth Branagh의 〈나일강의 죽음Death on the Nile〉 등 큰 기대를 모았던 영화들의 개봉을 줄줄이 연기했다. 팬데믹으로 NBA, MLB를 비롯한 스포츠 경기들이 축소되면서 ESPN은 해고와 감원을 병행해 전체 인력의 약 10%에 해당하는 500개의 일자리를 없앴다.

디즈니의 새로운 CEO 밥 체이펙Bob Chapek(2020년 2월부터 2022년 11월까지 CEO를 역임하였으며, 이후 밥 아이거가 CEO로 복귀했다-옮긴이)은 새로운 역할에 적응할 시간도 없이 위기 대응에 나서야 했다. 모교인 인디애나대에서 학생들을 만난 그는 "일을 시작한 지 3일 정도 만에 전체 비즈니스에서 TV 네트워크를 제외한 80%가량을 폐쇄해야 했습니다"라고 말했다. 이렇게 불확실성과 난관만 가득한 시기, 체이펙은 디즈니에서 27년 동안 쌓아온 경력의 정점을 찍었다. 홈엔터테인먼트와 소비자 제품 등 매직 킹덤에서 살짝 소외된 사업부의 간부로 근무하며 갈고 닦은 비즈니스 감각을 차분하게 발휘한 것이다. "태아처럼 웅크린 채 이 상황이 끝나기만 바랄 수도 있었어요." 그는 학생들에게 이렇게 털어놓았지만 당연히 이 방법은 직원들과 월스트리트 모두에게 득 될 게 없었다. "그들은 리더십과 결단력을 원했죠."

적막과 상실만이 가득한 디즈니에서 유일하게 빛나고 있는 것을 찾기란 어렵지 않았다. 5년 동안 수익이 나지 않을 것으로 예상했던 스트리밍 비즈니스가 회사 전체를 떠받치고 있었다. 2만 8,000명의 직원을 해고해야 했던 체이펙은 영화, TV 및 애니메이션 스튜디오의 막대한 자원을 디즈니플러스에 투입했다. "조직의 일부 덕분에 보트가 가라앉지 않을 수 있었죠." 체이펙이 설명했다.

창립자인 월트 디즈니Walt Disney와 마찬가지로 중서부 지역에서 자란 체이펙은 스스로를 아웃사이더라 생각했다. "인디애나주 해먼드 출신이 할리우드의 디즈니를 직장으로 고려하는 경우는 드물죠."

2006년 〈인디애나노스웨스트타임스Times of Northwest Indiana〉와의 인터뷰에서 체이펙이 말했다. "그래도 누군가는 그 일을 해야 하는데 저라고 안 될 이유가 있나요." 1993년 그는 소비재 세계에서 건너온 사절단의 마음으로 버뱅크의 디즈니 스튜디오에 도착했다. 그때까지 그의 경력이라고는 케첩 회사 하인즈Heinz와 광고 에이전시 J. 월터톰슨J. Walter Thompson에서 일한 게 전부였다. 광고인으로서 체이펙의 대표작은 이지스피릿Easy Spirit의 "겉보기엔 펌프, 착용감은 스니커즈" 광고였다. 이 광고는 "편안한 힐"을 신고 농구를 즐기는 여성들을 묘사했다. 하지만 이 시기의 경험이 그가 월트디즈니 스튜디오와 그걸 넘어서는 더 넓은 산업계에서 버틸 만한 정신력을 단련하는 데에 도움이 되진 않았다.

체이펙은 소비자들의 바람대로 인기 애니메이션 영화의 속편을 비디오 영화 형태로 제작하자고 디즈니에 제안했다. 감성을 쏙 빼고 이성적으로 홈엔터테인먼트 비즈니스에 접근하려 했던 체이펙의 제안은 내부의 극심한 반발을 불러일으켰다. 이 제안이 창작에 대한 모욕이라고 여긴 〈라이온 킹〉 프로듀서 돈 한Don Hahn 등 애니메이션계 거물들과 갈등을 빚기도 했다. 픽사 공동 창립자 존 래시터John Lasseter는 비디오 영화로 출시된 속편을 가리켜 "도저히 눈 뜨고 볼 수 없다"고 비판했다. "일을 시작하던 초기, 그는 비즈니스에서 돈이 전부가 아니란 사실을 배워야 했어요." 디즈니의 한 전직 임원이 말했다. "스튜디오가 만든 창작품에 대한 마음가짐부터 바꿔야 했죠." 그러나 체이펙은 결국 승리했다. 그 결과 출시된 알라딘 시리즈의 속편 〈자파의 귀환The Return of Jafar〉(해당 작품은 1994년 발매됐고 〈알라딘〉은 1992년 작품이다-옮긴이) 같은 비디오 영화는 오스카상의 주목은 받지 못했지만 엄청난 수익을 올렸다. 디즈니는 〈알라딘〉 스핀오프 작품을 1,500만 장 판매해 3억 달러(3,900억 원)를 벌었다. 체이펙은 디즈니 애니메이션 영화를 제한된 기간 동안 한정 수량만 판매하는 이른바 '디즈니 볼트Disney Vault' 전략을 도입해 소장욕을 자극했다. 돈을 벌어들이는 체이펙의 비즈니스 혁신은 아이거의 시선을 사로잡았다.

체이펙은 소비재 담당에서 테마파크 총괄로 자리를 옮기며 승승장구했다. 그 사이 밥 아이거 같은 카리스마는 없었지만 대신 결단력은 뛰어난 그에게 경영진도 빠져들었다. "그는 기강을 상당히 중시하며 체계적인 스타일입니다. 공원의 열차를 정시에 운행하도록 했어요." 디즈니텔레비전Disney television의 한 전직 임원이 말했다. "운영 능력도 탁월해요." 홈엔터테인먼트 사업부에서처럼 체이펙은 비용이 계속 상승하는 와중에도 공원 사업부의 수익성을 높일 수 있는 새로운 방안을 도입했다. 2021년에는 오랫동안 무료로 제공돼 온 가상 대기열 시스템 '패스트패스FastPass'에 15달러(1만 9,500원)의 요금을 부과해 디즈니의 열렬한 팬들조차 격분하게 만들었다. 한 비즈니스 파트너는 "롤러코스터 요금까지 올릴 필요는 없었을 것 같은데요"라고 농담을 던지기도 했다. 인디애나주 출신으로 미시간주립대에서 미생물학을 전공하고 MBA를 취득한 사람답게 체이펙은 오로지 수익에만 집중하며 가차 없는 비용 절감 정책으로 명성을 쌓았다. 이런 검소함으로 디즈니 대주주 중 한 명인 이삭 "아이크" 펄머터Isaac "Ike" Perlmutter 전 마블 엔터테인먼트 명예 CEO의 지지를 얻었는데 펄머터 역시 "쓰레기통에서 종이 클립을 찾아내는" 스타일로 유명했다.

팬데믹의 여파로 영화와 TV 프로그램 제작이 중단되자 체이펙은 영화가 극장 이외의 창구로 배급되는 길을 적극 검토하여 새로운 콘텐츠가 계속 디즈니플러스로 유입될 수 있도록 했다. 디즈니는 극장 개봉이 끝난 후 가정에 선보이기까지 기다려야 했던 90일이란 기간을 처음으로 단축해 예상보다 몇 달 빠르게 픽사의 〈온워드Onward〉와 디즈니의 〈겨울왕국2Frozen II〉를 스트리밍 서비스에 선보였다. 이어서 3편의 극장 개봉작을 디즈니플러스에 곧장 선보여 새로운 볼거리가 거의 없을 시기에 활력을 불어넣었다.

린 마누엘 미란다Lin-Manuel Miranda의 인기 브로드웨이 뮤지컬을 영화화한 작품으로 미국 건국의 아버지 중 한 명을 다룬 〈해밀턴〉은 2020년 7월 4일에 공개된 이후 정확한 수치가 발표되진 않았지만 엄청난 다운로드 수를 기록했다. 1998년 개봉한 애니메이션 고전을 2억 달러(2,600억 원)를 들여 실사판으로 제작한 〈뮬란〉이 2020년 노동절 주말에 개봉했고 뒤이어 픽사의 〈소울〉이 크리스마스에 개봉했다.

극장 업계는 디즈니의 이런 행보가 디즈니의 '우선순위'가 바뀌고 있다는 분명한 신호라고 해석했지만 〈뮬란〉은 고예산 텐트폴 Tentpole(흥행이 보장돼 제작사의 중장기 계획의 기둥 역할을 하는 영화-옮긴이) 영화를 온라인으로 배급하는 데에 분명한 한계가 있음을 드러내기도 했다. 디즈니는 〈뮬란〉을 집에서 시청하고 싶어 하는 디즈니플러스 가입자에게 29.99달러(3만 8,900원)의 프리미엄 요금을 부과했다. "현재 영화관에 갈 수 없는 수많은 관객 분들이 놀라운 영화를 관람할 수 있는 기회라고 생각합니다." 체이펙이 투자자들에게 말했다. 전국에 있는 극장 절반이 문을 닫은 지금이야말로 지난 수년간 제작사와 극장 업계가 기를 쓰고 막아 온 대체 배급 전략인 프리미엄 주문형 동영상 전략을 실험할 적기였다. 하지만 〈뮬란〉은 배급의 기술적인 면은 입증했을지 몰라도 블록버스터급 수익을 거두는 데는 실패했다. 세븐파크데이터7Park Data의 조사에 따르면 〈뮬란〉은 스트리밍이 시작된 첫 12일간 6,000만~9,000만 달러(780억~1,170억 원)의 수익을 올렸는데 이는 디즈니의 고전 애니메이션 영화 〈라이온 킹〉의 리메이크작이 개봉 첫 주말 벌어들인 1억 9,180만 달러(2,493억 원)에 비하면 한참 부족한 액수였다. 박스오피스도 부진하기는 마찬가지였다. 중국 관객들은 1,500년 된 시 '뮬란의 발라드'를 서구적으로 각색해 주인공 뮬란을 페미니스트 영웅으로 재탄생시킨 이 작품에 거부감을 드러냈다. 주간 잡지 〈버라이어티〉는 〈뮬란〉의 티켓 매출이 2,300만 달러(299억 원)로 실망스러운 수준이라고 보도했다.

체이펙이 침착하게 정제된 태도만 보이려고 애쓰는 동안 표면적으로 드러나진 않았지만 내부에서는 불안감이 꿈틀거렸다. 한 디즈니플러스 시리즈의 총괄 프로듀서는 팬데믹이 콘텐츠 소비를 끌어올린 점만 생각해선 안 된다고 말했다. "제작 과정에서 예산을 초과하면 '우리가 부담할게요'라고 말은 하지만 현실은 다르다는 걸 모두가 알고 있었어요." 팬데믹의 위험 수준을 생각했을 때, 확산세가 덜한 지역에서 제작하더라도 코로나19로부터 안전하다고 100퍼센트 확신할 수 없는 상황 또한 불안 요소였다. 영화 제작이 어쩔 수 없이 중단되면 디즈니는 제작 일수 변동에 따른 손실을 고스란히 떠안아야 했다. 그 규모는 수백만 달러에 달할 수도 있었다. 실제로 2020년 중반 그런 일들이 벌어지기도 했다. 프류듀서는 "회사의 모든 직원이 엄청난 스트레스에 시달렸어요. 누구와 얘기하든 타격이 심하다는 걸 느낄 수 있었죠"라고 덧붙였다.

팬데믹 기간 동안 체이펙이 이끄는 디즈니는 긴축 운영이 이어졌다. 그러나 출연진을 포용하는 데는 전혀 관심 없이 오로지 허리띠만 졸라매는 CEO의 방식은 도화선과 같았고 결국 2021년 여름 폭발하고 만다. 디즈니는 극장 개봉 중인 영화를 29.99달러(3만 8,900원)의 추가 요금만 내면 디즈니플러스에서도 볼 수 있는 '프리미어 액세스' 전략을 밀어붙이다 〈블랙 위도우〉의 스타 스칼렛 요한슨Scarlett Johansson과 갈등을 빚었다. 계약 조건 상 출연작이 많은 극장에, 오랫동안 걸릴수록 스칼렛 요한슨에게 유리했는데 디즈니가 이를 무시했다며 소송을 건 것이다. 디즈니가 스트리밍에 주력하는 만큼 극장보다 스트리밍에서 더 높은 수익이 날 수밖에 없고 그 결과 사실상 자신이 수백만 달러의 손해를 입었다는 주장이었다.

외려 시간이 지날수록 디즈니는 상황을 제대로 들여다보지 못했다. 먼저 입장문을 통해 이번 소송이 "코로나19라는 끔찍하고 장기적인 영향에서 냉정하게 등을 돌려 특히 슬프고 고통스럽다"며 요한슨을 날카롭게 공격했다. 또한 요한슨이 2,000만 달러(260억 원)를 이미 받았으며 후반 작업을 통해 더 많은 돈을 받게 될 것이라고도 덧붙였다. 하지만 문제는 영화가 마블 개봉작 중 최악의 흥행 성적을 기록했다는 점이었다. 게다가 이는, 요한슨 측에 따르면, 디즈니플러스 동시 공개 때문이기도 했다. 〈월스트리트저널〉은 CAA의 공동의장 브라이언 로드Bryan Lourd가 소송이 제기되기 몇 주 전 체이펙을 찾아가 요한슨과 합의해 공개적으로 논란이 되는 상황을 피하라는 제안을 했다고 보도했다. 체이펙은 로드가 제안한 8,000만 달러(1,040억 원)에 달하는 합의금을 무시했고 두 명의 고위 경영진에 협상을 맡겼지만 이 중 누구도 CAA의 전화나 이메일에 응답하지 않았다.

디즈니에 맞선 요한슨은 배우 커뮤니티에서 슈퍼 영웅으로 등극했다. 마블의 디즈니플러스 시리즈 〈완다비전WandaVision〉에 출연했던 엘리자베스 올슨Elizabeth Olsen은 〈베니티페어〉와의 인터뷰에서 요한슨에 대해 "그녀는 상당히 터프하다"고 말했다. 소송 소식을 듣고 "속으로 '잘했어, 스칼렛' 하고 외쳤다"라는 말도 덧붙였다. 소송이 시작되고 몇 주 후, 또 다른 마블 작품인 〈샹치와 텐 링즈의 전설Shang-Chi and the Legend of the Ten Rings〉이 노동절 주말을 휩쓸며 개봉 4일간 9,000만 달러(1,170억 원)의 수익을 올렸다. 이 영화는 〈블랙 위도우〉처럼 디즈니플러스에서 프리미어 액세스로 공개되지 않고 45일간 극장에서만 상영되었다. 월스트리트 애널리스트를 대상으로 한 실적 발표에서 체이펙이 자사 영화들의 개봉 패턴에 대해 "흥미로운 실험"으로 묘사하자 샹치 역을 맡은 배우 시무 리우Simu Liu는 즉각 인스타그램을 통해 반격했다. 영화의 출연진, 감독을 비롯해 스토리에서도 아시아의 DNA가 묻어온다는 걸 지적하며 이렇게 적었다. "우리는 실험군이 아닙니다. 우리는 약자이자 과소평가된 집단입니다." 밥 아이거가 디즈니 수장직에 15년 동안 앉아 있는 동안 그때처럼 공개적인 논란에 휩싸인 적은 손에 꼽을 만큼 드물었다(밥 아이거는 2021년 12월까지 이사회 의장직을 유지했다-옮긴이). 하지만 아이거는 오랫동안 실무에 개입하지 않은 상태였고 심지어 퇴임 전 몇 달간은 의례적인 역할만 수행했다.

디즈니플러스를 구하기 위한 체이펙의 선택은 지지받지 못했다. 이에 체이펙은 내부에서 동맹을 구축하고자 조직 개편까지 단행했다. 오랫 동안 충성심을 보여줬던 카림 다니엘Kareem Daniel을 미디어 및 엔터테인먼트 사업부 의장으로 임명해 디즈니의 영화, TV 프로그램 및 스포츠 프로그램의 배급 문제를 총괄하도록 했다. 체이펙은 이러한 변화를 통해 소비자들이 원하는 프로그램을 원하는 방식으로 누릴 수 있을 것이라고 말했다. 하지만 디즈니의 한 전직 임원은 당시 조직 개편이 높은 수익으로 CEO보다 탁월한 능력을 입증하던 내부 경쟁자들을 축출하기 위한 방어적 조치였다고 해석했다. 다니엘은 체이펙이 2007년 스탠퍼드대 경영대학원에서 손수 인턴으로 채용한 이였다. 체이펙이 위협을 느낄 리 없었다. 두 사람은 소비재 사업부에서 함께 일했고 이후 CEO가 된 체이펙은 다니엘을 참모로 발탁했다. 시카고 남부에서 자란 어린 시절, 다니엘은 만화방에서 몇 시간씩 보내던 아이였다. "2009년 마블 인수팀(디즈니는 2009년 마블을 인수했다-옮긴이)에서 일하며 어머니께 제 직업에 대해 더 잘 설명할 수 있게 되었을 때가 제 경력의 하이라이트였어요." 다니엘은 말했다.

2020년 12월 10일, 다니엘은 체이펙 및 디즈니의 다른 고위 경영진과 함께 디즈니플러스의 성공을 향한 회사의 강력한 의지를 시연하고자 온라인으로 열린 투자자의 날 행사에 참석했다. 3시간 이상 이어진 이 행사는 디즈니 본사에서 진행됐다. 코로나19로 인해 녹화방송으로 진행된 덕에 디즈니의 메시지를 더욱 돋보이도록 다듬는 데 도움이 되었다. 그린 스크린 기술을 활용했고 재촬영이 가능했기에 아주 사소한 실수까지 수정할 수 있었던 것이다. 행사 막바지 짧은 질의응답 시간을 제외하곤 실시간으로 진행된 이벤트는 없었고, 질의응답마저도 원격 동영상으로 이루어졌다. 결국 행사의 콘셉트는 2019년

4월 디즈니플러스를 홍보하기 위해 개최했던 투자자의 날과 비슷했지만 이번에는 시작부터 끝까지 광고 효과를 누릴 수 있었다. 비음 섞인 목소리로 때로 서툰 모습도 보이는 체이펙의 분기별 실적 발표 역시 매끄럽게 처리되었다. 디즈니는 무엇보다 엄청난 제작 공급망을 과시했다. 버뱅크에 있는 이 거대 엔터테인먼트 기업은 100개가 넘는 타이틀을 발표했는데 이중 80%가 스트리밍을 통해 출시될 예정이었다. 체이펙이 부임한 지 얼마 되지 않았을 때, 비디오용 영화를 제작해 재미를 톡톡히 본 것을 떠올리며 스튜디오의 수장들은 과거의 명성을 바탕으로 인기를 얻을 만한 영화와 캐릭터를 찾아내기 위해 디즈니의 금고를 샅샅이 뒤졌다.

〈만달로리안〉으로 비평가들의 극찬을 받은 루카스필름은 〈스타워즈〉의 광활한 세계관을 바탕으로 한 새로운 시리즈 〈오비완 케노비 Obi-Wan Kenobi〉를 맛보기로 미리 선보였다. 〈시스의 복수 Revenge of the Sith〉 이후 10년이 지난 시점을 배경으로 한 이 작품에서 배우 이완 맥그리거가 제다이 마스터 역할을 다시 맡았다. 평단의 찬사와 흥행 성공을 모두 끌어낸 넷플릭스 시리즈 〈친애하는 백인 여러분 Dear White People〉의 제작자 저스틴 시미언 Justin Simien이 도박꾼이자 사기꾼에서 반란군 영웅으로 변신한 랜도 캘리시언이란 캐릭터를 중심으로 시리즈를 제작할 예정이었다. 한편 루카스필름은 〈스타워즈〉 은하계 밖에서 조지 루카스 George Lucas가 창조한 또 다른 가상의 세계 〈윌로우 Willow〉로 돌아갈 계획을 발표했다.

디즈니텔레비전은 〈마이티 덕스 The Mighty Ducks〉, 〈터너 앤 후치 Turner&Hooch〉, 〈스위스 패밀리 로빈슨 Swiss Family Robinson〉 같은 디즈니 가

족 영화에서 모티브를 얻은 시리즈를 개발할 계획이라고 말했다. 한 편 영화 스튜디오는 고전 애니메이션의 실사판 리메이크 작업을 이어나가 〈인어공주〉와 〈피노키오Pinocchio〉를 만들겠다고 공표했다. 또 한 펑크록 문화가 지배한 1970년대 런던을 배경으로 악당의 반항기 가득한 성장 스토리를 〈악마는 프라다를 입는다Devil Wears Prada〉 스타일의 스토리로 풀어낼 〈101달마시안101 Dalmatians〉의 프리퀄 〈크루엘라 Cruella〉 역시 선보이겠다고 예고했다.

월트디즈니애니메이션스튜디오Walt Disney Animation Studios의 크리에이티브 책임자 제니퍼 리Jennifer Lee는 디즈니의 다음 장편 애니메이션 영화가 〈라야와 마지막 드래곤Raya and the Last Dragon〉이 될 것이라고 말했다. 쿠만드라 왕국을 구하기 위해 뜻밖의 동맹을 맺게 된 숙적들의 이야기를 담은 이 영화는 극장과 디즈니플러스의 유료 프리미어 액세스 서비스에서 동시에 공개될 예정이었다. 팬데믹이 2년차에 접어들어 극장 개봉이 여의치 않은 시기, 이 발표는 디즈니가 어떤 식의 작품 공개 전략을 추구하는지 분명히 보여주었다. 그럼에도 디즈니는 어려움을 겪고 있는 영화관 체인을 계속해서 지원할 예정이었는데 아무리 29.99달러(3만 8,900원)짜리 스트리밍 서비스가 안정적 수익을 창출해 위험을 분산시켜 준다 해도 특수효과로 도배해 엄청난 돈이 들어가는 마블의 슈퍼히어로 시리즈가 재정적으로 성공하려면 반드시 박스오피스에서 돈을 벌어들여야 했기 때문이다.

픽사는 라이트닝 맥퀸과 절친한 친구 메이터의 대륙 횡단기를 쫓아가는 이야기를 담은 작품을 시작으로 수십억 달러 규모의 〈카〉 프로젝트가 대장정에 나선다고 했으며, 〈토이 스토리〉의 프리퀄 〈투 인피니티 앤드 비욘드To Infinity and Beyond〉가 2022년 극장 개봉을 통해 등장인물 버즈 라이트이어의 탄생에 대해 들려줄 계획이라고도 발표했다(2022년 〈버즈 라이트이어Lighyear〉라는 제목으로 정식 개봉–옮긴이). 마블은 자사의 시네마틱 유니버스에서 착안한 첫 번째 TV 시리즈 〈완다비전〉에 대해서도 밝혔다. 유명 TV 시트콤에 대한 오마주와 패러디로 가득했던 이 작품은 〈해밀턴〉만큼은 아니지만 사람들을 디즈니플러스에 가입하도록 했을 뿐 아니라 평단에서도 찬사를 받았다. 〈어벤져스: 엔드게임〉의 마지막 순간을 함께 장식한 두 명의 슈퍼히어로가 등장하는 〈팔콘과 윈터 솔저The Falcon and the Winter Soldier〉 역시 곧 선보일 예정이었다. 이밖에 4,000여 명에 달하는 마블 코믹북 캐릭터들을 종이책에서 스크린으로 옮겨와 만든 시리즈 및 영화가 20여 편이나 더 대기하고 있었다.

디즈니는 이처럼 광범위한 콘텐츠가 더 많은 글로벌 시청자들을 사로잡아 디즈니플러스를 성공으로 이끌 것이라 확신했다. 2024년까지 전 세계적으로 6,000만~9,000만 명이 가입할 것이라 전망했던 초기 목표를 2억 3,000만~2억 6,000만 명이 가입할 것으로 대폭 상향했다. 이런 자신감에 힘입어 디즈니플러스는 미국 내 월 구독료를 6.99달러(9,000원)에서 7.99(1만 300원)달러로, 유럽에서는 6.99(9,700원)유로에서 8.99유로(1만 2,500원)로 인상했다(디즈니플러스는 광고 없는 모델의 미국 내 구독료를 2022년 12월 10.99달러로 인상한데 이어 2023년 10월 13.99달러로 재차 인상했다–옮긴이).

월스트리트 역시 디즈니의 전망에 크게 동조했다. 투자 유치 프레젠테이션이 열렸던 2020년 12월 10일 다음 날, 디즈니 주가는 사상 최고치를 기록했다. 엔터테인먼트 애널리스트 마이클 네이선슨은 "디즈니플러스로 몰려드는 콘텐츠 쓰나미의 규모와 품질은 중소기업이 맞서기에는 놀랍고 두려운 수준이다"라고 평했다.

대표적인 예가 크리스마스에 공개된 픽사의 〈소울〉이었다. 행동주의 투자자 다니엘 로엡Daniel Loeb은 〈해밀턴〉이 온라인으로 공개돼 성공을 거둔 여름 이후 더 많은 영화를 디즈니플러스를 통해 공개하라고 디즈니를 압박해 왔다. 닐슨은 픽사 최초로 흑인을 주인공으로 내세운 이 애니메이션 영화의 누적 시청시간이 〈오피스〉와 〈만달로리안〉 두 번째 시즌 마지막 회보다 많았다고 밝혔다. 극장 개봉으로 이보다 많은 관객을 끌어모은 작품은 극장과 HBO맥스에서 동시 공개되었던 워너미디어의 〈원더우먼 1984Wonder Woman 1984〉가 유일했다. 〈소울〉 크리에이티브팀의 한 관계자는 수년간 노력한 결과가 만족스럽지만 한편으로는 실망스럽다고 말했다. 이 영화는 5월 칸영화제, 그리고 9월 뉴욕영화제에서 상영될 예정이었지만 코로나19로 모두 취소되고 말았다. 〈소울〉은 사운드 믹스부터 컬러 조합에 이르기까지 모두 대형 스크린에 상영된다는 걸 가정하고 설계된 작품이다. 관계자는 "픽사는 블록버스터 모델을 기반으로 제작했기 때문에 스트리밍 화면에서 어떻게 보일지 잘 모르겠어요"라고 말했다. 디즈니가 영화를 스트리밍으로 전환한 이유는 일명 "AWOK", 다시 말해 자녀 없는 성인들 Adults Without Kids을 겨냥한 측면도 있었다. 결국 전 세계에서 극장 개봉된 〈소울〉은 중국을 중심으로 1억 달러(1,300억 원) 이상의 흥행 수익을 벌어들였다.

장편영화를 스트리밍 서비스에서 최초 공개하는 '혁신'을 도입한 곳은 넷플릭스다. 넷플릭스는 2021년에도 기존의 시장 점유율을 굳건하게 지켰다. 가입자도 3년 전보다 두 배 늘어 2억 3,070만 명에 이르렀고 경쟁업체들이 계속 유입되는데도 눈 하나 깜짝하지 않았다. 비록 디즈니가 경쟁자로 떠오르기는 했지만 그래도 넷플릭스의 우위를 입증할 수 있는 사건이 벌어졌으니 바로 숀다 라임스의 〈브리저튼〉 시리즈였다. 〈브리저튼〉이 넷플릭스 오리지널 프로그램 중 사상 최고의 성공을 거둔 것이다. 공동 CEO 리드 헤이스팅스는 디즈니의 "놀라운 실행력"과 "상당히 인상적인" 스트리밍 사업 진출에 경의를 표했지만 〈브리저튼〉 같은 로맨스 시대극이 디즈니에서 제작될 가능성은 아주 희박하다며 우쭐댔다.

불운했던 2020년의 마지막 달, HBO맥스는 존 스탠키가 꿈꿨던 대로 플라이휠로 부상하기는커녕 부진한 실적만 기록했다. 9월 말까지 집계된 활성 사용자, 즉 케이블 가입자가 스트리밍 앱을 사용할 수 있다는 사실을 알고 실제로 가입한 이들의 수는 약 860만 명으로 디즈니플러스나 넷플릭스와 비교하면 낙제 수준이었다. 심지어 HBO 가입자들은 추가 비용을 낼 필요도 없는데 약 4분의 1 정도만 가입하는 데 그쳤다. 제이슨 킬라는 이 같은 현실을 명확히 파악하고 있었다. 버튼다운 셔츠와 스니커즈 옷차림, 그리고 차분한 말투 속에 저돌적 에너지를 숨기고 있는 그는 직원들의 평에 따르면, 지켜야 할 선을 지키지 않는 그야 말로 냉혹한 냉혹한 마이크로 매니저였다고 한다. 토요일 밤과 일요일 아침을 포함해 언제든지 필요하면 모든 직원들에게 이메일을 보냈다. 특히 HBO맥스를 하루빨리 안착시키라는 임무를 맡은 중역들은 주된 감시 대상이었다. 한 고위 임원은 "우리는 하루에도 수차례씩 전화를 받았어요. 항상 '무슨 일이야, 왜 사람들이 다운로드하지 않는 거지? 무료로 설치할 수 있다는 사실을 얼른 알려! 기존보다 두 배 더 많은 콘텐츠를 볼 수 있는 무료 앱을 대체 누가 거절하겠어!'라고 따졌죠"라고 고백했다.

2020년 11월, 워너미디어의 운명이 마침내 반전의 조짐을 보였다. 킬라가 아마존 임원 재직 시절로 거슬러 올라가는 인연을 활용해 아마존 파이어TV와 배급 계약을 체결하면서 HBO맥스의 돌파구를 마련한 것이다. 덕분에 5,000만 가구에 달하는 사용자를 즉시 확보하는 한편 자칫 아마존에 휘둘릴 수 있다는 우려도 털어냈다. 만약 아마존 프라임비디오 채널 플랫폼과 계약을 맺었다면 HBO맥스의 노출 범위는 확대될지언정 소중한 데이터를 아마존에 넘겨줘야 했을 것이다. 하지만 HBO맥스는 파이어TV를 선택하면서 핵심 협상안을 도출해 그와 같은 불상사를 방지했다. 출시 직전부터 스탠키는 HBO맥스가 아마존의 수많은 사업부 중 어디와 손잡을지를 두고 단호한 입장을 취했다. 전체 가입자의 절반을 아마존 프라임비디오 채널에서 공급받는 HBO나우와 달리 HBO맥스가 실로 독립적인 소비자 직접 판매 서비스로 거듭나려면 다른 대책이 필요했다. 아마존과의 계약을 체결한 이상 이제 HBO맥스의 배급을 위해 필요한 마지막 조각은 로쿠뿐이었다. 파이어TV와 로쿠의 가입자 수를 합치면 미국 내 전체 스트리밍 가구의 4분의 3에 달했다.

HBO맥스의 프로그램 제작은 코로나19로 중단된 상태였고 킬라 역시 핸디캡을 인정했다. "실제로는 그렇지 못했지만 5월 27일에 우리에게 HBO맥스의 아이콘이 될 만한 결정적 시리즈가 있었길 바랐었죠." 그가 말했다. 하지만 그와 같은 간판 프로그램이 "반드시 **필요한 건 아니다**"라고 주장하기도 했다. DC코믹스부터 〈루니 툰Looney Tunes〉, 〈프렌즈〉에 이르는 지적 재산 덕분에 HBO맥스는 일단 소비자 배급 시스템만 해결되고 나면 없어선 안 될 서비스로 자리매김할 터였다. HBO맥스는 10월 말, 니콜 키드먼Nicole Kidman과 휴 그랜트Hugh Grant가 출연한 화제의 드라마 〈언두잉Undoing〉을 공개한 유선 HBO 채널과 더불어 킬라의 표현대로 소위 "여행 가방 손잡이"처럼 사람들이 붙잡을 수밖에 없게 만드는 작품을 줄줄이 선보일 예정이었다. 워너미디어의 소비자 직접 판매 사업부 총괄이자 킬라의 핵심 대변인 앤디 포셀 역시 손잡이 은유에 동의하며 디즈니에서 제공한 '가방'이 넘쳐나는 만큼 HBO맥스가 급격히 부상할 거라고 귀띔했다.

추수감사절 다음 날, '여행 가방'에는 인스타그램에 올리기 딱 좋은 프로그램이 추가되었다. 바로 〈승무원The Flight Attendant〉이었다. 〈빅뱅이론〉의 케일리 쿼코Kaley Cuoco가 주연을 맡은 이 드라마는 자극적인 장면이 넘쳐나 몰아보기 본능을 자극하는 글로벌 서스펜스 드라마였다. 일단 쿼코가 맡은 역할부터가 바람기 있는 알코올 중독자였다. 그래도 유쾌한 에너지와 힐링 서사를 추구한 덕분에 대부분의 HBO 시리즈에 붙는 R등급(청소년 관람 불가) 딱지에서 자유로울 수 있었다. 그 결과 HBO맥스가 그토록 기다린 첫 번째 오리지널 히트작이 되었지만 스트리밍 업계의 전통대로 시청 횟수는 비밀에 부쳐졌다. 회사 측은 이 프로그램 덕분에 HBO맥스 이용률이 30%도 넘게 늘었다고 밝혔지만 정확한 수치에 대해서는 함구했다. 그리고 아마존 파이어TV

와의 배급 계약이 발효된 12월 초 무렵에는 HBO맥스 이용 횟수가 1,260만 건으로 급증했다.

고무적 현상이었지만 킬라는 여전히 고삐를 늦추지 않았다. 경쟁사의 다른 경영진들과 마찬가지로 무엇보다 코로나19 바이러스가 계속 확산되면서 다양한 수익원이 막히고 있다는 점을 걱정했다. 그중에서도 가장 피해가 큰 곳이 극장이었다. 2019년만 해도 워너브라더스는 〈조커〉와 〈그것: 두 번째 이야기It: Chapter Two〉 등 굵직한 작품으로 전 세계에서 44억 달러(5조 7,200억 원)를 벌어들였고 그 밖의 유통망을 통해 수억 달러 수익을 더 올렸다. 늦여름 들어 팬데믹이 호전되는 기미를 보이자 영화제, 대학교, NFL 등 사회 곳곳에서 어느 정도 일상으로 돌아가기 위한 움직임이 포착됐다. 워너브라더스는 크리스토퍼 놀란 감독의 액션 영화 〈테넷Tenet〉을 안전 프로토콜 확보 후 극장에서 개봉하기로 결정했다. 이 영화는 개봉이 그해에만 세 차례나 연기돼 지난 봄, TV 광고와 함께 끌어올랐던 기대 효과를 전혀 누릴 수 없는 상황이었다. 워너브라더스의 〈배트맨〉 시리즈를 부활시키고 〈메멘토〉, 〈인셉션〉 등 스타일리시한 두뇌 게임 영화를 탄생시킨 것으로 유명한 영국 출신의 천재 감독 놀란은 극장 개봉을 고집했다. 〈워싱턴 포스트〉에 기고한 글에서 그는 "인간의 집단적 체험의 필요성"을 고려해 극장에 커다란 지지를 보내달라고 대중에게 간절히 호소했다. 톰 크루즈Tom Cruise는 런던에서 마스크를 쓰고 〈테넷〉을 보러가 다른 관객들과 적당한 거리를 유지한 채 영화를 본 뒤 엔딩 크레디트가 올라가는 동안 박수치는 모습을 소셜 미디어에 동영상으로 게재해 관람을 인증했다. 그리고 밑에는 이렇게 덧붙였다. "큰 영화. 큰 화면. 너무 좋다."

하지만 뉴욕, 로스앤젤레스 및 세계 곳곳의 멀티플렉스 극장이 여전히 문을 닫고 있는 만큼 〈테넷〉의 성적표는 참담했다. 정통한 소식통에 따르면 이 영화는 전 세계적으로 약 3억 6,400만 달러(4,732억 원)를 벌어들였지만 개봉 지연으로 손해가 커져 결국 1억 달러(1,300억 원) 적자를 기록했다. 극장 개봉을 두고 처음에 워너브라더스의 반대에 부딪힌 놀란 감독은 존 스탠키를 직접 찾아가 호소했고 결국 CEO의 승인을 얻었다. 스탠키와 AT&T의 다른 경영진은 영화의 시각적 완성도에 공개적으로 찬사를 보내고 극장에 계속 대작들을 공급하겠다고 약속하며 불안해 하는 극장주들을 안심시키고자 노력했다. 하지만 비평가들은 시큰둥했다. 〈복스Vox〉의 알리사 윌킨슨Alissa Wilkinson이 리뷰에 이렇게 적었다. "영화계 안팎으로 이렇게 많은 게 걸려 있는 작품이 없었다. 하지만 영화를 보고 난 지금은 내가 왜 신경을 썼는지조차 모르겠다." 100년에 한 번씩 도래하는 팬데믹 상황에서 인간성 보존을 자신의 사명으로 삼은 놀란은 극장 개봉을 고집함으로써 역설적으로 파멸로 가자고 주장한 근시안적 할리우드 감독으로 전락했다. 〈테넷〉의 극장 개봉이 불러온 후폭풍을 목격한 다른 제작사들은 감히 극장 개봉을 시도하지 않았고 대작들의 개봉일은 대부분 2021년 하반기 이후로 미뤄졌다. 연말연시가 다가오고 있었지만 극장의 앞날은 암울하기만 했다. 평소 같았으면 할리우드에서 〈해리 포터〉, 〈아바타〉, 〈토이 스토리〉 등의 대작 영화들을 전 세계에 선보이며 돈을 쓸어담고 있었을 텐데 말이다.

킬라는 팬데믹 상황을 예의주시하는 한편 HBO맥스의 "색깔을 규정할 아이콘 같은 타이틀"이 나오길 갈망하며 워너브라더스와 공개 예정 작품에 대해 적극 논의했다. 먼저 이야기를 꺼낸 측이 워너브라더스인지 킬라와 그의 경영진인지에 대해선 증언이 엇갈렸지만 아무튼 2018년 와해됐다 다시 뭉친 감독 패티 젠킨스Patty Jenkins와 배우 갤 가돗의 〈원더우먼 1984〉에 갑자기 모든 관심이 쏠렸다. 2020년 11월 말, 워너미디어는 2억 달러(2,600억 원) 규모의 〈원더우먼〉 속편이 극장과 HBO맥스에서, 그것도 추가 요금 없이 동시 공개된다고 발표했다. 영화는 한 달간 HBO맥스에서 제공되다 디지털 다운로드 및 대여 서비스 등 다른 창구로 이동할 예정이었다. 킬라는 이 같은 방침이 코로나19에 대응하면서도 팬들의 기대에 부응하기 위해 마련된 일회성 조치라고 설명했다. 내부 메모를 통해 열성팬은 극장과 HBO맥스 중 하나만 선택하지는 않을 거라는 주장을 피력하기도 했다. "마니아들은 둘 다 볼 것이다." 그가 미디엄Medium의 블로그에서 해당 결정에 대해 설명하며 적었다. 물론 스트리밍 서비스의 고정 요금제로 최신 개봉작까지 볼 수 있다면 유혹에 넘어가지 않을 관람객은 거의 없을 것이다. 디즈니 역시 여름 동안 〈해밀턴〉으로 가입자가 늘어나는 걸 보고는 〈소울〉에도 똑같은 전략을 사용했다. 이 같은 공개 콘셉트는 넷플릭스에서 이미 수년째 활용해 온 만큼 새로울 건 없었지만 그럼에도 극장주들은 불안감에서 벗어나지 못했다. 워너브라더스는 창립 이후 100여 년간 할리우드의 전통을 지지해 왔으며 그중엔 영화는 극장에서 먼저 공개한다는 원칙도 있었다.

극장주들은 11월은 안절부절하며 보냈지만 12월에는 적극 대응했다. 〈원더우먼〉 시리즈 신작의 공개 방식에 관한 발표가 있은 지 불과 2주 후, 워너미디어는 극단적인 조치를 취했다. 물론 무관심했을 수도 있지만 기술 부문에 대한 이해도가 높은 킬라조차 완전히 이해할 수 없는 조치였다. 2021년 개봉 예정인 워너브라더스의 모든 영화를 극장과 HBO맥스에서 동시 공개하겠다고 발표한 것이다. 이 파격적인 "팝콘 프로젝트"에 포함된 17편의 목록에는 〈매트릭스〉 신작, 〈수어사이드 스쿼드Suicide Squad〉와 〈스페이스 잼Space Jam〉, 〈듄Dune〉과 〈톰과 제리Tom & Jerry〉 새로운 버전, 린 마누엘 미란다의 뮤지컬을 원작으로 하는 〈인 더 하이츠In the Heights〉, 그리고 괴수 영화 〈고질라 vs. 콩 Godzilla vs. Kong〉 등이 포함돼 있었고 모두 〈원더우먼 1984〉의 개봉 방식을 따른다는 내용이었다.

그야말로 지옥문을 여는 발표였다고 해도 과언이 아니었다. 사전 공지가 부족해 혼란이 가중된 측면도 있었다. 워너미디어는 계획이 새어나갈 것을 우려해 출연진이나 제작 파트너에게도 이 계획을 알리지 않았던 것이다. 갑작스런 공격에 할 말을 잃은 주요 극장들에 워너브라더스의 직원들이 그제야 전화를 걸어 해명했다. "전화기 파는 통신 회사가 전화할 시간이 없었다는 게 말이 되나요?" 어느 저명한 영화 관계자가 믿을 수 없다는 듯 말했다. "그들은 사업도 사람이 하는 일이라는 점을 전혀 고려하지 않은 채 이 문제에 접근하고 있어요." 효과가 입증된 코로나19 백신이 식품의약국의 승인을 받으면서 보건 당국은 빠르면 2021년 봄이나 여름쯤엔 예방접종이 시작되고 일상을 회복할 수도 있다고 내다보았다. 덕분에 영화관들도 화려한 복귀를 준비하고 있는 와중이었다. 그런데 왜 워너미디어는 디즈니나 다른 제작사들처럼 상황을 살피면서 움직이지 않고 2021년 계획을 통째로 결정해 찬물을 끼얹은 것일까? 그리고 제작사는 포스터 아트부터 개봉일에 이르는 모든 계획을 크리에이티브 및 재무 파트너들과 함께 세우기 마련인데 이번엔 이들까지 배제한 이유가 무엇일까?

워너의 방침을 가장 가혹하게 비난한 이들 중 하나는 워너브라더스가 가장 아끼는 '워너의 아들'이자 스트리밍 시대의 도래로 새로운 국면을 맞이하게 된 영화 산업의 살아있는 상징, 바로 〈테넷〉의 감독 크리스토퍼 놀란이었다. "영화계 최고의 감독 및 배우들은 전날 밤까지만 해도 가장 위대한 영화 제작사를 위해 일하고 있다고 생각하며 잠들었는데 아침이 되자마자 최악의 스트리밍 서비스를 위해 일하고 있었다는 사실을 깨닫게 된 거예요." 2002년부터 워너브라더스와 인연을 맺어온 놀란이 〈할리우드리포터〉와의 인터뷰에서 말했다. 그는 "워너브라더스는 감독의 작품을 극장과 가정, 어디에든 선보일 수 있는 놀라운 능력을 갖고 있었는데 우리가 말하는 지금 이 순간에도 그 능력을 스스로 해치고 있어요. 그들은 자신이 무엇을 잃고 있는지조차 이해하지 못합니다. 그들의 결정은 경제적으로 터무니없어요. 심지어 월스트리트의 말단 투자자들조차 교란과 역기능의 차이는 알 수 있는데 말이죠"라고도 덧붙였다.

스탠리 큐브릭Stanley Kubrick과 클린트 이스트우드 같은 독보적 아티스트를 키워낸 워너브라더스는 수세대에 걸쳐 자부심의 원천으로 작용했던 배우들과의 관계에 위기를 맞았다. 〈겟 아웃〉 등의 영화를 제작한 제이슨 블룸은 이 같은 변화로 직접적 영향을 받지는 않았지만 당사자들의 심정은 어떨지 십분 공감했다. "제가 만약 그런 전화를 받는 입장이었다면 완전히 낙담한 채 제 변호사에게 이렇게 물었을 거예요. '이래도 되는 거야?'" 그리고 실제로 변호사들이 소환되었다. 〈고질라 vs. 콩〉과 〈듄〉에 공동 투자한 레전더리엔터테인먼트는 워너를 소송하겠다며 위협했다. 워너브라더스 관계자들은 자신들이 극장 개봉을 중시한다는 사실은 〈테넷〉이 입증하지 않느냐고 반문하면서 영화는 "부패"할 수도 있는 상품이라고 주장했다. 아이러니하게도 2020년 〈테넷〉은 극장 개봉의 불안정성을 보여준 작품이었다. "이렇게 많은 콘텐츠를 이렇게 오랫동안 깔고 앉아 생태계에 방류하지 않고 방치만 할 순 없습니다." 워너브라더스의 최고운영책임자 캐럴린 블랙우드Carolyn Blackwood가 말했다. "그건 말도 안 되죠." 블랙우드는 배우와 그들의 에이전트가 이렇게 분노하는 이유를 이해한다고 덧붙였다. "담당자는 그런 질문을 할 수 있습니다. 당연히 그래야죠. 여기서 숨기려는 사람은 아무도 없어요. 그런데 이건 오히려 그들에게 좋은 소식이에요. 이렇게 하지 않으면 그 영화들은 수익을 전혀 올리지 못할 테니까요." 팬데믹은 워너브라더스가 일으킨 게 아니라고 그녀는 서둘러 덧붙였다. "우리는 상황을 전화위복으로 만들려는 거예요."

결국 블랙우드는 워너미디어, 그리고 HBO맥스에서 영화를 동시 공개하기로 결정하는 순간 후반부 수익을 날리게 되는 170명의 수익 참여자들로부터 합의를 이끌어냈다. 이 합의는 각 영화가 흥행에 성공했다고 가정했는데 이는 워너미디어가 흥행 수익 수십억 달러를 포기하는 건 물론, 보상금 명목으로 수억 달러까지 지급해야 한다는 걸 의미했다. 다시 말해 HBO맥스가 구독자 수를 크게 늘리고 스트리밍 업계에 안정적으로 자리 잡는 데 엄청난 도박을 내건 것이다.

"이제 와 돌아보면 그때 170명과 대화하는 데 한 달은 할애해야 했었던 것 같아요." 2021년 9월, 복스미디어Vox Media 코드 컨퍼런스에 참석한 제이슨 킬라가 인정했다. "그때는 일주일도 안 되는 짧은 기간 동안 모든 걸 해결하려 했죠. 당연히 이내 정보가 새어나갈 테고 그러면 여기저기서 훈계가 들어올 게 분명했으니까요. 그리고 다시 한 번 말하지만 변화는 어려워요."

콘텐츠 부문의 온갖 마찰에도 불구하고 마침내 HBO맥스는 배급 부문에서는 순조로운 길을 걷게 되었다. 워너미디어는 아마존과 계약을 체결하면서 로쿠의 배급망까지 등에 업게 되었다. 두 회사는 크리스마스 당일 개봉하는 〈원더우먼 1984〉 일정에 맞춰 12월 중순 합의에 도달했다. 2021년 초, 주요 영화 라인업까지 추가된 HBO맥스는 스트리밍 앱이 배포된 거의 모든 곳에서 사용할 수 있게 되었다.

영화 공개 방식을 둘러싸고 HBO맥스가 온갖 논란에 휩싸이며 험난한 출발을 한 것을 생각했을 때 〈원더우먼 1984〉의 성적은 초라하기 짝이 없었다. 비평가들은 보기 드물게 코믹북 원작의 영화에 조소를 퍼부었다. 관객의 반응은 엇갈렸으나 자가 격리 시기라 정확히 어느 쪽이 우세하다 가늠하기 어려웠다. 연말연시 대작 영화의 경우 보통 떠들썩한 마케팅과 레드 카펫 시사회를 진행하고 값비싼 제휴 상품까지 선보이며 열기를 고조시키곤 한다. 그러나 스트리밍 서비스에 영화를 공개하는 일은 이 같은 관행과 전혀 달랐다. 정확히 누가 영화를 시청했는지에 대한 데이터는 전적으로 비밀에 부쳐진다. 뉴욕, LA와 시카고의 멀티플렉스 극장이 여전히 문을 닫은 상황에서 〈원더우먼 1984〉는 1,670만 달러(217억 1,000만 원)를 벌어들였는데 이는 전작 〈원더우먼〉이 미국에서만 1억 3,010만 달러(1,691억 3,000만 원)

의 수익을 올린 데 비하면 6분의 1에 불과하다. 심지어 글로벌 매출 역시 1억 5,000만 달러(1,950억 원)에 그쳐 전작의 8억 2,300만 달러(1조 699억 원)에 한참 못 미쳤다. 워너미디어의 모기업 AT&T는 〈원더우먼 1984〉로 인해 HBO맥스 계정을 활성화한 유료 HBO 구독자 수가 전 분기보다 두 배 증가했다고 보고했다. 그 결과 HBO의 미국 내 구독자 수는 기존의 유료 TV 가입자와 합쳐 4,150만 명이 되었다. TV 세트를 통한 스트리밍 이용자 수(모바일 이용자 제외)를 측정하기 시작한 닐슨은 〈원더우먼 1984〉가 22억 5,000만 분의 스트리밍 시간을 기록했다고 밝혔다. 영화의 러닝타임이 151분이라는 점을 감안하면 시청 횟수 1,500만 회를 기록했다는 의미다. 크리스마스 다음 주, 워너브라더스는 〈원더우먼〉 시리즈의 세 번째 작품이 제작에 착수했다고 밝혔다. 앤디 포셀은 이 영화가 "매우 어려운 시기에 가족에게 주는 선물"이라고 표현했다.

2021년 신작이 극장과 HBO맥스를 통해 공개되기 시작할 무렵, 존 리 행콕John Lee Hancock은 오랜 기간 열정을 쏟아 왔던 프로젝트인 스릴러 영화 〈더 리틀 띵스The Little Things〉에 닥친 운명의 장난에 고개를 떨궈야 했다. 행콕은 베테랑 작가에서 감독으로 변신해 〈블라인드 사이드The Blind Side〉 같은 작품을 배출했다. 그런 그가 1993년 완성한 각본이 바로 〈더 리틀 띵스〉였는데, 기획 단계부터 영화화까지 겪는 보통의 영화들이 지옥 같은 제작기를 똑같이 지켜봤다. 클린트 이스트우드나 스티븐 스필버그 같은 유명 감독들이 거론되던 때도 있었고 스타들도 관심을 보였으나 결국 행콕이 감독을 맡게 되었다. 그리고 오스카상 수상 배우 덴젤 워싱턴Denzel Washington, 라미 말렉Rami Malek과

제러드 레토Jared Leto 등 꿈의 캐스팅이 완성되었다. 그런데 스트리밍 서비스에 더해 코로나19라니.

사실 행콕은 고전 영화 〈보니 앤 클라이드〉에서 파생된 이야기로 〈하이웨이맨The Highwaymen〉을 연출해 넷플릭스에서 선보였던 만큼 스트리밍에 익숙했다. 게다가 코로나19 상황도 벌어졌으니 〈더 리틀 띵스〉의 개봉에도 무언가 변화가 일어날 거란 걸 알았다. "그 부분은 누구나 예상할 수 있었지만 사전 소통이 전혀 없으리라고는 상상 못했어요." 〈데드라인〉의 마이크 플레밍Mike Fleming과의 인터뷰에서 그가 말했다. "보도 자료 배포 20분 전에 걸려온 전화 한 통으로 소식을 알게 될 줄 전혀 몰랐죠." 행콕은 인터넷이 중심이 되기 전 기획했던 이 프로젝트가 몰아보기의 시대를 맞이해 완전히 새로운 방식으로 정의될 것이라는 사실을 받아들였다. 이전에 TV와 음악이 그랬던 것처럼 영화 산업 역시 기술로 인해 혼돈에 휩싸였다. 행콕은 성과를 알리려면 "떠도는 얘기에 의존해야 할 것"이라고 내다봤다. "일부 사람들의 얘기만으로 인기가 있는지 없는지 감을 잡아야겠죠. 하지만 솔직히 모르겠어요. 많은 분들이 HBO맥스에 가입해 〈더 리틀 띵스〉을 비롯한 많은 영화를 봐 주시길 간절히 바라죠. 그래서 기도하고 있어요."

AT&T의 쉬쉬하는 문화에 뒤통수 맞은 건 행콕 감독만이 아니었다. 스트리밍 서비스를 성공시키기 위해 영화 산업의 관행을 뒤집은 결정에 스스로 찬사를 보낸 〈월스트리트저널〉 기사가 나가고 3일 뒤, 킬라는 워너미디어를 분리하는 430억 달러(55조 9,000억 원) 규모의 계약이 체결됐다는 사실을 듣게 된다. 엄청난 부채와 어느 행동주의 투자자의 압박에 시달리던 AT&T는 워너미디어를 디스커버리와 합병했으며 그곳의 베테랑 CEO 데이비드 자슬라브가 합병 기업을 맡게 됐다고 발표했다. 워너미디어의 스트리밍 사업을 이끄는 대가로 5,000만 달러(65억 원)에 달하는 주식을 증여받은 킬라는 허수아비 신세로 전락한 듯했다. 할리우드는 상대방의 무릎에 시한폭탄을 올려놓고 태연하게 미소 짓는 걸로 유명한 이 임원의 불행을 두고 고소해 하는 기색이 역력했다. 타임워너의 한 전직 임원은 한 마디로 이렇게 표현했다. "그는 인성이 글러먹었어요."

　인기가 없기로는 존 스탠키도 마찬가지였다. 그가 쇼 비즈니스 업계에서 3년간 헛발질을 반복할수록 그에 대한 투자자들의 호감은 점점 줄어들었다. 다이렉TV 인수 타이밍도 너무 안 좋았고 더불어 난데없는 타임워너 인수는 주주들에게 500억 달러(65조 원)의 손실을 안겼다. 이는 스탠키에게 엄청난 족쇄가 되었다. 하지만 평소 스타일대로 그는 모든 것을 전임자인 랜달 스티븐슨의 탓으로 돌렸다. 짚고 가건데 61세의 스티븐슨은 2020년 스탠키에게 바톤을 넘기기 전 스트리밍 비즈니스의 플라이휠을 구축하는 데 성공했었다. 스탠키는 결국 자신의 뿌리이자 AT&T의 뿌리인 휴대폰 분야로 돌아가게 되었고 말이다(2020년 5월부로 AT&T로 돌아갔다-옮긴이). 날카로운 시각이 돋보이는 뉴스레터 〈디앵클러The Ankler〉 발행인으로 알려진 작가 리처드 러시필드Richard Rushfield는 스탠키와 AT&T 경영진을 위해 "1분간의 묵념"을 요청했다. "나는 HBO맥스가 너무 이론적으로만 생각하고 출시돼 비즈니스 세계의 역사적인 실패 사례로 연구될 것이라고 몇 번이나 예측했다." 이어서 그는 "내 생각이 짧았다. HBO맥스 출시는 통신 업계 사람들의 할리우드 진출이 총체적이고 전면적인 실패로 끝나게 되는 역사적 사건들 중에 있는 작은 조각에 불과했다"라고 적었다. AT&T가 엔터테인먼트 업계에서 휘두른 헛발질의 마지막을 치욕적으로 장식해 준 건 워너브라더스와 디스커버리의 합병 계약이다. 합병은 규제 당국의 승인이 떨어지기까지 1년이란 시간을 기다려야 했다. 옛 타임워너에서 살아남은 생존자들은 '더 큰 불확실성과 불안감이라니, 완벽하군'이라고 생각했다. 워너브라더스디스커버리Warner Bros. Discovery는 합병을 통해 30억 달러(3조 9,000억 원)의 시너지가 생길 것으로 확인했는데 이는 직원 2,000명의 퇴사로 이어진 AT&T와 타임워너의 합병보다 훨씬 큰 금액이었다.

워너미디어와 AT&T가 또다시 기어를 바꾸는 상황 속에서 제프리 캐천버그의 퀴비는 살길을 찾고 있었다. 2020년 말, 숏폼 스트리밍 서비스 콘텐츠로서의 입지가 좁아진 캐천버그와 CEO 메그 휘트먼 앞에 오리지널 콘텐츠 라이브러리를 매입할 업체가 나타났다. 챕터가 나뉘어 있어 광고를 삽입할 수 있는 영화와 TV 프로그램의 저작권을 로쿠가 인수한 것이다. 콘텐츠는 "로쿠 오리지널"로 리브랜딩돼 로쿠 채널에서 무료로 제공되었고 이 채널 덕분에 또 다른 기술 업체들이 영화와 TV 프로그램을 자체 제작할 수 있게 되었다. 이라크전에 참전한 흑인 군인이 경찰과 팽팽하게 대치하는 상황을 그린 〈#프리레이숀#FreeRayShawn〉은 배우 로런스 피쉬번Laurence Fishburne과 자스민 시퍼스 존스Jasmine Cephas Jones에게 에미상을 안겨주었지만 크게 주목받지는 못했다.

로쿠가 1억 달러(1,300억 원)에 훨씬 못 미치는 금액으로 체결한 이번 인수안은 프로그램이 다시 한 번 선보일 기회를 얻었다는 점에서 상당히 이례적이었다. 이렇게 보기 드문 상황이 벌어질 수 있었던 건 흥행을 노린 캐천버그의 열띤 노력이 처참하게 실패했기 때문이다. 옛 퀴비 프로그램들이 실시간으로 방영될 로쿠 채널의 가입자는 미국 내 7,000만 가구로 퀴비 구독자가 최고치를 기록했을 때보다 10배 더 많았다. 로쿠의 인게이지먼트 마케팅 부사장 스웨타 파텔Sweta Patel은 자체 조사 결과 퀴비의 프로그램이 로쿠에서 선보이기 1년 전 이미 공개됐다는 사실이 전혀 문제되지 않는 것으로 나타났다고 말했다. 그녀가 말했다. "대부분의 사람들은 이 프로그램들을 본 적이 없거든요. 본 사람은 극소수에 불과하죠."

21장

진격의 아마존

컬버 스튜디오The Culver Studios의 출입구에는 회양목 울타리가 길게 늘어서 있다. 이곳은 MGM이 제작한 1939년 아카데미 수상 작품 〈바람과 함께 사라지다〉에서 등장인물 레트 버틀러와 스칼렛 오하라가 거주하는 애틀랜타의 "대저택"으로 등장하기도 했다. 80년이란 세월이 흐르고 이 식민지풍 건물이 영화적 유산과 재결합하게 되었다. 2021년 5월, 아마존 프라임비디오가 84억 5,000만 달러(10조 9,850억 원)에 100년 역사의 이 스튜디오를 인수할 것이라고 발표한 뒤, 아마존스튜디오로 거듭난 것이다.

이 인수로 MGM은 4,000편의 영화와 1만 7,000편의 TV 에피소드, 그리고 수많은 시리즈가 리메이크되거나 연속 방송될 수 있는 기회를 얻었다. 스트리밍 시장의 경쟁이 갈수록 치열해지는 가운데 제임스 본드, 핑크 팬더, 록키, 로보캅 등 MGM의 유명 캐릭터는 아마존 프라임비디오가 우위를 점하도록 돕는 무기가 될 터였다. 소설가 이안 플레밍Ian Fleming이 창조한 영국의 비밀 요원 제임스 본드는 전 세계를 돌아다니고 마티니를 마시며 여성들과 희희낙락함으로써 남성들의 판타지를 채워주는 존재였다. 할리우드 최초로 시리즈다운 시리즈를 만들 수 있는 토대를 제공했는데 60여 년간 24편의 영화로 만들어졌고 세계적으로 69억 달러(7조 8,000억 원)의 박스오피스를 기록했다. 비록 "큐비"라는 별명을 지닌 1950년대 영화 제작자 앨버트 브로콜리Albert Broccoli가 체결한 저작권 계약으로 그의 상속인이 007 시리즈 영화에 대한 광범위한 창의적 통제권을 갖고 있긴 했지만 여전히 훌륭한 부상副賞이라는 데는 의심의 여지가 없었다. 이번 인수는 CEO 제프 베이조스가 "저는 아마존의 〈왕좌의 게임〉을 원합니다"라며 자주 언급했던 글로벌 히트작에 대한 열망을 아마존 프라임비디오가 마침내 충족시켜 줄 수 있다는 신호였다.

아마존의 핵심 비즈니스는 책과 유통업이다. 할리우드는 도무지 자신과 어울리지 않아 보이는 영화 산업에 진출하겠다는 아마존의 야심을 수년간 당혹스럽게 지켜보았다. 아마존은 다른 스트리밍 서비스와는 다른 규칙을 따르는 듯했다. 영화 및 TV 프로그램의 라이브러리에 대한 액세스 권한은, 추가 배송비 없이 주문한 물품의 이틀 내 배송을 보장하는 프라임 멤버십을 이용하기만 하면 보상으로 제공됐다. 아마존은 넷플릭스를 따라잡기 위해 영화와 인기 TV 프로그램의 저작권을 임대하는데 엄청난 돈을 쏟아붓기 시작했다. 2011년에는

20세기폭스에 2억 4,000만 달러(3,120억 원)를 지불하고 〈미세스 다웃파이어Mrs. Doubtfire〉, 〈내일을 향해 쏴라Butch Cassidy and the Sundance Kid〉 등의 영화, 〈24〉, 〈엑스 파일The X-Files〉, 〈뱀파이어 해결사Buffy the Vampire Slayer〉 같은 인기 TV 프로그램을 확보했다. 그렇게 무려 4만여 개의 작품을 확보하였지만 결국 넷플릭스와 같은 여타 경쟁사와 동일한 결론에 도달했다. 즉, 아마존 프라임비디오의 서비스를 차별화하려면 신선하고 독창적인 '오리지널' 콘텐츠가 필요하다는 것이다.

아마존스튜디오를 출범시킨 장본인 로이 프라이스는 일찍부터 오리지널 콘텐츠를 개발해야 한다고 주장해 왔다. 그리고 제프 베이조스 역시 할리우드의 개발 프로세스를 혁신할 기회라는 생각에 지지를 표명했다. 기존에는 뉴욕이나 로스앤젤레스의 네트워크 경영진이 파일럿으로 제작할 몇몇 프로젝트를 선정한 뒤 포커스 그룹을 대상으로 테스트하는 톱다운 방식을 써왔다. 이에 비해 아마존은 '모든 사람들'로부터 아이디어를 받아 실제 이용자들을 심사위원으로 초대해 결과물을 평가하고자 했다. 목표는 많은 예산을 들였는데 실패하는 작품의 수를 줄일 수 있는 효율적인 시스템을 만드는 것이었다. 2010년, 아마존은 각본을 공모하고 최우수상에 수십만 달러의 상금을 걸었다.

"사람들이 보고 싶어 하지 않는 작품에 8,000만 달러(1,040억 원)나 쓰는 걸 피하려는 거죠." 프라이스가 말했다. "수백만 명에 달하는 고객으로부터 받는 검증의 힘은 강력합니다. 하지만 여기에는 몇 가지 문제가 있어요. 가장 큰 문제는 사람들이 대본을 읽거나 긴 애니매틱(움직이도록 만든 긴 스토리보드-옮긴이)을 보고 싶어 하지 않는다는 거죠. 그들은 구체적인 피드백을 주거나 문제를 바로잡는데 관심이 없어요. 그들은 관객입니다. 그저 즐기고 싶어 할 뿐이죠!"

또 다른 문제는 모든 사람이 영화감독이나 PD가 아니라는 사실이다. 결국 어린이 시리즈 〈고티머 깁슨의 라이프 온 노멀 스트리트 Gortimer Gibbon's Life on Normal Street〉와 실화 전문 채널 트루TVTruTV용으로 제작된 파일럿 한 편을 제외하고는 모두 실패로 돌아갔다. "색다른 소스에서 양질의 작품이 쏟아져 나오길 기대하는 건 엉뚱한 곳에서 낚싯대를 꽂고 있는 것과 다를 바 없어요." 프라이스가 말했다. "거기엔 물고기가 아예 없거나 적어도 원하는 종류는 없거든요."

프라이스는 제작 간부를 고용하고자 좀 더 익숙한 낚시터인 로스앤젤레스로 이동했다. 셔먼 오크스에 위치한 푸드러커스 레스토랑 위에 사무실을 차리고 영화 및 TV 프로그램의 데이터베이스를 관리하는 아마존 계열사 IMDb TV와 공간을 공유했다. 2013년, 넷플릭스가 정치 드라마 〈하우스 오브 카드〉로 처음 공전의 히트를 기록하자 아마존은 일련의 "파일럿 시즌"을 선보였다.

고객들은 파일럿으로 제작돼 온라인에 게시된 14개 프로젝트를 시청할 수 있었다. 프라이스는 이때 두 유형의 시청자를 타깃으로 삼았다고 회상했다. 그중 하나는 도시적이고 교육 수준이 높으며 〈뉴욕타임스〉를 구독하고 HBO TV를 시청하는 어퍼웨스트사이드 지역의 시청자다. 이들을 위해 〈둔스베리Doonesbury〉의 개리 트뤼도Garry Trudeau 원작으로 존 굿맨John Goodman이 초선 상원의원으로 출연하는 정치 풍자 프로그램 〈알파 하우스Alpha House〉 같은 프로그램을 선보였다. 두 번째 타깃은 신기술을 좋아하는 코믹콘 마니아들로, 4명의 괴짜 개발자들이 데이트 앱을 개발하는 내용의 〈베타스Betas〉가 이들을 위한 프로그램이었다.

시간이 지나면서 아마존스튜디오는 네트워크 TV 세상에 기존의 콘텐츠들을 세련되게 대신할 시리즈를 제시하면서 평단의 호평을 받는 등 자신만의 미학을 갖추기 시작했다. 대표작으로 화려하지만 행실이 바르지 못한 뉴욕 시립 교향악단 지휘자의 이야기를 다룬 픽션 〈모차르트 인 더 정글Mozart in the Jungle〉, 페퍼만 가문의 가장이 성전환을 감행하는 내용으로 제작자들의 아버지로 불리는 조이 솔로웨이 Joey Soloway에게서 영감을 받은 〈트랜스페어런트〉를 꼽을 수 있다. 특히 〈트랜스페어런트〉는 크게 성공해 2015년에는 주연 배우 제프리 탬버Jeffrey Tambor와 시리즈가 모두 스트리밍 시리즈 중 최초로 골든글로브상을 수상했다.

2015년 1월, 여전히 업계의 찬사 속에서 헤엄치던 아마존은 첫 번째 오리지널 영화로 시카고 남부의 폭력적인 세계를 다룬 스파이크 리의 〈시라크Chi-Raq〉를 선택했다. 이는 아마존을 아직도 온라인 서점으로만 여기는 제작자들의 선입견을 깨고 그들을 아마존으로 유인하기 위해 프라이스가 인수한 저예산 독립영화 12편 중 하나였다. 케이시 애플렉이 형의 죽음 이후 16세이던 조카를 돌보기 위해 집으로 돌아와야만 하는 남자 역으로 열연한 〈맨체스터 바이 더 씨〉는 선댄스영화제가 선택한 작품으로 아마존 프라임비디오에 또 다른 이정표를 세웠다. 2016년 극장과 스트리밍 서비스로 동시에 선보인 이 영화는 애플렉과 감독 케네스 로너건Kenneth Lonergan에게 오스카상을 안겨주었는데 특히 로너건은 스트리밍 서비스에서는 최초로 오리지널 각본상을 수상하는 기염을 토했다.

2015~2019년 아마존에서 마케팅 및 배급을 총괄한 밥 버니는 전시, 배급, 유통 분야에서 수십 년간 쌓아온 경험을 바탕으로 영화 전략을 수립하는 데 도움을 주었다. "회사에서 영화가 가지는 위상을 끌어올릴 수 있었어요." 오클라호마 출신으로 부드러운 말투와 달리 내면엔 영화를 향한 열정이 도사리고 있는 버니가 말했다. "아마존은 신규 사업에서 저와 제 팀이 새로운 시도를 하고 최선을 다할 수 있도록 배려해 주었어요."

버니는 기술 부문에서 일을 했던 경험이 차후 아내인 진과 함께 배급사인 픽처하우스를 운영하는 데 상당히 도움이 되었다고 말했다. 하지만 1순위를 고객으로 두는 아마존에서 버니는 끊임없이 적응해 나가는 과정이 필요했다. "우리는 개봉을 몇 달 앞두고 웹사이트에 신작 예고편을 게시하는 등의 일을 했어요. 영화 홍보를 위해 일반적으로 사용하는 방법이었죠." 그가 회상했다. "그런데 사람들이 '볼 수도 없는 걸 왜 여기 홍보하나요?'라며 댓글을 달았어요. 정신이 번쩍 들었죠. 여기서는 모든 게 소비자 경험 중심이었어요."

강박적일 만큼 고객만 생각하는 아마존의 문화를 확립한 베이조스는 '입소문'이라는 옛날 방식이 얼마나 중요한지도 잘 알고 있었다. 그는 〈맨체스터 바이 더 씨〉의 오스카상 수상을 위해 비벌리힐스에 위치한 자신의 1만 2,000평방피트(337평) 규모 스페인 양식의 저택에서 파티를 주최하는 임무를 수행했다. 천막이 설치된 광대한 정원에서 페이 더너웨이, 다이앤 키튼Diane Keaton, 맷 데이먼Matt Damon, 메건 뮬리Megan Mullally와 케이트 베킨세일Kate Beckinsale 등 A급 스타들을 비롯한 손님들에게 유쾌한 시간을 선사했다. 제프 베이조스는 과거 골든 글로브에 참석했다 지미 팰런 쇼의 오프닝 멘트에서 조롱거리가 되기도 했는데, 이번 파티를 통해 베이조스는 엔터테인먼트 업계 내 위상을 높이는 데 성공했다. 한 베테랑 영화 제작자는 이 호화로운 파티가 할리우드를 향한 베이조스의 야심이 결집된 이벤트였다고 정확히 평가했다. 〈데드라인〉 칼럼니스트 피터 바트Peter Bart와의 인터뷰에서 그는 베이조스를 들어 "루 와서먼의 강림이에요"라며 할리우드를 넘어서 당대 가장 영향력 있는 미디어계 인물로 손꼽히는 전설적 거물을 언급했다.

아마존 창립자는 영화와 TV 시장에서 기회를 잡기 위해 갈수록 저돌적으로 행동했다. 아마존 프라임비디오의 예산을 2014년 약 20억 달러(2조 6,000억 원)에서 2017년에는 거의 45억 달러(5조 8,500억 원)까지 늘렸다. 투자금이 커지면서 대중적으로 히트한 작품을 배출해야 하는 프라이스의 압박감도 커졌고 결국 그들은 대담한 도박을 했다. 7,200만 달러(936억 원)를 투자해 필립 K. 딕Philip K. Dick의 도발적 동명 소설을 각색한 시리즈 〈높은 성의 사나이The Man in the High Castle〉를 제작하고 홍보에 나섰다. 이 드라마는 아돌프 히틀러가 워싱턴에 원자폭탄을 투하하면서 추축국이 승리해 북미가 동쪽으로는 나치, 서쪽으로는 일본 태평양 국가로 분할되는 등 2차 세계대전의 대체 역사를 상상한 이야기였다. 하지만 시즌1이 공개된 2017년 미국에서 800만 명의 시청자를 모으는 한편 전 세계적으로 프라임비디오의 구독자 수를 115만 명 늘리는 데 그쳐 베이조스가 꿈꿨던 〈왕좌의 게임〉 성과에는 한참 못 미쳤다.

브래드 스톤Brad Stone의 저서 《아마존 언바운드》에 따르면 절망한 베이조스는 시애틀 회의에서 처참한 결과를 가져온 프라이스를 살벌하게 질책하고 위대한 스토리텔링의 요소들을 정리해 제시했다고 한다. 영웅의 여정, 복잡한 세계 건설, 배신과 손에 땀을 쥐게 하는 상황 등…. 베이조스가 나열한 12가지 특징은 초보 각본가조차 심드렁할 내용이었다. 하지만 프라이스와 팀원들은 이를 체크리스트로 활용해 각 프로그램이 이 요소들을 어떻게 충족시키고 있는지 스프레드시트로 세세하게 작성해 베이조스에게 제출했다. 이런 절차는 아마존의 크리에이티브 파트너 업체에도 요구되었다. 하지만 이렇게 형식적인 접근 방식으로 아마존 프라임비디오를 띄울 수 있을 리 만무했다. 이후에도 잊을 수 없는 범죄 시리즈 〈투 올드 투 다이 영Too Old to Die Young〉, 〈매드 맨〉의 제작자 매튜 와이너Matthew Weiner의 종잡을 수 없는 앤솔로지 시리즈 〈로마노프The Romanoffs〉 등 졸작이 줄을 이었다. 〈슬레이트Slate〉의 비평가 윌라 파스킨Willa Paskin은 이를 두고 "지루하기 짝이 없는 최악의 행보가 이어지고 있다"고 적었다.

베이조스가 한때 아마존의 "큰 뜻을 펼치는" 리더십 원칙의 모범을 보여준다고 칭송했던 프라이스는 값비싼 실패를 반복한 대가로 지지 기반을 잃고 만다. 그 와중에 〈할리우드리포터〉 편집장 킴 마스터스Kim Masters가 프라이스의 성추문을 폭로하면서 그의 운명이 결정되었다. 기사에 따르면 샌디에이고 코믹콘 인터내셔널에서 열린 영화 〈높은 성의 사나이〉 시사회 다음날, 프라이스는 필립 K. 딕의 딸 아이사 해킷Isa Hackett과 함께 아마존 파티로 향하는 택시 안에서 그녀에게 계속 성관계를 요구했다. 해킷은 자신이 아내와 자녀가 있는 레즈

비언이라는 사실을 상기시키며 그의 강요를 거절했다. 2015년 그녀는 이 사건을 아마존에 보고했고, 아마존은 조사를 진행했지만 프라이스에 징계를 내리지는 않았다. 〈뉴욕타임스〉가 막강한 프로듀서 하비 와인스타인의 성추행 혐의를 폭로한 지 일주일 만에 이 같은 기사가 터지면서 프라이스는 서둘러 자리에서 물러났다. 프라이스는 자신이 유머 감각이 엉뚱하게 발휘될 때가 있는데 단순한 농담이 오해를 사는 바람에 이런 일이 벌어졌다고 주장했다.

후임으로는 디즈니에 오랫동안 몸담았던 앨버트 쳉이 아마존스튜디오의 최고운영책임자를 임시 대행하다, NBC엔터테인먼트NBC Entertainment 사장이던 제니퍼 살케Jennifer Salke가 정식으로 부임했다. 그녀는 아마존스튜디오가 주류 엔터테인먼트 업체로 발돋움하길 바라는 베이조스의 염원을 이뤄주기에 딱 맞는 인물이었다. 블록버스터 가족 드라마 〈디스 이즈 어스〉와 비평가들의 극찬을 받은 시트콤 〈굿 플레이스〉를 처음부터 옹호했고 거물 프로듀서 딕 울프와의 협업을 통해 시카고를 배경으로 한 인기 드라마 〈시카고 파이어〉, 〈시카고 메드〉, 〈시카고 PD〉의 라이선스를 연장하는 데 성공했다. 그녀가 수장으로 있는 동안 아마존 프라임비디오는 흥행과 비평의 두 마리 토끼를 모두 잡은 작품을 연이어 배출하며 최고의 성공을 거뒀다. 라인업에는 1950년대 어퍼웨스트사이드의 유대인 이혼녀가 스탠드업 코미디에 뛰어든다는 내용의 1시간짜리 코미디 〈더 마블러스 미세스 메이즐〉, 런던의 삶에 대처하는 젊은 여성의 이야기로 피비 월러-브리지상에 빛나는 연극을 각색한 〈플리백Fleabag〉, 위험한 임무를 수행하는 CIA 애널리스트에 관한 〈톰 클랜시의 잭 라이언〉, 가스 에니스Garth

Ennis와 대릭 로버트슨Darrick Robertson의 동명 그래픽 노블에서 영감을 받아 초능력을 남용하는 슈퍼히어로들을 소탕하기 위해 나서는 자경 단원을 그린 〈더 보이즈〉 등이 포함되었다. 아이러니하게도 처음에 이 프로젝트들을 개발한 건 프라이스의 팀이었다.

"일부 프로그램들은 알고 있었어요. 〈트랜스페어런트〉도 본 적 있고 신규 프로그램 〈더 마블러스 미세스 메이즐〉이 얼마나 대단할지도 들어봤죠." 살케는 이 프로그램들 중 일부가 대화에서 시작됐다고 덧붙이며 말했다. "하지만 여전히 의문이 많았죠. '이걸 보는 사람들은 누구인가?', '이 서비스가 프라임비디오에 대한 보상으로 주어진다면 이 비즈니스 모델은 어떻게 작동하는가?' 그리고 '성공은 어떻게 측정하며 성공이란 무엇인가?'" 살케는 거대한 야망을 가진 인재들을 위한 장소로서 아마존스튜디오의 명성을 쌓아나가기 시작했다.

MIT와 하버드대에서 공부한 쳉은 데이터를 중시하는 베이조스가 갈망했던 분석 시스템을 구축하기 시작했다. 2015년 디즈니의 ABC를 떠나온 그는 아마존의 데이터를 직접 활용해 이렇게 풍부한 소비자 관련 1차 정보가 콘텐츠 및 개발 결정을 내리는 데 어떤 도움을 줄 수 있는지 탐색하기 시작했다. 아마존 프라임비디오는 고객 만족이 최우선인 소매업체로서 뚜렷한 기준에 따라 고객을 분류하고 그들이 무엇을 보는지 관찰해 계속해서 즐거움을 선사할 수 있는 매력적 콘텐츠가 충분한지 판단할 수 있었다. 하지만 쳉이 합류하기 전까지만 해도 엔터테인먼트팀은 늘 그래왔듯 직감에 의존해 콘텐츠 제작 결정을 내리고 있었다.

쳉은 2년간의 데이터를 분석하고 그 결과를 바탕으로 특정 프로젝트를 제작하는 데 스튜디오에서 어느 정도의 자원을 투자해야 하는지 결론을 도출했다. 물론 넷플릭스에서도 그랬던 것처럼 어떤 콘셉트와 제작진이 히트작을 탄생시킬 것인가에 대한 판단을 크리에이티브 임원들이 아닌 분석 자료만으로 내릴 수는 없다. 하지만 과거의 실적에 기반한 데이터 과학이 재무 리스크를 가늠해 프로그램의 성공 가능성을 예측할 수는 있다.

살케 치하의 아마존스튜디오는 아마존 프라임비디오를 십분 활용해 프라임 서비스 구독 고객층을 확대하겠다는 베이조스의 비전을 실현하고자 인도, 일본, 영국, 독일과 멕시코 등지에서 시리즈를 제작하는 등 글로벌 제작에 집중했다. 멕시코 같은 시장에서는 아마존이 이틀 배송 서비스를 선보이기 몇 달 전부터 프라임비디오가 큰 인기를 끌었다. 브라질에서는 아마존 프라임비디오 덕분에 프라임 서비스가 메르카도리브레MercadoLibre나 B2W 시아 등의 경쟁업체와 차별화하는 데 성공했다.

살케가 말했다. "이 콘텐츠의 가치가 아마존에 어떻게 작용하는지 파악하는 건 어렵지 않아요. 우리가 서비스를 전 세계로 확대할수록 '프라임비디오 회원'도 늘고 있죠. 사람들은 콘텐츠를 통해 아마존으로 유입되고 있어요."

아마존이 현지 언어로 된 오리지널 콘텐츠로 기반을 확장해 가는 동안 살케는 코로나19로 영화관이 마비된 틈을 타 원래라면 대형 스크린에서 선보였을 작품들을 발 빠르게 인수했다. 〈보랏〉 속편, 〈커밍 2 아메리카〉, 〈톰 클랜시의 위다웃 리모스〉가 대표적이다. 프라임 서비스의 기존 고객들이 영화를 더 많이 보도록 유도해 그들의 충성도를 강화하는 것이 프라이스의 초기 임무였다면 살케는 이 같은 대작들의 매력을 활용해 가입자 수를 끌어올렸다.

〈커밍 2 아메리카〉가 닐슨의 스트리밍 차트에서 1위를 기록한 걸 계기로 아마존은 출연 배우인 에디 머피와 3편의 출연 계약을 추가로 체결했다. 유럽 전역의 테니스와 축구, 그리고 미국 NFL 경기의 실시간 중계방송은 프라임비디오의 라인업을 완성해 추가적인 광고 수익을 견인했다.

아마존 프라임비디오는 MGM 인수에 성공하면서 스트리밍 업계에서 입지를 더욱 확고히 다지게 된다. 1920~1950년대 초에 이르는 전성기 동안 MGM은 20년 연속 한 해도 빠짐없이 최고의 작품상에 후보를 올렸다. 스튜디오의 마스코트인 포효하는 사자 레오는 할리우드라는 정글의 왕으로 군림했으며 "하늘의 별보다 더 많은 스타를 보유하고 있다"는 회사의 과시에도 이의를 제기하는 이는 아무도 없었다.

그런데 근래의 십 수년을 지나며 MGM은 유지비만 들고 명성에 부응하지 못하는 애물단지로 전락하기 시작했다. 억만장자 기업 사냥꾼 커크 커코리언Kirk Kerkorian은 1969년 브론프만 가문을 제압해 MGM의 지분을 대거 확보한 뒤 또 다른 전설적인 제작사 유나이티드 아티스츠와 합병했다. 그리고 1986년 케이블 TV 업계 거물 테드 터너에게 모든 지분을 15억 달러(1조 9,500억 원)에 매각했다 1년 후, 〈오즈의 마법사Wizard of Oz〉를 포함한 2,200편의 주옥같은 영화 라이브러리를 제외하고 3억 달러(3,900억 원)에 다시 사들였다. 다음으로 이탈리아 금융가 지안카를로 파레티Giancarlo Parreti가 1990년 당시 제임스

본드, 록키 및 핑크 팬더 영화, 그리고 최신 히트작인 〈완다라는 이름의 물고기A Fish Called Wanda〉와 〈레인맨Rain Man〉 등 유나이티드아티스츠의 영화 라이브러리에 이끌려 MGM/UA를 13억 달러(1조 6,900억 원)에 인수했다. 파레티는 스튜디오를 적자의 늪으로 끌고 들어가면서도 900만 달러(117억 원)짜리 비벌리힐스 저택과 롤스로이스 차량을 구입하는 등 할리우드 라이프스타일에 푹 빠져들었다. 자금을 대출해준 프랑스 은행 크레디오네는 파레티가 대출금을 갚지 못하자 MGM을 사실상 인수했고 6년 후 파레티가 지급한 것과 같은 가격에 커크 커코리언에게 다시 매각했다.

세 번째로 MGM 수장 자리에 앉은 커코리언은 해외에 MGM 영화 채널을 구축하고자 했지만 결국 결실을 맺지 못했다. 회사를 다시 매각하려고 몇 년이나 고생하다 2004년 DVD 판매를 통한 일확천금을 노리던 소니 주도 컨소시엄에 50억 달러(6조 5,000억 원)를 받고 넘겼다. 그로부터 얼마 후, 홈 비디오 시장이 정점을 찍고 급락하면서 MGM은 인수로 발생한 부채조차 갚을 수 없는 처지에 놓였다. 앵커리지캐피털그룹Anchorage Capital Group의 CEO 케빈 울리히Kevin Ulrich는 이 부채 덩어리를 반값에 사들였고 MGM이 20억 달러(2조 6,000억 원)의 가치를 지닌다는 법원 판결로 파산에서 구제되면서 최대 단일 소유주가 되었다.

〈월스트리트저널〉에 따르면 이 헤지펀드 매니저는 파레티만큼이나 할리우드의 화려함에 빠져들어 급기야 파티 초대장을 확보하겠다는 일념으로 홍보 회사까지 고용했다. 울리히는 2018년 아카데미 시상식 레드카펫 행사에서 턱시도 차림으로 〈보그〉의 스타일리시한 패션 이니셔티브 디렉터 알렉산드라 미클러Alexandra Michler를 에스코트 하는가 하면 마스트로 스테이크하우스에서 열린 유나이티드탤런트 에이전시United Talent Agency의 애프터 파티에서는 타라지 P. 헨슨Taraji P. Henson, 마이클 더글라스, 시고니 위버Sigourney Weaver, 올리비아 와일드Olivia Wilde, 테리 크루스Terry Crews와 존 조John Cho 등 유명 인사들과 어울렸다.

하지만 하이랜드캐피털파트너스Highland Capital Partners, 데이비드슨 켐프너캐피털매니지먼트Davidson Kempner Capital Management, 솔러스얼터너티브자산관리Solus Alternative Asset Management와 오울크릭자산관리Owl Creek Asset Management 등 MGM의 주주들은 갈수록 초조해 하며 울리히에게 퇴로를 모색하라고 촉구했다. 2016년, 중국 바이어와 80억 달러(10조 4,000억 원) 규모의 계약이 성사되는 듯 하면서 승리하는 것처럼 보였지만 정부 단속으로 협상이 중단되고 말았다. 애플과의 60억 달러(7조 8,000억 원) 협상은 이사회에서 MGM CEO 게리 바버Gary Barber를 해고하기로 하면서 결렬되었으나 MGM은 이 같은 보도가 "헛소문"이라고 공개적으로 일축했다. 오울크릭자산관리의 제프리 올트먼Jeffrey Altman은 2018년 이사회에 편지를 보내 인수안을 다시 한 번 추진하도록 압박을 가했다.

한 소식통에 따르면 당시 아마존 프라임비디오의 마이크 홉킨스는 조용히 자신에게 올 기회를 기다리고 있었다고 한다. 당시 훌루의 CEO였던 그는 MGM 및 NBC엔터테인먼트 전 사장 워렌 리틀필드Warren Littlefield와 협력해 훌루의 대표작 〈핸드메이즈 테일〉을 제작하며 MGM 경영진과 긴밀한 관계를 구축한 바 있었다. 이 시리즈는 마거릿 애트우드의 디스토피아 소설을 각색했지만 반응은 신통치 않았던 1990년 영화를 리메이크해 에미상까지 수상하면서 MGM의 먼지 쌓인 콘텐츠 라이브러리에서 보석을 만들어내는 크리에이티브팀의 능력을 여실히 보여주었다. 이는 결코 우연이 아니었다. 리틀필드와 MGM은 톱밥 제조기로 사람을 살해하는 장면(영화 〈파고〉의 한 장면-옮긴이)으로 깊은 인상을 남긴 코엔 형제의 범죄물에서 영감을 받아 동명의 FX 텔레비전 시리즈 〈파고〉를 제작해 성공으로 이끌었다.

홉킨스는 소니픽처스텔레비전 사장이라는 새로운 직위를 맡은 뒤에도 MGM CEO 게리 바버와 연락을 주고받았고 그가 해고된 뒤에는 울리히와 접촉했다. 그는 헤지펀드 투자자였던 울리히가 파산한 틈에 운 좋게 소유하게 된 이 자산을 결국엔 매각하려 들 것이라고 기대했다.

2020년 3월 개봉 예정이던 최신 제임스 본드 시리즈 〈007 노 타임 투 다이〉의 개봉이 팬데믹으로 연기되기 불과 몇 주 전, 홉킨스와 MGM의 임시 협상이 시작되었다. 이 블록버스터 영화가 일정대로 개봉됐다면 울리히가 협상 테이블에서 유리한 입지를 선점해 엄청난 가격을 청구할 수 있었을 것이다. 하지만 그는 MGM을 부실 자산으로 처분할 의도가 전혀 없었기 때문에 협상장 분위기가 싸늘해졌다. 여름이 될 때까지 극장가에 회복의 기미가 없자 울리히는 다시 한 번 매각 협상에 나섰지만 그가 제시한 100억 달러(13조 원)는 심지어 베이조스에게도 비싼 금액이었다고 한 소식통이 전했다. 결국 그는 그보다는 낮은 금액에 합의했다.

세계 최고 부자가 할리우드에 기웃대는 게 단지 취미활동이라고 여겼던 엔터테인먼트 업계 관계자들은 MGM 인수를 계기로 생각이 바뀌었다. 예술품을 수집하는 억만장자가 있는가 하면 제프 베이조스처럼 영화를 수집하는 억만장자도 있는 셈이었다. 하지만 2017년 137억 달러(17조 8,100억 원) 규모의 홀푸드 인수에 이어 아마존에서 두 번째로 큰 규모로 성사된 MGM 인수로 아마존 프라임비디오 위상이 달라졌다. 이제 이는 아마존의 소매 시장, 웹서비스 비즈니스 및 알렉사 음성 어시스턴트에 버금가는 아마존의 기둥으로 거듭난 것이다. 2021년 4월 베이조스는 CEO로서 마지막으로 발표하는 분기 실적 보고에서 이례적으로 동영상 비즈니스를 강조하는 모습을 보였다. 그해 여름이 되면 CEO 자리를 앤디 재시에게 넘겨주고 의장으로 활동할 예정이던 때였다. 그는 지난 한 해 동안 1억 7,500만 명이 넘는 프라임 서비스 회원들이 TV 프로그램과 영화를 스트리밍으로 시청해 전체 스트리밍 횟수가 전년 대비 70% 이상 증가했다고 밝혔다. 그는 프라임비디오와 아마존 웹서비스를 자식에 비유하며 말했다. "저의 두 아이가 이제 각각 10세와 15세가 되었습니다. 수년간의 양육 끝에 아이들은 이제 빠르게 성장해 자기 힘으로 나아가고 있습니다."

22장

인내와
믿음

로버트 드 니로에게서 마이크를 빼앗은 린 마누엘 미란다가 고삐 풀린 강아지처럼 무대 위를 뛰어다녔다. "다들 안녕하신가요, 〈인 더 하이츠〉 개봉일 밤이에요!" 그가 신나서 외치자 맨해튼에 위치한 극장 유나이티드 팰리스에 모인 관객들도 함성으로 화답했다. 미국의 문화생활에서 가장 오래된 의식 중 하나인 영화 관람이 코로나19 팬데믹의 깊은 수렁에서 벗어나 공식적으로 부활하는 순간이었다(현지 시각으로 2021년 6월 9일-옮긴이).

극장 분위기는 흥분을 넘어 짜릿함까지 자아냈다. 영화에 담긴 에너지가 영화관에 그대로 펼쳐지는 것 같았다. 〈인 더 하이츠〉 시사회는 2020년 초 코로나19가 발생한 이후 북미에서는 처음 대면 행사로 열리는 제20회 트라이베카영화제의 개막을 알리는 행사였다. 조명이 꺼지기 전, 영화제를 공동 개최한 드 니로가 말했다. "코로나19 발생 전까지만 해도 우리는 영화관에 가는 단순한 행위를 당연하게 여겼습니다. 이제는 그것이 특별한 이벤트라는 걸 알게 됐어요."

이번 행사는 영화 관계자들이 인사만 하고 영화는 보지도 않고 자리를 뜨는 수많은 시사회와 달랐다. 〈인 더 하이츠〉 행사는 놓칠 수 없는 이벤트였다. 미란다는 〈해밀턴〉을 제작해 세계적으로 명성을 얻고 돈도 벌기 전, 1930년 로우스 원더 극장Loew's Wonder Theatres의 5개 체인점 중 하나로 지어진 유나이티드 팰리스의 복원 기금을 지원한 적이 있다고 회상했다. 이 극장은 〈인 더 하이츠〉의 제목에도 쓰였으며, 주제이자 촬영 장소기도 한 뉴욕 맨해튼 '워싱턴하이츠'의 한 블록 전체를 차지하고 있었는데 미란다는 자신이 나고 자란 이 동네에 여전히 살고 있었다(워싱턴하이츠는 중남미계 이민자들이 많이 사는 동네며 영화에 출연한 미란다는 푸에르토리코계이다-옮긴이).

시사회가 열린 후덥지근한 늦봄의 어느 저녁, 수백 명의 주민들이 어퍼브로드웨이를 따라 늘어서서는 휴대폰을 들고 이 동네에서 웬만해선 보기 힘든 화려한 행사를 구경하며 사진을 찍어댔다. 극장 옆 광장에는 워너브라더스가 깔아둔 옐로 카펫 위로 사진 찍기 좋은 모형 매장들이 설치돼 있었는데 보안 게이트를 지나 몇 백 피트만 더 가면 실제로 있는 매장들이었다.

영화에서 화려한 댄스 시퀀스가 등장할 때마다 박수가 터져 나왔다. 코로나19 안전 수칙으로 인해 3,300석 규모의 극장에 백신 접종을 마친 수백 명의 관객만 입장이 허용되었다. 한 열 걸러 한 열씩

자리를 채운 관객들은 참석자 수를 훌쩍 뛰어넘는 뜨거운 반응을 보였다. 무대 위에서 스트리밍이 공식 언급되는 일은 없었지만 영화 포스터에 작은 글씨로 이렇게 적혀 있었다.

"극장과 HBO맥스에서 감상하세요."

영화는 세계 최초 공개 이후 두 시간도 채 지나지 않아 스트리밍으로도 볼 수 있었다. 업계의 오랜 관행에서 완전히 벗어나는 것이다. 감독인 존 M. 추Jon M. Chu는 워너미디어가 "팝콘 프로젝트"를 시행하기로 한 뒤 혜택을 누린 수십 명의 주주 중 한 명이었음에도 여전히 〈인 더 하이츠〉가 대형 스크린에서 봐야 하는 영화라 생각했다. "주목! 박스오피스는 중요합니다." 시사회 당일, 추가 트위터에 글을 올렸다. "극장으로 오세요. 친구, 학교, 동료, 낯선 사람까지… 이 영화를 봐야 하는 모든 이들을 위해 티켓을 구입하세요. 티켓 한 장 한 장이 쌓여 아직 선보이지 못한 이 세상의 놀라운 라틴계 배우와 이야기가 영화로 탄생할 수 있습니다. 그렇게 만들어 주세요."

영화 상영이 끝난 후 야외 허드슨 강변에서 열린 파티는 마치 코로나19 이전으로 돌아간 듯한 분위기를 자아냈다. 포옹과 키스, 악수가 자유롭게 오갔고 사람들은 럼칵테일과 쿠바 음식 플래터를 받으려고 밀착된 채 줄지어 서 있었다. 뮤지컬은 물론 영화에서도 아부엘라 클라우디아 역을 연기한 배우 올가 메레디즈Olga Merediz와 미란다가 흥에 겨워 즉흥 살사 댄스를 선보이기도 했다.

디스커버리와의 합병이 마무리될 때까지 워너미디어의 CEO 역할을 계속할 계획이라고 밝힌 제이슨 킬라는 댄스에 합류하진 않았지만 거의 춤추기 직전까지 갔다. 환하게 미소 지으며 벌써 영화를 네 번째 보는 것이라고 말했다. 평소 소셜 미디어뿐 아니라 자신의 업무에도 팬보이의 열정을 보여주던 그는 건물 옆면에서 춤을 추는 아찔한 장면을 어떤 기술을 활용하여 탄생시켰는지 비하인드 스토리를 들려주었다. 절체절명의 위기 속에서도 **빠시엔시아 이 페**(Paciencia y Fe, 인내와 믿음)를 잃지 않는 메레디즈가 부른 가슴 아픈 OST가 "오늘 밤처럼 심금을 울렸던 적은 없다"고 킬라는 말했다.

그는 CEO로 부임하기 이전인 2018년 워너브라더스에 분수령이 되었던 흥행작 〈크레이지 리치 아시안〉의 감독이기도 한 추와 포옹을 나눴다. 시사회에 참석해 추와 이야기 나눈 한 CEO는 추에게 〈인 더 하이츠〉가 HBO맥스에서도 공개되는 소감을 물어봤다고 밝혔다. "노코멘트 할게요." 감독이 답했다. 파티 분위기는 활기가 넘쳤지만 참석자들 중에는 〈인 더 하이츠〉가 상업적으로 성공할 것인지 의구심을 표하는 이들도 많았다. 지미 스미츠Jimmy Smits, 미란다, 마크 앤서니Mark Anthony 등 이름만 들으면 알 만한 배우들이 출연했지만 아직 티켓 파워까지 입증되지 않았고 라틴계 배우로만 구성된 출연진 역시 영화계에서는 보기 힘들었다. 2019년 한 연구 결과에 따르면 한 달에 한 번 영화관에 가는 관람객의 24%가 라틴계지만 최근 몇 년간 개봉한 영화 중 주요 배역에 라틴계가 한 명이라도 포함된 영화는 4%에 불과했다. "뉴욕과 LA에서야 영화관 가서 보는 사람들이 있겠지만 다른 지역에서는 어떨지 잘 모르겠네요." 한 극장 관계자가 말했다. 다른 기업의 임원 역시 동의를 표했다. "영화는 지붕 위에서 펼쳐지지만 사람들이 집을 나설지는 의문이에요. 이건 〈해밀턴〉이 아니니까요."

파티가 자정을 넘겨 계속되는 사이 〈인 더 하이츠〉가 HBO맥스에서 스트리밍되기 시작했다. 극장 개봉 '당일' 스트리밍으로도 공개된 영화가 처음은 아니었지만 시사회가 진행되는 중이라 유달리 갑작스럽게 느껴졌다.

영화가 스트리밍으로 공개되면서 박스오피스는 부진을 면치 못했다. 리뷰에는 호평이 넘쳐나고 전주의 전반적인 박스오피스 상황상 분명 성장 동력이 보였음에도 영화는 개봉 첫 주말 1,150만 달러(149억 5,000만 원)를 벌어들이는 데 그쳤다.

관객들이 코로나19 우려로 극장을 기피한 건 아니었지만 멀티플렉스로 가장 먼저 돌아간 건 아마 영화관에 가장 열심히 다니는 18~24세 사이의 관객들이었을 것이다. 〈콰이어트 플레이스 2A Quiet Place Part II〉는 그 주 1,170만 달러(152억 1,000만 원)의 최고 수익을 올린 걸 시작으로 흥행 기세를 이어가 1억 달러(1,300억 원) 고지를 돌파하면서 팬데믹 이후 최초의 블록버스터 영화가 되었다. 디즈니의 〈크루엘라〉는 미국 내에서만 670만 달러(87억 1,000만 원)를 벌어들이면서 총 5,600만 달러(728억 원)의 매출을 올렸는데 이는 디즈니플러스 가입자가 29.99달러(3만 8,900원)의 프리미어 액세스 프리미엄 비용을 지불하고 집에서 영화를 시청한 경우의 수익은 반영되지 않은 수치다.

HBO맥스가 가로챈 박스오피스 수익은 얼마이며 과연 이렇게 동시 공개한 성과가 있었을까? 아무리 수치가 나왔다지만 이에 대해서는 답하기 어렵다. 워너브라더스의 다른 개봉작 중 〈고질라 vs. 콩〉, 〈컨저링3: 악마가 시켰다The Conjuring: The Devil Made Me Do It〉 같은 작품들은 HBO맥스 가입자를 끌어옴과 동시에 극장에서도 좋은 성적을 거뒀다. 〈인 더 하이츠〉 개봉을 앞두고 있을 당시 워너브라더스의 시장 점유율은 35%로 업계 최고 수준이었다. 하지만 그 영화들이 평소 같은 반향을 일으켰을까? 〈원더우먼〉은 물론 HBO맥스에서도 공개된 속편의 감독인 패티 젠킨스는 업계 컨퍼런스 '시네마콘'에 참석해 2021년 시장을 냉정하게 평가했다. "스트리밍 서비스로 나오는 영화는 미안하지만 하나같이 가짜 영화처럼 보입니다." 그녀는 〈원더우먼 1984〉를 극장과 스트리밍 서비스로 동시 공개한다는 방침에 따르기로 한 것이 "매우, 매우, 매우 어려운 결정"이었다고 강조했다. "전 사전에 전혀 공지를 받지 못했어요. 이런 식으로는 위대한 전설을 쓸 수 없습니다."

　　젠킨스만 이런 생각을 한 건 아니었다. "팝콘 프로젝트"의 한 가지 부작용은 제작진과 재정적 합의가 이루어진 후에도 스튜디오 평판을 갉아먹는다는 점이다. 동시 공개 결정이 제작진에 제대로 전달되지 않은 책임은 대부분 AT&T와 제이슨 킬라에게 돌아갔지만 그럼에도 석연치 않은 부분이 남았다. CAA의 브라이언 로드 공동 회장은 〈로스앤젤레스타임스〉와 진행한 인터뷰에서 워너브라더스의 수장 토비 에머리히Toby Emmerich에 대해 "제가 아는 토비 에머리히 그러니까 아티스트에 대단히 친화적이고 인간적인 관계를 기반으로 커리어를 구축하는 토비가 있는 반면, 이와 정반대의 사람들을 위해 일하는 에머리히도 있습니다." 워너브라더스가 제작진과의 관계를 회복했다고 생각하는지 묻는 질문에 로드는 단호하게 대답했다. "아뇨, 전혀요."

　　〈인 더 하이츠〉 시사회에 참석한 게스트 중에는 오랫동안 디스커버리에 몸담은 한 임원도 있었다. 22년간 근무하며 디스커버리가 딱딱한 자연 다큐멘터리 공급업체에서 〈플립 또는 플롭Flip or Flop〉 및 〈90일 피앙세90 Day Fiancee〉 등 가볍게 볼 수 있는 리얼리티 시리즈의 글로벌 유력 매체로 거듭나는 모습을 지켜본 그는 워너브라더스와의 합병을 두고 거의 폴리애나(아동 문학 고전의 제목이자 주인공 이름으로 상당히 낙관적인 사람을 뜻하는 용어로 쓰인다-옮긴이) 수준의 낙관적 전망을 내놨다. "지적 자산은 더할 나위 없이 훌륭해요. 워너브라더스와 HBO가 초치고 있을 뿐이죠." 그가 말했다. "우리는 기업 문화를 손봐야 합니다. 함께 일할 수 있다는 사실을 사람들에게 알려줘야 해요. 아직은 시기상조지만 모두가 함께할 수 있다면 아주 좋을 겁니다."

주차 구역에서 검은색 에스컬레이드 차량에 오르려는 순간 워너미디어의 한 임원을 발견한 그는 같은 이야기를 더욱 활기차게 오랫동안 이어갔다. "정말 멋질 겁니다. 우리는 또 하나의 AT&T로 전락하지는 않을 거예요. 정말 대단할 게 분명해요." 이는 스스로 영화와 TV 비즈니스를 미디어 베테랑들보다 더 잘 이해한다고 믿고 있던 AT&T 임원들을 정면으로 부인하는 발언이었다.

규제 당국의 승인을 끌어내 워너미디어와의 합병을 서두르고자 디스커버리의 경영진이 참석했다는 사실은 식을 줄 모르는 스트리밍 열풍 속에서 미디어 환경이 얼마나 불안정해졌는지 잘 보여주었다. 대기업은 갈수록 더 커졌고 또 다른 인수합병 물결은 피할 수 없어 보였다. AT&T의 타임워너 인수, 디즈니의 21세기폭스 인수에 이어 디스커버리의 스크립스네트웍스인터랙티브 인수에 이르기까지 모두 2017년과 2018년의 몇 달 사이에 이루어진 일이었다. 합병은 총 수천억 달러의 가치를 창출했지만 수만 명의 해고로도 이어져 엔터테인먼트 업계 종사자 수를 급격히 쪼그라들게 만들었다. 이는 스트리밍이 기존의 수익성 높은 유료 TV 시장을 잠식하면서 미디어 대기업들이 불황에 대비하고 있다는 사실을 시사했다.

10년 넘게 분리돼 있던 비아콤과 CBS는 2019년 말 재결합하여 CBS 올액세스의 리브랜딩 및 확장 버전으로 2021년 3월 출범한 파라마운트플러스에 모든 엔터테인먼트 자원을 쏟아부었다. 케이블 업계의 강자인 디스커버리 역시 워너미디어와 비밀 합병 협상을 시작하기 전 소비자 직접 판매 서비스인 디스커버리플러스Discovery+를 출시했다. 비슷한 시기 NBC유니버설은 약 10억 달러(1조 3,000억 원)를 들여 독립형 스트리밍 서비스이자 프로레슬링 경기의 본거지 WWE 네트워크를 피콕으로 인수했다.

NBC유니버설은 더욱 원대한 계획을 가지고 있는 듯했다. 기존 비즈니스가 서서히 침몰하는 와중에도 다른 업체들과 달리 스트리밍 서비스에 신중하게 접근했다. 폭스의 자산과 스카이의 지배 지분을 놓고 디즈니와 정면으로 맞붙었던 이 기업은 수많은 업계 관계자들의 예상을 뒤엎고 워너미디어 인수에 즉각 뛰어들지 않았다. 컴캐스트가 피콕의 해외 출시를 준비하자 비아콤CBS와 손잡고 유럽에서 스카이쇼타임이라는 공동 벤처를 설립하기로 한 것이다.

앞으로 미국에서 더 많은 거래가 일어날 게 확실했다. 디스커버리 의장인 억만장자 존 말론은 방대한 케이블 포트폴리오를 구축한 뒤 1999년 480억 달러(62조 4,000억 원)라는 엄청난 금액을 받고 AT&T에 매각한 바 있는 약삭빠른 협상가였다. 그는 컴캐스트 CEO인 브라이언 로버츠가 자신과 같은 곳을 바라본다는 사실을 알고는 디스커버리와 워너미디어의 합병안을 주도적으로 설계했다. "저는 이게 병에서 피클을 꺼내는 것과 같다고 로버츠한테 이야기해 줬어요."

말론이 CNBC에 말했다. "규제 환경이 허락한다면 우리가 만들고 있는 이 기업과 로버츠의 기업이 맺을 수 있는 모든 관계를 다 고려해 볼 수 있죠. 그리고 이 기업이 NBC유니버설과 협력해 개발할 수 있는 비즈니스도 많다고 생각해요."

디즈니가 자사의 스트리밍 트리오를 하나로 묶어 버린 것처럼 새롭게 탄생한 워너브라더스디스커버리 역시 HBO맥스와 디스커버리 플러스를 얼마든지 통합할 수 있었다(2023년 북미 지역부터 순차적으로 통합 플랫폼 '맥스'를 출범하는 중-옮긴이). HBO맥스는 마침내 광고를 시청해야 하는 저렴한 요금제, 즉 HBO 프로그램을 제외하고 광고가 시간당 4분씩 나가는 월 10달러(1만 3,000원)짜리 상품을 출시했다. 여기서 〈인 더 하이츠〉 같은 워너브라더스의 동시 공개 작품은 광고 없는 프리미엄 서비스 구독자들만 볼 수 있었다. AT&T 경영진이 타임워너 매입을 처음 제안한 2016년부터 막연하게 논의돼 왔던 광고 수익이 새로운 비전의 핵심이었다.

디스커버리 CEO 데이비드 자슬라브는 본래 뼛속까지 광고인으로 NBC에서 장기간 근무하며 올림픽 및 다른 이벤트에 광고를 판매해 업계에서 승승장구했다. 언제나 쇼맨십을 불태우는 그는 워너미디어와의 합병안이 발표되던 날 아침에도 창립자인 워너 형제를 해리, 앨버트, 샘과 잭으로 부르며 칭찬해 모두를 충격에 빠트렸다. 그는 사무실은 워너 측에 마련하겠지만 〈대부〉와 〈차이나타운Chinatown〉 같은 고전 영화를 제작한 파라마운트의 수장 로버트 에반스Robert Evans가 한때 소유했던 벨에어 자산을 매입한 지 얼마 안 됐기 때문에 시간은 LA에서 더 많이 보낼 것이라고 말했다. 합병 기업의 이름이 워너브라더스디스커버리로 공식 확정되자 로고에는 자슬라브가 지지한 슬로건이 포함되었다. 워너브라더스의 1941년 개봉작 〈몰타의 매The Maltese Falcon〉에 나오는 "꿈을 구성하는 것"이라는 문구다. 여러 할리우드 오리지널 작품과 마찬가지로 이 대사는 사실 셰익스피어의 《템페스트》에 나오는 대사를 응용한 것이다.

우리가 면밀하게 살펴본 5개의 신규 스트리밍 업체 중 승자는 단연 디즈니였다. 훌루, 디즈니플러스와 ESPN플러스가 포함된 월 14달러(1만 8,200원)의 스트리밍 패키지는 각 플랫폼의 개별 성장을 고려할 때 엄청난 성공이었다. 애플은 대부분의 경쟁사들에 비견할 만한 자산이 부족한 와중에도 21세기형 통합 서비스, 옛 케이블 기업의 디지털 버전으로 자리매김하고 있었다. 클라우드 스토리지, 음악, 앱, 뉴스, 비디오 게임과 TV를 아우르는 이 빅테크 기업의 방대한 서비스 포트폴리오는 2020년에 패키지로 정리되었다. 회사 회계 내역을 투명하게 알 수 없어 개별 서비스의 성과를 파악하기는 어렵지만 애플에 따르면 2021년 3월 총 6억 6,000만 명의 가입자를 확보했다고 한다.

애플은 MGM의 인수를 검토했지만 라이브러리를 구축할 필요가 없다는 결론을 내렸다. 애플의 전략에 정통한 여러 소식통에 따르면 그들의 최종 목표는 구독자들에게 새로운 〈금발이 너무해Legally Blonde〉 시리즈를 선보이는 것이 아니다. 애플TV플러스는 넷플릭스, 디즈니플러스, 프라임비디오 등 더욱 광범위한 엔터테인먼트 컬렉션으로 나아가기 위한 중간 다리 같은 서비스에 불과했다. 아마존이나 로쿠처럼 자체 구독 서비스를 제공하는 데 그치지 않고 스트리밍을 보다 포괄적인 방식으로 지원하기 위해 존재하는 것이다. 물론 그 과정에서 배급 수수료를 챙길 수도 있다.

〈인 더 하이츠〉 애프터파티에서는 뮤지컬그룹 '프리스타일 러브 슈프림' TV 쇼를 위해 린 마누엘 미란다와 협업한 바 있는 전직 케이블 및 스트리밍 업체 임원 에반 샤피로Evan Shapiro가 쿠바 음식과 칵테일을 앞에 두고 미디어 환경의 변화에 대해 이야기하는 시간을 가졌다. 그는 최근 몇 년간 뉴욕대를 비롯한 대학에서 강의하며 이른바 "미디어 유니버스 맵"이라는 문서를 작성했다. 웹사이트 '리코드'에서 작성해 배포했던 걸 보다 포괄적으로 만든 이 문서에는 다양한 미디어, 통신, 기술, 비디오 게임 및 기타 회사가 시장가치에 따라 크기가 다른 색색의 행성으로 묘사돼 있었다.

지도는 자주 업데이트되기는 했지만 "이들 중 제대로 된 인수합병은 거의 없다!"고 샤피로가 놀라워했다. "물론 어떤 거래든 초기에는 매입자가 돈을 많이 썼다는 얘기가 나와요. 하지만 그걸 감안하더라도 대다수의 합병이 제기능을 못했어요. 그래도 사람들은 거기에 집중할 수밖에 없었죠." 스트리밍이 몸집 불리기 경쟁을 어느 때보다 치열하게 만들었다는 데 그는 동의했다. IFC와 선댄스TV를 운영하던 케이블 프로그램 제작사로 그가 몸담았던 AMC네트웍스는 대중 엔터테인먼트를 따라가는 대신 틈새 전략을 선택했다. 호러 팬을 위한 셔더Shudder, 영국 드라마 애호가를 위한 아콘TVAcornTV 등 구체적 고객층을 겨냥한 포트폴리오 덕분에 2025년까지 총 2,500만 명의 가입자를 확보할 것으로 예상했다.

AMC네트웍스 CEO 조쉬 사판Josh Sapan은 26년간 지켜온 자리에서 물러난다는 사실을 발표하기 몇 달 전 이렇게 말했다. "틈새 시장을 노리는 건 좋지만 그것도 그냥 되는 게 아닙니다." 이 회사는 "전 세계적으로 상당히 큰 규모의 스트리밍 서비스가 다수 존재하는 시대가 올 것"이라고 예상했고 "AMC는 특화된 서비스를 제공"할 것이며 구독자의 충성도가 "아주 깊은" 포트폴리오를 구축하는 게 목표라고 그는 덧붙였다. 그들은 회사의 콘텐츠를 살펴본 후 "모든 게 아주 매력적"이라고 판단했다. 2021년이 끝나기 전 사판과 그의 오른팔 에드 캐롤Ed Carroll은 둘이 합쳐 60년간 함께 일한 AMC를 떠나게 되었다. 쇼타임의 이전 수장 매트 블랭크Matt Blank가 임시 CEO로 임명되자 급격하게 확대되고 있는 인수합병 시장에서 이 회사 역시 마침내 가치를 현금으로 환산하게 될 것이라는 추측이 난무했다.

소비자들은 사판이 말한 "아주 깊은" 관계를 느끼기 어려웠다. 〈인 더 하이츠〉 시사회가 열광적 분위기 속에 마무리됐지만 영화관에 불어 닥친 변화의 소용돌이는 그 열기마저 집어삼켜 버렸다. 1990년대와 2000년대에 할리우드가 대중의 취향에 맞춘 볼거리를 지속적으로 공급하면서 총 4만 개로 급증했었던 영화관은 앞으로 분명 줄어들 것이다.

배급사와 극장업체의 경제학 역시 극적 변화를 맞이했다. 2019년 독점 상영 기간을 두고 갈등을 벌이다 넷플릭스의 〈아이리시맨〉 같은 영화의 상영을 거부했던 극장의 태도도 바뀌었다. 이제 개봉작을 스트리밍 서비스와 나란히 심지어 더 짧은 기간이라도 걸어줄 준비가 되었다.

넷플릭스와 미국 내 업계 3위의 극장업체 시네마크는 잭 스나이더Zack Snyder의 좀비 액션 영화 〈아미 오브 더 데드Army of the Dead〉를 두고 미국 내 331개 시네마크 극장 및 일부 다른 상영관에서 일주일간 독점 상영한 후 스트리밍을 시작하기로 했다. 애플은 마틴 스코세이지가 리어나도 디캐프리오, 로버트 드 니로와 재결합한 〈킬러스 오브 더 플라워 문〉 같은 영화에 엄청나게 투자했고 워너브라더스, 디즈니 및 다른 제작사들은 극장 개봉과 스트리밍 모두 챙기는 이중 정책을 취하고 있다.

2022년, 워너브라더스는 "팝콘 프로젝트"를 중단하면서 20편의 영화 중 절반은 곧장 스트리밍으로 공개하고 나머지 절반은 극장에서 기존 상영 기간의 절반 정도인 45일 동안 상영하기로 했다. 스트리밍에서의 성공 여부는 대부분 미지수이기 때문에 할리우드는 과연 어떤 작품이 성공할지 갈수록 종잡을 수가 없었다. 〈인 더 하이츠〉처럼 극장에서 실패한 영화도 얼마나 많은 가입자를 HBO맥스로 끌어들였는가를 기준으로 보면 얼마든지 성공작으로 간주될 수 있었다.

유료 TV는 또 다른 물음표로 남아 있지만 고령의 시청자들이 리모컨을 놓지 않으면서 가입자가 급격히 줄기보다는 점진적으로 감소할 가능성이 높다. 이렇게 길고 점진적인 쇠퇴는 광범위한 지형의 급격한 변화에도 고객이 변함없는 충성도를 보였던 AOL의 사례를 떠올리게 한다. 전화선으로 인터넷에 접속하던 시대에 왕으로 군림했던 이 회사는 광대역 및 개방형 인터넷 통신사에 왕좌를 내줘야 했지만 충직했던 사용자들은 결코 다른 곳으로 옮겨가지 않았다. 2021년 5월까지만 해도 AOL의 유료 고객은 150만 명에 달했는데 돈을 내고 전화 접속 인터넷을 이용한 것이 아니라 신원 도용 방지 및 기술 지원을 받고 있었다.

인수합병은 스트리밍 서비스에서 지나치게 많은 선택지의 부담을 해소하기 위한 대안으로 예측돼 왔다. 스트리밍 앱에 액세스할 수 있는 플랫폼이 수십 가지에 달하고 그만큼 검색할 정보도 많은 상황에서 스트리밍에 산업에 투입된 수십억 달러가 더 만족스러운 사용자 경험을 제공할 것이라는 데 희망을 걸어볼 수 있다. 넷플릭스는 2021년부터 '임의 재생' 버튼을 단계적으로 도입해 수많은 옵션으로 갈 길을 잃은 사용자들을 돕고 있다. 기타 새로운 스트리밍 업체들은 고객이 원하는 콘텐츠를 찾을 수 있도록 돕는 새로운 도구를 선보였다. 디즈니의 전직 디지털 임원들이 운영하고 전 디즈니 CEO 마이클 아이즈너가 투자한 스타트업 스트룸Struum은 클래스패스 모델을 통해 다양한 스트리밍 채널을 패키지로 제공하고 있다. 구독자는 월정 요금을 지불하고 일정한 '크레디트'를 받아 다양한 스트리밍 채널에서 TV 프로그램과 영화를 폭넓게 맛보기할 수 있다.

CEO 로렌 드빌리에Lauren DeVillier에 따르면 이 회사는 애초에 통합 서비스로 출발했다. 물론 채널 서핑을 좋아하는 사람들도 있지만 스트리밍 시청자의 3분의 1 이상은 관심 분야의 프로그램을 찾는다는 연구 결과가 있다. 이에 스트룸은 수십 개의 서비스와 약 4만 개의 프로그램을 수집해 검색 가능한 패키지로 제공한다. "모든 콘텐츠에 액세스할 수 있어요. 관심 있는 분야를 발견할 수 있고 현재 60개 이상 서비스에서 원하는 콘텐츠를 선택해 시청할 수 있는 서비스입니다." 드빌리에가 설명했다.

스트리밍 비즈니스에 수십억 달러를 쏟아부은 미디어 업체들은 어느 때보다 많은 압박을 받고 있었다. 스트리밍 서비스가 마치 테마파크의 최신 놀이기구나 액션 영화처럼 가볍게 착수할 수 있는 문제라고 생각한다면 오산이다. 넷플릭스의 한 임원은 AT&T가 타임워너 인수를 완료한 순간부터 스트리밍 진출은 불가능해 보였다고 말했다. "타임워너 인수로 AT&T가 얼마나 많은 부채를 떠안게 됐는지 알고 나서는 필요한 예산을 절대 투입하지 못하겠구나 했어요. 계산이 안 나왔거든요."

전통 매체의 경우 더 큰 장벽에 부딪히면서 해법을 찾기 더더욱 쉽지 않을 것이다. 종래의 유료 TV 패키지는 계속해서 해체될 것이다. 정부 정책으로 수용 인원은 제한된 데다 소비자들은 여러 낯선 이들과 어둡고 붐비는 곳으로 돌아가기를 꺼리는 만큼 극장의 절름발이 행보 역시 계속될 것이다. 넷플릭스의 테드 서랜도스가 주장한 것처럼 소비자들의 습관이 영구적으로 바뀌어 영화 관람이 마치 공연 관람처럼 드물게 행해지는 연례행사로 자리 잡을 수도 있다.

스트리밍의 인기가 높아짐에 따라 이들 새로운 서비스가 창출하는 수익이 기존 비즈니스에 한참이나 못 미칠 확률도 높다. 음악 산업의 운명을 생각해 보라. 이들은 불법 복제의 형태로 가장 먼저 디지털 혁신을 경험하면서 생존을 위해 통폐합과 해고의 물결을 온몸으로 받아내야 했다. 냅스터 전성기 시절 스포티파이 같은 스트리밍 서비스의 인기에 힘입어 6년 연속 음악 판매량이 증가하며 반등했지만 그럼에도 2020년의 216억 달러(2조 8,080억 원) 매출은 소비자들이 레코드점에서 CD를 구입하던 1999년 전성기의 390억 달러(5조 700억 원)에 비하면 초라하기만 하다. 아티스트들은 계속해서 수백만 달러를 벌어들이지만 이는 성공적인 투어와 소셜 미디어 제국을 통한 수익이

지 음반 판매로 버는 돈이 아니다.

"기존 미디어 업체들이 스트리밍에 올인하는 건 분명 정답입니다. 어느 정도 규모가 있고 충분히 경쟁력을 갖출 수 있다고 스스로 확신할 수 있다면요." 한 미디어 업체의 전직 CEO가 말했다. "하지만 그렇다고 해서 기존 비즈니스보다 수익성이 더 높다는 의미는 아니에요."

스트리밍 비즈니스를 위해서는 전통 미디어 기업 문화의 변화가 필요하다. 경영진은 비즈니스 파트너, 즉 유료 TV 업체나 극장이 아닌 소비자와의 관계 구축에 집중해야 한다. 그리고 이를 위해서는 광범위한 데이터 분석을 통해 가령 오클라호마주 털사의 차터 스펙트럼 Charter Spectrum과는 달리 설계 단계부터 성공할 수 있는 서비스를 구축해야 한다. "그와 같은 일대일 전략이 도매 사업이란 정체성을 가진 조직에 스며들기는 상당히 어렵습니다." 그 임원이 말했다.

신구 여부를 떠나 스트리밍 업체들을 전반적으로 살펴보면서 우리는 종래의 매체가 자사의 과거에서 벗어나는 게 얼마나 어려운 일인지 직접 목격했다. "언젠가 모든 게 스트리밍될 것이라는 사실이 제게는 너무나 분명하게 보였어요." 로쿠 창립자 겸 CEO인 앤서니 우드가 불안할 만큼 즉흥적으로 말했다. "케이블 패키지는 구독이 끊기고 모든 게 사라질 게 확실했죠. 시간문제였을 뿐이에요. 다른 사람들도 아는 사실인데 업계 관계자들이 믿으려 들지 않았다는 게 놀라울 따름이었어요."

2021년 여름, 고통스러운 전환기 동안 워너미디어를 힘들게 이끌어온 한 임원이 갑자기 실직 위기에 처했다. 7월의 어느 아침 킬라는 유럽에서 온 어느 제작사 임원을 위해 VIP 투어를 진행하고 있었다. 그들은 타이카 와이티티Taika Waititi 감독의 HBO맥스 오리지널 시리즈 〈우리들의 깃발은 곧 죽음Our Flag Means Death〉에서 사용된 거대 해적선 세트가 있는 사운드스테이지23을 구경했다. 킬라는 〈라라랜드La La Land〉에서 엠마 스톤Emma Stone이 연기한 미아가 종업원에서 스타로 변신했던 커피숍에 갔을 때를 떠올리며 웃었다. "이건 정말 특별한 비즈니스예요." 킬라가 감탄했다. "우리는 스토리를 통해 세상을 움직일 수 있고 그건 정말이지 대단한 특권이죠. 이런 일을 할 수 있는 사람은 많지 않아요."

킬라는 몇 주 전에도 같은 어조의 글을 〈월스트리트저널〉에 기고한 적이 있었다. 햇볕이 내리쬐는 사운드스테이지에서 야자수를 배경으로 찍은 사진도 함께 게재됐다. AT&T 최고 경영진의 동의하에 보도된 〈월스트리트저널〉의 긴 기사는 할리우드 관계자라면 누구나 인정하는 최고의 뒤통수로 기록되었다. 보도 바로 다음 날, 킬라가 자신이 곧 해고된다는 소식을 듣게 되었기 때문이다. AT&T는 워너미디어를 분리해 디스커버리와 합병하는 방안을 추진 중이었다. 이로 인해 디지털 혁신가이자 "팝콘 프로젝트"를 창안한 킬라는 합병이 완료될 때까지 단지 회사를 돌보는 관리인으로 전락했다.

킬라는 자신의 불확실한 고용 상태에 대해서는 언급하지 않겠다면서 앞으로의 상황에 대한 자신의 생각은 공유할 것을 약속했다. 하지만 그는 이곳저곳 발로 뛰면서 일대일 회의를 진행하는 자신의 성향이 이전에 존재했던 다른 교란자의 습관을 연상시킨다는 사실을 인정했다. 바로 떠오르는 기술의 영원한 상징이자 전도사 스티브 잡스다. 잡스가 쿠퍼티노의 애플 본사를 둘러싸고 있는 인피니트 루프 길을 걸으며 회의를 소집하곤 했던 것이다.

도발적인 변화를 추구하는 자는 실리콘밸리에서는 불멸의 존재가 되지만 할리우드에서는 가차 없이 추방된다.

나가며

　　2021년 가을, 최대의 화제작을 탄생시킨 곳은 방송국이 아니었다. 디즈니플러스나 HBO맥스 같은 신규 디지털 서비스도 아니다. 폭력적이며 디스토피아적인 세계관이 담긴 서바이벌 드라마이자 세계적 열풍을 일으킨 한국의 〈오징어 게임Squid Game〉은 사실 이 기업이 있었기에 시작될 수 있었다. 바로 넷플릭스다. 스트리밍 업계의 선두 주자는 창립 이후 25여 년이 지난 지금까지 자신에게 쏟아진 온갖 회의론이 틀렸단 걸 입증하면서 자신이 창조하고 정의한 분야의 알파이자 오메가임을 재확인시키고 있다.

　　〈오징어 게임〉은 스트리밍의 미래를 단적으로 보여주었다. 갈수록 늘어나는 넷플릭스의 라이벌들은 끊임없이 움직이는 골대를 상대로 경기를 펼쳐야 한다는 것이다. 이 시리즈는 〈종이의 집Casa de Papel〉, 〈다크〉, 〈루팡〉 같은 넷플릭스의 전작들보다 훨씬 설득력 있는 방식으로 언어와 문화의 장벽을 허물어 공개된 지 불과 며칠 만에 90개국에서 1위를 차지했다. 〈오징어 게임〉은 넷플릭스가 첫 달에만 8,200만 가구가 시청했다고 밝힌 〈브리저튼〉을 제치고 역대 최고의 인기를 누린 넷플릭스 오리지널 타이틀이 될 운명처럼 보였다. 넷플릭스는 영화 및 시리즈의 자막과 더빙에 아낌없이 투자해 경쟁사보다 훨씬 많은 30개 이상의 언어를 선보인 덕분에 다양한 부문에서 상승효과를 누렸다. 미국에서는 넷플릭스 가입자가 한동안 늘지 않고 있다 〈오징어 게임〉 같은 프로그램 덕분에 다시 증가세로 돌아섰다. 넷플릭스가 〈벌처〉에 공유한 데이터에 따르면 미국 내 비영어권 프로그램의 시청 횟수는 2019~2021년 사이 71%나 늘었다.

미국 작품을 수출하는 할리우드 제국주의의 시대는 이제 완전히 지난 끝난 것처럼 보인다. 넷플릭스가 제작한 작품은 아니지만 2020년 한국 영화 〈기생충〉은 세계적으로 흥행했고 외국어 영화로는 최초로 오스카상 작품상까지 수상했다. 시청자들은 지역의 경계를 뛰어넘는 내러티브, 진정성 있는 이야기를 찾기 시작한 걸로 보인다. "플랫폼이 세계적이기도 하지만 이 작품들이 해외에서도 선전하는 이유는 초^超 진정성을 목표로 제작되기 때문입니다." 넷플릭스의 공동 CEO 테드 서랜도스가 인터뷰에서 말했다. "독일에서 프로그램을 제작 중인 우리 팀들의 임무는 독일에서 엄청나게 기세를 떨칠 프로그램을 만드는 거예요. 만약 그러지 못하면 수많은 독일인들은 〈오자크Ozark〉를 보고 싶어 할 테니까요. 독일인들의 진심을 움직일 수 있어야 인간의 진심에도 호소할 수 있는 겁니다."

아마존의 창립자이자 의장인 제프 베이조스는 〈오징어 게임〉의 팬을 자처하며 놀라울 정도로 이 작품에 호의적이었다. 유달리 경쟁심이 강한 그의 성격을 고려할 때 이례적인 일이었다. "리드 헤이스팅스와 테드 서랜도스, 그리고 넷플릭스는 너무 자주 제대로 해낸다"고 트위터에 극찬을 남겼다. "그들은 쉽지 않은 국제화 전략을 구사하면서도 성공을 이끌어낸다. 인상적이고 고무적이다. 그리고 하루빨리 작품을 보고 싶다."

이 같은 찬사는 베이조스의 재촉과 막대한 자금력에도 아직 이렇다 할 흥행작을 내지 못하고 있던 프라임비디오 경영진이 각오를 다시 한 번 다지는 계기가 되었을 것이다. 이 트윗은 어지러울 만큼 수많은 추측을 불러일으키기도 했다. 아마존이 깜짝 놀랄 일을 벌여서 넷플릭스에 도전장을 내밀겠다는 신호인가? 시장가치가 1조 7,000억 달러(2,210조 원)(2023년 9월 기준 1조 4,000억 달러를 오가고 있다-옮긴이)로 넷플릭스 규모의 5배가 넘는 아마존이면 이 스트리밍 거물을 매입하는 것도 재정적으로 얼마든지 가능했다. "뭔가 있군요." 프로듀서 프랭클린 레너드Franklin Leonard가 베이조스에게 묻자 베이조스가 재빨리 답했다. "아뇨, 그저 찬사일 뿐입니다."

월스트리트에서 전설의 5인방으로 일컫는 FAANG, 즉 페이스북, 애플, 아마존, 넷플릭스, 구글 중 두 기업이 합병할 가능성이 매우 희박한 데는 몇 가지 이유가 있다. 아마존은 워낙에 규모가 크다 보니 MGM처럼 훨씬 작은 사업체를 인수할 때나 일반적 비즈니스 거래를 할 때도 규제 당국의 철저한 심사를 거쳐야 한다. 그래서 광고 판매, 혹은 엔터테인먼트 이외 영역의 경우 당일 배송 같은 서비스에 오히려 더 집중하는 전략을 취했다. 그럼에도 베이조스가 그렇게 많은 이야기를 했다는 사실은 스트리밍으로 미디어 산업이 얼마나 많이 변화했는지 보여준다. 게다가 역사를 돌아보면 진화가 갈수록 빠르게 진행된다는 사실을 알 수 있다. 부의 창출 속도는 놀랍기 짝이 없고 (2021년에는 베이조스가 세계 최고 부호 자리를 테슬라 창업자 일론 머스크에게 내주었다) 경제 상황이 최근 호조를 보이는 걸 감안하면 미처 상상하지 못했던 두 기업의 대형 합병이 당장에라도 일어날 수 있다.

넷플릭스가 〈하우스 오브 카드〉를 선보여 TV라는 매체를 재정의한 2013년도에도 그랬지만 경쟁사들이 안고 있는 문제는 단순히 배우와의 관계 혹은 취향만은 아니었다. 자원도 문제였다. 세계적 타이틀을 찾기 시작한 애플TV플러스는 첫 번째 한국어 프로젝트로 인기 웹툰을 원작으로 한 공상과학 스릴러 〈닥터 브레인Dr. Brain〉을 선택했다. 〈테드 래소〉로 성과를 거두기는 했지만 애플이 스트리밍 서비스에 뛰어든 동기는 모호했다. 기업 내에서 스트리밍이 차지하는 위상을 따지자면 서비스 패키지의 클라우드 스토리지, 아케이드 게임, 음악이나 피트니스 항목과 비슷한 수준이었다. 2021년 중반, 워너미디어는 미국 이외 지역에서 HBO맥스를 출시하기 시작했지만 HBO와의 배급 계약이 남은 영국, 독일과 이탈리아에서는 2025년까지 출시가 불가능하다. 컴캐스트는 유럽에서 비아콤 CBS와 손잡고 피콕의 기술 인프라를 이용해 공동 스트리밍 벤처를 설립하기로 했는데 이는 단독으로 사업을 하기엔 재정 부담이 있다는 걸 잘 보여준다.

적어도 미국에서 넷플릭스에 적수가 될 만한 기업은 디즈니뿐이었다. 디즈니플러스는 출시 2년 만에 50개가 넘는 국가로 서비스를 확장했고 1억 2,000만 명 이상의 가입자를 확보했다(2023년 2분기 기준 1억 5,210만 명-옮긴이). 애널리스트들은 디즈니플러스 가입자 수가 빠르면 2024년에 넷플릭스를 넘어설 것으로 예상한다. 하지만 이 엄청난 가입자 수가 어느 정도 가치가 있는지는 생각해 볼 문제다. 디즈니가 전통 엔터테인먼트 산업에 참여하고 있지만 여전히 주력 분야는 수출이다. 미국 이외의 지역에 프로젝트 개발을 의뢰하기 시작한 것도 2021년 들어서부터였다. 물론 점차 수를 늘려 2024년까지 50개의 해외 프로젝트를 진행할 계획이지만 말이다. 그리고 디즈니플러스 전체 가입자의 3분의 1 이상은 남아시아 전역의 인기 스트리밍 서비스 핫스타에서 흘러들어 왔다. 핫스타의 가입자들이 저렴한 비용으로 추가 이용할 수 있었던 것이다. 실제로 스트리밍 서비스를 평가하는 데 일반적으로 사용되는 지표인 사용자당 평균 수익은 디즈니플러스의 경우 넷플릭스 평균의 절반에도 못 미치는 약 4달러(5,200원)에 그쳤다. 물론 규모가 커지면 구독료 역시 계속 상승할 수는 있다(2023년 기준 베이직 7.99달러, 프리미엄 13.99달러-옮긴이).

2021년 12월 퇴임을 앞두고 50여 년간 지속해 온 미디어 커리어를 정리하던 디즈니의 오랜 CEO 밥 아이거는 후임인 밥 체이펙이 데이터에 지나치게 매몰될까봐 걱정했다. 〈할리우드리포터〉에 따르면 아이거는 디지털 세계에서 획득한 통찰을 바탕으로 창의성에 더욱 완벽을 가한다면 디즈니가 스트리밍 야망을 실현할 수 있을 것이라고 경영진과 이사회에 전했다. 만약 연구 결과에만 의존해 결정을 내렸다면 영화 〈코코〉, 〈블랙 팬서〉, 〈샹치와 텐 링즈의 전설〉 같은 히트작은 결코 선보이지 못했을 것이라고도 말했다. 하지만 디즈니를 비롯한 기존 미디어가 관성을 버리기는 어려웠을 것이다. 최고 임원들은 너나 할 것 없이 나서서 넷플릭스 같은 기술 침입자는 홈그라운드에서 싸우는 할리우드를 절대 이기지 못할 것이라며 넷플릭스의 몰락을 예언했다. 지금까지 이 예언은 실현되지 않고 있다.

리드 헤이스팅스는 디즈니가 시작부터 호조를 보이자 넷플릭스 역시 "전투력이 상승한 상태"라고 말했다. 2021년 실적 인터뷰에서 그는 두 기업이 맞붙는 게 "전 세계에 좋은 일"이라고 말했다. 그럼에도 1997년 자신이 공동 창립한 넷플릭스를 기존 관습에 반기를 든 "반란군"으로 묘사했다. 그는 디즈니의 최고 강점인 100년 전통의 가족 친화적 브랜드가 오히려 디즈니를 황금 수갑으로 속박하고 있다고 주장했다. 사실 디즈니는 훌루를 손에 넣은 만큼 더 파격적인 요금으로 구독자층을 확장할 수도 있다. 훌루를 FX의 성인 드라마 전용 채널로 만든 것이 바로 이 때문이지만 자칫하다간 가족적 이미지에 타격을 입을 수 있다는 점도 고려했다. 컴캐스트는 여전히 훌루 지분의 33%를 소유하고 있고 빠르면 2024년쯤 디즈니에 납득할 만한 가격으로 넘길 수 있기 때문에 훌루부터 서둘러 정비할 필요는 없다. 헤이스팅스가 〈오징어 게임〉, 〈브리저튼〉, 〈투 핫Too Hot to Handle〉처럼 전 세계적인 열풍을 일으킬 만한 프로그램들을 "디즈니에서 보기까지는 시간이 좀 걸릴 것"이라고 자신 있게 단언한 것이 바로 이 때문이다.

감사의 글

▶

이 책은 제안서가 담긴 메일을 르바인그린버그&로스탄Levine, Greenberg&Rostan 문학 에이전시에 있는 우리의 구세주 다니엘 그린버그 Daniel Greenberg가 열어보는 행운을 누리면서 탄생할 수 있었다. 그린버 그는 책의 잠재력을 간파하고 4:3 비율의 흑백 TV에 불과하던 우리의 아이디어를 총천연색 시네마스코프 버전으로 전환할 방법을 알려주 었다. 우리는 그의 비전과 방향성, 그리고 우정에 감사하는 마음을 평 생토록 간직할 것이다.

다니엘이 이 책을 위해 섭외한 윌리엄모로우William Morrow는 최고 의 출판사였다. 현명하고 명석한 데다 따뜻하기까지 한 편집자 마우 로 디프레토Mauro DiPreto는 코로나19 팬데믹으로 출판과 문명이 구석 으로 밀려났을 때조차 이 프로젝트에 대한 초심을 한결같이 유지했 다. 그의 평정심과 지혜 덕분에 우리는 매 순간 한 계단씩 오를 수 있 었다. 그라치에 밀레Grazie mille, 마우로! 또한 수많은 편집 절차가 매끄럽게 진행되도록 도와준 윌리엄모로우의 베디카 칸나Vedika Khanna, 그리고 고급 및 중급 문화에 대한 열정과 재능을 겸비한 드문 인재로 예리한 시각까지 갖춘 편집자 아자 폴록Aja Pollock에게도 깊은 감사를 표한다.

이 책을 집필하는 건 심지어 팬데믹이 터지기 전에도 복잡한 작업이었다. 〈데드라인〉에서 협업한 2018년 한 해 동안 우리는 할리우드 담당으로 최고의 정보력을 자랑하는 저널리스트들, 특히 이 사이트의 공동 편집자 마이크 플레밍, 그리고 넬리 안드리바Nellie Andreeva와 긴밀하게 협력해야 했다. 데이드가 그곳에서 근무를 계속하며 책 집필을 시작하자 마이크, 넬리, 출판인 스테이시 파리쉬Stacie Farish와 다른 여러 동료들은 격려와 애정을 아낌없이 쏟아주었다. 〈데드라인〉을 최전선에서 이끄는 패트릭 하이프스Patrick Hipes, 데니즈 페츠키Denise Petski, 에릭 페데르센Erik Pedersen, 질 골드스미스Jill Goldsmith, 피터 화이트Peter White, 그렉 에반스Greg Evans, 도미닉 패텐Dominic Patten, 피트 해먼드Pete Hammond, 톰 태프Tom Tapp, 안드레아스 와이즈만Andreas Weisman과 그밖에 많은 이들이 '은연중에' 공동 저자이자 동행인이 돼 이 프로젝트를 풍성하게 빛내주고 책을 널리 퍼뜨려 주었다. 돈은 억만장자의 땅 〈포브스〉에 진입해 미디어 업계에서 가장 영향력 있는 인물들과 접촉하는가 하면 편집자 랜달 레인Randall Lane, 롭 라프랑코Rob LaFranco, 로라 만다로Laura Mandaro, 루이사 크롤Luisa Kroll과 마이클 노어Michael Noer의 강력한 지지를 얻었다. 그녀는 마델린 버그, 아리엘 샤피로, 클로이 소르비노, 크리스틴 스톨러 등 이 프로젝트를 진행하는 과정에서 맞닥뜨린 별의별 일화를 끈기 있게 들어주고 격려해 준 동료들에게 감사를 전하고 있다. 또한 〈포브스〉 연구 책임자로서 좀처럼 구하기 힘든 연락처 정보 및 클립을 찾아낼 수 있도록 적극 도와준 수 라들라우어에게도 감사한다.

이 책에서 조명한 다양한 기업의 여러 관계자 분들 역시 언급하지 않을 수 없다. 취재 과정에서 인터뷰에 응해 주고 만남을 주선해 준 분들이 수없이 많다. 특히 피터 바트, 에릭 베커Eric Becker, 나다니엘 브라운Nathaniel Brown, 케이스 코코자Keith Cocozza, 제프 커슨Jeff Cusson, 미시 데이비Missy Davy, 셰이라 페렌Sheila Feren, 카렌 홉슨Karen Hobson, 에릭 호지Erik Hodge, 데이비드 제퍼슨David Jefferson, 제프 클라인Jeff Klein, 짐 랜존, 크리스 레젠틸Chris Legentil, 마이클 맨드Michael Mand, 베스 맥클린턴Beth McClinton, 캔디스 맥도노Candice McDonough, 조너선 밀러, 크리스찬 뮈어헤드Christian Muirhead, 세스 오스터Seth Oster, 폴 플러그Paul Pflug, 마크 로비쇼Mark Robichaux, 매트 사자마Matt Sazama, 에반 샤피로, 브랜든 쇼Brandon Shaw, 마리 쉬히Marie Sheehy, 코리 쉴즈Cory Shields, 리처드 시클로스Richard Siklos, 리사 슈타인Lisa Stein, 마이클 손튼Michael Thornton, 브렌트 와인슈타인Brent Weinstein, 알랜 월크Alan Wolk, 로렌 잘라즈닉Lauren Zalaznick, 그리고 멜 주커만Mel Zukerman에게 감사한다.

데이드 헤이스 마지막으로 내 가족에게 어디에도 뒤지지 않는 내 사랑을 전한다. 스텔라, 마고와 핀리는 끝없이 격려해 준 건 물론 사상 최고의 장기 포커스 그룹 역할까지 수행했다. 에밀리는 현대적 분석과 더불어 방송국이 3개뿐이던 시절에 코블스톤 드라이브에서 나무 패널 TV를 시청하던 시절의 경험까지 공유해 주었다. 캐롤과 필

헤이즈 덕분에 내가 궤도에 오를 수 있었다. 둘 다 사랑한다. 그리고 알라 브로크스미트_{Alla Broeksmit}와 그녀의 가족은 내가 메인주에서 이 책의 구상을 시작한 수년 전부터 크고 작은 방식으로 이 프로젝트를 지원해 주었다.

돈 호미엘레프스키 댄, 앨릭스, 매디와 조안에게 사랑과 감사를 표하고 싶다. 자료조사부터 집필까지 이 책에 바친 2년이 넘는 기간 동안 변함없이 지지해 주고 스트리밍 혁명을 바라보는 3대에 걸친 통찰을 공유해 줘 고맙다. 차를 타거나 달리거나 운동할 때, 단순히 식사하는 동안에도 스트리밍에 관해 끊임없이 떠드는 내게 귀 기울여 준 친구들 역시 감사하다. 너희의 끝없는 격려가 큰 힘이 됐어. 내가 이 여정에 나설 수 있는 사람이 되기까지 40여 년 전부터 키워주고 지금도 계속해서 날 응원해 주는 킴 랜던에게도 감사드린다.

주석

대개 스트리밍이라고 하면 신생 산업의 핵심에서 분석의 저장소로 광범위하게 적용되는 '블랙박스'를 떠올리기 마련이다. 다행히 이 책의 경우 스트리밍 업계를 구축한 시장과 기업, 그리고 인물들에 관해 2년 반에 걸쳐 연구하고 보도함으로써 상당한 통찰을 갖출 수 있었다. 실제로 로스앤젤레스, 뉴욕, 실리콘밸리, 워싱턴D.C, 마이애미, 덴버 등 미국 전역에서 우리는 전현직 임원, 기술자, 제작자, 컨설턴트, 에이전트를 비롯한 200여 명과 인터뷰를 실시했다. 아래에 소개된 자료들과 더불어 언급된 〈데드라인〉과 〈포브스〉에서 적절한 자료를 선택해 활용했다. 우리는 이전 보도를 통합하는 게 아닌, 독자적 서사를 구축하고자 했다. 그래서 매일같이 하는 보도와 구체적 대화, 그리고 이 책을 위해 마련한 기회를 철저히 구분하기 위해 노력했다.

우리의 서사에서 주축을 담당한 플레이어들은 대체로 우리를 반겼다. 민감한 주제와 깊이 있는 대화를 나눠야 했는데도 말이다. 단, 디즈니는 2020년 초 코로나19 발생 이후 사실상 기자는 물론 수많은 비즈니스 파트너조차 진입이 불가능한 강력한 요새였다. 기업이 위기에 처해 있고 새로운 CEO가 부임한 상황에서 디즈니는 수많은 도전 과제에 대해 논의하기보다 씩씩한 표정으로 침묵을 지키는 쪽을 택했다. 처음엔 최고 경영진을 연결해 주겠다고 애기하던 홍보 담당자들은 이메일, 전화와 문자 등 어떤 메시지에도 반응하지 않았다. 애플에도 고위 경영진과 면담을 거듭 요청했지만 거부당했다. 애플과 디즈니의 경우, 업계의 다른 기업들과 마찬가지로 기업 행사에 참석하는 한편 장기간 임원으로 근무했던 인물들, 그리고 크리에이티브 및 비즈니스 파트너들과 이야기 나누며 정보를 수집했다.

《스트리밍 이후의 세계》는 조 플린트Joe Flint, 벤 멀린Ben Mullin, 에드먼드 리Edmund Lee, 브룩스 반스Brooks Barnes, 니콜 스펄링Nicole Sperling, 메그 제임스Meg James, 라이언 파운더Ryan Faughnder, 루카스 쇼Lucas Shaw, 신시아 리틀턴Cynthia Littleton과 조셉 아달리안 등 동료 언론인들의 통찰력 있는 작업물을 활용했다. 우리는 글을 쓰고 있는 이 순간에도 계속해서 업데이트되는 스토리에 대해 일일이 이름을 거론하기 힘들 만큼 수많은 신예들과 함께 공격적으로 취재했다. 수많은 컨설턴트, 경영진 및 여러 전문가들이 트위터에 부쩍 자주 올리는 글도 우리의 생각을 자극했다. 엔터테인먼트 업계의 여러 고위 임원 및 관계자들이 고용주나 비즈니스 파트너들로부터 불이익을 당하는 일이 없도록 익명을 보장하는 조건으로 업계의 비하인드 스토리에 관해 자유롭게 털어놓았다. 우리는 정보 제공자들의 요청을 존중하기로 했다.

서문
넷플릭스 최고콘텐츠책임자 테드 서랜도스의 인터뷰는 2018년 〈베니티 페어〉 '뉴 이스태블리시먼트 서밋' 인터뷰에서 인용되었다. 아마존 CEO 제프 베이조스의 발언은 2016년 코드 컨퍼런스에서 나온 것이다. 스티븐 프리들랜더의 말은 페이스북 게시물에서 인용했다. 스티븐 빈센트 베네의 《바빌론의 물가에서》는 1937년 7월 31일 〈새터데이이브닝포스트Saturday Evening Post〉에 "신들의 장소The Place of the Gods"라는 제목으로 처음 발표되었다. 매니 파버의 "흰코끼리 예술 vs. 흰개미 예술"은 1962년에서 1963년으로 넘어가는 겨울, 〈필름컬처Film Culture〉 27호에 게재되었다.

들어가며

제인 로즌솔과 존 스탠키는 저자들이 직접 인터뷰를 진행했다. 〈왕좌의 게임〉, 〈더 모닝쇼〉, 〈아이리시맨〉 시사회 관련 자료는 저자가 직접 취재한 내용을 바탕으로 작성되었고 그 밖의 내용은 다음을 참조했다. Brendan Klinkenberg, "Apple's Beats 1 Radio Is Censoring Music," BuzzFeed, June 30, 2015; Maria Elena Fernandez, "*The Morning Show* Was a Challenge Kerry Ehrin Couldn't Resist," New York, November 1, 2019. 티에리 프레모의 발언은 〈르필름프랑세즈Le Film Francais〉와 인터뷰한 내용을 론다 리치포드Rhonda Richford가 2018년 3월 23일자 〈할리우드리포터〉 "Cannes Artistic Director Explains Netflix Competition Ban"에 실은 데서 따왔다.

1장 꿀벌들 가운데 텔레비전의 발견

데이비드 블레어, 토머스 케슬러, 마크 큐번, 롭 글레이저, 조너선 태플린, 아이라 루벤스타인과 직접 인터뷰를 진행했다. 이 장은 다음의 자료를 참조했다. John Battelle, "WAX or the Discovery of Television Among the Bees," *Wired*, February 2, 1993; John Markoff, "Cult Film Is a First on Internet," *New York Times*, May 24, 1993; Kara Swisher and Evan Ramstad, "Yahoo to Announce Acquisition of Broadcast.com for $5.7 Billion," *Wall Street Journal*, April 1, 1999; "Blockbuster Acquires Movielink," *Bloomberg News*, August 9, 2007; and John Kisseloff's *The Box: An Oral History of Television, 1929–1961* (Golden, CO: ReAnimus Press, 2013).

키셀로프 이외에 역사학자 에릭 바누Erik Barnouw의 《Tube of Plenty: The Evolution of American Television》, 2nd rev. ed. (New York and Oxford: Oxford University Press, 1990) 역시 이 장을 위한 훌륭한 자료를 제공했다.

2장 할리우드의 새로운 중심

저자들이 마크 랜돌프, 패티 맥코드 및 조 아모데이와 인터뷰를 진행했다. 아서 밀러는 장 스타인Jean Stein의 구전 역사 《에덴의 서쪽: 미국적 장소《West of Eden: An American Place》(New York: Random House, 2016)에서 인용되었는데 이 책에는 잭 워너의 부동산에 관한 세부사항 역시 담겨 있다. 또한 다음의 자료를 참조했다. Scott Markus, "Los Angeles Ghosts—the Spirit of Hollywood's First Sex Symbol Rudolph Valentino" on AmericanGhost Walks.com; Joe Flint, "Netflix's Reed Hastings Deems Remote Work 'a Pure Negative,'" *Wall Street Journal*, September 7, 2020; Brooks Barnes, " 'The Town Hall of Hollywood.' Welcome to the Netflix Lobby," *New York Times*, July 14, 2019; Marc Randolph, *That Will Never Work* (New York: Little, Brown and Company, 2019); Dawn Chmielewski, "How Reed Hastings Rewrote the Hollywood Script," *Forbes*, September 7, 2020; Reed Hastings and Erin Meyer, *No Rules Rules: Netflix and the Culture of Reinvention* (New York: Penguin Press, 2020); Stephen Armstrong, "Has TV Gone Too Far?" *Times* (London), January 15, 2017; Vivian Giang, "She Created Netflix's Culture and It Ultimately Got Her Fired," *Fast Company*, February 17, 2016; Shalini Ramachandran and Joe Flint, "At Netflix, Radical Transparency and Blunt Firings Unsettle the Ranks," *Wall Street Journal*, October 25, 2018; Patty McCord, *Powerful: Building a Culture of Freedom and Responsibility* (Silicon Guild, 2017); and Susan Adams, "The Alchemist," *Forbes*, May 27, 2002. 이외 자료는 테드 서랜도스가 출연한 2021년 4월 5일 팟캐스트 스마트리스SmartLess에서 발췌했다. 다른 인용문과 배경 지식은 2019년 6월 덴버에서 열린 TV 축제 시리즈페스트SeriesFest에 저자들이 직접 참석해 서랜도스가 참여한 기조 대담을 듣고 활용했다. 마크 랜돌프의 자료는 2019년 10월 2일 영국 공개 이벤트 시리즈 5x15의 그의 발표에서 따 왔다(https://youtu.be/l-2rS0BhukE).

3장 명성에 부응하는 넷플릭스

저자들이 테드 서랜도스, 닐 헌트, 앤서니 우드, 크리스 알브레히트, 신디 홀랜드, 스티브 스와시 및 로이 프라이스와 인터뷰를 진행했다. 또한 다음의 자료를 참조했다. Randolph's *That Will Never Work*; Eliot Van Buskirk, "How the Netflix Prize Was Won," *Wired*, September 22, 2009; Richard Barton's interview by Dawn Chmielewski for "How Netflix's Reed Hastings Rewrote the Hollywood Script"; Austin Carr, "Inside Netflix's Project Griffin: The Forgotten History of Roku Under Reed Hastings," *Fast Company*, January 23, 2013; Brian Stelter, "Netflix to Pay Nearly $1 Billion to Add Films to On-Demand Service," *New York Times*, August 10, 2010; Hastings's comments on Qwikster are drawn from Hastings and Meyer, *No Rules Rules*; Dorothy Pomerantz, "Did Disney Just Save Netflix?," *Forbes*, December 5, 2012; Jim Lanzone interviewed by Dawn Chmielewski for "How Netflix's Reed Hastings Rewrote the Hollywood Script"; Dawn Chmielewski, "Ted Sarandos Upends Hollywood with Netflix Revolution," *Los Angeles Times*, August 25, 2013; Christina Radish, "Steven Van Zandt Talks 'Lilyhammer,' Netflix's Original Programming, Living and Working in Norway, and What He Hopes Viewers Get from Watching the Show," Collider, December 12, 2013; 2016년 1월 6일 소비자가전박람회 리드 헤이스팅스 기조연설.

4장 피의 결혼식

AT&T 반독점 재판에 대한 설명은 저자들의 취재, 그리고 Jane Mayer's "The Making of the Fox News White House," *New Yorker*, March 4, 2019 등 트럼프 행정부가 소송을 추진하는 동기에 대한 보도를 참조했다. 〈데드라인〉에 실린 본 저자들의 보도에는 2018년 6월 12일자 "AT&T-Time Warner Merger Approved"가 포함된다. 조너선 밀러와 크리스 알브레히트는 본 저자들이 직접 인터뷰했다. 이 장은 또한 다음의 자료를 참조했다. Edmund Lee and John Koblin, "HBO Must Get Bigger and Broader, Says Its New Overseer," *New York Times*, July 8, 2018; Nancy Hass, "And the Award for the Next HBO Goes to…," *GQ*, January 29, 2013; and Jeff Bewkes's interview with Julia Boorstin, CNBC's *Power Lunch*, January 6, 2011. 랜달 스티븐슨이

뉴욕에서 열린 골드만삭스 커뮤나코피아 컨퍼런스에 참석한 건 2018년 9월 12일이었다. 맥클레인 웨이와 채프먼 웨이의 발언은 2018년 10월 9일 로스앤젤레스에서 열린 〈베니티페어〉 '뉴 이스태블리시먼트 서밋'에서 나왔다.

5장 하던 대로만 해서는 안 된다는 걸 알고 있었죠

케빈 메이어, 앨버트 쳉, 앤 스위니, 조 암보, 데니즈 덴슨, 앤디 버드, 밥 보먼은 본 저자들이 직접 인터뷰했다. 또한 다음의 자료를 참조했다. Claudia Eller, Kim Christensen, and Dawn Chmielewski, "Disney Pins Its Digital Future on Pixar Deal," *Los Angeles Times*, January 25, 2006; Bob Iger, *The Ride of a Lifetime* (New York: Random House, 2019); Dawn Chmielewski, "Steve Jobs Brought His Magic to Disney," *Los Angeles Times*, October 6, 2011; Dade Hayes, "The Anatomy of a Comeback," *Globe and Mail*, May 5, 2017; Eliot Van Buskirk, "Cable Departs from Hulu Model with 'TV Everywhere,'" *Wired*, June 26, 2009; Todd Spangler, "How Critical Is TV Everywhere?" *Multichannel News*, October 17; 2011. Richard Greenfield interview with Phillip Dampier, "Cable's TV Everywhere Online Viewing Loaded Down by Endless Ads That Often Exceed Traditional TV," Stop the Cap!, July 10, 2014; James B. Stewart, *DisneyWar* (New York: Simon & Schuster, 2005). 밥 아이거의 발언은 2020년 2월 9일자 빌 시먼스 팟캐스트, 그리고 CNBC의 '스쿼크 온 더 스트리트Squawk on the Street'에서 2019년 4월 12일 방영된 데이비드 파버와의 인터뷰에서 따왔다. 아이거의 미국케이블방송통신협회 연설은 Kenneth Li, "Disney Warns on Restraints to Web Viewing," Financial Times, April 2, 2009 등의 기사에서 인용했다.

6장 쿠퍼티노에서 생방송으로 전해드립니다

애플 행사에 관한 세부사항은 저자들이 직접 취재했다. 이 장은 또한 다음의 자료를 참조했다. Dawn Chmielewski, "Apple Brings Out Oprah to Tout Apple TV+ Streaming TV but Leaves Viewers Guessing," *Forbes*, March 25,

2019; Jessica E. Lessin and Amir Efrati, "Apple's TV Push Stalls as Partners Hesitate," *Information*, July 30, 2014; Jimmy Iovine interview with Ben Sisario, "Jimmy Iovine Knows Music and Tech. Here's Why He's Worried," *New York Times*, December 30, 2019; Tim Cook remarks, Apple Keynote Event, March 25, 2019; Mark Lawson, "Apple TV+: Less a Rival to Netflix, More a Smug Religious Cult," *Guardian*, March 25, 2019; Josef Adalian, "We Learned a Lot About Apple TV+ Today, but Not How Much It'll Cost," *New York*, March 25, 2019; Elahe Izadi, "Bono Is Sorry U2's Album Automatically Showed Up on Your iTunes," *Washington Post*, October 15, 2014.

7장 한 입 거리 퀵바이트

Jeffrey Katzenberg interview with Dawn Chmielewski, "Coronavirus Lockdown Will Boost Meg Whitman's and Jeff Katzenberg's New Mobile Streaming Service Quibi," *Forbes*, April 3, 2020; Katzenberg interview with Andrew Wallenstein, "Inside Jeffrey Katzenberg's Plan to Revolutionize Media on Mobile Screens," *Variety*, July 19, 2017; Dawn Chmielewski interview with Meg Whitman, "Coronavirus Lockdown Will Boost Meg Whitman's and Jeff Katzenberg's New Mobile Streaming Service Quibi"; Meg Whitman with Joan O'C. Hamilton, *The Power of Many* (New York: Crown Publishers, 2010), 22; Jason Blum interview with authors, October 16, 2020; Cody Heller interview with authors, July 8, 2020; Tegan Jones, "Dummy Is the Hilariously Filthy and Raw Show We Need Right Now," *Gizmodo*, April 21, 2020; Jeffrey Katzenberg interview with Bill Snyder, "Jeffrey Katzenberg: How Failure Makes a Better Leader," *Stanford Business*, March 13, 2018; Benjamin Mullin, "Jeffrey Katzenberg and Meg Whitman Struggle with Their Startup— and Each Other," *Wall Street Journal*, June 14, 2020; Jeffrey Katzenberg and Meg Whitman keynote, Consumer Electronics Show, January 8, 2020; Dawn Chmielewski interview with Zach Wechter, "Meg Whitman, Jeffrey

Katzenberg Raise $400 Million Second Funding Round as Quibi Prepares to Launch," *Forbes*, January 8, 2020; Van Toffler interview with the authors, March 12, 2020.

8장 본방을 놓친 게 억울했던 만화광 소년

매트 스트라우스, 보니 해머와 스티브 버크는 저자들이 직접 인터뷰를 했다. 다음의 자료들 역시 참조했다. Brian Roberts's remarks at Morgan Stanley's Technology, Media & Telecom conference in San Francisco, February 26, 2019; E. B. White, "Around the Corner," *New Yorker*, November 14, 1936; Iger, Ride of a Lifetime; Warren Buffett interview with Tim Arango and Bill Carter, "A Little Less Drama at NBC," *New York Times*, January 26, 2011; Shalini Ramachandran and Keach Hagey, "Two Titans' Rocky Relationship Stands Between Comcast and Fox," *Wall Street Journal*, June 21, 2018.

9장 장기전

존 스키퍼, 조 루소와 앤서니 루소, 지미 피타로, 스콧 로젠버그와 닉 칸은 본 저자들과 직접 인터뷰했다. 이 장은 Amanda D. Lotz's We Now Disrupt This Broadcast (Cambridge, MA: MIT Press, 2018) 역시 참조했다.

10장 클라운컴퍼니의 탄생

마이크 홉킨스, 진 브리악 페레트, 제이슨 킬러, 랜디 프리어는 저자들이 직접 인터뷰됐다. 이 장은 다음의 자료 역시 참조했다. Maureen Kilar, "Enough Is Too Much," *Penn-Franklin News*, January 8, 1979; Chuck Salter, "Can Hulu Save Traditional TV?," *Fast Company*, November 1, 2009; Jason Kilar, "The Future of TV," *Hulu.com blog post*, February 3, 2011.

11장 플라이휠 효과

크리스 스파다치니는 저자들이 직접 인터뷰했다; Tim Wu, *The Master*

Switch (New York: Random House, 2010); 2018년 11월 29일 AT&T 투자자의 날 행사 내 존 스탠키의 발언은 AT&T 투자자 홍보 웹사이트 investors.att.com와 다음 자료에 나와 있다; 2018 Vanity Fair New Establishment Summit, October 9, 2018.

12장 팅커벨의 지팡이
케빈 메이어, 랜디 프리어, 닉 반 다이크는 저자들이 직접 인터뷰했다. 밥 아이거, 리키 스트라우스, 마이클 파울, 크리스틴 매카시의 발언은 2019년 4월 11일 월트디즈니 투자자의 날 행사에서 나왔다. 이 장은 다음의 자료들 역시 참조했다. Whitman and Hamilton, Power of Many, and Erich Schwartzel and Joe Flint, "Can Kevin Mayer Deliver the Future of Disney?," *Wall Street Journal*, November 9, 2019.

13장 여러분도 마음에 드실 거예요
루시안 그레인지, 테드 코헨, 리처드 플레플러와 리 아이젠버그는 저자들이 직접 인터뷰했다. 팀 쿡의 발언은 2019년 9월 10일 애플 제품 출시 행사에서 인용한 것이다. 에디 큐의 발언은 스튜어트 맥거크Stuart McGurk와의 인터뷰, "Can Apple Hack It in Hollywood? We Talk to the Man Behind Apple TV+,"*GQ*, July 1, 2019에서 따왔다.

14장 퀴비여, 어디로 가시는 겁니까?
제프리 캐천버그와 메그 휘트먼은 본 저자들이 직접 인터뷰했다. Dawn Chmielewski, "Coronavirus Lockdown Will Boost Meg Whitman's and Jeff Katzenberg's New Mobile Streaming Service Quibi"; Jason Blum spoke with the authors and Grace Watkins posted remarks to Twitter. Our account also was informed by Spencer Kornhaber, "Quibi Is a Vast Wasteland," *Atlantic*, April 11, 2020; Kate Knibbs, "Laughing at Quibi Is Way More Fun Than Watching Quibi," *Wired*, July 15, 2020; Benjamin Mullin and Sahil Patel,

"Quibi, Jeffrey Katzenberg's On-the-Go Streaming Bet, Adjusts to Life on the Couch," *Wall Street Journal*, May 4, 2020; Nicole Sperling, "Jeffrey Katzenberg Blames Pandemic for Quibi's Rough Start," *New York Times*, May 11, 2020.

15장 사람들의 시선을 사로잡고 싶다면 애달프게 만들어야죠

보니 해머와 매트 스트라우스의 인터뷰는 저자들이 직접 진행했으며 스티브 버크의 발언은 2020년 1월 16일 NBC유니버설 피콕 투자자 프레젠테이션에서 발췌했다.

16장 IQ 테스트

워너미디어 투자자의 날에 대한 구체적 내용 및 인용 발언은 본 저자들이 직접 취재했다. 케빈 라일리, 밥 그린블랫, 제러미 레그 역시 본 저자들이 직접 인터뷰했다. 세라 오브리의 발언은 2019년 4월 라스베이거스에서 열린 전미 방송사 협회 박람회 중 본 저자들 중 한 명인 데이드 헤이즈가 진행한 토론에서 나왔으며 그밖에 다음 자료 역시 참조되었다. Jeff Beer, "HBO Max Is a Branding Disaster, and This Ad Proves It," *Fast Company*, April 28, 2020

17장 자신에게 도박을 건 넷플릭스

크리스 실버만, 신디 홀랜드, 앤디 이트먼과 짐 랜존은 본 저자들이 직접 인터뷰했다. 리드 헤이스팅스의 발언은 던 츠미에레스키의 "How Netflix's Reed Hastings Rewrote the Hollywood Script"에서 따 왔고 테드 서랜도스의 발언은 〈베니티페어〉 '2018 뉴 이스태블리시먼트 서밋'에서 발췌한 것이다.

18장 출격

케빈 메이어, 제이슨 클로스, 밥 그린블랫, 제러미 레그, 케빈 라일리와 제이슨 킬라는 본 저자들이 직접 인터뷰했다. 〈러브 라이프〉의 가상 시사회 관련 정보는 본 저자들이 직접 취재한 내용이다. 출시 준비에 대한 마이클 파울의 발언은 줄리아 알렉산더의 "Overload and Day One Crashing Are

Things the Disney+ Team Is Thinking 'Very Much' About," *Verge*, August 26, 2019; James Poniewozik, "Review: Apple's 'Morning Show'? Wait for the Upgrade," *New York Times*, October 31, 2019; Troy Patterson, "'Dickinson,' from Apple TV+, Is Deeply Weird and Dazzles Gradually," *New Yorker*, October 31, 2019에서 나왔다. 헤일리 스타인펠드의 발언은 2019년 9월 14일에 열리고 저자 데이드 헤이스가 참석한 트라이베카 TV 페스티벌 시사회에서 따왔다. Tony Goncalves interview with "Nilay Patel and Julia Alexander, "The Head of HBO Max on Launching Without Roku, Adding 4K HDR, and the Snyder Cut," *Verge*, June 2, 2020; John Ridley, "Op-Ed: Hey, HBO, 'Gone with the Wind' Romanticizes the Horrors of Slavery. Take It Off Your Platform for Now," *Los Angeles Times*, June 8, 2020; Brooks Barnes, "Disney Is New to Streaming but Its Marketing Is Unmatched," *New York Times*, October 27, 2019.

19장 우주에서는 당신이 스트리밍하는 걸 아무도 몰라요

신디 홀랜드, 조와 앤서니 루소 형제, 밥과 진 버니는 직접 인터뷰했다. 이 장은 다음의 자료 역시 참조했다. Anthony Kaufman, "Netflix Folds Red Envelope, Exits Theatrical Acquisition and Production Biz," *IndieWire*, July 23, 2008; Dade Hayes, "Scott Stuber and Ron Howard Talk Pay Models, Theatrical, Green Light Process," *Deadline*, November 9, 2019.

20장 격변하는 모든 것

제이슨 킬라, 제이슨 블룸과 캐럴린 블랙우드는 저자들이 직접 인터뷰를 진행했다. 스웨타 파텔은 저자인 데이드 헤이스가 "Quibi Shows Returning as Roku Originals on May 20 as Streaming Provider Begins New Programming Chapter," *Deadline*, May 13, 2021를 위해 인터뷰했다. 다음의 자료 역시 참조했다. Mike Fleming, "John Lee Hancock on a 30-Year Odyssey Making 'The Little Things' with Denzel Washington, Rami Malek & Jared Leto, and the Abrupt HBO Max Pandemic Pivot," *Deadline*, December 22, 2020; Dade Hayes, "HBO Max Year One: WarnerMedia Direct-to-Consumer Chief Andy Forssell on Finding Streaming Mojo, Warner Bros Day-and-Date Takeaways, AVOD Plan & More," *Deadline*, May 3, 2021; John Meyers, "Disney's Bob Iger Resigns from Newsom Task Force as Tensions Mount over Theme Park Closures," *Los Angeles Times*, October 1, 2020; Christopher Palmeri, "Disney's Kareem Daniel Rises from Intern to Streaming Czar," *Bloomberg*, October 12, 2020; 밥 체이펙이 2021년 3월 3일 인디애나대에서 연설한 내용은 유튜브 동영상 "A livestream interview with IU alumnus and Disney CEO Bob Chapek," https://youtu.be/k8kL_kMwmt0에서 발췌했다.

21장 진격의 아마존

마이크 홉킨스, 제니퍼 살케와 로이 프라이스는 본 저자들이 직접 인터뷰를 진행했다. 이 장은 다음의 자료 역시 참조했다. Dawn Chmielewski and David Jeans, "Why Amazon Is Paying More for MGM Than Disney Did for Star Wars and Marvel," *Forbes*, May 26, 2021; Peter Bart, "Jeff Bezos Is Taking Aim at Hollywood," *Deadline*, December 9, 2016; 그리고 제프 베이조스의 발언은 2021년 4월 29일 발표된 아마존 분기 실적에서 따왔다.

22장 인내와 믿음

〈인 더 하이츠〉 시사회에 대한 구체적 내용과 주연 배우 인터뷰는 본 저자들이 직접 취재한 내용 및 저자 데이드 헤이스의 기사 "In the Heights Moves the Masses at Tribeca Festival Premiere," *Deadline*, June 9, 2021를 참조했다. 조쉬 사판, 로렌 드빌리에와 제이슨 킬라는 본 저자들이 직접 인터뷰를 진행했다.

찾아보기

▶

[A-Z]

21세기폭스 114, 161, 207, 211, 265, 462
9·11 테러 5, 11, 112
ABC 92, 145, 151, 155, 231, 236, 311
ABC 시그니처 242
ABC뉴스 56, 155, 175
ABC와 애플의 제휴 136-142
AGBO 405
AMC네트웍스 31, 44, 150, 164, 223, 312, 466, 467
AOL타임워너 60, 124, 230
AT&T타임워너 반독점 소송 113-116
C. S. 포레스터 395
CAA(Creative Artitsts Agency) 37, 71, 418, 419, 461
CBS 올액세스 98, 205, 223, 463
CNN 27, 36, 114, 116, 120, 174, 218, 251, 322, 331, 335
D. B. 와이스 135
DC유니버스 247
E! 206, 312

E. B. 화이트 202
EMI뮤직 282
ESPN 149, 152, 154, 155, 156, 157, 159, 160, 194, 214, 216, 217-219, 270, 271, 305, 331, 413
ESPN3 219
ESPN플러스 216, 217, 242, 273, 370, 465
FX 164, 236, 242, 273, 284, 312, 326, 359, 454, 479
HBO 118(창립), 121(TV 시장 혁신),
HBO고 127, 131, 330, 332, 333, 389
HBO맥스 127(시스템), 123·131·160·2 47·287·324·330·333·345·370·388·42 6(HBO나우), 321·331·332·336·339·3 40·342·393(워너미디어의 날), 331(로 고), 341·383·472(HBO맥스 오리지널), 431·458·461·468·472(팝콘 프로젝트),
IMDb TV 222, 224, 443
J. D. 밴스 132
J. J. 에이브럼스 165, 342-344
JP모건체이스 184
LEK컨설팅 269

M. 나이트 샤말란 172
MGM(메트로-골드윈-메이어스튜디오) 59,
    62, 66, 95, 440, 441, 451-455, 465, 476
MLB 159, 216, 412
MLB어드밴스드미디어 158
MTV 120, 192, 218
NBA 219, 382, 412
NBC스포츠 313
NBC유니버설 207(스카이 인수)
NCAA 3월의 광란 134, 160, 381
NFL 209, 215, 216, 219, 226, 428, 451
NHL 160, 216, 226
NHL네트워크 226
O. J. 심슨 115
TBS(터너브로드캐스팅시스템) 9, 116, 134,
    186, 187, 338, 341, 381
TCM 클래식영화제 388
TNT 116, 258, 326, 341, 382
TV 에브리웨어 143-149, 151, 201, 222, 305
U2 175
UFC 273, 370
USA네트워크 312, 316, 380
VCR 53, 57, 79, 120, 196
VHS 52, 54, 73, 77, 79, 100
WWE 226, 436

[ㄱ-ㄴ]

가스 에니스 448
가위 굴치 68
개리 트뤼도 443
개릿 캠프 72
개빈 뉴섬 412
갤 가돗 402, 430
게리 레빈슨 100
게리 바버 453, 454
겐슬러 70
고네트워크 153-155
고든 무어 89
골드만삭스 184, 269

골든 글로브 8, 32, 42, 71, 376, 446
광고 7, 13-15, 35, 43, 93, 103, 117, 119-134,
    142, 146-151, 154-158, 190, 205, 209-212,
    218-225, 229, 232, 236, 237-239, 255-258,
    270, 291, 292, 297, 305-318, 323, 332,
    339, 355, 373, 379, 381, 382, 396, 414,
    421, 423, 428, 438, 451, 464, 476
광고 지원 주문형 동영상(AVOD) 223
구글 125, 126, 129, 159, 222, 223, 225, 229,
    230, 323, 476
구독 피로 222
국제 금융 위기 11
귀네스 팰트로 164
그레고르 클레건(더 마운틴) 257
그레고리 윌리엄스 317
그레이스 왓킨스 294
그렉 베를란티 343
그린시네 63
글렌 킨 360
기에르모 델 토로 185, 248
깃털 달린 물고기 298
나오미 왓츠 185
나우TV 207
냅스터 62, 281, 470
네이선 아포다카(도그페이스) 299
넷스케이프 390
넷플릭스 67-69(아이콘 빌딩), 74-76(DVD
    대여 모델), 76(기업공개), 82(직원 문화),
    84(키퍼테스트), 86·96·97·399(퀵스터 사
    태), 88-90(초기 스트리밍 모델), 90(왓치
    나우), 90(시장 교란자), 94-96(스타즈),
    98(제프 뷰커스의 "알바니아 군대" 비유),
    360(어린이 프로그램), 469(임의 재생)
노먼 리어 78
노아 바움백 41, 45
뉴TV 178, 185
뉴리젠시 85
뉴욕 닉스 118
뉴욕 레인저스 118
뉴욕 양키스 159

뉴욕영화제 12, 45, 424
니켈로디언 120, 218, 230
니콜 키드먼 427
니키 핀키 10
닉 반 다이크 269
닉 칸 226, 227
닌텐도 95
닐 게이먼 241
닐 헌트 85, 88-91, 96

[ㄷ-ㄹ]

다니엘 로엡 424
다니엘 페트로첼리 115
다이렉TV 113, 199, 214, 336, 337, 339, 437
다이앤 소여 33
다이앤 키튼 445
다존 216, 225
닥터 드레 35, 170
닷컴 버블 76
대공황 17, 80, 143
대럴 월트립 263
대릭 로버트슨 449
댄 버크 198, 203
댄 브라운 299
댄 브룩스 373
댄 아이브스 317
댄 하먼 186
더그 클린턴 297
더글러스 페어뱅크스 68
데니즈 덴슨 148
데미 로바토 185
데미 무어 307
데이브 샤펠 132
데이브 파버 51 56
데이비드 게펜 34, 279
데이비드 레비 214, 215, 334
데이비드 레터맨 70
데이비드 베니오프 135
데이비드 블레어 51-54

데이비드 사노프 202
데이비드 자슬라브 204, 230, 437, 464
데이비드 체이스 132
데이비드 핀처 101, 102, 401
데일 디그로프 316
데일리 에센셜 189, 194
덴젤 워싱턴 435
도널드 트럼프 114, 251, 255, 289
돈 룩 디퍼 193
돈 치들 193
돈 한 414
둘레 힐 316
드로가5 255
드림웍스 12, 177, 178, 180, 184, 300, 302
드웨인 존슨 402
디스커버리 462(스크립스 인수), 463·464(워
　너미디어와 합병 제안)
디스커버리플러스 463, 464
디시네트워크 151, 199
디에고 루나 264
디즈니 98(넷플릭스), 114·241(훌루 인수),
　140(픽사 인수), 139-141(애플과의 제휴),
　142(마블과 루카스필름 인수), 149(TV 에
　브리웨어), 153(고네트워크), 161·162(21
　세기폭스 인수), 266·267(투자자의 날),
　307(NBC유니버설), 469(클래스패스)
디즈니 배케이션 클럽 371
디즈니 볼트 415
디즈니 소비자 제품 413
디즈니 크루즈 140
디즈니 패스트패스 415
디즈니라이프 157, 158
디즈니랜드 5, 266, 269, 270, 276, 372, 411,
　412
디즈니플러스 271-273(고민거리),
　374(구독자), 369-371(출시 첫 날),
　396·418·419·422·460(프리미어 액세스)
딕 울프 316, 448
딕 파슨스 125
라니 몰라 351

라디오 시티 뮤직 홀 24
라미 말렉 435
라바베어필름 85
라이언 레이놀즈 402
라이언 머피 66, 99, 132, 359
라이온스게이트 31, 59, 95, 105, 211
래리 탄츠 362
랜달 스티븐슨 115, 130, 131, 214, 244, 251,
    333, 337, 345, 390, 437
랜디 프리어 240, 241, 267
랠프 로버츠 118
러셀 시몬스 290, 383
레드 엔벨롭 엔터테인먼트 101
레드애로우스튜디오인터내셔널 104
레스 문베스 231
레스터 홀트 309
레오스 카락스 404
레이 오지 390
레이철 브로즈너핸 295
레전더리엔터테인먼트 128, 433
렌 블라바트닉 216
로널드 레이건 66
로랑 드빌리에 469
로런스 피쉬번 438
로렌 잘라즈닉 96, 482
로렌 파월 잡스 166
로버트 드 니로 40, 45, 46, 456, 457, 468
로버트 로드리게스 405
로버트 에반스 464
로버트 올트먼 13
로빈 윌리엄스 121
로스앤젤레스 레이커스 181
로웰 싱어 265
로이 프라이스 91, 92, 442
로이 허긴스 91
로쿠 93, 94, 200, 223, 313, 315, 386, 426,
    434, 438, 439, 465, 471
로터스 56
론 마이클스 238
론 콘웨이 166

론 하워드 132, 172, 302
롭 글레이저 56
루 와서먼 40, 446
루돌프 발렌티노 67
루스트 305
루시안 그레인지 282
루이스 B. 메이어 66
루카스필름 142, 152, 156, 421
루퍼트 머독 114, 128, 161, 211, 231
루프벤처스 297
르브론 제임스 185
리 아이젠버그 288, 289
리나 웨이스 297
리드 헤이스팅스 69(원격 근무에 관한 생각),
    72(넷플릭스 창립 배경), 80(성장 환경),
    82(컬처 덱),
리사 슈워츠바움 124
리스 위더스푼 32, 33, 37, 165, 172, 173,
    241, 300, 376
리암 햄스워스 181, 192
리얼네트웍스 56
리얼오디오 56
리오나도 디캐프리오 41, 70, 248, 396, 468
리조 375
리처드 J. 레온 114
리처드 리시필드 437
리처드 바턴 89
리처드 플레플러 26, 27, 129, 133, 135, 256,
    287, 288, 324, 334
리치 그린필드 146, 147
리키 스트라우스 272, 276, 277
리키 저베이스 385
리타 윌슨 392
리플레이TV 93
린 마누엘 미란다 416, 431, 456-459, 466
릴 야티 185
링컨 센터 12, 33, 38, 40

[ㅁ-ㅂ]

마거릿 애트우드 265, 454
마리옹 코티야르 404
마블 36, 405, 406, 412, 415, 418, 419, 420, 422, 423
마이HBO 127
마이스페이스 127, 128, 155, 231
마이크 칼킨스 373
마이크 티리코 309
마이크 플레밍 436, 481
마이크 헤일 374,
마이크 홉킨스 230, 233, 240, 453, 454
마이크로소프트 56, 59, 90, 94, 95, 146, 235, 323, 390
마이클 B. 조던 404
마이클 그레이브스 67
마이클 네이선슨 131, 277, 424
마이클 베이 402
마이클 아이즈너 469
마이클 엘렌버그 33
마이클 케인 325
마이클 파울 273, 370
마일즈 서레이 304
마칸 델라힘 114
마크 고든 100
마크 듀플라스 33
마크 랜돌프 71-76
마크 로슨 174
마크 앤드리슨 390
마크 앤서니 459
마크 저커버그 125
마크 큐번 527, 390
마티 디옵 45
마틴 스코세이지 39-41, 45-48, 58, 248, 396, 468
매기 질런홀 40
매니 파버 11
매드론캐피털파트너스 184
매디슨 스퀘어 가든 118

매튜 리즈 384
매튜 와이너 447
매트 블랭크 467
매트 스트라우스 195-201, 205, 307-309, 313, 315, 317, 318, 379, 380
맥랙 197
맥클레인 웨이와 채프먼 웨이 133
맵퀘스트 126
맷 데이먼 445
맷 라우어 32, 37
메건 뮬리 445
메그 휘트먼 12, 181-184, 188, 189-191, 268, 291, 293, 294, 296, 301, 302, 438
메르카도리브레 450
메이시스 백화점 추수감사절 퍼레이드 243
메이커 스튜디오 155
메트갈라 38, 181
메트로폴리탄 오페라 극장 33
모건 쿠퍼 186
모건 프리먼 321, 322, 393
모라가 포도밭 161
모리스 해리스 296
모린 킬라 234
모자이크 56
몰아보기 42, 63, 88, 103, 107, 151, 224, 255, 298, 341, 364, 297, 427, 436
무비링크 60-63
무어의 법칙 89
무함마드 빈 살만 35
뮤추얼필름컴퍼니 100
미국 공영 라디오 56
미국영화연구소 290, 393
미국음반산업협회 62
미도우라르크미디어 216
미디어라이츠캐피털 101
미미 레더 38
미셸 도커리 174
미셸 오바마 132
미셸 울프 26

미치 케이포 56

미키 리(이미경) 184

미투 운동 37

민디 케일링 33

밀턴 베를 122

반스앤드노블 233

밤테크 159, 160, 215, 272, 273, 333, 370, 371

밥 그린블랫 117·329(HBO), 208·209(시소)

밥 로스 채널 313

밥 버니 403-405, 445

밥 보먼 159

밥 아이거 138·139(애플과의 제휴), 140·142(디지털에 눈뜨다), 150(넷플릭스에 대한 생각), 152(스포츠 중계권), 264-267·272(디즈니플러스)

밥 체이펙 242, 413-421, 478

배드로봇 432-434

배리 딜러 179

배리 레빈손 99

버길필름 398

버나드 개릿 주니어 290

버락 오바마 71, 132, 308

베미스 볼카인드 331

베보 127

베티 굿윈 202

벨라 바자리아 363

벨코어의 실용적 혼돈 88

보 윌리몬 101, 102

보노 175

보니 해머 206, 305-307, 312

불법 복제 61, 62, 90, 137-139, 145, 288, 470

뷰 285

브라보 96, 223

브라이언 로드 418, 461

브라이언 로버츠 199, 201, 204, 240, 307, 463, 464

브라이언 스텔터 36, 37

브라이언 윌리엄스 210

브라이언 체스키 72,

브라이언 풀러 286

브래드 벤틀리 336-339

브래드 스톤 447

브래드 페이즐리 264

브래드 피트 70

브랜든 타르티코프 326

브렛 캐버노 7

브로드캐스트닷컴 57, 390

브루스 스프링스틴 13, 79, 104, 105

브루클린 다저스 205

블록버스터 59-63, 73-74, 76, 79, 82, 89, 352, 353

블루 스카이 전략 312

비디오 압축 53

비디오시티 77, 79

비비 지글러 238

비아콤CBS 216, 226, 340, 463, 477

비욘세 70

비츠뮤직 170

비츠일렉트로닉스 169

빈도 제한 313

빈센트 파스토레 105

빈스 로버츠 138

빌 브래들리 102

빌리 아이크너 372

빌리 아일리시 375

빌리 크루딥 33, 38, 165, 378

빨간봉투 43, 75, 397, 398, 403

[ㅅ-ㅇ]

사라 바렐리스 172, 343

사만다 비 326

사무엘 L. 잭슨 289

사반나 거스리 309

사샤 배런 코언 404

사우스바이사우스웨스트 181, 381

사이파이 206, 380

샘 레이미 185, 295

샤를리즈 테론 402

선댄스TV 466
선댄스영화제 290, 291, 378, 444
세라 오브리 341
세라 페일린 236
세스 로건 396
세스 마이어스 309, 313, 317
센서타워 294, 296
셀레스트 응 241
소니픽처스 11, 59-61, 377, 393
소비자가전박람회 190, 193, 194
소피 터너 292
소피아 코폴라 172
쇼타임 123, 311, 328, 467
숀다 라임스 132, 354, 425
수모 224
슈퍼볼 57, 134, 236, 255, 256, 258, 291, 292, 339
스냅 주식회사 386
스냅챗 310, 386
스룰라인엔터테인먼트 241
스웨타 파텔 439
스카이 158, 161, 207, 211, 212, 463
스칼렛 요한슨 418, 419
스콧 갤러웨이 338
스콧 로젠버그 223
스콧 스투버 40, 41, 45, 46, 357, 401, 402
스콧 포스톨 167
스크립스네트웍스인터액티브 211
스타워즈 36, 97, 152, 161, 228, 252, 263, 264, 267, 272, 276, 342, 372, 421
스타즈 94, 95, 96, 97, 123, 128, 157, 211
스탠리 큐브릭 432
스털링맨해튼케이블 118, 119
스텀블어폰 72
스튜디오지브리 340, 385
스트룸 469
스티브 마틴 302
스티브 버크 31, 199, 203-206, 210-212, 307-315
스티브 본스타인 154, 155

스티브 스와시 97
스티브 잡스 34, 136, 138-140, 166-168, 170, 171, 272, 278, 281, 282, 293, 472
스티브 첸 230
스티브 커렐 32, 33 165, 172
스티븐 밴 잰트 104
스티븐 빈센트 베네 16, 17
스티븐 손드하임 9
스티븐 스필버그 44, 165, 172, 179, 191, 248, 286, 328, 412, 435
스티븐 프리들랜더 15
스파이크 리 40, 401, 444
스파이크 존즈 378
스페인 내전 17
스펜서 노이만 401
스펜서 콘하버 295
스포츠 중계 15, 157, 215, 216, 225, 226, 292, 334
스포티파이 169, 296, 470
스프링크릭프로덕션 99
슬링TV 151
시고니 위버 453
시네라마 돔 69
시네마크 467, 468
시네매치 87
시무 리우 419
시소 208, 209
시어도어 베일 245
신디 홀랜드 99-102, 105, 356, 362-364, 398
실베스터 스탤론 70
썬마이크로시스템즈 52, 53
아르투로 토스카니니 310
아마존 MGM 인수 440-442
아마존 웹서비스 372. 374, 455
아마존 파이어TV 313, 315, 426, 427
아마존 프라임 298
아마존 프라임비디오 233, 252, 305, 393, 402, 404, 426, 440-442, 444, 446-455, 465, 476

아마존스튜디오 141, 233, 404, 442, 444, 448-450

아만다 D. 로츠 221

아메리카컵 80

아메리칸시네마테크 68

아서 밀러 65

아이라 루벤스타인 61, 62

아이사 해킷 447

아이클라우드 280

아크라이트 시네마 69

알 파치노 40, 46

알렉산더 그레이엄 벨 55, 323

알렉산더 왕 181

알렉산드라 미클러 453

알리바바 184

알리사 윌킨슨 429

알베르 로비다 55, 63, 64

알베르트 아인슈타인 80

알폰소 쿠아론 71, 248, 357

알프레 우다드 279

알프레드 리 루미스 80

앙투안 푸쿠아 396

애나 켄드릭 181, 187, 372, 383, 384

애덤 드라이버 404

애덤 샌들러 399-401

애리조나비디오카세트웨스트 78

애틀랜틱스 45, 401

애플 138-141(디즈니와의 제휴), 169(비츠 인수), 216(스포츠 중계), 171·279(애플아케이드), 34·140·168·279·280(아이패드), 34·279·280(아이폰), 136·138·145·281(아이팟), 63·92·138·139·170·175·281·375(아이튠즈), 35·164·280·375(애플뮤직), 172(애플TV플러스 출시), 172(애플 파크), 280(애플페이), 280(애플TV)

앤 사노프 389

앤 스위니 137-139, 142

앤드류 로스 소킨 249

앤디 그로브 361

앤디 버드 157, 158

앤디 샘버그 229

앤디 이트먼 360

앤디 재시 371, 455

앤디 쿠비츠 151

앤디 포셀 389, 427, 435

앤서니 매키 289

앤서니 우드 93, 94, 471

앤서니 조슈아 216

앤서니 홉킨스 267

앤하이저-부시 256, 257

앨런앤드컴퍼니 선밸리 콘퍼런스 177, 287

앨릭 볼드윈 236

앨버트 브로콜리 441

앨버트 쳉 141, 145, 448, 449

앰블린텔레비전 286

앵커리지캐피털그룹 452

야샤 알리 69

야후 98, 125, 153, 154, 229, 331

어니스트 로런스 80

어덜트 스윔 341

어빙 솔버그 180

언박스 92

에덴프로덕션 287

에드 애스너 78

에드 윈 202

에드 캐롤 467

에디 머피 302, 404, 451

에디 큐 38, 167, 169, 170, 213, 214, 280-283, 287, 288

에릭 펭 235

에미상 시상식 112, 378

에밀리 V. 고든 288

에밀리 모티머 193

에밀리아 클라크 134

에바 롱고리아 138

에반 샤피로 466, 482

에버렛 피콕 305

에어비앤비 72

에이미 슈마 132

에이미 지어링 290

에이셉 라키 375
에코 296
에픽스 95
엑스박스 95
엑스피니티 200, 308, 379
엔데버 71
엔리코 페르미 80
엔젤린 306
엘르 패닝 241
엘리엇매니지먼트 335, 336
엘리자베스 올슨 419
엠마 스톤 472
에스네트워크 215
오디오넷닷컴 57
오스본 효과 175, 176
오스본컴퓨터코퍼레이션 176
오스카상(아카데미 시상식) 25, 42, 44, 46,
    71, 102, 165, 293, 300, 353, 357, 395, 402,
    414, 435, 444, 445, 475
오울크릭자산관리 453
오프라 윈프리 164, 165, 172, 173, 290
옥타비아 스펜서 165, 172
올가 메레디즈 458, 459
올더스 헉슬리 306, 380
올든 에런라이크 307
올림픽 144, 145, 207-210, 307, 313, 314,
    379, 381
와츠앱 126
요요마 9
우디 해럴슨 284
우버 72
워너미디어의 날 321, 331, 332, 336, 339,
    340, 342, 393
워너브라더스디스커버리 438, 464
워너브라더스텔레비전 124, 258
워런 버핏 210
워렌 비티 320
월드와이드웹 52
월마트 63, 130, 184, 233
월터 아이작슨 34, 166

월트 디즈니 413, 234
월트디즈니애니메이션스튜디오 422
월트디즈니월드 141, 271, 276, 373
월트디즈니컴퍼니 136, 184, 215, 236, 412
웨스 앤더슨 248
웨스트코스트비디오 77, 79
위워크 184, 289, 301
윈도우미디어플레이어 59
윌 스미스 302, 396
윌라 파스킨 447
윌리엄 랜돌프 허스트 66
윌리엄 헤인즈 66-68
윌아이엠 164
유나이티드아티스츠 179, 451, 452
유나이티드탤런트에이전시 453
유니버설뮤직그룹 282
유니버설스튜디오 60-62
유니버설텔레비전 92, 206
유니버설픽처스 40, 59, 92, 306, 326, 396,
    402
유튜브 57, 90, 96, 125, 126, 128, 143, 146,
    155, 160, 178, 191, 200, 213, 215, 221,
    226, 228-231, 257, 300, 302
이드리스 엘바 185, 385
이매진엔터테인먼트 302
이베이 12, 184
이삭 펄머터 415
이안 맥켈런 267
이안 플레밍 441
이완 맥그리거 372, 421
인스타그램 126, 173, 180, 193, 419, 427
인터테이너 59, 60, 63
인테그리티QA 71
인텔 59, 89, 361
일론 머스크 477
잉그리드 버그먼 320

[ㅈ-ㅊ]

자만 63

자스민 시퍼스 존스 438
장 조르주 봉게리히텐 287
재키 오쉬리 180
잭 반 앰버그 35, 37, 164, 170-172, 174, 284, 287
잭 스나이더 467
잭 워너 66, 246
잭 웨터 191
잭 웹 266
잰더 323
저드슨 레이플리 228
저스틴 시미언 421
전자 프론티어 재단 56
제너럴일렉트릭 200
제니스 민 189
제니퍼 로페즈 185
제니퍼 리 422
제니퍼 살케 448
제니퍼 애니스톤 32, 36, 37, 165, 172, 376
제러드 레토 436
제러미 레그 332, 333
제리 맥과이어 선언문 238
제리 세인펠트 132
제시카 알바 164
제이 카슨 36, 38, 286
제이미 도넌 316
제이미 일리크트 36, 164, 170, 172, 174, 284, 287, 289
제이슨 모모아 134, 172, 279
제이슨 블룸 8, 185, 300, 432
제이슨 클로스 377, 378
제이슨 킬라 233-235, 238, 239, 389-391, 425-431, 434, 436, 437, 458, 459, 461, 471, 472
제이콥 메이커 52
제인 로즌솔 46
제인 메이어 114
제인 캠피언 401
제인 크라코프스키 174
제임스 B. 스튜어트 154

제임스 돌란 118
제임스 앤드류 밀러 218
제임스 포니워직 374
제프 골드블룸 372
제프 베이조스 8, 75, 177, 233, 441-454 455, 475-477
제프 뷰커스 28, 98, 115, 125-128, 131, 143, 147, 229, 244, 334. 347
제프 셸 379, 380
제프 주커 231, 234
제프 키셀로프 54
제프리 올트먼 453
제프리 캐천버그 12, 177-194, 291-293, 296-302, 438, 439
제프리 탬버 444
젠지 코한 105
조 게비아 72
조 아모데이 79, 80, 398
조 암보 148
조 인제릴로 370, 371
조 조나스 185
조 페시 40, 46
조&앤서니 루소 형제 220, 405-407
조나선 돌겐 59, 60
조나선 밀러 125, 482
조나선 태플린 58-61
조너선 아이브 167
조너선 프리드랜드 84
조던 필 185
조셉 아달리안 175
조쉬 사판 466, 467
조안 런던 33
조안 크로퍼드 66
조지 C. 스콧 347
조지 듀 모리에 55
조지 루카스 421
조지 보덴하이머 218
조지 스테퍼노펄러스 33
조지 칼린 121, 132
조지 쿠코르 66

존 M. 추 458
존 굿맨 443
존 도노반 244
존 래시터 414
존 리 행콕 435, 436
존 리들리 388
존 말론 118, 463, 464
존 스키퍼 157, 159, 216-219, 224, 225
존 스탠키 27-30, 115, 116, 128-130, 134,
    135, 244-259, 322-324, 327, 336, 337,
    340, 343, 344, 346, 347, 361, 389, 390,
    425, 426, 429, 437
존 스티븐스 244, 335, 344, 389
존 안티오코 76
존 제네디스 354
존 조 453
존 터투로 40
존 파브로 264, 343
존 호두릭 251
주문형 비디오 구독(SVOD) 130, 223
줄리 앤드류스 266
줄리아 로버츠 302
줄리엣 루이스 284
쥘 베른 55
지미 스미츠 459
지미 아이오바인 170
지미 키멀 297
지미 팰런 309, 313, 317, 380, 446
지미 피타로 219, 225
지안카를로 파레티 451, 452
진 브리악 페레트 230
짐 랜존 98, 361 362 482
짐 몰로쇼크 127
짐 아코스타 251
차터 스펙트럼 471
찬스 더 래퍼 185, 192
찰리 로즈 37
찰리 채플린 355
찰스 돌란 118-120
채드 헐리 125, 230

척 베리 264
척 슈머 102
체이스 캐리 237, 239, 240
총가용시장(TAM) 42

[ㅋ-ㅌ]

카넬로 앨버레즈 216
카림 다니엘 420
카툰네트워크 341
칸영화제 39, 44, 45, 404, 405, 424
칼턴 큐스 242
캐럴린 블랙우드 433
캐리 언더우드 328
캐서린 크러포드 92
캐피털시티즈/ABC 136, 177, 199
캘러웨이 라이브 213
캠 뉴튼 185
커비 딕 290
커크 커코리언 451, 452
커트 보니것 99
컬럼비아픽처스 68, 92
케냐 배리스 132, 359
케네스 로너건 444
케네스 브래너 412
케리 에린 37
케리 워싱턴 241
케빈 라일리 325, 383, 389
케빈 메이어 141, 153, 158, 160, 161, 240,
    264-272, 274, 275, 369-372, 374
케빈 스페이시 101, 102, 285
케빈 울리히 452-454
케빈 하트 185, 193
케이블랩스연구소 58
케이블비전 118, 196-198
케이트 베킨세일 445
케이티 맥그라스 342
케이티 페리 305
케일리 쿼코 427
켄 지프렌 166

코난 오브라이언 9, 238
코디 헬러 186
코로나19 팬데믹 5, 10, 11, 15, 16, 69, 181, 190, 222, 293, 294, 297-299, 351, 374, 381, 382, 384, 392, 394, 403, 407, 412, 417, 418, 424-426, 428-431, 436, 450, 456-460, 480
코리 호킨스 292
코즈모 100
콜린 데이비스 187
콜비 시네사엘 345
쿠라이 96
쿠마일 난지아니 172, 288
쿼런타 조르니 6
퀴비 185-186(오리지널 프로그램), 188(출시), 191(턴스타일), 296-298·302·303(실패)
퀵스터 86, 96, 97. 399
크라이테리언컬렉션 248
크래클 224
크런치롤 247, 341
크레디료네 452
크레이그 모펫 337, 387
크리스 록 121
크리스 스파다치니 255, 256
크리스 실버만 355
크리스 알브레히트 94, 95, 97, 127, 128
크리스 앤더슨 141
크리스 에반스 274, 404
크리스 파넬 229
크리스 햄스워스 353, 406
크리스천 슬레이터 316
크리스토퍼 놀란 248, 428, 432
크리스토퍼 워컨 328
크리스토프 왈츠 192
크리스틴 매카시 275
크리스틴 벨 372
크리시 타이겐 192
클라우디아 오쉬리 180
클럽 펭귄 155
클레이턴 차우 412

클리어채널커뮤니케이션즈 269, 270
클릭매니지먼트 294
클린트 이스트우드 78, 432, 435
키건 마이클 키 26
키아누 리브스 400
키퍼 서덜랜드 193
킴 마스터스 447
타이 셰리던 191
타이거 우즈 213, 214, 215
타이라 뱅크스 180
타이카 와이티티 472
타임워너 124(AOL과의 합병), 27·113-114(AT&T와의 합병)
타임워너 센터 243
타히라 구든 85
터너스포츠 214
터너클래식무비(TCM) 247, 388
테드 서랜도스 78(성장배경), 77(커리어 초기), 79·80(넷플릭스에서의 초기), 70(아이콘 빌딩에 관한 발언), 99-105(오리지널 프로그램)
테드 코헨 282
테드 터너 118, 246, 322, 330, 451
테드 호프 403
테리 해처 138
텔레문도 312, 380
텔레포노스코프 55, 56
토니 곤칼베스 344, 346, 387
토니 베넷 79, 105
토니 사코나기 376
토니 시리코 105
토드 와그너 57
토머스 제퍼슨 66
토머스 케슬러 53, 54
토비 에머리히 461
톰 밴더빌트 399
톰 버거론 373
톰 셰일스 218
톰 스태그스 141, 161, 269
톰 앤더슨 68

톰 크루즈 428
톰 행크스 377, 378, 392-396
톰 히들스턴 264
투비 205, 224
트라이베카 TV 페스티벌 375
트라이베카영화제 112, 457
트랜스페어런트 252, 444, 449
트로이 패터슨 375
트롤백컴퍼니 331, 332
트리니트론 170
트위터 8, 47, 69, 134, 157, 175, 188, 215,
    248, 255, 256, 295, 373, 458, 476
티나 페이 236, 309, 317
티보 60, 198
티에리 프레모 44
티치포아메리카 183
티투스 버지스 193
틱톡 14, 188, 193, 298, 299
팀 굿맨 332
팀 로빈스 94
팀 버너스 리 52
팀 우 245
팀 코넬리 190
팀 쿡 32, 167, 168, 171, 172, 175, 279, 280,
    395

[ㅍ-ㅎ]

파라마운트플러스 216, 223, 463
파라마운트픽처스 45, 59, 60-62, 67, 95,
    99, 179
파리 극장 68
파이퍼 커먼 105
팝닷컴 302
팝콘 프로젝트 431, 458, 461, 468, 472
패스트 팔로워 198
패치 클라인 73
패트릭 노튼 154
패티 맥코드 82, 86
패티 젠킨스 430 461

페이 더너웨이 320, 445
페이스북 70, 125, 126, 128, 160, 215, 222,
    223, 383, 476
페이스북 왓치 383
펠리시티 허프먼 138
폭스뉴스 161
폴 토머스 앤더슨 248
폴라 와인스타인 99
퓨어아트리아 71, 72
퓨전 155
프랜시스 포드 코폴라 248
프랭크 시나트라 79
프랭크 팔로타 174
프랭크 프라이스 92
프랭클린 레너드 476
프로비던스에퀴티파트너스 239
프로젝트 그리핀 94
프록터앤드갬블 146, 184
프리미어 리그 216, 378
프리스타일 러브 슈프림 466
플라이휠 효과 28, 246, 247, 250, 259, 323,
    425, 437
플레이돔 155 156
플레이보이엔터프라이즈 269
플레이스테이션 95, 285
플루토TV 200, 205, 224, 313
피비 월러-브리지상 448
피스 오브 워크 엔터테인먼트 289
피에르 오미디야르 184
피콕 프리미엄 313, 314
피터 네일러 386
피터 딩클리지 134
피터 레빈슨 166
피터 바트 446
피터 버그 236
피터 체닌 232-234, 237-239, 390
픽사 43, 92, 97, 136, 139, 140, 156, 157, 160,
    272, 274, 396, 414, 416, 422, 424
필 미켈슨 213-215
필라델피아 필리스 205

필름스트럭 247, 248, 250
필립 K. 딕 446, 447
하비 와인스타인 37, 448
하비 케이틀 40
하산 미나즈 35
하워드 딘 102
하이랜드캐피털파트너스 453
핫스타
해들리 프리먼 395
험프리 보가트 320
헤일리 스타인펠드 279, 375
헨리 루스 246
혁신가의 딜레마 124, 144, 155
호다 코트비 394
호아킨 피닉스 400
홀푸드 455
훌루 114(디즈니와 합병), 236(슈퍼볼 광고)
휴 그랜트 427
휴렛팩커드 12
휴즈항공 268
흑사병 6
힐데가르드 202
힐러리 클린턴 36, 102

[작품 및 매체]

〈#프리레이숀〉 438
〈007 노 타임 투 다이〉 181, 454
〈19곰 테드〉 380
〈24〉 231, 232, 442
〈30록〉 236, 304, 326, 380
〈4차원 가족 카다시안 따라잡기〉 312
〈6 언더그라운드〉 402
〈600만 달러의 사나이〉 92
〈6분짜리 60분〉 194
〈90일 피앙세〉 461
〈CSI: 과학 수사대〉 228
〈MTV 크립스〉 351
〈가장 위험한 게임〉 181, 192

〈건틀릿〉 78
〈걸스〉 121, 122
〈겟 아웃〉 8, 185, 432
〈겨울왕국2〉 416
〈결혼 이야기〉 45
〈고스트버스터즈〉 33, 283
〈고질라 vs. 콩〉 431
〈고티머 깁슨의 라이프 온 노멀 스트리트〉 443
〈곤도 마리에: 설레지 않으면 버려라〉 363
〈공포의 50개 주〉 295
〈굿 플레이스〉 305, 448
〈굿모닝 아메리카〉 36, 276
〈그것: 두 번째 이야기〉 428
〈그들이 우리를 바라볼 때〉 46
〈그레이 맨〉 405
〈그레이 아나토미〉 132, 151, 228, 355, 356, 359
〈그레이하운드〉 377, 378, 393, 396
〈글래디에이터〉 300
〈글리〉 326, 358
〈금발이 너무해〉 465
〈기묘한 이야기〉 106, 132
〈기생충〉 39, 475
〈끝이 안 보인다〉 398
〈나르코스〉 106, 139
〈나쁜 산타〉 341
〈나의 그리스식 웨딩〉 403
〈나이트 스토커〉 139
〈나인투파이브〉 328
〈나일강의 죽음〉 412
〈내 이름은 펑키〉 306
〈내겐 너무 사랑스러운 그녀〉 341
〈내셔널지오그래픽〉 245
〈내일의 전쟁〉 404
〈너의 모든 것〉 363
〈네모바지 스폰지밥〉 230
〈노엘〉 372
〈높은 성의 사나이〉 446, 447
〈뉴스가 아니어도 좋다〉 120

〈뉴요커〉 114, 202, 375
〈뉴욕에서 온 남자, 파리에서 온 여자〉 398
〈뉴욕타임스〉 70, 170, 210, 249, 298, 312,
　　380, 443, 448
〈늑대와 마을 사람들〉 185
〈니모를 찾아서〉 140
〈닙/턱〉 66, 358, 359
〈다빈치 코드〉 299
〈다운튼 애비〉 379
〈다이 하트〉 193
〈다크〉 357, 474
〈닥터 데스〉 316
〈닥터 브레인〉 477
〈대부〉 25, 464
〈댄싱 위드 더 스타〉 372
〈댓츠 마이 보이〉 400
〈더 그레이트〉 241
〈더 라스트 왈츠〉 58
〈더 레인〉 357
〈더 리틀 띵스〉 436, 436
〈더 마블러스 미세스 메이즐〉 393, 449
〈더 모닝쇼〉 13, 32, 33, 36-38, 164, 165,
　　172, 279, 285, 286, 374, 376, 378
〈더 뱅커〉 290
〈더 보이스〉 210, 329
〈더 보이즈〉 284, 449
〈더 실드〉 164
〈더 아메리칸즈〉 242
〈더 와이어〉 94, 121
〈더 크라운〉 253
〈더 투나잇 쇼〉 238, 310, 380
〈더 퍼지〉 8
〈더 프레시 프린스 오브 벨 에어〉 186, 386
〈더 피플 vs. O.J. 심슨〉 66
〈더 핫 드롭〉 192
〈더미〉 181, 186, 187
〈데드라인〉 10, 446, 481
〈데미몽드〉 343
〈데일리 칠〉 194
〈도망자〉 91, 193

〈도전! 용암 위를 건너라〉 353, 363
〈동물의 왕국〉 326
〈듄〉 431, 433
〈드라그넷〉 266
〈디스 이즈 어스〉 209, 305, 448
〈디스맨틀드〉 193
〈디어 에반 한센〉 328
〈디킨슨〉 174, 279, 375
〈디펜딩 제이콥〉 173
〈뜨거운 오후〉 78
〈라라랜드〉 472
〈라스트 쉽〉 146, 147
〈라야와 마지막 드래곤〉 422
〈라이온 킹〉 179, 263, 264, 267, 274, 343,
　　414, 417
〈러브 라이프〉 383, 384
〈레디 플레이어 원〉 191
〈레이트 나이트〉 403
〈레인맨〉 452
〈레프트오버〉 38, 341
〈로 앤 오더〉 316
〈로마〉 71, 357, 358
〈로마노프〉 447
〈로빈 후드〉 68
〈로스앤젤레스 자화상〉 68
〈로스트〉 138, 139, 142, 242, 342
〈록포드 파일〉 91
〈루머의 루머의 루머〉 357
〈루터〉 385
〈루팡〉 357, 474
〈리얼 스포츠〉 121
〈리틀 보이스〉 172 343
〈리틀 아메리카〉 172, 288
〈릭 앤드 모티〉 254
〈릴리해머〉 104, 105, 131
〈마스터 스위치〉 245
〈마이애미 바이스〉 326
〈만달로리안〉 264, 343, 371, 383, 385, 421,
　　424
〈매드 맨〉 150, 224, 447

〈매트릭스〉 380, 400, 431
〈맥헤일의 해군〉 236
〈맨 인 블랙〉 58, 283
〈맨체스터 바이 더 씨〉 402, 403, 444, 445
〈메리 포핀스〉 266
〈메멘토〉 403, 428
〈모차르트 인 더 정글〉 444
〈몰타의 매〉 465
〈못말리는 패밀리〉 220, 357, 405
〈몽크〉 312
〈뮬란〉 181, 396, 416, 417
〈미녀와 야수〉 276, 360
〈미스터 로봇〉 312, 316
〈미지와의 조우〉 112
〈밀랍, 혹은 꿀벌들 가운데 텔레비전의 발
    견〉 51, 397
〈밀회〉 250
〈바람과 함께 사라지다〉 388, 440
〈배틀스타 갈락티카〉 92
〈백설공주와 일곱 난쟁이〉 67, 274
〈밴드 오브 브라더스〉 94, 121
〈뱀파이어 해결사〉 442
〈버라이어티〉 178, 286, 417
〈번 노티스〉 312
〈범죄의 재구성〉 355
〈베니티페어〉 173, 249, 295, 359, 419
〈베이사이드 얄개들〉 306
〈베타스〉 444
〈베터 콜 사울〉 283
〈보니 앤 클라이드〉 320, 436
〈보랏 서브시퀀스 무비필름〉 404, 450
〈보이즈 스테이트〉 378
〈본 아이덴티티〉 380
〈봄바람〉 92
〈뷰티〉 180
〈브레이브 뉴 월드〉 380
〈브레이킹 배드〉 34, 150, 164, 283, 284,
    287
〈브리저튼〉 359, 360, 425, 475, 479
〈브리트니 런스 어 마라톤〉 403

〈블랙 미러〉 286
〈블랙 위도우〉 412, 418, 419
〈블랙 팬서〉 276, 478
〈블랙리스트〉 283
〈블랙키쉬〉 132, 359
〈비스티 보이즈 스토리〉 378
〈비열한 거리〉 58, 78
〈빅 식〉 288, 402
〈빅뱅 이론〉 118
〈사랑이 어떻게 변하니?〉 380
〈사우스 파크〉 230, 340, 386
〈사운드 오브 뮤직〉 328
〈사이크〉 316
〈사인필드〉 28 361
〈새터데이 나이트 라이브〉 7, 96, 208, 229,
    236, 309, 310, 313, 380, 392
〈샹치와 텐 링즈의 전설〉 419, 478
〈서바이브〉 292
〈서치 파티〉 326
〈석세션〉 341
〈세븐〉 101
〈세상을 바꾼 변호인〉 38
〈세일즈맨〉 402
〈섹스 앤 더 시티〉 94, 121, 384
〈섹스, 거짓말, 그리고 비디오테이프〉 58
〈센과 치히로의 행방불명〉 340
〈센터피스〉 297
〈센트럴 파크〉 378
〈셀링 선셋〉 363
〈셔터 아일랜드〉 45
〈셰리베이비〉 398
〈소셜 네트워크〉 101
〈소울〉 396, 416, 424, 430
〈소프라노스〉 25, 34, 94, 103-105, 121, 122,
    132, 183, 255, 326
〈수트〉 312
〈슈렉〉 300, 380
〈스매시〉 328
〈스캔들〉 355
〈스탬퍼가의 대결〉 120

〈스파이더맨〉 283
〈승무원〉 427
〈시라크〉 44
〈식스 핏 언더〉 94, 121, 328
〈신성한 게임〉 357
〈실크 스토킹〉 312
〈심슨 가족〉 162, 211, 236
〈썬즈 오브 아나키〉 273
〈아네트〉 404
〈아메리칸 뷰티〉 300
〈아메리칸 아이돌〉 228, 231, 328
〈아메리칸 피클〉 396
〈아메리칸 호러 스토리〉 66, 132, 273, 358
〈아미 오브 더 데드〉 467
〈아웃랜더〉 283
〈아이리시맨〉 12, 467
〈아폴로 13〉 73
〈안투라지〉 94
〈알파 하우스〉 443
〈앙코르!〉 372
〈앨런 대 패로우〉 290
〈앨리어스〉 342
〈어둠의 나날〉 172, 279, 374
〈어메이징 스토리〉 286
〈어벤져스〉 220, 405, 406
〈어스〉 8
〈언더커버 보스〉 380
〈언두잉〉 427
〈언컷 젬스〉 400
〈얼터드 카본〉 357
〈엑스 파일〉 442
〈엔젤스 인 아메리카〉 121
〈엔터테인먼트위클리〉 124, 279
〈엘 마리아치〉 405
〈연애실험: 블라인드 러브〉 363
〈오렌지 이즈 더 뉴 블랙〉 105
〈오버 더 문〉 360
〈오션스 일레븐〉 386
〈오쇼 라즈니쉬의 문제적 유토피아〉 133
〈오자크〉 475

〈오즈의 마법사〉 451
〈오징어 게임〉 474, 475, 479
〈오피스〉 43, 203, 252, 288, 326, 361, 381, 385, 424
〈온 더 레코드〉 290, 383
〈온워드〉 416
〈올 인 더 패밀리〉 78
〈올드 가드〉 402
〈올리버 스톤의 킬러〉 284
〈와이어드〉 53, 141, 296
〈와이어리스〉 191, 192
〈완다라는 이름의 물고기〉 452
〈완다비전〉 419, 423
〈왕좌의 게임〉 110·370(서자들의 전투), 134·255·256·258(슈퍼볼 광고), 24(시사회)
〈우리는 넷플릭스다〉 85
〈우리의 깃발은 곧 죽음〉 472
〈우린 폭망했다: 위워크의 흥망성쇠〉 289
〈워싱턴포스트〉 177, 428
〈원더우먼〉 424, 430, 431, 434, 435, 461
〈월스트리트저널〉 8, 84, 189, 269, 301, 418, 436, 452, 472
〈웨딩 싱어〉 399
〈웨스트 사이드 스토리〉 77, 79
〈웨스트 윙〉 320
〈웨스트월드〉 384
〈웨일 라이더〉 403
〈웰컴 투 콜린우드〉 405
〈위기의 주부들〉 137-139, 142
〈위즈〉 105
〈은하수를 여행하는 히치하이커를 위한 안내서〉 242
〈이 투 마마〉 403
〈이것은 강도다〉 47
〈이웃집 토토로〉 340
〈익스트랙션〉 406
〈인 더 하이츠〉 431, 456-461, 464, 466, 467, 468
〈인셉션〉 5, 428
〈인어공주〉 179, 360, 422

〈자파의 귀환〉 414
〈재즈 싱어〉 68
〈잭 앤 질〉 400
〈저스티파이드〉 273
〈제미니 맨〉 92
〈제프 골드블럼의 호기심 세계〉 372
〈조각들〉 405
〈조디악〉 101
〈조커〉 400, 428
〈죠스〉 46
〈주먹왕 랄프〉 373
〈죽음을 타고〉 92
〈쥬라기 공원〉 380
〈쥬만지〉 283
〈차이나타운〉 464
〈체르노빌〉 341
〈체리〉 407
〈치어스〉 326
〈친애하는 백인 여러분〉 421
〈카〉 263
〈카사블랑카〉 117, 250, 320
〈캐리비안의 해적〉 157
〈캡틴 마블〉 274
〈커뮤니티〉 220, 405
〈커밍 2 아메리카〉 404, 450, 451
〈컨저링3: 악마가 시켰다〉 460
〈코다〉 378
〈코스비 가족 만세〉 326
〈코코〉 274, 478
〈콜드 워〉 402
〈콰이어트 플레이스 2〉 460
〈퀴어 아이〉 357, 363
〈퀸스 갬빗〉 362
〈크레이지 리치 아시안〉 386, 459
〈크루엘라〉 422, 460
〈크리스마스 대소동〉 320
〈클래스 액션 파크〉 396
〈키싱 부스〉 401
〈킬러스 오브 더 플라워 문〉 396 468
〈타이타닉〉 58, 267

〈택시캡 컨페션〉 121
〈테넷〉 428, 429, 432, 433
〈테드 래소〉 378, 477
〈텍사코 스타 극장〉 221
〈토이 스토리〉 140, 142, 157, 267, 422, 429
〈톰 클랜시의 위다웃 리모스〉 450
〈톰 클랜시의 잭 라이언〉 242, 448
〈투 올드 투 다이 영〉 447
〈투 핫〉 479
〈투데이〉 36, 37, 313, 392, 393, 395
〈트롤〉 302, 384
〈파고〉 242, 454
〈파워즈〉 284, 285
〈파이트 클럽〉 101
〈파티세를 잡아라!〉 363
〈판의 미로〉 403
〈팔콘과 윈터 솔저〉 423
〈패밀리 타이즈〉 326
〈패션 오브 크라이스트〉 403
〈패스트컴퍼니〉 234, 239, 386
〈펀치〉 55
〈펑크드〉 192
〈페리 메이슨〉 384
〈페리 코모 쇼〉 112
〈포 올 맨카인드〉 35, 279, 283
〈프라이데이 나이트 라이츠〉 236, 341
〈프렌즈〉 32, 43, 116, 117, 183, 252, 254,
    320, 340, 360, 361, 383, 386, 427
〈프리드먼가 사람들 포착하기〉 121
〈프리티 리틀 라이어스〉 320
〈플라이트 93〉 112
〈플래닛 오브 디 앱스〉 164
〈플레이어〉 94
〈플리백〉 448
〈플립 또는 플롭〉 461
〈피어스 킨즈〉 300
〈피터팬〉 328
〈핀치〉 396
〈하산 미나즈 쇼〉 35

〈하우디 두디〉 221
〈하우스 오브 카드〉 42, 101, 103, 105, 106,
    285, 286, 393, 443, 447
〈하우스〉 231, 232
〈한 솔로: 스타워즈 스토리〉 263
〈할리우드〉 67
〈할리우드리포터〉 189, 332, 432, 447, 478
〈해리 포터〉 124, 429
〈해밀턴〉 396, 416, 423, 424, 430, 457, 459
〈해방〉 396
〈핸드메이즈 테일〉 240, 252, 265, 393, 453
〈헤라클레스〉 407
〈화이트 칼라〉 312
〈화장실 토크〉 181
〈휴고〉 45
《규칙 없음》 77, 362
《다수의 힘》 184
《당신도 좋아하고 있을지 모릅니다》 399
《더 박스》 54
《디즈니 전쟁》 154
《디즈니만이 하는 것》 137
《바빌론의 물가에서》 16
《선한 목자》 395
《아마존 언바운드》 447
《우리는 이제 이 방송을 파괴한다》 221
《작은 불씨는 어디에나》 241
《최고의 아침》 36
《파워풀》 86
《힐빌리 엘레지》 132

스트리밍 이후의 세계

초판 1쇄 인쇄일 2023년 11월 28일
초판 1쇄 발행일 2023년 12월 8일

지은이 데이드 헤이스 · 돈 호미엘레프스키
옮긴이 이정민

발행인 윤호권
사업총괄 정유한

편집 신수엽 **디자인** 형태와내용사이 **마케팅** 명인수
발행처 ㈜시공사 **주소** 서울시 성동구 상원1길 22, 7-8층(우편번호 04779)
대표전화 02-3486-6877 **팩스(주문)** 02-585-1755
홈페이지 www.sigongsa.com / www.sigongjunior.com

ⓒ 데이드 헤이스 · 돈 호미엘레프스키, 2023

ISBN 979-11-7125-257-2 03320

WEPUB 원스톱 출판 투고 플랫폼 '위펍' __wepub.kr
위펍은 다양한 콘텐츠 발굴과 확장의 기회를 높여주는
시공사의 출판IP 투고 · 매칭 플랫폼입니다.